Wilhelm Mantels, Karl Koppmann

Beiträge zur lübisch-hansischen Geschichte

Ausgewählte historische Arbeiten

EHV
HISTORY

Wilhelm Mantels, Karl Koppmann

Beiträge zur lübisch-hansischen Geschichte

Ausgewählte historische Arbeiten

ISBN/EAN: 9783955641719

Auflage: 1

Erscheinungsjahr: 2013

Erscheinungsort: Bremen, Deutschland

EHV
HISTORY

BEITRÄGE

ZUR

LÜBISCH-HANSISCHEN GESCHICHTE.

AUSGEWÄHLTE HISTORISCHE ARBEITEN

VON

WILHELM MANTELS.

JENA.

VERLAG VON GUSTAV FISCHER

VORMALS FRIEDRICH MAUKE.

1881.

DEN SÖHNEN

DER FREIEN- UND HANSESTADT LÜBECK

GEWIDMET.

Vorwort.

Die Auswahl historischer Arbeiten eines um die Geschichte
Lübecks und des hansischen Städtebundes hochverdienten Mannes, die hiermit dem Publikum übergeben wird, motivirt sich
insoweit von selbst, als es sich dabei um die Veröffentlichung
eines bisher ungedruckten Aufsatzes und um den Neudruck
von fünf anderen Arbeiten handelt, die längst vergriffen und
doch den Freunden der Hansisch-Lübischen Geschichte lieb
und dem Fachmann unentbehrlich sind. Dem nächsten und
dringendsten Bedürfnisse wäre in der That genügt worden,
wenn sich der Herausgeber, wie ihm das von mancher Seite
gerathen ist, auf diese fünf oder sechs Aufsätze beschränkt
hätte. Aber die Rücksichtnahme auf das lebendige Interesse,
das heutigen Tages der Erforschung der heimischen Geschichte
von allen Gebildeten entgegen gebracht wird, und die Pietät
gegen den Verstorbenen, der gerade auf Weckung und Nährung
eines solchen Interesses bei allen seinen historischen Arbeiten
Bedacht nahm, hat ihn vier weitere Aufsätze anschliessen lassen, die wie durch den Stoff, so auch durch die Behandlungs-
weise recht eigentlich dazu angethan sind, auch einem grösseren Kreise die Lübisch-Hansische Geschichte vertraut und lieb
zu machen.

Dass gerade dieser Herausgeber es unternahm, ausgewählte Arbeiten von Wilhelm Mantels zu veröffentlichen, beruht ausschliesslich auf dem Vertrauen, mit dem ihn dessen
Wittwe als jüngeren Fachgenossen ihres Gatten und Fortar-
beiter an seiner leider unvollendet gebliebenen Lebensaufgabe

geehrt hat. Die Beschränkung auf das historische Gebiet erklärt sich aus dem Bestreben, durch Zusammenstellung des
Sachverwandten etwas Einheitliches zu erreichen. Im Uebrigen glaubte der Herausgeber seiner Aufgabe dadurch gerecht
zu werden, dass er unter Schonung des ursprünglichen Textes
die mannichfachen Nachträge und Verbesserungen des Verfassers in Anmerkungen hinzufügte und bei den Quellennach-
weisen auf die neueren Urkundensammlungen Rücksicht nahm.
Im Texte selbst wurden nur einzelne Irrthümer in Kleinigkei-
ten berichtigt, grösstentheils nach Anleitung des Verfassers.
Für die Anmerkungen zu den älteren Aufsätzen war hier und
da ein freieres Verfahren geboten. Von den urkundlichen
Beilagen der vierten Abhandlung wurden im Hinblick auf das
Urkundenbuch der Stadt Lübeck nur die Ueberschriften und
die Siegelbeschreibungen beibehalten. Ein ängstliches Abwä-
gen von Mein und Dein zwischen Verfasser und Herausgeber
schien unnöthig und wäre theilweise unmöglich gewesen.

Mögen denn die Arbeiten von Wilhelm Mantels den Freunden und Erforschern der Hansisch-Lübischen Geschichte auch
in dieser Gestalt willkommen sein, und mögen sie vor Allem
mit dazu beitragen, das Verständniss einer ehrenvollen Vergangenheit zu verbreiten und die Liebe zur Vaterstadt zu
nähren, mit der diese Aufsätze geschrieben sind und um
deren willen sie auf ein freundliches Willkommen bei den
Söhnen Lübecks glauben rechnen zu dürfen.

Barmbeck bei __mburg, 1880.

K. Koppmann.

Inhaltsverzeichniss.

Wilhelm Mantels.

Biographische Skizze.

Das Lebensbild eines Schulmannes, der sein ganzes Mannesalter in einer Stadt von mittlerer Grösse verlebte und seine Mussestunden der wissenschaftlichen Beschäftigung mit der Geschichte, Litteratur- und Kunstgeschichte seiner engeren Heimath widmete, an dem öffentlichen Leben derselben aber nur insofern thätig Antheil nahm, als er für Alles, was auf die Pflege von Kunst und Wissenschaft und eines edleren Gemeinsinnes Bezug hat, jederzeit einzutreten und Opfer zu bringen bereit war, kann von vornherein nur das Interesse derer beanspruchen, denen dieser Mann persönlich oder durch sein Wirken bekannt und lieb geworden ist. Dennoch wird bei der Herausgabe gesammelter Aufsätze eines und desselben Verfassers ein solches Lebensbild nicht fehlen dürfen, das den Platz, den die einzelnen Arbeiten in dem Entwickelungsgange des Verfassers einnehmen, zu erkennen und den genetischen Zusammenhang unter ihnen darzulegen suchen muss.

Die beste Grundlage für eine Skizze seines Lebensganges hat Mantels selbst gegeben, als er, der Aufforderung des um das Schulwesen Lübecks hochverdienten Direktors Friedrich Jacob Folge leistend, bei seiner Anstellung am dortigen Catharineum in kurzen Umrissen aufzeichnete, was ihm bei einem Rückblick auf die verflossenen ersten drei Jahrzehnte seines Lebens von Bedeutung für seine Entwickelung gewesen zu sein schien [1]. Diese Aufzeichnung lautet, wie folgt:

„Ich bin am 17. Juni 1816 in Hamburg geboren. Meine Grossväter von väterlicher, wie mütterlicher Seite stammen aus dem Hannöverschen. Beide waren Handwerker. Der erstere, ein Färber, lebte hier zu Lübeck. Als er im höheren Alter we-

[1] Osterprogramm des Catharineums in Lübeck 1847, S. 43—45.

gen Augenschwäche sein Geschäft aufgegeben hatte, verbrachte
er den Rest seiner Tage bei seinen Kindern, namentlich dem ältesten Sohne, meinem Vater. Bis zu seinem Tode 1830 habe ich
viele Zeit in seiner Gesellschaft verbracht, da es mir als dem
ältesten Enkel oblag, den immer noch rüstigen, aber zuletzt völlig erblindeten Mann auf Spaziergängen zu begleiten. Meiner
Mutter Vater, einen Glaser, habe ich nicht gekannt, eben so wenig meine Grossmütter. Mein Vater, Heinrich Christian Mantels,
noch jetzt in Hamburg als Makler ansässig, mehr durch äussere
Umstände als durch Neigung zum Handelsstande bestimmt, hatte,
als er meine 1843 verstorbene Mutter Anna Friederike Langkoch
heirathete, zugleich das bedeutende Glasgeschäft seines Schwiegervaters in Hamburg übernommen. Bis zum zehnten Jahre besuchte ich eine Privatschule in Hamburg. Meine Eltern wohnten meistentheils, mitunter sogar im Winter, auf dem Lande.
Der tägliche Schulweg von einer starken Stunde kräftigte meine
Gesundheit, so dass ich seitdem nie ernstlich krank gewesen bin.
Im Herbst 1826 zog unsere ganze Familie nach Lübeck, indem
mein Vater auch ein hiesiges Geschäft übernahm, so dass er sich
abwechselnd hier und in Hamburg aufhielt. Eine ernste Hin-
neigung zu wissenschaftlicher Thätigkeit, die er selbst nie nach
Wunsch hatte befriedigen können, liess ihn der Erziehung seiner
Kinder eine um so grössere Aufmerksamkeit widmen. Was er bei
öfterer Abwesenheit darin nicht thun konnte, übernahm meine
Mutter, die, in den letzten zehn Jahren ihres Lebens fast fortwährend bettlägerig, dennoch für ihr Haus und die Ihrigen in
unablässiger Sorge thätig war. Wir Kinder wurden dadurch nur
desto mehr an das Haus gebunden. Als der älteste von acht
Geschwistern war ich durch die Wahl eines gelehrten Berufes
zuerst meine eigenen Wege gewiesen. 1826 in die sechste Classe
versetzt, verliess ich das Catharineum als Schüler der ersten
Classe, da um Johannis 1834 meine Eltern nach Hamburg zu-
rückgingen. So habe ich die Grundlage meiner Bildung Lübeck
zu verdanken, das mir stets fast mehr, denn meine Vaterstadt,
als Heimath galt. Die Lehrer, unter deren Leitung ich aufwuchs,
leben zum grössten Theil noch; von den Verstorbenen sind mir
Professor Grautoff und Dr. Overbeck im wärmsten Andenken geblieben. In meine Schuljahre fällt der Umschwung, den zunächst

die oberen Classen durch Herbeiziehung bedeutender Lehrtalente
nahmen. Wir Schüler genossen die ersten Früchte desselben,
und unsere geistige Richtung ward dadurch für immer bestimmt.
Mit besonderer Liebe gedenke ich auch derjenigen meiner Alters-
genossen, an die ein vertrauter Umgang mich fesselte. In den
letzten Jahren verband uns gleiche Neigung, gleiche Theilnahme
an den ausgezeichneten Erscheinungen unserer neuesten vater-
ländischen und fremder neuer Literaturen, und manches, was wir
damals gesprochen und getrieben, hat einen bleibenden Einfluss
auf unser Mannesalter geübt.

Nach Hamburg zurückgekehrt, besuchte ich noch zwei Jahre
das dortige akademische Gymnasium. Die Zahl der Gymnasiasten,
wiewohl nicht so gering als gegenwärtig, war doch klein genug,
um uns ein persönliches Verhältniss zu den Professoren zu gestatten. Meist junge Männer, wussten sie uns lebendig anzuregen, und wir hatten so den Vortheil, mehr vorbereitet und bestimmter in dem, was unser nächster Zweck war, auf die Universität zu kommen. Damals ward mir auch die erste Gelegenheit, mich im Unterricht zu versuchen, und vorzügliche Freude
gewährte es mir, auch in der Privatschule, die ich als Kind be-
sucht, als Lehrer aufzutreten.

Um Theologie und Philologie zu studiren, ging ich Michaelis
1836 nach Berlin. Eine Zeit lang theilte ich meine Beschäftigung zwischen beiden Wissenschaften, dann aber wandte ich mich
ganz der letzteren zu. Professor Böckh war es, der mich am
meisten anregte, und dessen grossartige Auffassung des klassischen
Alterthums die entschiedene Vorliebe für dasselbe in mir hervorrief. Auf Philologie, Geschichte und neuere Sprachen sind
von da an meine Studien gerichtet geblieben. Ausser den Vorlesungen förderte mich der belebende Umgang mit Professor
Droysen (jetzt in Kiel) und Dr. Schöll (jetzt in Weimar). Professor Trendelenburg hatte mir aufs freundlichste den Zugang zu
seiner Familie geöffnet, ingleichen der Director der Blindenanstalt,
Professor Zeune, dessen Haus mich auch von pädagogischer Seite
interessirte. Von Michaelis 1838 bis Ostern 1839 studirte ich
dann in Leipzig, wo ich ausser dem Nestor der Philologie, Hermann, besonders die Vorlesungen von Klotz, Westermann und
Wachsmuth hörte. Mein Plan, auch Göttingen zu besuchen, ward

durch die bevorstehende Abreise des Professor O. Müller nach Griechenland und durch seinen später erfolgten frühzeitigen Tod vereitelt. Ich selbst hegte damals den lebhaften Wunsch, einige Jahre in Griechenland leben zu können, woselbst mehrere meiner Jugendkameraden sich aufhielten, und wählte in dieser Absicht München zum Ort meiner letzten Ausbildung. Meine Pläne zerschlugen sich jedoch. Desto mehr benutzte ich die Vortheile, die sich mir neben der Universität durch die reichen Kunstschätze Münchens und den Verkehr mit einer Anzahl ausgezeichneter älterer und strebsamer jüngerer Gelehrten und Künstler boten, bis ich im Mai 1841 nach Hause reiste. In der praktischen Thätigkeit eines Lehrers sah ich schon seit lange meinen eigentlichen Beruf, und so nahm ich das Anerbieten einer Hauslehrerstelle, das mich unterwegs traf, unverzüglich an, und lebte bis zum Ende des Jahres auf dem Gute Behlendorf bei Ratzeburg. Dann vertauschte ich diese Stellung mit der eines Lehrers an einem Institut in Flottbeck bei Hamburg, in welcher Stellung ich das Jahr 1842 blieb, und zugleich mein Probejahr an der Hamburger Realschule nach bestandenem Examen abmachte. Die grosse Entfernung meiner beiden Wirkungskreise von einander und Ueberhäufung mit praktischen Arbeiten veranlassten mich, nach Ablauf des Probejahrs 1843 hierher zu kommen und in das Institut des Dr. Deecke als Lehrer einzutreten. Um mir aber endlich eine sichere Aussicht zu eröffnen, benutzte ich, nach verschiedenen fehlgeschlagenen Versuchen anderer Art, die Sommerferien 1845 zu einer Reise nach Dresden, wo ich an dem dortigen Gymnasium des Professor Blochmann eine Anstellung suchte. Schon war mir diese zum Herbst des Jahres zugewiesen, als sich mir die Gelegenheit bot, an der hiesigen Schule einzutreten. Den Wunsch, hier einst wirken zu können, hatte ich stets insgeheim genährt; die Hoffnung, ihn erfüllt zu sehen, gewann die Oberhand, ich blieb in Lübeck und habe nun die frohe Gewissheit, der Schule meine ganze Thätigkeit widmen zu können, der ich den Grund meiner Bildung verdanke'.

Aus den drei grossen Gebieten der klassischen Philologie, der Geschichte und der neueren Sprachen heraus hat Mantels in überraschend kurzer Zeit den Weg in den festbegrenzten Studienkreis gefunden, der ihm seine Bedeutung als selbstständiger Forscher gab. Ja, seine im Jahre vorher geschriebene Erstlingsschrift bezeichnet schon, wie den Abschluss seiner bisherigen, so den Ausgangspunkt seiner neuen Studienrichtung.

Diese Erstlingsschrift war den Fabeln des griechischen Dichters Babrios gewidmet [2]. Seit Wiederentdeckung derselben durch den Macedonier Minoidis Minas hatte sich Mantels ‚mit ihnen und verwandten Stoffen in Bezug auf sie' zum Zweck einer grösseren Arbeit beschäftigt. Als ihm Andere darin zuvorgekommen waren, entschloss er sich, in einer kleineren Arbeit einestheils ‚auch das nichtphilologische Publikum mit diesem neuesten Funde bekannt zu machen', andererseits aber auch ‚die Frage nach dem allgemeinen Verhältniss, in welchem die äsopische Fabel zu andern, namentlich zu der deutschen Thierfabel steht, wieder anzuregen und auf einige Punkte hinzuweisen, die einer einstigen gründlichern Erledigung zum Anhalt dienen können'. ‚Diese an feinen Bemerkungen reiche, lesenswerthe Abhandlung' ist das Einzige geblieben, was Mantels auf dem Gebiete der klassischen Philologie schriftstellerisch geleistet hat. Das deutsche Thierepos, mit dem er sich im Interesse des Babrios beschäftigt hatte, nahm ihn für die Muttersprache, das Niederdeutsche gefangen, und Reineke Vos war der Führer, der ihn in die Litteratur, Geschichte und Kunstgeschichte Lübecks hinüberleitete.

In dieser Beziehung ist es von Interesse, dass Mantels, der im Winter 1848—49 den Reineke Vos mit seinen Sekundanern tractirt hatte und nach Jakob Grimm's Vorgange auf die Eigennamen ausführlich eingegangen war, in seiner ersten historischen Arbeit, der Abhandlung über die beiden ältesten Bürgermatrikeln Lübecks, der Namenbildung ein besonderes Interesse widmete [3], und dass er in seiner ersten kunsthistorischen Arbeit eine Altardecke des 14. Jahrhunderts besprach, auf der die Thaten Reinekes dargestellt sind.

Mantels' Thätigkeit als Lehrer hat von berufenerer Seite eine Würdigung erfahren, auf die hier verwiesen werden muss [4]. Im

---

[2] Osterprogramm des Catharineums in Lübeck 1846, S. 18—44.

[3] Was in den Bürgermatrikeln (unten S. 82) über den Namen Tale gesagt wird, findet sich schon in seinen Präparationen zum Reineke Vos.

[4] Dr. Carl Curtius in Bursian's Jahresbericht über die Fortschritte der klassischen Alterthumswissenschaft Jahrg. 6, Heft 6—7, Nekrologe S. 22—28;

Jahre 1845 interimistisch mit der Vertretung des erkrankten Prof. Ackermann betraut, wurde er bei dessen Pensionirung Ostern 1847 als zweiter Collaborator angestellt und übernahm gleich Anfangs den lateinischen, deutschen und geschichtlichen Unterricht in der Sekunda, deren Ordinariat er von 1849 an, seit 1853 in der Stellung eines Professors, bis zum Jahre 1874 verwaltet hat. Sein ehemaliger Schüler und späterer Kollege Dr. Carl Curtius schildert Mantels als ‚einen durchaus genial angelegten Lehrer, r mehr anregend als peinlich controlirend einwirken wollte, der f die Individualität des Einzelnen liebevoll einging und in je- m die guten Seiten zu finden und zu wecken suchte'. Auch bt er hervor, dass Mantels, selbst nicht ohne poetisches Talent d voll Interesse für die neuere Litteratur, auch bei den Schü- n den Sinn für Poesie zu wecken bestrebt war, und durch nen Geschichtsunterricht die Jugend nicht nur augenblicklich begeistern, sondern auch nachhaltig anzuregen und zu eigenen beiten zu ermuthigen verstand. Im vollständigsten Gegensatz einer neueren Richtung, die im Interesse der Erreichung rein sserlicher Ziele Lehrer und Schüler in der Thätigkeit für die hule aufgehen lassen möchte, glaubte Mantels, dass das eigene, iwillige, selbstständige Arbeiten von Schülern und Lehrern ch für den Unterricht fruchtbar sei. In diesem Sinne prote- te er den historischen Verein, der sich aus strebsamen Schü- n der oberen Klassen gebildet hatte, besuchte dessen Versamm- ıgen, insbesondere an den Stiftungstagen, knüpfte an die Vor- ge seine Bemerkungen an, lieferte auch wohl gelegentlich selbst ıen Beitrag [5]. In diesem Sinne suchte er auch die jüngeren llegen zu selbstständigem Schaffen, sei es in Vorträgen, sei es litterarischen Arbeiten, anzuregen, zeigte ihnen Theilnahme ˙ die Gegenstände ihrer Studien und suchte als Bibliothekar en Wünschen bei den Anschaffungen Rechnung zu tragen.

Gleich bei seiner Anstellung trat Mantels zweien Vereini- ıgen bei, denen er sein ganzes Leben hindurch treu geblieben

---

ıeckische Blätter 1879 Nr. 72; Osterprogramm des Catharineums 1880, s. 51—56.

[5] S. die Abhandlung über das Burgkloster, gedruckt in den Lüb. Blättern 1879 Nr. 68; vgl. unten S. 327—40.

ist und die für ihn, wie er für sie, eine ausserordentliche Bedeutung haben sollten.

Die Gesellschaft zur Beförderung gemeinnütziger Thätigkeit ist
eine jener in den letzten Jahrzehnten des vorigen Jahrhunderts ent-
standenen Vereinigungen, welche sich in lokalisirtem Philanthropis-
mus die Hebung des Gemeinwohls in der Vaterstadt nach allen
Richtungen hin zur Aufgabe gesetzt und in Verfolgung dieses Zieles
eine Reihe von löblichen und segensreich wirkenden Instituten
theils selbst geschaffen haben, theils moralisch und materiell un-
terstützen. Bis zur Mitte dieses Jahrhunderts bildeten diese Gesellschaften den Mittelpunkt alles geistigen Verkehrs, und die
politische Erregung der vierziger Jahre liess eine Zeitlang ihr
Leben noch stärker pulsiren; dann aber trat aus mancherlei Ur-
sachen insofern eine Lähmung ein, als zwar die Institute und
Abtheilungen der Gesellschaften sich kräftig weiter entwickelten,
das Interesse am Ganzen aber bei den Mitgliedern und deshalb
auch bei der Bevölkerung immer mehr abnahm. Als Mantels
1845 in die gemeinnützige Gesellschaft eintrat, stand dieselbe in
ihrer höchsten Blüthe und übte deshalb namentlich auf die jüngeren Mitglieder den anregendsten Einfluss aus. Was Mantels
der Gesellschaft gewesen ist, lässt sich daraus erkennen, dass er
ein Menschenalter hindurch ununterbrochen irgend eines ihrer
Aemter bekleidete; 1848—55 war er Vorsteher der Turnanstalt,
1855—59 Vorsteher der Bibliothek, 1859—62 Direktor, 1862—
68 Vorsteher, 1863 — 75 Vorsteher des Vereins für entlassene
Sträflinge und sittlich Verwahrloste, 1872 bis zu seinem Tode
Vorsteher des Schullehrerseminars. Die Gesellschaft selbst hat bei
Gelegenheit seines Lehrerjubiläums ihrem Danke durch Verleihung
ihrer goldenen Medaille Ausdruck gegeben.

In der gemeinnützigen Gesellschaft ist auch dazu die Anregung gegeben, dass am 7. Januar 1822 ein kleiner Kreis von
nur 6 Männern als Ausschuss für Lübische Geschichte zusammen-
trat, der sich im ersten Jahrzehnt seines Bestehens (1822 — 31)
im Wesentlichen auf das Sammeln und Sichern aller auf die Geschichte Lübecks bezüglichen handschriftlichen und gedruckten
Nachrichten beschränkte, später aber, nachdem die eine Zeitlang
sistirte Thätigkeit am 20. Oktober 1835 von dreien der bisherigen Mitglieder wieder aufgenommen war, und namentlich unter

dem Eindruck, den das Erscheinen von Böhmers Urkundenbuch
der Stadt Frankfurt in unsern Hansestädten hervorrief, die Herausgabe eines Lübischen Urkundenbuchs zum Mittelpunkt seiner
Thätigkeit machte. 1844 März 13 nahm dieser Ausschuss mit
Genehmigung der gemeinnützigen Gesellschaft den Namen eines
Vereins für Lübeckische Geschichte an, der später, als ein von
1848—53 selbstständig bestehender Ausschuss für Sammlung lübeckischer Kunstalterthümer mit dem Geschichtsverein verschmolz,
in die Bezeichnung Verein für Lübeckische Geschichte und Alterthumskunde verlängert wurde. In diesem Verein sah sich Mantels
zu gemeinsamer Arbeit mit Männern verbunden, die entweder, wie
Deecke und Pauli nachahmungswürdige Vorbilder oder wie der mit
ihm eingetretene spätere Staatsarchivar Wehrmann und der 1849
beigetretene Maler Milde die Anregung gleichen Strebens gaben.

Ein Jahrzehnt hindurch sehen wir Mantels noch unter dem
Einfluss verschiedener Interessen, von denen jedoch die Liebe
zur Lübischen Geschichte immer mächtiger wird und endlich zur
Alleinherrschaft gelangt. In getreuem Bilde spiegelt dieses innere
Reifen das Verzeichniss der Vorträge wieder, die er während dieses Zeitraums in der gemeinnützigen Gesellschaft hielt. Zunächst
kam 1847 in einem Vortrage über die ursprüngliche italienische
Novelle eine frühere Richtung zum Ausdruck und Ausklang. Dann
zeigt sich uns das Bestreben, auf die grossen merkantilischen
Kreise Lübecks dadurch bildend einzuwirken, dass er für kultur-
geschichtliche Ereignisse der Gegenwart, die den Handel berühren, Verständniss zu geben sucht oder durch Anknüpfung an
Dinge, die dem Kaufmann am nächsten liegen, das Interesse für
historische Forschung und Betrachtungsweise zu wecken bemüht
ist. Dieser Richtung gehört es an, dass er 1847 einen Vortrag
über die Engländer in Afghanistan hielt, 1854 vergleichende
Blicke auf den Handel der Völker ältester und neuester Zeit warf,
1855 die Entdeckung der nordwestlichen Durchfahrt durch Mac
Clure, den Befehlshaber des englischen zur Aufsuchung Frank-
lin's beorderten Schiffes Investigation besprach. Auf dem Gebiete
der Lübischen Geschichte, aus dem heraus er schon 1846, wenn
auch nur als Vermittler der Studien Anderer, hatte reden wollen,
liegen zunächst zwei Vorträge, die er 1849 über die hauptsäch-
lichsten Kriegsthaten Lübecks zur See im Mittelalter hielt; ihnen

folgten 1851 Mittheilungen aus dem handschriftlichen Familienbuche des im Jahre 1648 verstorbenen Lübecker Bürgers Peter Hacks, deren wesentlichster Inhalt später in der Zeitschrift für Lübeckische Geschichte veröffentlicht wurde [6], und 1854 einzelne Züge aus dem kaufmännischen Verkehr Lübecks im 14. Jahrhundert, ein Vortrag, dessen Thema offenbar auch von der eben genannten Richtung mit beeinflusst war.

Von 1855—62 hat Mantels keine Vorträge dieser Art gehalten; doch gab ihm das von ihm verwaltete Bibliothekariat 1857 Veranlassung zu einigen Mittheilungen über die Aufgabe, welche die Bibliothek der Gesellschaft zu lösen hat, und 1860— 62 hatte er als Direktor den Jahresbericht zu liefern, in dem er bemüht war, die Mitglieder auf die vorhandenen Schwächen aufmerksam zu machen und ihnen die Schöpfung vereinigender, die Gesellschaft als Ganzes belebender Elemente, insbesondere eines gemeinsamen Lesezimmers, zu empfehlen. Die Hauptthätigkeit aber war während dieser Zeit der Lübischen Geschichte gewidmet. Auf die schon erwähnte 1854 erschienene Abhandlung über die Bürgermatrikeln folgten drei weitere Arbeiten: 1856 Lübeck und Marquard von Westensee, 1858 Thidemann Güstrow, 1862 der Pfundzoll, ein mit unendlicher Mühe gearbeitetes Meisterstück historischer Klein-Arbeit, das seinen Urheber weit über Lübeck hinaus bekannt machte und ihm die verdiente Anerkennung aller Sachverständigen eintrug. Dazu kam dann die Thätigkeit in dem neureformirten Lübischen Geschichtsverein, dessen Vorsitz Mantels übernommen hatte: die Betheiligung am Urkundenbuche, dessen zweiter Band von Mantels unter Mithülfe Wehrmanns bearbeitet, der 1854 zum Staatsarchivar berufen war, 1854—58 erschien, die Herausgabe einer Zeitschrift für Lübische Geschichte, deren erster Band 1854—59 herauskam, die Mitarbeiterschaft an dem Siegelwerk von Milde, von 1856—62 fünf Hefte, in deren Text sich Masch und Mantels getheilt hatten. Und alle diese Arbeiten sind den Mussestunden eines Schulmannes abgewonnen, der das Ordinariat der Sekunda verwaltete, und dessen zarte Gesundheit bereits (1861) den ersten Stoss erhalten hatte.

Das Jahr 1862 brachte Mantels das durch den Tod Prof. Deecke's (1862 Apr. 24) erledigte Amt eines Bibliothekars der

Stadtbibliothek (Juni 8), das er bis zu seinem Tode mit Liebe
und Treue verwaltet hat. Die Stadtbibliothek Lübecks ist eine
nicht gerade grosse, aber doch auch — namentlich in Bezug auf
historische Litteratur, Inkunabeln und Manuskripte — nicht unbedeutende Bibliothek, die von 1863 — 76 durchschnittlich 650
Bände im Jahr auslieh und sich von 1863—76 jährlich um etwa
1500, im Ganzen von c. 65,000 auf c. 85,000 Bände und Hefte
vermehrte. Diesem verhältnissmässig grossen Zuwachs entsprachen
damals die vorhandenen Räumlichkeiten und Arbeitskräfte so wenig, dass die letzten Erwerbungen nicht mehr einrangirt werden
konnten, sondern untergebracht werden mussten, wo sich irgendwo
ein Plätzchen frei fand, und dass der Bibliothekar ausser der
eigentlichen Verwaltung und der gesammten wissenschaftlichen
Korrespondenz nicht nur die Katalogisirung der Eingänge allein
besorgen, sondern auch bei der gewöhnlichsten Handreichung täglich selbst mithelfen musste. ,Mit Bitterkeit, heisst es in einem
Artikel der Lübeckischen Blätter vom 24. Aug. 1879, erfüllt uns
die Erinnerung an die erwähnte, Zeit und Kräfte verzehrende me-
chanische Thätigkeit gerade im Hinblick auf diesen Todten'. Erst
1877 wurde durch einen Umbau den Bedürfnissen der Bibliothek
und des Publikums in angemessener Weise entsprochen und dem
entsprechend die Arbeitskraft durch Verlängerung der Arbeitszeit
der bisherigen und durch Anstellung eines weiteren Beamten vermehrt. Die Sorge für die Ueberführung der Bücher aus den
alten Räumen in die neuen nahmen die letzten Lebensjahre Mantels' hauptsächlich in Anspruch und die Einrichtung des ge-
schmackvollen, mit den Cartons seines ihm im Tode vorangegan-
genen Freundes Milde geschmückten Lesezimmers war seine letzte
hohe Freude.

Als Mantels kaum das mühevolle und in mehr als einer Beziehung undankbare Amt eines Bibliothekars übernommen hatte,
wurde ihm eine neue grosse Arbeit angetragen, die für die Jahre
1863—70 in den Vordergrund seiner Thätigkeit tritt und recht
eigentlich seine leider unvollendet gebliebene Lebensaufgabe geworden ist. Am 25. Januar 1863 bot ihm Lappenberg an, im
Auftrage der historischen Kommission bei der kgl. Akademie der
Wissenschaften zu München die Herausgabe der Lübischen Chroniken zu übernehmen nd am 8. Februar erklärte sich Mantels

unter dem Vorbehalt, dass ihm eine ausreichende Frist gestellt
werde, zur Annahme bereit. Im Anfang schien Alles glatt zu
gehen. Mit Rücksicht auf den in Göttingen ausgeschriebenen
Preis für eine Bearbeitung der Korner-Chronik dachte Mantels
im Einverständniss mit Lappenberg daran, die Publikation mit
den späteren Chroniken von Bonnus, Reckemann und Reimer Kock
zu beginnen, und glaubte schon im Herbst 1864, nachdem er in
den Michaelisferien des vergangenen Jahres die Bestände der kgl.
Bibliothek zu Kopenhagen durchmustert hatte, die Drucklegung
des ersten Bandes in nahe Aussicht nehmen zu können. Dann aber
kam er, wieder im Einvernehmen mit Lappenberg, auf den me-
thodisch richtigeren, aber ungleich schwierigeren Weg, den Beginn mit der von Grautoff kritisch doch vollständig ungenügend
behandelten Detmar-Chronik mit ihren Fortsetzungen und Paral-
lel-Arbeiten zu machen. Die zeitraubende Arbeit einer Vergleichung, beziehlich einer Abschriftnahme der Handschriften wurde
erledigt; auch die Prüfung, die Berichtigungen und Ergänzungen
der einzelnen Nachrichten konnten einem so kenntnissreichen,
fleissigen Arbeiter nicht schwer fallen; da stellte sich ihm aber
als letzte und für ihn grösste Schwierigkeit die Frage entgegen, ob
er bei seiner Veröffentlichung den Detmar oder den Rufus zu Grunde
legen solle, und — im Zusammenhange damit — ob er der offi-
ciellen Rathshandschrift des Detmar oder einer andern Handschrift den Vorzug einzuräumen habe. Diese letzte Schwierigkeit
hat Mantels nicht überwunden; es war ihm nicht möglich eine
klare Einsicht in das Verhältniss der einzelnen historischen Arbeiten zu gewinnen oder sich doch eine feste Ansicht über dasselbe zu bilden; jegliches Pro und Contra hat er verzeichnet und
hin und her erwogen, ohne ein bestimmtes Endurtheil fällen zu
mögen. Im Besitz aller nöthigen Kenntnisse, nach Beendigung aller
Vorarbeiten, sah er den Abschluss der Arbeit immer nahe vor
sich liegen, ohne ihn doch erreichen zu können. Gedrängt von
seinem Pflichtgefühl gegen die historische Kommission, die diese
wichtigen Chroniken von einem Mann von seiner Befähigung vollendet zu sehen wünschte, gegen die Schuldeputation, die ihn auf
das Gesuch der historischen Kommission von einem Theil seiner
Schulstunden dispensirt hatte, wurde ihm die Chronikenarbeit zu
einer Last, die ihn niederdrückte und die er doch nicht abzu-

schütteln vermochte. Wie gleich bei der Uebernahme der Arbeit,
so ist er auch später wiederholt mit sich zu Rathe gegangen, ob
er nicht die Arbeit einem Andern überlassen sollte, aber immer
hat ihn dann die Erwägung, dass sich in Lübeck Niemand dazu
finde und dass ein Auswärtiger sich nur schwer und mühsam in
das hineinarbeiten könne, was ihm selbst vollständig geläufig war,
seine Last weiter schleppen lassen, bis ihn der Tod davon befreit hat.

Jene Schwierigkeit, die Mantels daran gehindert hat, seiner
Hauptaufgabe Herr zu werden und der verdienten Anerkennung
der auf ihre Lösung verwandten Thätigkeit zu geniessen, wird
dem Laien vielleicht dadurch verständlich, dass die sachverwandte
Vorbereitung einer Ausgabe der Korner-Chronik, welche die We-
dekindstiftung in Göttingen durch ein Preisausschreiben anregte
und für die schon ungleich mehr gethan war, in der ersten zehn-
jährigen Frist nicht geliefert wurde, und dass nach abermals zehn
Jahren wohl der Preis zugebilligt, aber die Ausgabe vorläufig
und bis auf den heutigen Tag zurückgehalten wurde. Dazu
kommt dann andererseits, dass die Lösung einer solchen Aufgabe
die ganze Energie eines geistig frischen Menschen erfordert, während Mantels nur über Mussestunden zu verfügen hatte, die ihm
nach Erfüllung seiner Pflichten als Lehrer und Bibliothekar übrig
blieben, dass wiederholtes Siechthum ihn zeitweilig zur Einstel-
lung selbst seiner Berufsthätigkeit zwang, und dass endlich der
Hinblick auf das sichere und verhältnissmässig leichte Arbeiten,
das Jüngere Dank der Schulung eines Waitz in ähnlichen, freilich viel weniger schwierigen Fragen bewiesen, ihm das Vertrauen auf das eigene Können erschütterte und damit die Freu-
digkeit des Arbeitens nahm.

Um so bedeutungsvoller war es für Mantels, dass ihm das
Jahr 1871 ein neues Ehrenamt brachte, das ihm freilich ebenfalls unendlich viel Last und Arbeit auferlegte, aber auch in weiten Kreisen ihm Anerkennung eintrug und ihm vor Allem die
edle Freude bereitete, für die Lösung hoher, ihm warm am Herzen liegender Aufgaben segensreich wirken zu können.

Als am 24. Mai 1870 zu Stralsund das Gedenkfest des ruhmreichen Friedens gefeiert wurde, der vor fünfhundert Jahren den
Sieg der Hansestädte über König Waldemar von Dänemark be-

siegelt hatte, vereinigten sich die Geschichtsvereine von Hamburg, Lübeck und Bremen mit der Stralsund-Greifswalder Abtheilung des Pommer'schen Geschichtsvereins zur gemeinsamen Ausschreibung einer Preisaufgabe, die jenem Frieden ein würdiges Denkmal setzen sollte. Die in Stralsund anwesenden Abgeordneten jener Vereine [7] beschlossen aber, es bei dieser einmaligen Zusammenkunft nicht bewenden zu lassen, sondern vereinigten sich zu einem hansischen Geschichtsverein mit jährlichen Wanderversammlungen und einem wissenschaftlichen Organ für Hansische Geschichte, der Pfingsten nächsten Jahres zu Lübeck seine erste konstituirende Versammlung halten sollte. Die glorreiche Zeit, welche dann folgte, musste auch dem Aufblühen eines Vereines günstig sein, dessen Stiftung an eine Grossthat deutschen Bürgerthums anknüpfte. Als man sich in Lübeck wieder zusammenfand, zählte der Verein bereits gegen hundert Mitglieder, von denen 48 anwesend waren. Bei Gelegenheit der Statutenberathung wies Prof. Waitz aus Göttingen nachdrücklich darauf hin, dass ein Hansischer Geschichtsverein noch grössere Aufgaben vor sich habe, als die bis jetzt ins Auge gefassten, es gelte, für eine wissenschaftliche Geschichte der Hansa den urkundlichen Grund zu legen; wohl habe die Historische Kommission bei der kgl. Akademie der Wissenschaften zu München den Anfang gemacht, die Hanserecesse, die Protokolle der Verhandlungen Hansischer Rathssendeboten zu veröffentlichen, aber sowohl die Fortsetzung dieser Arbeit von einem bestimmten Termine ab, wie die Ergänzung derselben durch ein Hansisches Urkundenbuch sei eine Ehrenpflicht der jetzigen und ehemaligen Hansestädte, gegen sich selbst, gegen ihre eigene ruhmreiche Vergangenheit; die Städte aber darauf hinzuweisen und ihnen die Erfüllung dieser Pflicht zu ermöglichen, das sei es, was sich der junge Verein zur Hauptaufgabe machen müsse. In diesem Sinne wurde in den revidirten Statuten die Sammlung und Veröffentlichung der Quellen der Hansischen Geschichte obenangestellt, dem Verein in Lübeck ein fester Sitz gegeben und an seine Spitze ein Vorstand von sieben Mitgliedern gestellt, von denen wenigstens zwei in Lübeck wohnen müssen.

---

[7] Mantels war verhindert zu kommen, bethätigte aber seine Theilnahme

Diese Organisation des Vereins beruht auf der theils sach-
lichen, theils persönlichen Erwägung, dass Lübeck als Oberhaupt
des hansischen Städtebundes naturgemäss auch die Leitung des
Hansischen Geschichtsvereins zukomme, und dass gerade dort sich
zwei Männer neben einander fanden, denen der Verein die Leitung seiner Angelegenheiten mit dem vollsten Vertrauen übergeben konnte: Mantels wurde zum Vorsitzenden gewählt, Staatsarchivar Wehrmann übernahm die mühselige, für einen Verein
dieser Art aber auch hochwichtige Kassenverwaltung.

Wie Mantels gerade hier an seinem rechten Platze war, wie
sich ihm die Jahresversammlungen des Hansischen Geschichtsvereins, denen er nach einander zu Lübeck, Braunschweig, Bremen, Hamburg, Köln, Stralsund und Göttingen präsidirte, zu
Ehren- und Freudentagen gestalteten, und wie sein reiches Wissen, sein gediegener Charakter, sein liebenswürdiges Wesen ihm
überall die Herzen von Alt und Jung gewann, das hat in lebens-
voller Schilderung, mit schönen, warmen Worten Prof. Pauli aus
Göttingen [8] in der Jahresversammlung zu Hildesheim zum Ausdruck gebracht.   Die dem Hansischen Geschichtsverein Fernste-
henden werden sich von der Wirksamkeit desselben und dem
Thätigkeitsgebiet seines Vorsitzenden aus den wenigen Angaben
eine Vorstellung machen können, dass der Verein bei Mantels'
Tode 475 Mitglieder zählte und über eine jährliche Einnahme
von 11,500 Mark verfügte, dass damals bereits 7 Jahrgänge der
Hansischen Geschichtsblätter, 2 Bände Hansischer Geschichtsquellen, 2 Bände Hanserecesse und ein Band des Hansischen Urkundenbuches vollendet vorlagen, dass Se. Majestät der Deutsche
Kaiser an der Spitze der Vereinsmitglieder steht und dass die
Verwaltung der Wedekind'schen Preisstiftung für deutsche Geschichte bei der kgl. Akademie der Wissenschaften zu Göttingen
den Verein durch Zuweisung einer Summe von 3000 Mark geehrt hat.

Auch dem Verein für Niederdeutsche Sprachforschung, der
sich am 20. Mai 1875 zu Hamburg im Anschluss an den Han-

---

durch die kleine Abhandlung: Brun Warendorp. Ein Scherflein zur stralsunder
Säcularfeier am 24. Mai 1870. Vgl. unten S. 194—207.

    [8] R. Pauli, Zur Erinnerung an Wilhelm Mantels, Hans. Geschsbl. 1879, S. 3
—10.

sischen Geschichtsverein konstituirte, brachte Mantels warme Sym-
pathieen entgegen. „Das lebhafte und tiefe Interesse, das derselbe für die niederdeutsche Sprachforschung empfand, liess die
Mitglieder der germanistischen Sektion des Vereins für Kunst und
Wissenschaft in Hamburg von vornherein die wohlwollendste Theilnahme finden, als sie am Himmelfahrtstage 1874 in Lübeck ihm
als Vorsitzenden des Hansischen Geschichtsvereins den Plan vor-
legten, innerhalb des Rahmens des von ihm geleiteten Vereins
oder doch in Anlehnung an denselben einen neuen Verein zur
Erforschung der niederdeutschen Sprache zu gründen. Einer der
Ersten von denen, die von ausserhalb Hamburgs dem jungen Verein in der Pfingstversammlung 1875 sich anschlossen, hat er demselben bis zu seinem Tode treu angehangen, in seinen Bestrebungen ihn aufgemuntert und in seinen Arbeiten ihm Hülfe geleistet' [9].

Ueberblicken wir nun, nachdem wir die wissenschaftliche
Thätigkeit Mantels' in den Jahren 1863—79 in ihren Hauptrich-
tungen skizzirt haben, seine Leistungen — abgesehen von der
Hauptarbeit, die erst nach der Herausgabe der Chroniken gewürdigt werden kann — im Einzelnen, so stellen sich uns zunächst
wieder die Vorträge entgegen, die er bei verschiedenen Veran-
lassungen in verschiedenen Kreisen gehalten hat. In der gemeinnützigen Gesellschaft sprach er 1863 über den Verein für Lübeckische Geschichte und Alterthumskunde, dessen Verhältnisse
und Arbeiten, 1867 aus seinen Chronikenstudien heraus über Hermann Bonnus, Lübecks ersten Rector und Superintendenten, als Lübischen Chronisten [10], 1867—68 über die Lübecker Bürgermeister
und Flottenführer Johann Wittenborg, Brun Warendorp und Tidemann Steen; 1876 machte er Mittheilungen aus dem Leben
von Carl Julius Milde [11]; 1878 gab ihm der fünfte Band des Lübischen Urkundenbuchs Veranlassung, Lübeckische Geschichten aus
dem Anfange des 15. Jahrhunderts vorzutragen, wie er 1870 die

---

[9] Korrespondenzblatt f. nd. Sprachforschung 4, S. 38.

[10] S. unten Anm. 373—91.

[11] Zeitschr. f. Lüb. Gesch. 1, S. 1—7, 405—16; 2, S. 556—64; 3, S. 613—
634. Ein Separat-Abdruck: Carl Julius Milde in seiner Wirksamkeit für
Lübecks Kunst u. Alterthum. Lübeck, 1876.

Aufmerksamkeit der Mitglieder auf das Erscheinen der ersten
Series der Hanserecesse hingelenkt und 1877 dem ersten Bande
der zweiten Reihe den Stoff zu einem Vortrage über den grossen
Hansetag in Lübeck im Sommer des Jahres 1434 abgewonnen
hatte. In gleicher Weise sprach er 1877 nach dem Erscheinen des Hansischen Urkundenbuches über den Ursprung und die
allmählige Entwickelung des Hansabundes in einem Vortrag, der
im Casino zum Besten der Schulkollegen-Wittwenkasse stattfand;
ebendaselbst hatte er 1863 an zwei Abenden Vorträge aus der
älteren lübischen Geschichte gehalten, deren Ertrag zur Anschaffung von Gipsabgüssen verwendet werden sollte. In den Versammlungen des Hansischen Geschichtsvereins zu Lübeck hat er
1876 über Johann Wittenborg gesprochen und 1872 geschildert,
wie sich die Lübecker Reliquien holten. Mehrere dieser Vorträge sind später durch den Druck bekannt geworden, einige von
Anfang an dazu bestimmt gewesen. Er liebte es, seine Arbeiten
jenem magischen Einfluss auszusetzen, den die Zuhörer auf den
Redner und dadurch auch auf dessen Vortrag ausüben und der
gerade für ihn von besonderer Bedeutung war, da er sich einerseits durch seine Fülle von Interessen und seine grosse Detail-
kenntniss leicht zum Abschweifen von der Hauptsache verführen
liess, andererseits aber wieder mit einem feinen Gefühl für eine
gefällige, anmuthige Form begabt war.

Die Thätigkeit im Verein für Lübeckische Geschichte und
Alterthumskunde war zunächst dem Urkundenbuche gewidmet,
dessen dritter Band im Text schon 1867 beendet war, während
die von Mantels übernommenen Register noch ausstanden und
während seiner schweren Krankheit im Jahre 1871 von Staatsarchivar Wehrmann angefertigt wurden. Von da ab übernahm
dieser die alleinige Fortführung der Arbeit, jedoch unter der von
Anfang an zugesagten und ununterbrochen mit grosser Bereitwilligkeit gewährten Unterstützung' von Mantels. Band 4 erschien
schon 1873, Band 5 im Jahre 1877; der 6. Band, dessen Anfang Mantels noch freudig begrüssen konnte, steht jetzt unmittelbar vor dem Abschluss. Von Mildes Siegelwerk wurden Heft
6—9 in den Jahren 1864—71 fertig; nach dem Tode der drei
Mitarbeiter Milde, Masch und Mantels brachte Staatsarchivar
Wehrmann 1879 das Werk durch eine zehnte Lieferung zum

Abschluss. Von der Vereinszeitschrift wurde der zweite Band 1867, der dritte 1876 vollendet.

An dieser Zeitschrift hat sich Mantels, von der Redaktion abgesehen, durch eine Reihe von Beiträgen betheiligt. Als Vorsitzender erstattete er Berichte über die Entstehungsgeschichte und die Thätigkeit des Vereins, die namentlich durch die eingelegten biographischen Skizzen verstorbener Mitglieder von allgemeinerem Interesse sind[11]. Ausser dem hübschen Aufsatze, der die Reihe dieser Lübisch-Hansischen Beiträge eröffnet, erschienen in der Zeitschrift zunächst verschiedene kleinere Mittheilungen, Miscellen, die sich theilweise an seine selbstständig veröffentlichten Arbeiten anschliessen[12], und eine kulturhistorisch interessante Aufzeichnung über die Beköstigung des Mag. Hermann Elers aus dem Jahre 1542[13]. Unter der Bezeichnung niedersächsische Lieder wurden mitgetheilt das niedliche Trinklied We ethen wyl de gha tom dysch und die auch anderweitig bekannt gemachten[14] Sproke de dar entdecken unde apenbaren de gebrecklicheyt der werlde stande[15], sowie vier fernere Dichtungen von historischem Interesse, nämlich ein unvollständiges Lied, das die Kämpfe der Hansestädte gegen Dänemark von 1511 in 74 Strophen besingt; Spottverse der Holländer auf die Hansestädte mit der Antwort der Lübecker von 1532 und ein Doppel-Akrostichon auf das 1562 von Dänen und Lübeckern genommene und durch Unvorsicht in die Luft gesprengte schwedische Admiralschiff Magelosa[16]. Ebenfalls historisch interessant ist das mehrfach gedruckte Lied des Syndicus Domann von der deutschen Hanse, das Mantels nach einem bis dahin verschollenen Einzeldruck von 1868 neu herausgab[17]. Ein mittelhochdeutsches Lied der nach Mont Saint Michel in der Normandie wallfahrenden Kinder[18] leitet über zu

[11] Zeitschr. f. Lüb. Gesch. 1, S. 1—7, 405—16; 2, S. 556—64; 3, S. 612—634. Ein Separatabdruck: Carl Julius Milde in seiner Wirksamkeit für Lübecks Kunst und Alterthum. Lübeck 1876.

[12] Ebend. 1, S. 251—56: Die Ermordung des Marquard v. Westensee (s. unten S. 162, Anm. 21); Ein Privatbesitz Kg. Waldemar's in oder bei Prag (s. unten S. 264, Anm. 87 b); Zwei Privatbriefe.

[13] Ebend. 3, S. 562—67.   [14] Zeitschr. f. Hamb. Gesch. 4, S. 499, 500.

[15] Zeitschr. f. Lüb. Gesch. 1, S. 249—53.

[16] Ebend. 1, S. 93—121.   [17] Ebend. 2, S. 470—87.

[18] Ebend. 2, S. 538—41.

einer weiteren Gruppe, den Niedersächsischen geistlichen Liedern, unter denen einerseits das anderswo ausführlicher erhaltene [19] Lied vom andern Land und die Umdichtung einer hochdeutschen Vorlage mit Reminiscenz an Walther von der Vogelweide O we, wo synt mynes levendes daghe zo gar dar hyn [20], andererseits das grössere allegorische Gedicht Besiegung der Todesfurcht durch die Liebe zum ewigen Leben [21], besonders hervorzuheben sind. Endlich sind noch zwei Arbeiten von kunsthistorischem Interesse namhaft zu machen: eine an die Abhandlung vom Pfundzoll anknüpfende Untersuchung über die drei Wappenschilde Lübeckischer Kaufmannsgilden aus dem Anfange des funfzehnten Jahrhunderts [22] und der im Einvernehmen mit Milde niedergeschriebene Aufsatz über eine auf Leinen gestickte Altardecke aus dem 14. Jahrhundert [23].

An selbstständig erschienenen Schriften ist zunächst namhaft zu machen: Der Todtentanz in der Marienkirche zu Lübeck nach einer Zeichnung von C. J. Milde mit erläuterndem Text von W. Mantels, 1866, in zweiter Auflage 1867. In dieser hübschen, scharfsinnigen Arbeit weist Mantels nach, dass der jetzt vorhandene Todtentanz auf Leinwand vom Jahre 1701 nicht eine Restauration, sondern eine Kopie der älteren Darstellung ist, die 1463 auf Holz gemalt worden war, und dass in der handschriftlichen Ueberlieferung der alten niederdeutschen Verse der Zusammenhang gestört ist, aber mit Hülfe der 1701 an deren Stelle gesetzten hochdeutschen Verse wiederhergestellt werden kann. Dieses letztere Resultat wurde, wie er in einer Anzeige seiner Arbeit und einer Schrift von H. Bäthcke des Weiteren ausführt [24], durch den ihm später bekannt gewordenen Revaler Todtentanz bestätigt. Hinsichtlich des Materials der Darstellung lehrte eine erneuerte Untersuchung, dass schon 1588 eine Leinwandmalerei aufgefrischt wurde, dass also die alte Holzmalerei schon früh im 16. Jahrhundert verdrängt worden sein muss [25]. Ebenfalls

---

[19] Zeitschr. f. Hamb. Gesch. 7, S. 59, Anm. 2.

[20] Zeitschr. f. Lüb. Gesch. 2, S. 528—37.

[21] Ebend. 3, S. 568—90.   [22] Ebend. 2. S. 541—52.

[23] Ebend. 1, S. 122—28; 3, S. 608, 609.

[24] Göttg. Gel. Anzeigen 1873, S. 721.

[25] Der Lübecker Todtentanz vor seiner Erneuerung im Jahre 1701 im Anzeiger f. .nde d. deutschen Vorzeit 1873, S. 158.

1866 erschien die Gratulationsschrift des Catharineums: Aus dem
Memorial oder Geheim-Buche des Lübecker Krämers Hinrich
Dunkelgud. Den Beschluss machte das kurz vor seinem Tode
von Mantels geschriebene Glückwunschschreiben des Catharineums
bei Gelegenheit der 350jährigen Jubelfeier des Johanneums zu
Hamburg, dem einige Notizen über den Aufenthalt Bugenhagens
in Lübeck 1531 einverleibt und 17 Anstandsregeln in Latein
mit niederdeutscher Uebersetzung beigegeben sind, in welchen
letzteren Seelemann Bruchstücke eines Facetus erkannt hat [25a].

Im Jahrbuch des Vereins für Niederdeutsche Sprachforschung
veröffentlichte Mantels das Bruchstück eines 1484 in Lübeck gedruckten Zwiegesprächs zwischen dem Leben und dem Tode, das
mit dem Lübecker Todtentanz in Verbindung steht und von dem
Verfasser eines von A. Keller veröffentlichten Vastelavendes spil
van dem dode unde van dem levende benutzt wurde [26], sowie
auch Bruchstücke einer ebenfalls in Lübeck gedruckten niedersächsischen Bearbeitung des Pfarrherrn von Kalenberg [27]. Aus
einer dem Archiv der Schonenfahrer entstammenden Handschrift
theilte er unter der Ueberschrift ‚Krude' eine Aufzeichnung mit,
welche die bei der feierlichen Ueberreichung des Verlobungsge-
schenks an die Braut herkömmliche Bewirthung schildert [28]. Zu
den von Pfeiffer aus der Wiener Handschrift edirten niederdeutschen Erzählungen Hermann Korners lieferte Mantels, durch eine
im Korrespondenzblatt des Vereins für niederdeutsche Sprachforschung veröffentlichte Mittheilung dazu veranlasst, eine Collation
der Hannoverschen Handschrift ein, die er jedoch, da ihm Prof.
Höfer mit einer gleichartigen Arbeit zuvorkam, auf einige Nachträge beschränkte [29]. Das genannte Korrespondenzblatt gab ihm
Anregung zu kleineren Mittheilungen, in denen er Ausdrücke, die
ihm früher aufgefallen waren [30] oder jetzt beim Studium der Lü-

---

[25a] Jahresbericht über die erscheinungen auf dem gebiete d. Germ. Philologie 1, S. 180.
[26] Jahrbuch f. nd. Sprachforschung 1875, S. 54—56; 1876, S. 131—33;
1877, S. 161—63.
[27] Ebend. 1875, S. 66—71; 1876, S. 145—48.
[28] Ebend. 1877, S. 83—86. [29] Ebend. 1877, S. 163—65.
[30] Korrespondenzblatt 1, S. 93: dies s. Johannis do in den kol hukede;
3, S. 44: etter, s. unten S. 62, Anm. 3.

becker Kirchenordnung von Bugenhagen auffielen [31], verzeichnete
und besprach oder zu den Arbeiten Anderer Berichtigungen gab
oder Zusätze hinzufügte [32].

Viel bedeutender noch ist die Thätigkeit für die Hansischen
Geschichtsblätter als Mitherausgeber und Mitarbeiter. Dem von
ihm, Koppmann und Prof. Usinger in Kiel, nach dessen Tode Archivar Hänselmann in Braunschweig beitrat, gemeinsam geleiteten
Vereinsorgan ‚suchte er Gründlichkeit und Vielseitigkeit des Inhalts
zu geben und eine ansprechende, würdige Form. Immer bereit
für Andere einzutreten, und immer auch willig hinter Anderen
zurückzustehen, war er den Mitherausgebern ein unermüdlicher,
selbstloser und wahrhaft liebenswürdiger Kollege' [33]. Als Vor-
sitzendem des Vereins lag Mantels die Abfassung der Jahresberichte ob, in denen er sowohl über den Mitgliederstand und ähnliche geschäftliche Dinge, wie auch über den Fortschritt der Ver-
einsarbeiten Rechnung abzulegen hatte [34]. Auch die Eingaben an
Räthe und Magistrate der Hansestädte um Bewilligung, resp.
Weiterbewilligung von Geldmitteln zur Herausgabe der Urkunden
und Recesse und eine Bitte um Beitritt zum Hansischen Geschichtsverein sind von seiner Hand [35]. Unmittelbar für die Geschichtsblätter schrieb er einen einführenden Aufsatz über die Ziele des
Vereins [36], eine Motivirung und Erklärung des Vereinssiegels [37]
und ein insbesondere dem Andenken eines Mitredacteurs, des verstorbenen Prof. Rudolf Usinger, gewidmetes Vorwort [38]; auch die
halbofficiellen Schilderungen des Verlaufs der Vereinstage von
Braunschweig, Hamburg, Köln und Stralsund rühren von Mantels
her [39]. Hier erschienen auch drei von den hier abermals zum

---

[31] Ebend. 1, S. 92: dopewyginge, ervelene, huchelsantelye, sautelen; 2, S. 31:
caput draconis; 2, S. 38 u. 3, S. ..: Messerwerfen als Losen; 2, S. 40: vor-
horinge.

[32] Ebend. 2, S. 36: sik teren; 3, S. 7: Slutup; 4, S. 43: Die ungetreue
Gattin und ihr Liebhaber.

[33] Hans. Geschichtsbl. 1878, Vorwort.

[34] Ebend. 1872—1879, Nachrichten S. III ffg.

[35] Ebend. Nachrichten 1871, S. XXVI—XXX; 1875, S. XXVIII—XXXI.

[36] Der Hansische Geschichtsverein, ebend. 1871, S. 3—8.

[37] Das Siegel des Hans. Geschichtsvereins und der Lübische Doppeladler,
ebend. 1872, S. 3—12.   [38] Ebend. 1873.

[39] Ebend., Nachrichten 1873, S. XIX—XXX; 1875, S. IX—XXV; 1876,
S. XII—XXIII; 1877, S. XI—XIII.

Abdruck gebrachten Aufsätzen: Die hansischen Schiffshauptleute
Johann Wittenborg, Brun Warendorp und Tidemann Steen, Die
Reliquien der Rathskapelle zu St. Gertrud in Lübeck und Kaiser
Karls IV. Hoflager in Lübeck vom 20.—30. October 1375. Daneben liess er es sich angelegen sein, in kürzeren oder ausführ-
licheren Besprechungen auf Inhalt und Bedeutung neuerer ver-
öffentlichter Arbeiten hinzuweisen: namentlich über Urkunden-
Publikationen, über Höhlbaums Hansisches Urkundenbuch [40], Kopp-
manns [41] und von der Ropps Hanserecesse [42] und das ihm besonders
am Herzen liegende Urkundenbuch der Stadt Lübeck von Wehrmann [43] hat er ausführlich berichtet, aber auch über C. W. Paulis
Lübeckische Zustände im Mittelalter [44], das Gedenkbuch an Bürgermeister Johann Smidt von Bremen [45] und Paulis Bilder aus Alt-
England [46] Referate gegeben. Besonders hervorzuheben ist die
eingehende Besprechung von Hasses Kieler Stadtbuch, in der Mantels, indem er mit grossem Geschick die vom Herausgeber ,einge-
führten Neuerungen gegen eine bisher anerkannte Behandlung der
Stadtbücher' bekämpft hat, ein für Herausgeber und Benutzer
solcher Quellen gleich lehrreiches und trotz der Trockenheit des
Materials anziehendes und lebendiges Praktikum über Stadtbücher-
Editionen hält [47].

An der von der Münchner historischen Kommission herausge-
gebenen Allgemeinen Deutschen Biographie betheiligte sich Mantels mit biographischen Artikeln über 23 bedeutende Lübecker aus
den verschiedensten Zeiten. Diese Artikel betreffen den Admini-
strator des Bisthums Albert Suerbeer Erzbischof von Riga und die
Bischöfe Burchard von Serkem, Bertram Cremon, Arnold Westphal,
Albert II., Krummendik und Christian August Herzog von Schles-
wig-Holstein-Gottorp, die Bürgermeister Heinrich Castorp, Nikolaus
Brömse und David Gloxin, den Rathmann Johann von Dowaye,
den Kanzler Albert von Bardewik und den Chronisten Detmar,
den mit Friedrich dem Grossen befreundeten Stadtkommandanten
Grafen Chasot, den Syndikus K. G. Curtius und die durch wissen-

[40] Ebend. 1875, S. 135—43. [41] Ebend. 1875, S 144 52
[42] Ebend. 1875, S. 153 62.
[43] Ebend. 1873, S. 199 206; 1874, S. 167—72; 1876, S. 264 76
[44] Ebend. 1872, S. 200—208. [45] Ebend. 1873, S 184—86.
[46] Ebend. 1875, S. 263 66. [47] Ebend. 1876, S 250—63.

schaftliche und litterarische Interessen und Leistungen ausgezeichneten Heinrich Bangert, G. A. Detharding, I. R. Becker, J. N.
Bandelin, W. von Bippen, E. Deecke und F. H. Grautoff. Auch
dem letzten Hansischen Syndikus Johann Domann hat Mantels
dort eine gerechte Würdigung angedeihen lassen.

Für die Jahresberichte der Geschichtswissenschaft trat Mantels bereitwillig ein, als es galt, für den 1879 erschienenen ersten
Band noch in letzter Stunde einen Bericht über die hansegeschicht-
lichen Arbeiten zu schreiben.

Rechnet man nun noch hinzu, dass Mantels als Kirchenvor-
steher für stilgemässe Umbauten und Dekorationen in Lübecks
Juwel, der Marienkirche, sorgte, die Vereinigung der kirchlichen
Alterthümer in einer besonderen Sammlung erzielte, mit Wort und
Schrift dafür eintrat, dass Lübeck sein stolzes Holstenthor nicht
verlor, seinen Kaak auf dem Markte und die Schnitzarbeit in der
Weinstube an der Trave behielt; dass er ferner der Oberschulbe-
hörde angehörte, Schulreden hielt, Festgedichte verfasste, Auffüh-
rungen der Schüler leitete; dass er endlich einheimische Gelehrte
mit Rath und Beistand, selbst mit Korrektur-Lesen unterstützte,
auswärtigen in den verschiedenartigsten litterarischen Interessen
immer bereitwillig und oft unaufgefordert seine Dienste lieh: so
erhält man wenigstens ein ungefähres Bild von der Art und Weise,
wie Mantels in Lübeck und für Lübeck thätig gewesen ist.

Es mag sein, dass Mantels seine Kräfte zersplitterte, dass es
ihm nicht gegeben war, seine reichen Gaben auf die Erreichung
eines bestimmten Zieles voll zu koncentriren: sein Gesammtwirken
wird dadurch nicht beeinträchtigt, dass er an Einer Stelle weniger
geben konnte, wenn er nach allen Seiten hin freiwillig austheilte.
Gerade sein Verwachsensein mit allen geistigen Interessen Lübecks
und seine freudige Bereitwilligkeit überall selbst einzutreten, wo
Hülfe nothwendig war und ein anderer Helfer fehlte, gerade das
ist es doch, was sein Wirken so segensreich und sein Andenken
in weiten Kreisen theuer gemacht hat.

Bis kurz vor seinem Tode hatte Mantels in den Räumen des
zum Gymnasium umgewandelten alten Katharinenklosters eine eigen-
artig behagliche Amtswohnung, die mit der von ihm geleiteten
Stadtbibliothek in unmittelbarer Verbindung stand. Mit seiner Gattin, Henriette Nölting, der Tochter des schwedischen Konsuls Chri-

stian Adolf Nölting († 1856 Dec. 15), mit der er sich 1848 vermählt hatte, führte er ein glückliches mit acht Kindern gesegnetes Familienleben. Mit den nah und fern lebenden Geschwistern stand er im herzlichsten Verhältniss, mit den Schwiegereltern, später der verwittweten Schwiegermutter in einem engen Verkehr, zu Freunden, Kollegen und Fachgenossen in freundschaftlich-gesellschaftlichen Beziehungen. Auswärtige Gelehrte aus dem benachbarten Meklenburg oder den hansischen Schwesterstädten, aber auch aus Dänemark, Schweden, Norwegen und den russischen Ostseeprovinzen, wie deren jährlich gar Mancher nach Lübeck zu kommen pflegt, sei es dass die Schätze des Archivs und der Stadtbibliothek oder die Denkmäler der Kunst ihn locken oder dass es ihm nur um einen Tag des Zusammenlebens mit wahlverwandten Männern zu thun ist, sie alle sind an Mantels' Wohnung wohl selten vorübergegangen.

Im Juli 1878, als Mantels auf dem Gute Klein-Plasten in Meklenburg bei seinem Schwiegersohn weilte, erkrankte er von Neuem. Sein altes Brustleiden hatte sich, jetzt zum dritten Male, wieder eingestellt und die durch Arbeit und Anstrengung geschwächte Lebenskraft reichte nun nicht mehr aus, um die Folgen des Anfalls zu verwinden. Den Winter über fassten die Familie und die Freunde neue Hoffnung. Sie erwies sich als eitel. Die Kräfte begannen sichtlich dahin zu schwinden. Aus der neuen Wohnung, wo er dem Frühling, der nicht kommen wollte, entgegenharrte, nahm ihn das Geschick hinweg, seinem festen Glauben nach in eine herrlichere Wohnung zu einem schöneren Frühling. Am 8. Juni 1879 endete ein Leben, das reich war an Arbeit, reich an Liebe und reich an Segen.

I.

Lübeck als Hüterin des Land- und Seefriedens im 13. Jahrhundert [1].

(1863.)

[1] Den nachfolgenden Aufsatz bilden zwei Vorlesungen, welche im Winter 1862/63 vor einem gemischten Publikum von mir gehalten wurden. Ich habe im Ganzen nichts daran geändert, nur einzelne Belegstellen hinzugefügt. Von Interesse wird es sein, zu meinen partikularen Ausführungen die Deutsche Geschichte von O. Lorenz zu vergleichen, der an mehreren Stellen des 2. Bandes vom Standpunkte des Reiches aus das Verhältniss Kaiser Rudolfs zu Lübeck bespricht.

1.

Nach dem Vorgange eines hochverehrten Kenners unserer
heimischen Geschichte[2] habe ich es unternommen, Ihnen, v.
A., ein Bild lübeckischer Zustände aus dem zweiten Jahrhundert unserer Stadt zu entwerfen. Es soll die damalige Stellung Lübecks nach aussen hin kennzeichnen, und schildern,
wie die Stadt schon früh Sorge trug, in unruhiger, stürmischer
Zeit einen oft durch rohe Gewalt gestörten gesetzlichen Zustand aufrecht zu halten, den zu freiem Handelsverkehr so
nöthigen Frieden zu schirmen und zu vertheidigen. Diesen
Zweck haben freilich alle städtischen Gemeinwesen im Mittelalter verfolgt, aber wenige thaten es gleich von Anfang an
mit der Kraftanstrengung, welche unsere Stadt bewies. Nur
daraus erklärt sich, wie sie so bald erreichte, was mancher
Schwester Jahrhunderte gekostet, und wie sie, verhältnissmässig die jüngste, an die Spitze vieler älteren berufen ward.
Ihr Ruf muss rasch weithin erschollen sein als einer Behüte-
rin des Landfriedens, als einer Befriederin der See. Als solche
ward sie aber eine starke Vormauer für die norddeutschen
Marken und Küsten, und, schnell vom Reich fast unabhängig
hingestellt, verwuchs sie mit demselben doch unauflöslich durch
verwandte Bestrebungen und vergalt die von den Herrschern
des Reichs gewährte Freiheit dadurch, dass sie dessen Ansehen bis in den fernen Norden ausbreitete. Die ersten An-
fänge einer solchen Stellung Lübecks fallen aber in das sogenannte grosse Zwischenreich, das überhaupt die städtischen
Gemeinwesen durch kräftigen Anspruch an ihren zähen Wider-

---

[2] Pauli, Lübeckische Zustände zu Anfang des vierzehnten Jahrhunderts.

stand zu schnellem Wachsthum emportrieb, — und so schien
es mir nicht ungeeignet, Lübecks gerade nach dem Interregnum sich kräftig entfaltende Massregeln für die Hut des
Friedens zu Lande und zur See anzulehnen an den deutschen
König, der damals ein Gleiches that im Reich, der unserer
Stadt sich besonders hold bewies, der bleibend im Gedächtniss unseres Volkes als der gleichsam personifizirte Landfriede
leben wird, an Rudolf von Habsburg.

Sein Bild, das eine Zeit lang von unsern Geschichtschreibern
der glänzenderen Hohenstaufen-Periode zu Liebe ungebührlich
in Schatten gestellt ward, tritt auf Grund sorgfältiger Forschung gerade jetzt wieder immer klarer hervor als das eines
starken, thatkräftigen Herrschers, der zugleich seine Aufgabe
ideal fasste und dabei doch dem Erreichbaren zuerst nach-
strebte, der getragen war von dem noch aus dem vorigen
Jahrhundert fortlebenden poetischen Schwunge und sich der
prosaischen Gesundheit und Nüchternheit, welche das erwa-
chende Bürgerthum vorwiegend vertrat, nicht verschloss, der
im vollen Bewusstsein seiner hohen Stellung Ungehorsam und
Widersetzlichkeit auch an den Höchsten seiner Untergebenen
strenge zu ahnen wusste und leutselig mit gutem Humor dem
gemeinen Volke selbst Ungebührlichkeiten gegen seine königliche Person verzieh.

Er ist somit der echte Repräsentant seiner Zeit und wohl
geeignet, uns in dieselbe zu versetzen.

In deme jare Christi 1273, erzählt unsere Chronik [3], do
warde koren der Romere koning Rodolf van Havekesborch. He
was en olt wis here unde sat in deme rike bi achtein jaren.
Dat rike he sine daghe in dudeschen lande vromeliken vor-
stunt.

Einer der genanntesten Dichter des 13. Jahrhunderts, Konrad von Würzburg, singt von König Rudolf [4]:
> Dem edlen Aar von Rom ist's würdiglich gelungen.
> Nachtraubvögel wunderbar hat seine Kraft bezwungen,
> Er hat Preis errungen
> Durchsichtig, lauter und rein.

---

[3] Grautoff 1, S. 150, 166.   [4] v. d. Hagen, Minnesinger 2, S. 334.

Falk und Habicht zwang er in Thüringen und Steier,
Das mag erschrecken Italiens Raben und Geier.
Seines Sieges Feier
Ziemt wohl ein Kranz von Edelstein.
Seinem Glück und seiner Kraft muss alles Wild sich geben,
Mag's gehen, schwimmen, schweben;
Er kann's wohl überfliegen,
Kein Vogel aus allem Land kann wider ihn jetzt kriegen.
Selbst Böheims Leu musst' unter seine Klau'n sich schmiegen.
Er ist ohne Triegen,
Stark und fest in hoher Ehren Schein.

Und Konrad's ebenbürtiger Sängergenoss, F r a u e n l o b,
sagt von Rudolf, dessen Tod er beklagt, er sei gewesen

Des Heils, der Ehre ein Zeiger,
Der hohen Fürsten ein Neiger[5].

Und ein dritter Dichter, d e r U n v e r z a g t e genannt, wel-
cher, wie viele seines Gleichen, dem gegen die Unzahl fahren-
der Sänger nicht eben allzu freigebigen König eins anhängen
will, muss doch von ihm rühmen[6]:
Der König Rudolf minnet Gott und ist an Treuen stäte,
Der König Rudolf hat sich manchen Schanden wol versaget,
Der König Rudolf richtet wol und hasset falsche Räthe,
Der König Rudolf ist ein Held an Tugenden unverzaget.
Der König Rudolf ehret Gott und alle werthen Frauen,
Der König Rudolf lässt sich viel in hohen Ehren schauen.
Ich gönn' ihm wohl, dass ihm nach seiner Milde Heil geschieht:
Der Sänger Singen, Geigen, Sagen hört er gern, doch zahlt kein Lied.

In solch gerader, aufrichtiger Tugend, durchsichtig, klar
und rein, in hohen Ehren, wie die Dichter sagen, führt die
Geschichte das Leben des Königs an uns vorüber, an dem
nichts vermisst wird, als dieselben Erfolge in der zweiten Hälfte
seiner Regierungsperiode, wie sie die erste aufweist. Während
der letzten Hohenstaufenzeit und im unseligen Interregnum
war ‚ein neues Geschlecht herangewachsen, welches nur noch
die Zerrüttung des Reiches kannte und wollte, nicht mehr die
kaiserliche Macht'[7]. An der schon faktischen Unabhängigkeit

---

5 Ebend. 3, S. 45.   6 Ebend. 3, S. 133.
7 B ö h m e r, Regesten Rudolfs S. 54.

der Fürsten, an den sogenannten Rechten des Wahlfürsten-
collegiums, von denen vor dem Interregnum Niemand etwas
wusste, brach sich selbst Rudolfs Energie. Er hat keine Schuld
daran, er ist sich gleich geblieben bis zu seinem letzten Athem-
zuge. Noch anderthalb Jahre vor seinem Tode hielt er zu Erfurt das bekannte strenge Gericht über die 29 bei Ilmenau
gefangenen Raubritter. Und wen ergreift nicht die Sage von
seinem Grabesritt! Als der greise König zu Germersheim des
herannahenden Todes gewiss wurde, sagte er, nach den mar-
kigen Worten des Chronisten: Wolauf hinz Speier, da mehr
meiner Vorfahren sind, die auch Könige waren! Dass niemand
mich hinzuführen braucht, will ich selber zu ihnen reiten[8]!

Damals war er 73 Jahre alt, nur 7 Jahre vorher hatte
er sich in zweiter Ehe mit der ganz jugendlichen Herzogin
Isabella von Burgund vermählt. Gleiche Gesundheit des Leibes
und der Seele spiegelt sich in all den kleinen anekdotenhaften
Zügen ab, die uns von ihm mitgetheilt werden. Er blieb als
König Krieger, theilte mit seinen Söldnern Strapazen und Kost,
flickte sein Wams selbst und wärmte sich beim nächsten Bäcker.
Er war den Sängern nicht abhold, liebte aber auch Papageien
und Kamele[9]. Und wie volksthümlich ist die Geschichte von
jenem ihn schimpfenden und begiessenden Weibe, das ihn für
einen gemeinen Krieger hielt, und das er zur Strafe nur zwang,
vor versammeltem Hofe die Schimpfreden zu wiederholen; oder
von dem naseweisen Kerl zu Esslingen, welcher, als das Volk
sich, wie immer, um den König drängte, ausrief, des Königs
grosse Adlernase hindere ihn vorbeizugehen; worauf Rudolf
seine Nase auf die andere Seite drehte und sagte: Jetzt geh'
vorbei, meine Nase soll dir keinen Riegel vorschieben. Denn,
setzte er hinzu, in einer freien Stadt muss auch der Sinn
und die Zunge der Leute frei sein.

Dass ein so gerechter und gradsinniger König zu einer
freien Reichsstadt, wie unser Lübeck es damals bald 50 Jahre
schon war, an der er nur eine rege Förderin seiner Absichten finden konnte, in freundliches Vernehmen trat, und dass
dies Einverständniss so lange dauern musste, als die Stadt

[8] Ebend. S. 155.   [9] Ebend. S. 55.

nicht durch Ueberschreitung der ihr zustehenden Befugnisse
des Königs Unwillen auf sich zog, das dürften wir stillschwei-
gend annehmen, auch wenn sich keine Zeugnisse seiner Gesinnung gegen uns erhalten hätten. Nun schweigen unsere Chroniken, die aus dieser Zeit mehr Auszüge fremder Geschichten,
als einschlagendes Einheimische, berichten, über sein Verhältniss zur Stadt freilich vollkommen. Aber in unserem Archive
liegen 26 Erlasse und Ausschreiben des Königs an die Stadt,
ungerechnet die Briefe, welche er in unsern Angelegenheiten
an ausländische Fürsten richtete, und die Machtbefehle, die
von seinen Beamten und den uns benachbarten Fürsten im
Auftrage Rudolfs an Lübeck ergingen. Aus ihnen ergiebt sich,
dass der König nicht nur unsere früheren Freiheiten bestätigt,
sondern neue hinzugefügt hat. Er hat die Stellung der Stadt
zum Reiche wesentlich gehoben, ihr in ihren Nöthen durch
Vermittelung befreundeter Nachbarfürsten und Bedrohung ein-
heimischer Vergewaltiger kräftig beigestanden und sich bei
Auswärtigen mehrfach für sie verwandt. In letzterer Hinsicht
wird sich später noch Gelegenheit finden, der Hülfe Rudolfs
zu gedenken; zum Verständniss des Ersteren wird es nöthig
sein, mit ein paar Worten die rechtliche und politische Lage
anzugeben, die Lübeck bei Rudolfs Thronbesteigung bereits
inne hatte.

Lübeck stand damals an seiner heutigen Stelle gerade 130
Jahre. Es war eine sächsische, d. h. niederdeutsche Gründung
in ursprünglich slavischem Lande. Damit hatte es in mancher Hinsicht den Charakter einer Colonie der späteren Zeit
oder etwa einer heutigen Ansiedlung in Nordwestamerika. Es
war ihm unmittelbar durch seine Pflanzung die Aufgabe des
Vorschreitens gestellt, es war von vorn herein auf Arbeit und
Kampf mit nahen wendischen und fernen nordischen Nachbarn
angewiesen. Das wussten die freien westfälischen, friesischen
und holländischen Männer, welche der grosse Sachsenherzog,
Heinrich der Löwe, in unser waldbedecktes und unangebautes
Land berief. Dabei gab ihnen das Christenthum gegenüber
den heidnischen Nachbarn einen mächtigen Antrieb, die allge-
waltige eine Kirche bot ihnen starken Rückhalt, viel verdankte unser Neu-Lübeck in Handel und Wandel schon seiner

Vorgängerin an der Schwartau, und überhaupt kam ihm der
Umstand zu Gute, dass es gerade am Saum der schon seit
den ältesten Zeiten diesseits der Elbe ansässigen sächsischen
Bevölkerung auf einem Boden angelegt ward, der bereits durch
die vorausgegangene letzte christliche Slavenherrschaft in unserer Landschaft Wagrien der Cultur gewonnen war. Endlich fiel die Gründung unsers Gemeinwesens gerade in die für
Ausbildung und rasche Entwicklung deutscher Städteverfassung
günstigste Zeit, und die bald darauf eintretenden Vorgänge in
unsern Landen förderten die junge Pflanzung nur um so schnel-
ler empor.

Wir machen uns Lübecks Wachsthum am leichtesten anschaulich, wenn wir uns erinnern, dass der noch heute in englischen Städten und Grafschaften oder in den nach englischem
Muster ausgebildeten nordamerikanischen Staaten uns entge-
gentretende Grundsatz des selfgovernment, der Selbstregierung
und Selbstbestimmung in allen innern Gemeindeangelegenheiten,
ein altgermanischer war, der in dieser Zeit kräftig wirkte und
vorzüglich in sächsischen Landen sich geltend machte. Das
Recht hatte überhaupt damals einen mehr persönlichen Charakter: nicht nur regelten die bäuerlichen Gemeinden, was ihr
Dorfeigenthum anging, unter sich, sondern aus ihnen und durch
sie mitgewählte Schöffen legten als Beisitzer des landesherrlichen Richters das in lebendiger Ueberlieferung fortlebende
Gesetz aus. Die Städte aber, welche noch in der Zeit der
sächsischen Kaiser als Gründungen der Landesfürsten in Polizei, Beaufsichtigung des Markts, ja selbst in Verwaltung des
Stadtvermögens vielfach von ihren Landesherren und deren
Beamten abhängig waren, nahmen mit der Einsetzung einer
eigenen Rathsbehörde nicht bloss die Privatgesetzgebung allmählich ganz in ihre Hand, sondern auch die Administration,
Polizei, öffentliche Gesetzgebung und sogar den Blutbann, insofern der vom Kaiser damit belehnte Vogt an die Mitwirkung von Rathmännern gebunden war.

Solche städtische Rathsverfassung erhielt Lübeck aber schon
zwanzig Jahre nach seiner ersten Gründung durch den Herzog Heinrich den Löwen, welcher mit scharfem Blick die Bedeutung des von seinem Lehnsmann, dem Grafen Adolf von

Holstein aus dem Hause Schauenburg, angelegten Handelsplatzes erkannte und die Abtretung erzwang. Wieder zwanzig Jahre verflossen, und der mächtige Sachsenherzog Heinrich, der bei Slaven und Dänen fast als unabhängiger Gebieter waltete, erlag der Reichsacht. Die Stadt, ihrem Wohlthäter treu, bis sie sich dem eignen Aufgebot des Kaiser Rothbart ergeben musste, ward in gleichen Rechten von diesem bestätigt, der nun ihr Oberherr ward. Aber durch die an Heinrich dem Löwen vollzogene Acht war der starke Schutz des Reichs, das grosse norddeutsche Sachsenherzogthum, zersprengt, und als während des Doppelkönigreiches in Deutschland der bis dahin im Zaum gehaltene Dänenfürst gegen die Ostseeländer vordrang, war keiner der aus Heinrichs Sturz hervorgegangenen Reichsfürsten mächtig genug, ihm Halt zu gebieten. Lübeck huldigte dem neuen Herrn von Nordalbingien, Waldemar dem Sieger, von dem seine Existenz, sein Seehandel abhing, und diese Entfremdung vom Reiche hat sogar im Drange der Umstände der junge König Friedrich II. 1214 von Metz aus gut heissen müssen. Aber Gewalt ruft Gewalt hervor, und so nahm auch Waldemars Herrschaft nach 25 Jahren ein Ende. Die Lübecker hatten ohne fremden Beistand die Dänen von ihrer Burg vertrieben, sie hatten selbstständigen Antheil an allen Massregeln zur völligen Verjagung der Fremden aus Nordalbingien genommen, und die Entscheidungsschlacht auf der Heide von Bornhöved am St. Marien-Magdalenentage 1227 hatten sie mitgekämpft. Sie hatten also vollen Anspruch darauf, sich den wiederholten Zumuthungen der schauenburger Grafen zu entziehen, welche mit Heinrichs Fall in ihre alten Rechte wieder eingetreten zu sein meinten, aber weder stark genug gewesen waren, die Stadt gegen die Dänen zu schützen, noch überhaupt als Oberherren für den Gesichtskreis der bereits mehr als gräflichen Stadt taugten. Schon vor der Schlacht hatten, wie unsere Chronik sagt, die von Lübeck ihre Boten über Berg nach Italien zum Kaiser gesandt, den lübeckischen Domherrn Johann Volquards Sohn und die Rathmänner Wilhelm Bertholds Sohn und Johann von Bremen[10]. Ihnen be-

---

stätigte Kaiser Friedrich II. zu Parma den ihm vorgewiesenen
Freibrief seines Grossvaters, und einen Monat später, im Juni
1226, folgte dieser Bestätigung die Reichsfreiheit.

Als freie Reichsstadt stand Lübeck unmittelbar unter dem
Kaiser, wie die Reichsfürsten. So lange der Kaiser seine Zusage hielt, die Stadt nicht vom Reich weg zu verpfänden,
was freilich mit Reichsstädten bisweilen doch geschah — und
mit Lübeck auch versucht ward [11] — so lange konnten wir
nicht wieder in fürstliche Abhängigkeit gerathen. Aber ganz
so unumschränkt, wie ein Reichsfürst, war die Reichsstadt
doch nicht. Der Kaiser setzte ihr einen Vormund, einen Reichs-
vogt, um seine Gerechtsame in ihr wahrzunehmen, einen adeligen, auch wohl einen fürstlichen Mann. In süd- und mittel-
deutschen Städten, in denen kaiserliche feste Pfalzen und
Burgen lagen, konnte ein solcher Burggraf, Burgmann, oder
wie er sonst hiess, der Unabhängigkeit der Stadt nicht weniger gefährlich werden, als ein Reichsfürst: bei uns brachte
das mindere Gefahr. Einmal war wegen unserer Entfernung
vom Mittelpunkte des Reichsregiments, und weil die Stadt
nicht zunächst um eine Reichspfalz aufgewachsen war, kein
Grund, eine solche hieher zu verlegen. Dann aber traten alsbald des Kaisers Kämpfe in Italien, der Abfall vieler Fürsten
von ihm in Deutschland und später das Interregnum dazwischen,
um dieser Reichsvogtei einen ganz andern Charakter zu geben. Wenn Friedrich II. bestimmte, dieser vom Reiche ge-
setzte Vormund solle nur aus den benachbarten Gegenden Lübecks genommen werden und zugleich das Schloss Travemünde
verwalten, so hat er sich ihn auch offenbar im Besitze der
Stadtburg gedacht. Wir wissen aber nicht, dass nach Ver-
treibung der Dänen ein Fremder unsere Burg inne gehabt
habe. Die Thätigkeit des Reichs- oder Schirmvogtes, welchen
der Kaiser aus den benachbarten Fürsten der Stadt setzte,
beschränkte sich daher, wie sein Name besagt, auf den Schirm
oder Schutz, den er der Stadt nach aussen verlieh. Es bestand demnach des Kaisers Einfluss auf unser Regiment nur
noch darin, dass seine Beamten für ihn die ihm zukommen-

---

[11] Ebend. 2, S. 51 Anm. 2; 1, S. 533 ff.

den Einnahmen aus Grundzins, Münze, Zoll, Gericht u. a.
erhoben, und dass sein Gerichtsvogt das Gericht hielt. Schon
zu Lebzeiten Friedrichs ward dieser Richter aber durch zwei
beisitzende Rathmänner beaufsichtigt, und noch während des
Interregnums oder bald nachher wurden die meisten kaiserlichen Einnahmen, auch die Gerichtsgefälle, auf bestimmte
Summen festgesetzt, die in Bausch und Bogen einmal jährlich
bezahlt wurden, wie Friedrich es sich für die Münze schon
ausbedungen hatte. Es machte sich das um so leichter, als
gewöhnlich die Beamten auf die Abgabe oder einen Theil derselben als Gehalt angewiesen waren. Mit der Zahlung in einer
Summe fiel aber die Anstellung der Beamten von selber weg,
und nur der, übrigens einflusslose, Gerichtsvogt blieb, denn
an seiner Person haftete die Idee, dass er den Kaiser, den
Richter über Leib und Leben, vertrete.

König Rudolf knüpfte in allen seinen Regierungshand-
lungen unmittelbar an Friedrich II. an, den er als seinen letzten gesetzmässigen Vorgänger betrachtete. Was Friedrich II.
nachweislich verliehen habe, erklärte Rudolf überall bestätigen
zu wollen. Am meisten hatten die geistlichen Fürsten und
die Städte bei dem gesetzlosen Zustande des Reiches gelitten;
die letzteren, namentlich die rheinischen, hatten zu wiederholten Malen auf einen einmüthig gewählten König gedrungen.
An sie ergehen daher vorzüglich des neuen Regenten Ausschreiben. Dass neben den ältern norddeutschen Reichsstädten,
Goslar, Mühlhausen, Nordhausen, das jüngere Lübeck bereits
ebenbürtig dastand, musste König Rudolf bald kund werden.
Es konnte ihm das schon Herzog Albrecht II. von Sachsen-
Wittenberg sagen, dessen gleichnamiger Vater Lübecks Schirmvogt gewesen war, und den der König noch in Aachen unmittelbar nach seiner Krönung durch die Hand seiner Tochter
Agnes zu seinem Schwiegersohn gemacht hatte. Am 28. April
1274, ein halbes Jahr nach seiner Krönung, fordert daher
Rudolf Lübeck zur Huldigung auf, denn nach Kaiser Friedrichs Privilegium sollte die Reichsstadt keine Geisseln für ihren
Gehorsam stellen, wie sie noch gegen König Waldemar gethan hatte, sondern der blosse Eid der Treue sollte genügen.
Den Brief überbringt des Königs Vetter, Graf Heinrich von

Fürstenberg. Das Schreiben enthält zugleich die Forderung
einer besondern, auch von andern Reichsstädten geleisteten,
zur Erhaltung des Reichsregiments auferlegten Bede, hier wohl
einer Kriegssteuer, und sagt, falls diese gezahlt und die Huldigung geschehen würde, Bestätigung aller früheren Freiheiten
zu. Es erfolgt dann bald eine Einladung zum ersten Hoftage
des Königs auf Martini in Nürnberg samt einem Schutz- und
Geleitbriefe für die dahin Abzuordnenden[12]. Die Stadt entsandte zwei gewiegte alte Rathmänner, Herrn Hinrich Steneke,
den viel weisen Mann, wie ihn unsre Rathsmatrikel nennt, und
Johann Mönch, beide auch sonst in auswärtigen Geschäften
vielfach gebraucht. Von dem Ersteren, Hinrich Steneke, zieht
sich daher die Sage durch unsere Chroniken, dass er schon
weiland als Bote der Stadt zu Kaiser Friedrich II. gesandt
und darum später, als sich in den Jahren der Unzufrieden-
heit mit Rudolfs Regiment auch in Lübeck ein Betrüger für
den wiedererstandenen Kaiser Friedrich ausgab, im Stande gewesen wäre, nach seiner Kenntniss von des verstorbenen Kaisers Gesichtszügen den Fälscher zu entlarven. Auf den von
der Stadt Boten dem neuen Könige geleisteten Huldigungseid
verbrieft er aufs neue ihre Rechte und Freiheiten am Reich,
namentlich die Zusage, sie niemals vom Reich zu entäussern
oder zu verpfänden, und sichert ihr aus besondern Gnaden zu,
dass der Schirmvogt ihr nur mit ihrem Beirathe gesetzt werden solle[13]. Es ist das nun freilich wohl nicht als bestimmtes Versprechen zu nehmen, dass der König sich an den Rath
der Stadt binden will, aber es erhellt doch einmal daraus,
wie frei die Stellung der Stadt inzwischen geworden war, und
andererseits, wie Rudolf auch hier verständig und einsichts-
voll zunächst das Erreichbare erfasste. Er sah in den Städten
eine Stütze seiner königlichen Macht, namentlich auch, insofern sie ihm zur Reichsverwaltung und Reichsbefriedung die
nöthigen Einnahmequellen boten, welche von anderswoher dem
Reichsoberhaupte nur noch spärlich zuflossen. Wir wissen,
dass er viele Städte durch starke Auflagen in Anspruch genommen hat, weshalb auch gegen das Ende seiner Regierung

---

[12] Ebend. 1, S. 325 fg.   [13] Ebend. 1, S. 331 fg.

gerade in den Städten seine Popularität abnahm, und manche,
wie Colmar u. a., sich dem falschen Friedrich zuneigten. Erfahren wir doch sogar aus seinen eignen Briefen, dass er $\frac{1}{4}$
des Handelscapitals von den Kaufleuten, $\frac{1}{30}$ der Habe von den
Bürgern der Reichsstädte gefordert habe. Selbst in norddeutschen Reichsstädten, z. B. in Mühlhausen und Nordhausen,
standen darum die Bürger auf und brachen die Reichsburgen.
In Lübeck war nach dem Frühergesagten keine königliche
Burg zu zerstören. Wir finden auch sonst keine Spur irgend
eines Zerwürfnisses unserer Stadt mit Rudolf, obschon sie die
starke Anspannung ihrer Geldkräfte schwer empfunden hat[14].
Das ist ohne Frage zum Theil unserer eigenthümlichen städtischen Entwickelung und unserer Entfernung zuzuschreiben —
Rudolf bezeichnet unsere Stadt selbst einmal, da er sie dem
weiteren Schutz des Königs Magnus von Norwegen empfiehlt,
als eine vom Schosse des Reiches abgelegene[15] —, aber es
bezeugt doch auch das gute Einvernehmen unseres Stadtregiments mit dem Könige und die Mässigung, welche er dem für
den Norden des Reichs so bedeutenden Gemeinwesen gegenüber sich auferlegte. So hat er denn, was auf Grund früherer Freiheitsbriefe sich durch das Herkommen bei uns in den
voraufgegangenen Jahrzehnden ausgebildet hatte, durch seine
Bestätigung sanctionirt, wie vornehmlich die runde Abschlags-
zahlung der Reichsgefälle mit 750 Mk. Pf. jährlich, etwa
10,000 Mk. nach heutigem Gelde, eine für damalige Ansätze
immerhin bedeutende Summe; Anderes, was die veränderte
Machtstellung Lübecks zu fordern schien, hat er hinzugefügt,
vor allem die Berufung Lübecks zu den Reichstagen, die bei
ihm mehrmals, bei den folgenden Kaisern immer häufiger vorkommt. Und schliesslich dürfen wir unter diesen Beweisen
königlicher Auszeichnung doch gewiss auch den uns hier besonders interessirenden Umstand erwähnen, dass er den am
24. März 1287 zu dem offenen Hofe in der Reichsversammlung
zu Würzburg auf drei Jahre neu beschworenen Landfrieden

[14] Ebend. 1, S. 499. — O. Lorenz 2, S. 392 sieht in dem Auftreten eines falschen Friedrich auch in Lübeck, gewiss mit Recht, eine Verstimmung der niedern Bürgerschaft gegen Rudolfs Massregeln.
[15] Lüb. U.B. 1, S. 331, 497.

auch nach Lübeck zur Nachachtung sandte. Selbstverständlich sind die Ausfertigungen desselben an viele Reichsfürsten und auch Reichsstädte ergangen; charakteristisch bleibt es aber doch immer, dass die beiden einzigen Originalexemplare dieses Landfriedens sich nur noch in Cöln und in Lübeck finden [16].

So war Lübeck denn durch seine Geschichte nicht minder, als durch Freiheiten und Verleihungen des Reichsoberhauptes, die besondere Aufgabe gestellt, an seinem Theil zur Aufrechthaltung der Ordnung und des Friedens mitzuwirken. Sehen wir, wie es diese Aufgabe löste.

Lübeck trug natürlich zuerst Sorge, die eigene Stadt, das Gebiet derselben oder, wie man damals sagte, die Stadtmark oder Feldmark der Stadt und die schiffbaren Flüsse, an denen sie lag, zu befrieden. Der erste Schritt dazu war, sich den uneingeschränkten Besitz des Gebiets zu sichern, dieses möglichst zu erweitern und abzurunden, die Schiffahrt oberwärts und unterhalb der Stadt frei zu erhalten und allein zu beherrschen. Vollständig und dauernd erreicht hat Lübeck das alles erst im folgenden Jahrhundert, aber in den Grundzügen finden wir es schon in den ältesten Privilegien angedeutet.

Unser Gebiet ist freilich seit ziemlich alter Zeit dasselbe geblieben, hat aber doch nicht gleich die volle Ausdehnung gehabt. Bei der natürlichen Richtung Lubecks auf die See finden wir es nach Norden zuerst erweitert, wo Herzog Heinrich es bis Dänischburg ausdehnt, während Altlauerhof und Israelsdorf Dörfer im Besitze lübeckischer Bürger sind. Nach Süden dagegen endigt es damals beim Horgenberg, nahe an Marly. Nach Westen ist die Grenze fast am Holsteinthore, wo König Waldemar dicht an der Holsteinbrücke Ländereien anweist [17], die für die heutige Roddenkoppel gelten. Erst durch Friedrich II. erhielt die Stadt hier die Strecke von etwa Padelügge bis Trems. Doch schon 1230 werden die Grenzen gegen das damalige Bisthum, jetzt Fürstenthum Ratzeburg auf der Wakenitzseite so festgesetzt, wie sie noch jetzt sind, und in der Zeit Rudolfs von Habsburg finden wir fast die sämmtlichen Stadtdörfer genannt, die heute innerhalb unserer

[16] Böhmer, Reg. Rudolfs S. 135.
[17] Lüb. U.B. 1, S. 32.

Landwehr liegen. Was der Stadt nicht gehörte, war bischöf-
lich, und über unser Weichbild hinaus besassen der Bischof
oder lübeckische Stiftungen und bald auch Privatleute nahe
angrenzendes Gebiet, das, obschon nicht eigentlich städtisches
Eigenthum, doch in naher Beziehung zur Stadt stand und
denselben rechtlichen Verhältnissen unterlag. So hat aus der
allernächsten Nähe unserer Stadt, die ohnedies auch waldbe-
deckt war und erst durch die fleissigen Hände der sächsischen
und friesischen Ansiedler bebaut ward, der besitzende Adel
weichen müssen. Kaum noch tauchen Namen ritterlicher Familien auf, die sich nach Crempelsdorf, nach Moisling nennen,
länger erscheinen Herren von Padelügge, die aber schon 1247,
als Padelügge und Crempelsdorf, beide je ein sächsisches und
ein slavisches Dorf, von den Grafen von Holstein der Stadt
verkauft werden, dort nicht mehr ansässig sind. Das kaiserliche Privilegium verbietet, im Stadtgebiet Thürme und Be-
festigungen der Art anzulegen, und nur eine dunkle Kunde
redet von Zerstörung einer solchen Feste der von Padelügge [18].

Begreiflicherweise mussten die Lübecker frühe für die Befreiung ihrer Flüsse auch ausserhalb ihres Gebietes sorgen.
Noch vor Rudolfs Tode erwarben sie das ganze Fluss- und
Ufergebiet der Waknitz, die ihnen für ihren Mühlenbedarf so
wichtig war [19]. Das Ufer der Trave von der oldesloer Brücke
bis zur Mündung sicherte ihnen Kaiser Friedrich Rothbart,
sein Enkel fügte der Bestätigung die Clausel hinzu, dass vom
Ursprung der Trave bis zur Mündung auf zwei Meilen von
ihren Ufern keine Burg gebaut werden solle, und gab der Stadt
den Priwall, damals noch eine Insel. Derselbe wollte, wie wir
vorhin sahen, dass im Schlosse Travemünde nur der Schirmvogt walten solle, der über Lübeck selbst vom Reiche gesetzt
wäre. Als die Lübecker 1247 bei zunehmender Verwirrung
im Reich durch einen förmlichen Vertrag den holsteinischen
Grafen diesen Schirm übertrugen, liessen sie sich die beiden
Fähren über die Trave, zu Travemünde und zur Herrenfähre,
damals mit gleichbedeutendem Namen Godemannshus genannt,
sowie Stadt und Schloss Travemünde verkaufen auf so lange,

---

[18] Ebend. 1, S. 121; 2, S. 4.   [19] Ebend. 1, S. 520 ff.

als die Grafen Schirmvögte sein würden[20]. Als sich die Stadt
um den Friedensbruch des Grafen Johann beim Turnier zu
Weihnachten 1261 mit Holstein erzürnte, verlor sie Travemünde wieder[21].

Aber die Lübecker verfolgten beharrlich ihren Zweck und
gelangten endlich im Anfange des nächsten Jahrhunderts zu
dauerndem Besitze des Städtchens, des Thurms und der Fähren und machten damit auch den wiederholten Versuchen mek-
lenburgischer und holsteinischer Herren und Ritter, vom Priwall aus die Travenmündung zu sperren und zu beschatzen,
ein Ende. Zu gleichem Zwecke hatten sie schon während des
Interregnums die Zerstörung der Burg Dassow durchgesetzt[22].

Dies ihr Gebiet befriedeten denn die Lübecker von Anfang an mit aller Energie kraft des ihnen schon von Kaiser
Rothbart gegebenen Rechtes, jeden, der ihre Stadt innerhalb
oder ihre Mark ausserhalb der Thore in ihren Grenzen mit
Schlössern oder Festen zu sperren sich herausnähme, gewalt-
sam zu vertreiben und ihre Mark zu befreien. Es geschah
das freilich noch lange unter Autorität des den Blutbann und
die Königsacht vertretenden kaiserlichen Gerichtsvogts. Da
aber dieser, wie gezeigt, bald ganz vom Willen des Rathes
abhing, so sind diejenigen, welche die Mark säubern und scho-
nungslos jeden Friedebrecher vor das Gericht des Vogts ziehen, eben nur die Rathmänner und deren Beamten. Wie der
kaiserliche Richter Vogt heisst, so führen auch die beiden
beisitzenden Rathmänner den Titel Gerichtsvögte, d. i. Herren
des Gerichts. Und die später sogenannten Marstallsherren
oder Herren des Landgerichts heissen Markmester oder Mark-
vögte, weil sie für die Sicherung der Stadtmark sorgten. Ja,
bei der Beweglichkeit des Namens Vogt, hiess auch der Anführer der städtischen Söldner, der spätere Marschall, Vogt,
Utridervoget, nach seinem Amte, mit den Reisigen die Mark
zu bereiten. Denn schon früh brauchte die Stadt zu diesem
Geschäfte einen ritterlichen Mann, den sie gut besoldete, daher benachbarte Adelige sich gern dazu meldeten. Er erhielt
80 Mk. lüb. Pfennige, nach unserm Gelde damals noch über

[20] Ebend. 1, S. 120; vgl. S. 66.   [21] Grautoff 1, S. 140.
[22] Lüb. U.B. 1, S. 245 fg.

1000 Mk., ausserdem Kleidung und Vergütung für seine Wohnung. Wenn die letztere nur auf 10 Mk. jährlich angeschla-
gen wird, so beweist das schon die Höhe des Gehalts, welches
unser Kanzler Albrecht von Bardewik mit Grund reichen Sold
nennt, denn der Kanzler selber erhielt nur die Hälfte, 40 Mk.[23].
‚De Hovetman der soldere‘, sagt er, ‚de was wis, naradich
unde kone, he heet Iwan van deme Crummendyke ut deme
lande tho Holsten, deme gaf de stat tho Lubeke riken solt‘[24].
Wie die Chronik diesen Holsteiner als kühnen Mann verzeichnet hat, so berichtet sie ein Jahr vorher von einem ‚frommen‘, — wir würden sagen, wackern — Vogt der Stadt,
Claus Lindow, welcher, als er im Wendenlande zu Feinden
der Stadt ritt, im Dorf Lubow beim Essen durch einen tücki-
schen Knecht verrathen ward. ‚De viande quemen eme dar
starke uppe dat lif unde sloghen den voghet unde enen siner
broder, darto wol 16 vrome knapen‘[25]. Ebenso fiel Crum-
mendyks Nachfolger, ein Meklenburger von der noch lebenden
Familie Hahn, vier Jahre später, 1301, als er in der Fehde
mit Herzog Otto von Lüneburg die im lübeckischen Gebiete
raubenden und brennenden Lüneburger mit lübecker Bürgern
zu Pferde und zu Fuss vor Reinfeld ereilete. ‚Do des her-
toghen manne quemen bi Stubbendorpe (auf der Oldesloer
Strasse), do wart en to weten, dat de Crowelsbrughe was to-
worpen, dar se over scholden (an der Mündung der Heilsau
in die Trave). Dar worpen se umme, do se nicht ane kif
kunden komen uter dwenghe‘. Der Vogt, mit den Reisigen
voraus, wartete das nachkommende Fussvolk nicht ab und
ward mit Andern erschlagen[26]. Der nächste Vogt war gleichfalls ein meklenburger Knappe, Nicolaus von Harkense[27].
Ueber seines Nachfolgers, Lütke Conrad, Thätigkeit, findet
sich eine alte Aufzeichnung, welche ein anschauliches Bild
von dem rastlosen Umherreiten des Vogts zur Säuberung der
Landstrassen und von der kurzen exemplarischen Justiz giebt[28].
Es heisst in derselben: Im ersten Jahre, da der kleine Conrad
zu Johannis Vogt ward, wurden zu Jacobi drei Uebelthä-

[23] Ebend. 2, S. 1077 fg.   [24] Grautoff 1, S. 413.
[25] Ebend. 1, S. 171.   [26] Ebend. 1, S. 177 fg.
[27] Lüb. U.B. 2, S. 163.   [28] Ebend. 2, S. 351 fg.

ter bei Langensee (d. i. bei dem Schwarzmühlenteich nahe
Schlutup) getödtet. Darauf acht Tage nach Mariä Himmelfahrt (15. Aug.) erschlug er zwei beim Schwerin, die zur
Nachtzeit ein Pferd auf der Weide gestohlen. Zu Michaelis
ward ein Bösewicht zu Schlutup erschlagen, zu Weihnachten
in den Zwölften zwei bei der Martinsmühle, ebenfalls an der
meklenburger Grenze. Zu Fastnacht darauf ward einer beim
Schwerin erschlagen, zu Pfingsten ein Jude beim Horghen-
damm (bei Marly). Darauf im zweiten Jahr acht Tage vor
Michaelis tödtete er drei beim kleinen Schwerin (wo jetzt die
Harmonie liegt). Diese hatten drei Pferde zur Nachtzeit von
der schönbökener Weide gestohlen und waren beim Hause des
Eremiten (beim Einsedel) über (die Trave) geschwommen. Sie
waren Begleiter des Johann, genannt Kerl. Zu Fastnacht zwei
beim Hofe des Mönch Lubertus jenseit Strekenitz (wahrscheinlich Mönkhof gemeint). Einer von ihnen war der Schenkwirth von Fahrendorf (Fahrenkrug bei Segeberg), der zweite
Keding. Acht Tage vor Palmsonntag ward darauf einer beim
steinernen Kreuz erschlagen. Im dritten Jahre, acht Tage
nach Walpurgis, zwei bei der Bergermühle (hinter Stockels-
dorf). Einer war der Schenkwirth von Sarau. Der dritte,
Pussade, entlief und ward in Eutin gehängt. Vierzehn Tage
nach Jacobi (Anfang August) ward in Berlin (an der Segeberg - Eutiner Landstrasse) Hinrich Swin getödtet, vierzehn
Tage nach Michaelis zwei bei Hansfelde, vierzehn Tage nach
Martini ward Kempe in Curau erschlagen. Die nächste Fastnacht ward Johann Kerl selber mit einem Gefährten am Bach
Strekenitz erschlagen. Darauf übers Jahr zu Fastnacht erschlug der Vogt drei beim Schwerin. Auch ritt er an den
Hof des Hermann von Wiersrode und nahm jenen Räubern,
welche auf der Trave raubten, die Stiefel und Kleider wieder
ab, und zwei wurden bei Tremsbüttel erschlagen, Beienflet
und sein Genosse. Auch nahm er ihnen drei Pferde. Desgleichen ward einer in Herrenwik erschlagen, einer auf dem
Torneiesfeld (vor dem Burgthore beim Treidelstieg), der hiess
Gunne, und seine Frau ward in der Stadt getödtet, drei ent-
liefen, Kleider und Geld ward in der Stadt wieder genommen.
Ueber den gedachten Hermann von Wiersrode heisst es, der

Vogt habe sich noch nicht wieder mit ihm gesühnt. Es war dies aber ein angesehener Adliger der Familie Tralau, bei Oldesloe angesessen und ein hervorragender Mann in der Vasallenschaft der Grafen von Holstein - Plön. Mochte er nun Recht haben, über den Vogt sich zu beschweren: jedenfalls gehörte der getödtete in Tremsbüttel ansässige Beienflet demselben Adelskreise an, und auch Swin ist der Name einer ritterlichen Familie Holsteins, für deren Verwandte die noch jetzt lebenden v. Qualen gelten, die einen Schweins- oder Eberkopf im Wappen führen.

Es handelt sich bei diesem Berichte über die Thätigkeit des Vogtes Lütke, wie man sieht, nur um einfache Räubereien, Pferdediebstahl u. dgl. Schlimmer ward die Lage der Städter, wenn sich nicht nur, wie hier, einzelne Adelige dabei betheiligten oder die Hehler abgaben, indem sie ihre Festen den Flüchtigen öffneten, sondern wenn ein angesehener ritterlicher Mann der Führer ward, eine ganze Familie der Stadt absagte, oder der umliegende Adel sich zu Gewaltthätigkeiten verband. Wir werden uns aber doch hüten müssen, dieses alles, etwa nach dem geläufigen Ausdrucke des Raubritterthums, unter einen Gesichtspunkt zu bringen. Da der Adel das Waffenrecht hatte, so galt auch die Fehde in den gesetzmässigen Formen für keine Rechtsüberschreitung, nur für eine andre Art Krieg. Erst mit Verletzung jener Formen, also z. B. durch plötzlichen Anfall ohne Absage, durch Nichteinhaltung der von Rudolf wieder erneuten Vorschrift, drei Tage bis zum Beginn der wirklichen Feindseligkeit zu warten, durch Nichtbeachtung von Waffenstillständen oder besonderen Zeitverträgen ward Gewaltthätigkeit zum Friedensbruch und rief Ahndung hervor. Falls Genugthuung verweigert ward, brachten die Betroffenen den Handel vor das Criminalgericht, und der Friedensbrecher ward geächtet, d. h. innerhalb des Gerichtsbezirkes, in unserem Fall also in Lübeck und der Stadtmark, friedelos gelegt. Wir besitzen noch mehrere solcher Aechtungsaufzeichnungen aus den letzten Jahren von Kaiser Friedrichs II. Regierung und aus dem Interregnum, in denen unter Vorsitz des Vogts und Beisitz der beiden Rathmänner an öffentlicher Dingstätte im Beisein des Klägers und seiner Vorspraken (oder

Advocaten) und vor namentlich als Zeugen aufgeführten Bürgern eine ganze Reihe Adeliger und ihrer Begleiter wegen ge-
waltthätiger Beraubung und Todtschlag in die Acht gethan
werden [29]. Ausser vielen ausgestorbenen Geschlechternamen,
von Fissau, von Segeberg, von Poggewisch, von Tralau u. A.,
werden ein Reventlow, Hildelev Brokdorf, vor allen Detlev
und Timmo Buchwald und ihre Verwandten aufgezählt. Begleiter sind ihre Dorfschulzen, Krugwirthe und Knechte, die
zum Theil als den Bürgern nur zu bekannte Kerle mit ihren
Spitznamen auftreten: der Kahle, der einäugige Sist (Sixtus),
der schwarze Helmreich [30]. Eben so malerisch sind die Register der geraubten Sachen, welche in ihrem bunten Durcheinander den plötzlichen Anfall, das Niederwerfen, das Sich-
wehren der bewaffneten Bürger und ihrer Diener, das Auf-
schlagen der Kisten und Kasten, Durchstöbern der Felleisen,
ja das Durchwühlen der Hosentaschen uns vor die Augen bringen. Die Beraubten geben als gestohlen zu Protokoll: einen
Wagen, Pferde mit Sattel und Zaum, Schlachtvieh, Fleisch,
Hühner, Eier, Häute, sechzehn Schinken, acht Speckseiten,
ein Schiffpfund Seife, drei Liespfund Schweineschmalz, Kleider
aller Art, Kapuzen, grobes Tuch, Krämergut, Gewürze, sil-
berne Spangen, Kleinodien, Gürtel, Lanzen, Schwerter, Messer, Beile, Schlüssel, Börsen, Handschuhe, Hauben, Linnen-
tücher, Betttücher, Badetücher, Stiefel, Kisten und Koffer,
Tinen und Töpfe. Den Rathsherren Asplan und Jordan nehmen sie ihre Marderpelze und zwei Regenkleider und Felle,
dem Diener des Schwiegersohns des Herrn Hoyer von Bardewik, der eine Kuh treibt, diese und dem Diener 2 Schillg.;
bei Ivendorf nimmt Detlev von Buchwald vier Last Hering
und dem Diener des Kaufmanns 1 Schillg. und für einen Schilling Werth, dazu Polster, Kissen u. s. w.

---

[29] Ebend. 3, S. 3 ff.

[30] In 100 Jahr später aufgemachten Verzeichnissen aus der Zeit der holsteinischen Fehden mit Graf Gerhards des Grossen Söhnen kommen noch an-
schaulichere Bezeichnungen vor. Da heisst einer Schevemund, ein anderer
Henneke Strikhose, Buck de Kröger von Kampen, Rasehorn de Möller van Ho-
lenbek, de junge Klevesadel, de Patriarchensön van Hasendorp, Scratflesch,
Tunnenband, Vür u. s. w. Vgl. Ebend. 2, S. 700 ff., 1134 fg.

Das Verzeichniss schliesst mit einer Angabe der zurück-
gezahlten Werthsummen für die geraubten Gegenstände, und
was ein jeder Bürger davon auf die eidliche Erhärtung seines
Verlustes als Schadensersatz erhalten habe.

Zur Leistung desselben musste Ritter Detlev von Buchwald aber erst von seinen rechtmässigen Landesfürsten gezwungen werden. Diese, die beiden Brüder Grafen Johann und
Gerhard von Holstein, damals die von Lübeck während der
kaiserlosen Zeit selbstgewählten Schirmherren im Namen des
Reiches, kamen der ihre Macht erst entfaltenden Stadt gegen
das übermüthige Geschlecht zu Hülfe. Am Agathentage (5.
Februar) 1255 schlossen sie mit Lübeck ein Bündniss zur Bekämpfung Detlevs und seiner Brüder, sowie des Ritters Otto
von Padelügge [31]. Haben wir uns die Gewaltthätigkeiten des
Adels näher angesehen, so fordert die Gerechtigkeit, auch zu
berichten, was die natürlichen Beschützer des Landfriedens
zur Sühnung des Friedensbruches und zur Genugthuung ihrer
gekränkten Bürger thaten. Sie beschliessen, Detlevs Raub-
nest Gosevelde mit Gewalt zu brechen und, falls sie die Ritter fangen, nach lübischem Stadtrechte an einem den Lübeckern und ihnen gleich anpassenden Orte sie zu richten. Ent-
kämen sie aus ihrem Schlosse und entwichen etwa aus dem
Lande, so wollen die Grafen jene nicht anders ins Land wieder aufnehmen und sich mit ihnen vertragen, als wenn die
Lübecker einwilligen. Nimmt sie ein Herr oder Fürst diesseit
der Elbe zum Nachtheil der Grafen und Lübecks auf, so werden die Grafen der Stadt gegen denselben Beistand leisten.
Wird es nöthig, vor Gosevelde eine Befestigung zum Zwecke
der Einschliessung aufzubauen, so wollen die Grafen dazu die
100 Mk. Pf., welche Lübeck ihnen binnen Monatsfrist zugesagt hat, nach der Stadt Gutdünken verwenden. Den Vertrag beschworen die beiden Grafen und sieben ihrer angesehensten Mannen, jeder in die Hände eines einzelnen lübecker
Rathmanns, und verpflichteten sich, falls er durch sie oder
einen der Ihren verletzt werde, zum Einlager in Lübeck, bis
der Stadt volle Genugthuung geworden sei.

---

[31] Ebend. I, S. 197.

Die Buchwald sind als nächste nordwestliche Anwohner
lübeckischen Gebiets über 100 Jahre lang unsere schlimmsten
Nachbarn gewesen. Von Prohnsdorf an, welches ihnen damals
auch gehörte, später in die Hände der Ahlefeld kam, aber
1488 durch Heirath der Familie wieder zufiel, die es noch
besitzt, hatten sie eine Reihe fester Schlösser über den himmelsdorfer See und den travemünder Winkel hinauf an der
Bucht bis Gronenberg. Erst als die Lübecker in der grossen
Fehde vom Jahre 1366 sechs buchwaldsche Raubnester zer-
störten: Himmelsdorf, Snikrode, Schwienkuhlen, Wodöl, Schön-
kamp und Robersdorf, hörten die Plackereien auf. Nur von
ein paar dieser Schlösser, welche bei Ahrensböck, Curau, Haff-
krug, Gronenberg und am himmelsdorfer See lagen, haben sich
die Namen in den anliegenden Dörfern erhalten, die andern
sind, wie alle diese Burgen unserer Gegend, welche aus Fach-
werk und gebrannten Steinen erbaut waren, namen- und fast
spurlos verschwunden. Wenn ein Badegast von Niendorf nach
Häven hinaufwandert, zeigt ihm der freundliche Hufner Krahn
noch einen schwachen Burgwall hinter seinem Garten, wo einst
der Thurm Wodöl stand, und in dem von Häven hinter Niendorf sich hinstreckenden Gehölze erkennt man in einer die
‚Räuberkuhle' genannten Vertiefung die Feste Gosevelde, auf
welche der Name der Hölzung ‚Goosnest' und des Baches
‚Gösebek', mit welchem der himmelsdorfer See in die Bucht
mündet, ebenfalls hindeuten.

Der Vertrag mit den holsteinischen Grafen führt uns auf
das Zweite, Wichtigere, was die Lübecker von frühester Zeit
her verfolgten, um nicht nur dicht an ihrer Stadt, sondern
bald in weiterem, immer wachsendem Umkreise eines befriedeten Zustandes sich zu versichern und für die Störung desselben nachdrückliche Ahndung fordern zu können. Sie mussten sich ja durch die tägliche Erfahrung dessen bewusst werden, dass, wie hoch sie verhältnissmässig auch ihre Macht
steigerten, diese doch wesentlich auf der Anerkennung der
ihnen verliehenen Rechte beruhte, dass sie dabei von dem guten Willen der Nachbarn abhingen, und dass es schlimm um
sie aussah, wenn sie mit der blossen Gewalt durchzudringen
versucht hätten. Daher lassen sie sich immer wieder und

wieder ihre Freiheiten verbriefen von Kaiser und Reich, von
Grossen und Kleinen, von Nachbarn und Fremden. Zunächst
für ihre Person den freien Rechtsstand, den ihnen schon Kaiser Rothbart im ganzen Reichsgebiet versichert hatte, d. h.
dass sie überall vor keinem fremden Gericht zu Recht stehen
sollen, weder geistlichem noch weltlichem, fürstlichem oder
Grafengericht, sondern nur vor ihrem Vogt oder des Kaisers
höchstem Gericht. Ferner freies Geleite im Allgemeinen und
in besondern Fällen. So haben wir vorhin gehört, dass König
Rudolf den Gesandten freies Geleite nach Nürnberg zur Huldigung zusagt, und in einem spätern Schreiben, da er sich
1290 fast ein Jahr lang in Erfurt aufhält, sichert er für Hin-
und Herreise nach und von dort seinen und des Reiches
Schutz [32]. Dass das nöthig war, und dass selbst dies Reichs-
geleite nicht immer unverbrüchlich gehalten ward, ist ja sonst
bekannt genug. Für Lübeck genügt es, einen namhaften Fall
anzuführen. Als dem König Ludwig, dem Baiern, nach seiner
Wahl die Boten der Stadt gehuldigt hatten, wurden sie auf
ihrer Heimkehr, ein Rathmann und der Stadt Schreiber, 1318,
von dem fränkischen Grafen Conrad von Truhendingen gefangen genommen und fast drei Jahre festgehalten, bis sie durch
Vermittelung des Grafen Berthold von Henneberg für 200 Mk.
Silbers, also für 6400 Mk. nach unserm Gelde, sich lösten,
welche Summe König Ludwig folgerichtig, da er für den Bruch
des Friedens, welchen er zugesagt, aufkommen musste, auf
seine Reichseinnahme aus der Stadt Lübeck anwies [33].

Dies freie Geleite ward nun für alle Staatsangehörigen,
für die hin- und herziehenden Kaufleute, für Frachtfuhren und
Waarenzüge erworben. Man bedang sich nicht nur Schutz vor
offenbarer Gewaltthat aus, sondern auch vor solchen Behinde-
rungen und Bedrückungen, welche mit einem Scheine des Rechts
aus der Hoheit des Landesherrn über das zu passirende Territorium oder mit mehr Grund aus den auf Brücken, Fähren,
Strassenanlagen verwandten Kosten hergeleitet wurden und in
den verschiedenartigsten Abgaben bestanden, die theils unsere
Namen Wegzoll, Brückengeld u. s. w. führen, theils mit älte-

[32] Ebend. 1, S. 498.
[33] Grautoff I. S. 209; Lüb. U.B. 2, S. 348 fg., 367 fg.

ren Hansa, Ungeld etc. heissen. Es wird genügen, an ein paar
Beispielen zu zeigen, wie Lübeck sich von vorn herein in seiner unmittelbaren Nähe Luft schaffen musste. Was half es,
dass überall die kaiserlichen Constitutionen neue Zollanlagen
als Eingriffe in die Reichsrechte verboten, dass selbst noch
Rudolfs Landfriede vorschrieb, für freies Geleite sich nicht
bezahlen zu lassen, da Arme und Vermögende gleichermassen
in des Reiches Geleite frei zu Wasser und zu Lande fahren
sollten: die Fürsten nahmen die Zollanlage und das Geleite
als ein von früheren Kaisern ihnen schon zum Theil überwie-
senes landesherrliches Recht in Anspruch, die adeligen Grund-
besitzer thaten bald ein Gleiches, und, wo sich das Recht
nicht nachweisen liess, da ging eben Gewalt vor Recht. Dass
man dabei aber das Bewusstsein des Rechts nicht verloren
hatte und dies genau von unrechtmässigen Anforderungen unterschied, das geht schon aus den Namen der Auflagen hervor. Altherkömmliche und solche, die meist durch die so
eben erwähnten Rechtsansprüche oder Verkehrserleichterungen
bedingt waren, nannte man mit dem allgemeinen Namen Zoll
(teloneum), die andern dagegen exactio (Forderung) oder, wo
sie schärfer gekennzeichnet werden sollten, extorsio (Erpressung). So verzichteten die Grafen von Danneberg, welche im
südwestlichen Meklenburg und anstossenden Hannöverschen zu
beiden Seiten der Elbe sassen, 1237 auf jede exactio in Danneberg, Dömitz, Lenzen, zu Gunsten der Lübecker, wenn diese
nur den rechtmässigen Zoll (justum teloneum) bezahlen [34].
Obwohl nun die Lübecker schon durch die ersten kaiserlichen
Gnadenbriefe nicht bloss von solchen abnormen Belastungen,
sondern auch von den Transitzöllen, die Andere zahlen mussten,
wie z. B. in Oldesloe, durch das ganze Herzogthum Sachsen
befreit waren, sahen sie sich doch genöthigt, von den Danne-
bergern sich diese Berechtigung schwarz auf weiss wiederholen zu lassen. Ja 1240 verbrieften ihnen sogar die Herren von
Barkentien in dem gleichnamigen Dorfe an der Stecknitz freien
Durchgang für den ihnen zukommenden Antheil der hamburger Strasse und freie Fähre über die Stecknitz [35]. Wie in

---

[34] Lüb. U.B. 1, S. 85.   [35] Ebend. 1, S. 91.

den durch diese beiden Befreiungen angedeuteten Richtungen
die Strassen lagen, welche Lübecks Verbindungen nach Süden
mit dem Reiche, nach Westen mit der Elbe und den Nord-
seegegenden bedingen, so trugen sie für die östliche Strasse
durch Meklenburg schon unter der Dänenherrschaft Sorge.
Der Brückenzoll zu Dassow, welchen sich der Bischof von
Ratzeburg und die meklenburger Fürsten theilten, ward damals für die Lübecker beseitigt, und nach der schon von mir
erwähnten Zerstörung der Burg Dassow ward festgesetzt, dass
hinfort kein Schloss zwischen Dassow und Grevsmühlen angelegt werden solle [36].

In Bezug auf den Verkehr mit H a m b u r g, der wegen
seiner spätern Bedeutung am meisten von sich reden macht,
will ich nur erwähnt haben, dass hier die Strassensicherung
zuerst den nachweislich solidesten Charakter annahm durch
feste Verträge beider Städte über Bestrafung der Strassenräu-
ber, Zerstörung der Burgen und Raubnester, Anordnung eines
gewaffneten Geleites, das Lübeck zu $\frac{3}{4}$, Hamburg zu $\frac{1}{4}$ stellte,
und Regelung der Schutzabgabe, 1 Mk. von jedem Wagen,
zur Unterhaltung des Geleites. Jedes Mal, wenn die landes-
fürstliche Regierung es mangeln lässt an der nöthigen Hut,
wenn kein naher Schirmherr vorhanden ist, wenn die Landschaft selbst durch den Zank der regierenden Häuser in sich
getheilt wird und mit einander kriegt, treten diese Städtever-
bindungen kenntlich hervor, so 1241 (welches Jahr man daher als Anfang der Hanse setzt), ehe die Stadt bei Friedrichs II. abnehmendem Reichsregiment den Schirm der holsteiner Grafen erlangte, so am Ende des Jahrhunderts und
beim Beginn des 14. Jahrhunderts, als die holsteiner Grafen
in unheilvoller langjähriger Fehde sich trennen.

Im Uebrigen aber musste Lübeck nicht bloss nach grös-
serer Vereinigung der S t ä d t e, sondern auch der Fürsten und
Herren zur Aufrechthaltung des Landfriedens trachten, um so
das letzte Endziel seiner Friedensbestrebungen zu erreichen.
Wenn Nothstand war, machte sich das ganz natürlich, die
Fürsten konnten selbst kein Gefallen daran finden, dass ihr

---

aufsätziger Adel das Land ruinirte, zumal sie immer mehr
mit der Territorialgewalt auch das Gefühl ihrer landesfürst-
lichen Rechte und Pflichten sich zu eigen machten und in den
zu ergreifenden Massregeln auf ihrem engern Gebiet weniger
sich kreuzende Interessen vorfanden, als die Kaiser im Reich.
Sie liessen sich zudem die besser gefüllten Stadtkassen, die
kriegerischen Bürger und gut bezahlten städtischen Söldner
und die früh vervollkommten Belagerungswerkzeuge der Städter, Bliden, Katzen, treibende Werke, und wie sie sonst heissen, später das Feuergeschütz, gern zu ihren Zwecken dienen.

Und wenn ein Landesherr dazu vermocht werden konnte,
seine Ritter im Bunde mit der Stadt zu bekämpfen, wie 1255
die holsteinischen Grafen die Buchwald, so waren nicht schwieriger mehrere zu vereinen, wo es galt, ein eingenistetes ade-
liges Fehdethum zum Schweigen zu bringen, das den Frieden
der anstossenden Landschaften störte.   Ich will aus vielen
Verbindungen der Art nur an den Vertrag von Duzow erinnern, welcher freilich der Zeit nach später fällt, als der erste,
noch näher zu erwähnende rostocker Landfriede (1283), aber
gerade ein sehr anschauliches Beispiel bietet.   In Lauenburg
war aus der Hinrichtung eines angeblich zu Lübeck gehäng-
ten Raubritters Peter Ribe eine mehr und mehr wachsende
Erbitterung des Adels entstanden.   Die Herzöge waren min-
derjährig, ihr Vormund, Herzog Albrecht II. von Sachsen-Wittenberg, war viel ausser Landes, sein Statthalter Hermann
Ribe, des Ermordeten Verwandter, hegte das Raubritterthum.
So thaten sich die wendischen und sächsischen Fürsten von
Werle, Schwerin, Meklenburg, Danneberg mit Lübeck zur Bekämpfung zusammen, bis 1291 auf den Compromiss des Herzogs Otto von Lüneburg, der Grafen von Holstein und des
Grafen Nicolaus von Schwerin, unter Einwilligung des sächsischen Herzogs, beschlossen ward, zehn Raubschlösser, darunter Duzow selbst, zu zerstören[37].   Solche auf besondere Veranlassung geschlossene Verträge enthielten in der Regel auch
Zusagen für die Zukunft, Bestimmungen einer gewissen Zeit-
dauer für den neu hergestellten Frieden u. dgl.   Oder, um

---

[37] Ebend. 1, S. 514 fg.; 2, S. 1086.

ähnlichen Vorfällen vorzubeugen, einigte man sich bei Zeiten zur Erhaltung der Sicherheit und des Friedens im Lande, und so kam man stufenweise ganz nach der Analogie von Kaiser und Reich erst zu Vereinbarungen über einen zeitweilig aufrecht zu haltenden Friedensstand, endlich zu förmlichen mehrjährigen Landfrieden.

2.

‚Diese Satzungen des Landfriedens haben wir Rudolf, ein römischer König und ein Mehrer des Reichs, mit Gunst und mit Rathe der ehrbaren Herren, des Cardinal-Legaten (des Bischofs Johann von Tusculum) und der Fürsten und Herren, geistlicher und weltlicher, gesetzet zu Würzburg auf dem geladenen Hoftag, wie sie nach geschrieben stehen'.

Also beginnt der Landfriede des Königs Rudolf von Habsburg vom Jahre 1287 [38]. Es sind diese Landfriedenssatzungen aber keine neue Gesetzgebung des Königs, es ist zum grössten Theil eine Wiederholung früherer Reichsvorschriften, welche Kaiser Friedrich II. 52 Jahre vorher zu Mainz über den Landfrieden gegeben hatte [39]. Es war das allerdings nöthig geworden durch Veränderungen im Reichsregiment, wie durch die Ereignisse zu Anfange des 13. Jahrhunderts. So lange die Herzöge als die grossen Reichsbeamten bestanden, lag ihnen zugleich mit der Sorge für den Heerbann oder dem Reichsaufgebot, auch die Aufrechthaltung des Landfriedens ob, den sie in des Kaisers Namen so gut gegen Bischöfe, Grafen und Herren innerhalb ihres grossen Herzogthums, wie gegen die andern Freien, zu schützen hatten. Die übergrosse Gewalt dieser Beamten machte sie aber dem Reichsoberhaupte selber gefährlich, zumal unsere Könige nicht erbliche, sondern Wahlkönige waren. Die Könige selber untergruben also die Stellung der Herzöge, grösstentheils mit Beihülfe und zum Nutzen der den Herzögen bisher untergebenen weltlichen und geistlichen Herren, von welchen die letztern am frühesten von der herzoglichen Hoheit befreit wurden. Was mit Herzog Hein-

---

rich dem Löwen in unsern Landen geschah, hatte sich anderswo schon früher vollzogen, der Sturz dieses grossen Herzogs vollendete die Auflösung der Herzogthümer. Wir begegnen freilich auch später den Namen Herzog von Sachsen, von
Baiern, von Lothringen, aber die Bedeutung ist eine andre
geworden: sie sind fortan nur fürstliche Herren in ihrem eigenen Landesgebiete, die sich kaum noch durch irgend welche
lehnsherrliche Rechte von den übrigen Fürsten unterscheiden.
Die Herzogswürde ward ein erblicher Titel für grössere Fürsten, ein Titel, nach dem die angesehenern Territorialherren
streben, so dass schon im Laufe dieses und des folgenden
Jahrhunderts die Zahl der Herzöge beträchtlich vermehrt wird,
wie wir denn in unserer Nähe Herzöge von Braunschweig, von
Meklenburg u. a. erhalten. Aber die Zertrümmerung der grossen Herzogthümer führte in Deutschland nicht das herbei,
was durch sie beabsichtigt war: eine Verstärkung der königlichen Macht. Denn während nicht nur die Herzöge, sondern
auch alle Grafen und Fürsten in den erblichen Besitz ihrer
Länder und landesherrlichen Rechte gelangten, und die geistlichen Herrschaften, deren Bischöfe und Aebte nicht vom Könige gewählt und eingesetzt wurden, eine gleiche Zusicherung
erhielten, gelang es den deutschen Königen nicht, die gleiche
Erblichkeit für das Königthum durchzuführen. Der König
stand von nun an mit verminderter Macht, mit geschmälerten
Rechten und Einkünften an der Spitze von nahezu 200 nach
ihrer innern Verwaltung unabhängigen Territorien, ungerechnet die Reichsvogteien, deren Beamte der König einsetzte, und
die Reichsstädte. Allgemeine Bestimmungen für das Reich in
Bezug auf Reichsgesetze, Krieg, Frieden und Bündnisse hatte
allerdings noch der König zu treffen, war aber dabei an den
Rath und die Einwilligung der Reichsfürsten gebunden, welche
in dieser Hinsicht als Reichsstände auf den Reichstagen mit-
wirkten.

Diese Umgestaltung des Reichsregiments hat sich, natürlich nicht ohne grosse Kämpfe und Stürme, wie sie eine jede
Uebergangsperiode mit sich führt, in der ersten Hälfte des
13. Jahrhunderts vollzogen. Die unglückliche Doppelstellung
der deutschen Kaiser diesseit und jenseit der Alpen, so sehr

sie in den früheren Jahrhunderten eines festeren Regierungs-
organismus auch in Deutschland ihrem Königthume den Glanz
der höchsten weltlichen Würde in der Christenheit zubrachte,
hat in dieser Zeit, wo das unmittelbarste persönliche Einwirken Noth that, nicht wenig dazu beigetragen, das einheitliche
und zusammenhangende königliche Walten zu hemmen, zumal
seit Kaiser Heinrich VI. das Erbkönigreich Neapel und Sici-
lien sich erwarb. Persönliches Unglück kam dazu. Als Heinrich VI. in der Blüthe seiner Mannesjahre im fernen Palermo
starb, war sein erwählter Nachfolger, sein Söhnlein Friedrich II.,
noch nicht drei Jahre alt. Die deutsche Königswahl spaltete
sich zwischen dem Oheim des Kindes, Philipp von Schwaben,
und dem Welfen Otto. Zehn unheilvolle Fehdejahre folgen.
Das ist denn die traurige Zeit, von welcher unser grosser
Walther von der Vogelweide singt:

> Die Zirkel (die Fürstenkronen) sind zu hehre;

der er zürnend vorhält, wie freilich alles, was kriechet und
was flieget und Bein zur Erde bieget, nicht ohne Hass und
Kriegssturm lebe, aber doch darin einig sei, dass es starkes
Gericht unter sich schaffe, Könige und Recht kiese, Herren
und Knechte setze; — und dann in den unwilligen Ruf aus-
bricht:

> So weh dir deutsche Zunge,
> Wie steht dein Ordenunge,
> Dass nun die Mück' ihren König hat,
> Und dass dein Ehr' also zergat!

Das ist die Zeit, von der er sagt:

> Untreue ist in der Sasse.
> Gewalt führt auf der Strasse,
> Friede und Recht sind sehre wund.

Als Philipp daran war, über Otto den Sieg davon zu tragen, fiel er von meuchlerischer Bubenhand auf der Babenburg.
Die Fürsten einigten ihre Wahl auf Otto, aber Otto war roh
und ungeschlacht, trat heimisches und fremdes Recht mit Füssen. So ward mit Einwilligung des grossen Papstes Innocenz III.
der hohenstaufische Erbe, Friedrich II., gegen ihn berufen, um
— in einem Leben voller Kämpfe den unheilvollen Conflicten,
in welche die Staufer durch ihre getrennten Regierungspflich-

ten, durch die sich kreuzenden Ansprüche kaiserlicher und
päpstlicher Machtvollkommenheit verwickelt waren, zu erliegen
und zugleich mit dem Verluste Italiens die Zerstörung altkö-
niglicher Macht in Deutschland herbeizuführen. Wie das so
kommen musste, ergiebt schon ein Blick auf die Jahre seiner
Anwesenheit in Deutschland. Es sind kaum 10 Jahre während
eines 38jährigen Regiments. Davon können die 8 seines ersten
Auftretens in Deutschland ihm kaum als volle Regierungsjahre
zugerechnet werden. 1212 in Deutschland erschienen, ein 18jäh-
riger Jüngling, wird er erst 1215 in Aachen gekrönt und ver-
treibt Otto aus Cöln und vom Niederrhein, der, freilich zuletzt
fast ganz verlassen, noch bis 1218 lebte. Schon 1220 aber
verlässt Friedrich Deutschland wieder und bleibt 15 Jahre fern
bis 1235, weilt dann ein reichliches Jahr bei uns und kehrt
nach einem ersten Zuge gegen die Lombardei zurück, um abermals 8 Monate in Deutschland zu bleiben, das er seit September 1238 während seiner 12 letzten Lebensjahre nicht wieder-
gesehen hat. Seine Reichsvicare waren seine Söhne, erst Heinrich und dann Conrad, jener 1220, da Friedrich ihn zum
römischen König ernennen liess, achtjährig, Conrad in gleichem
Falle 1237 neunjährig. Daher mussten für Beide Vormund-
schaften eingesetzt werden, die sich nicht immer treu erwiesen;
das Zugeständniss der Fürsten und ihr Gehorsam ward gerade
unter solchen Verhältnissen von Friedrich durch Verleihung
der Landeshoheit an sie erkauft. Heinrich, in schlechter Gesellschaft entartet und kopflos, fiel noch dazu von seinem Vater ab. Deshalb erschien Friedrich 1235 wieder in Deutschland, Heinrich ward zu Worms gefangen genommen und nach
Italien abgeführt. Conrad trat an seine Stelle. In Worms
feierte Friedrich auch seine dritte Vermählung mit Elisabeth
von England, der Schwester König Heinrichs III. Einen Monat nachher hielt er zu Mainz einen grossen Reichshof und
gab das vorhin erwähnte Reichsgesetz zur Wiederherstellung
des Rechtszustandes.

Er verkündet darin, er habe in der Ueberzeugung, dass
er an seiner erhabenen Stelle die Regierung sich zum Ruhm
und seinen Unterthanen zum Heil auf Friede und Recht stützen müsse, obwohl die Deutschen in ihren Privatverhältnissen

nach altem Herkommen und ungeschriebenen Rechten lebten,
mit Rath der Fürsten, Edeln und Reichsgetreuen, verschiedene
Gesetze nöthig befunden, welche die Gesammtverfassung und
den Reichsfrieden beträfen. Diese handeln von der Beobachtung geistlicher Urtheilssprüche, von dem Schutze geistlicher
Güter, Aufhebung ungesetzlicher Zölle, Sicherstellung der Reichs-
strassen, Belegung des Landfriedensbruches mit der Acht, Verbot der Selbsthülfe und Anordnung der nöthigen Gerichte. Ein
sehr umfangreicher Abschnitt, die Söhne, welche derartigen
Friedensbruch an ihren Vätern begehen, betreffend, weist uns
auf die nächste persönliche Veranlassung dieses Reichsge-
bots hin. Die sachliche bezeichnet der Kaiser selbst in den
eben angeführten Eingangsworten. Je mehr das Reich in ge-
trennte selbstständige Territorien aus einander zu fallen drohte,
ein jedes mit seinem besondern Rechtsherkommen, desto mehr
that eine Feststellung aller gemeingültigen Rechtsgrundsätze
Noth. Es kam dazu, dass die gesellschaftliche Gliederung, wie
wir sie herkömmlich als die des Mittelalters anzusehen pflegen, in Fürsten, Adel, Bürger, Bauern, sich erst damals durch-
zuarbeiten anfing, dass gegen den mächtig emporgehobenen
Fürstenstand der ihm ebenbürtige, alte, reichsfreie Adel sich
wehrte, dass mit diesem wieder der neue, ursprünglich unfreie
Dienstadel rivalisirte, seit aus ihm vorwiegend der waffentra-
gende und kriegführende Theil der Nation bestand, und dass
dieser neue Reiter- oder Ritterstand, wie er einerseits durch
gemeinsame Lebensweise, durch streng ausgebildete kriegeri-
sche und Ehrensatzungen bis in die höchsten Kreise adeligen
und fürstlichen Lebens hineinragte, so dass der Kaiser selber
sich es für eine Ehre anrechnete, der erste Ritter zu heissen,
andrerseits auf den Stand der Gemeinfreien drückte, welche
als Landbewohner entweder in gleiche Abhängigkeit mit den
Hörigen oder Leibeigenen geriethen oder als freie Bauernschaf-
ten waffen- und gesinnungstüchtig ihre Selbstständigkeit wahr-
ten, als Städter dagegen, wie wir an Lübecks Beispiel sahen,
in Folge ihrer zunehmenden Wohlhabenheit schnell in den Besitz ausgedehnter kaiserlicher und fürstlicher Privilegien gelangten, welche sie hinter wohlgefesteten Mauern unter dem

Schutze eines gut organisirten Stadtregiments mit Umsicht und
Erfolg vertheidigten.

Denkt man sich das alles nun noch so recht im ersten
Flusse, so erhält man ein freilich höchst lebendiges, aber auch
sehr unruhiges Bild. Allein die Kreuzungen so verschiedenartiger Rechtsansprüche mussten das fehdevollste Treiben
hervorrufen. Um dieses eben annähernd klar zu machen und
nicht einer Vorstellung Raum zu geben, welche aus früher Ge-
sagtem folgern könnte, es hätte in der gedachten Periode nur
Rechtlosigkeit und Gewalt geherrscht, habe ich mir erlaubt,
auch von dieser Seite her nochmals eine allgemeine Schilderung der Zeit zu geben, auf deren Grunde Lübecks Sonderge-
stalt sich um so bestimmter zeichnen lassen wird. Für unsern
Norden trifft aber diese Darstellung einer Uebergangszeit um
so völliger zu, als bei uns alles noch mehr in den Anfängen,
frischer, neuer war, da das sächsische Volk sich erst eben hier
sesshaft gemacht hatte. Daher war einmal die Entwickelung der
Erscheinungen des öffentlichen Lebens noch zurück hinter Mit-
tel- und Süddeutschland. Während dort Adel und Bauer sich
schon scharf trennen, treten die Unterschiede der Landbewohner bei uns langsamer hervor, der Bauer bleibt freier und
ebenbürtiger, der Ritter sitzt mitten in seinem Dorfe auf einem
Hofe, der sich vielleicht nur in der Befestigung, sonst kaum
vor den Bauerhäusern auszeichnet. Daher stehen Hofmann
und Hausmann, wie sie heissen, sich noch näher. Als 1306
Graf Gerhard II. von Holstein mit seinem Adel in Krieg geräth, der bei Lübeck Unterstützung findet, da verbinden sich
mit den Rittern und Knappen nicht nur die Ditmarschen, die
damals gar nicht zu Holstein gehörten, sondern auch die Haus-
leute (die Bauern) Holsteins [40]. Die Bauern hegen bei sich
Fehderecht, Blutrache und Wehrgeld: das wird ihnen noch
1392 untersagt, und auf Todtschlag die Strafe des Rades gesetzt für den Bauer und Hausmann, während ‚der Hofmann zu
den Waffen geboren', wie es heisst, den Todtschlag mit Wehrgeld büssen soll [41]. Andrerseits aber treten manche gerade
damals eben entstandene politische Neubildungen bei uns so-

[40] Grautoff 1, S. 186.
[41] Ebend. 1, S. 358; Schlesw.-Holst.-Lauenb. Urk.Samml. 2, S. 367 fg.

gleich kräftiger auf, weil sie in den bestehenden Verhältnissen nicht die Hindernisse finden, wie im übrigen Deutschland. Das gilt von der neuen Macht der Fürsten, die den Dienstadel, welcher mit ihnen ins Land eingezogen ist, leichter unter ihre Botmässigkeit brachten, als wenn er ein uralt freier gewesen wäre; es gilt von den Städten, mindestens von den grösseren, wie Lübeck, die, vom Adel nicht mit gegründet, wie manche süddeutsche[42], diesen grundsätzlich von vornherein aus ihren Mauern ausschlossen und so den bürgerlichen Standesgegensatz gleich scharf hervorhoben.

Bei so entschiedenen und doch in sich noch unklaren Gegensätzen machte sich überall das Bedürfniss nach Aufzeichnung des Rechts in der Muttersprache geltend, deren Prosa gerade damals sich schriftmässig zu bilden anfängt. Ich erinnere nur an die ältesten Handschriften des lübischen Rechts, an den Sachsenspiegel. In ausserdeutschen Landen geschah Aehnliches. Man widersetzte sich damit nicht nur der Herrschaft der römischen Sprache, auch schon dem eindringenden römischen Rechte, welches italienische Rechtslehrer als das gemeine kaiserliche und somit als das höchste hinstellten, und dessen Lehren die Kaiser mit Vorliebe auf das einheimische Recht zu übertragen suchten, da sie durch dieselben eine unbedingt monarchische Machtvollkommenheit sich zueignen konnten, wie sie die Kaiser des alten Rom besessen hatten. Grund genug, bei der ganz entgegengesetzten Natur des deutschen Nationalrechtsherkommens sich einer kaiserlichen Gesetzgebung abgeneigt zu zeigen, und ein neues Hemmniss für eine vom Kaiser ausgehende allgemeine Reichsconstitution.

Friedrich II. hat seinen Beruf zur Gesetzgebung dadurch bewährt, dass er eine solche in seinem apulischen Reiche durchführte in streng monarchischer Weise. Ein ähnlicher Versuch hätte bei dem Unabhängigkeitssinne der Deutschen und bei der ganz andern Stellung des Königs in Deutschland gar nicht gemacht werden können. Aber wohl wäre Friedrichs Regierung noch der Zeitpunkt gewesen, aus den in sich verwandten, nach Herkommen und Gebrauch jedoch immer mehr aus einan-

---

[42] Bei Kiels Gründung wirkte der Landesadel mit, kleinerer Städte nicht zu gedenken.

der gehenden Particularrechten der Deutschen das allgemein
Gültige zum Reichsgesetze zu erheben, wie Friedrich es als
seine Absicht ausspricht. Es blieb aber bei den wenigen angegebenen Bestimmungen, und selbst diese, obwohl von den
Fürsten angenommen, sind kaum ausgeführt worden. Friedrich hatte zur Ueberwachung der Gerichte über den Landfrieden einen Hofrichter eingesetzt: seit der Kaiser Deutschland
verlässt, ist von diesem nicht mehr die Rede. Der Landfriede
und die Sorge für ihn blieb den Fürsten überlassen; in der
kaiserlosen Zeit strebten für ihn nur noch die Städte und auf
ihren Betrieb einzelne Landesherren.

So musste Rudolf von Habsburg begreifen, dass mit Macht-
geboten, ohne den guten Willen der Landesfürsten, für seine
erneueten Friedensbestrebungen auf die Dauer nichts zu erreichen war. Er ging daher allmählich und stufenweise zu Werke.
Nachdem er in den seinem Hause erworbenen Erbländern Oest-
reich und Steiermark und den Nachbarstaaten den Landfrieden
gesetzlich befestigt, liess er Friedrichs Reichsgesetz in Baiern,
Franken, Schwaben und am Rhein von den dortigen Fürsten
beschwören, und erst zuletzt, nachdem alle diese landschaft-
lichen Zustimmungen voraufgegangen, erfolgte die allgemeine
Annahme desselben zu Würzburg. Auch diese zunächst nur
für eine bestimmte Reihe von Jahren, mit der Voraussetzung,
dass nach Ablauf derselben eine stete Erneuerung erfolgen
solle, wie denn Rudolf selbst 1291 noch eine solche veranstal-
tet und ein gleiches Adolf von Nassau und Albrecht I. gethan
haben.

Den Satzungen an sich sollte damit nicht ihre Allgemein-
gültigkeit genommen werden, wohl aber sollte der persönliche
Eidschwur, der die Stände zur Aufrechthaltung des Friedens
verpflichtete, und dessen Bruch über sie gleiche Bestrafung
mit andern Landfriedensbrechern herbeiführte, als für sie insbesondere und auf die beschworene Zeit bindend erscheinen.
Denn so heisst es am Schlusse des Würzburger Landfriedens:
„Diese Satzungen des Friedens und Rechts soll man zwar zu
allen Zeiten stete halten und soll auch darnach richten, da
sie von Alters herkommen und mit Recht und Gunst und Rath
der Fürsten gesetzt sind. Es verbindet sich aber zu diesem

Male zu diesem Landfrieden mit Eiden Niemand, als nur von jetzt bis Johannis, und von da über drei Jahr'.

Es war also somit, bei der mangelnden Allgewalt der Reichsregierung, die Hut des Landfriedens in die Hände der persönlich dazu verpflichteten Landesherren gelegt. Dass es damit nicht abgethan, sondern auf grössere Kräftigung des Reichsfriedens von den einzelnen Gebieten aus abgesehen war, beweist noch folgender Zusatz: ‚Alles, was auch die Fürsten oder die Landesherren in ihrem Lande mit der Herren Rathe setzen und machen diesem Landfrieden zur Besserung und zur Festigung, das mögen sie wohl thun, und damit brechen sie den Landfrieden nicht'.

Mit der Herren Rathe, d. h. mit dem Beirathe ihrer Landstände, und damit ist eine neue Sicherung des Landfriedensinstituts gegeben. Schon unter Friedrich II. wird es, gleichzeitig mit der Uebertragung der landesherrlichen Gewalt an die Fürsten, als ein Reichsgrundsatz ausgesprochen, dass die Fürsten keine andere Verordnungen und neue Rechte machen können, ohne vorgängige Zustimmung der Grösseren und Besseren des Landes, und somit wird der willkürlichen Uebermacht der Fürsten, bei Zersplitterung der Reichsgewalt, in den Landständen ein Damm gesetzt. In gleicher Weise werden nun auch die Landstände zur Mitbeschirmung des Landfriedens aufgerufen. Die Fürsten hielten auf den Landfrieden schon, wo er ihnen zur Concentrirung ihres Regimentes dem Adel gegenüber diente, der landständische Adel aber sollte in gleicher Weise eintreten, wo etwa der Landfriede den Fürsten unbequem und im Wege war. Und wo Beide zufolge der näheren Standesverwandtschaft und ähnlichen Lebensanschauung gemeinsame Sache machten, schlugen sich die Städte ins Mittel, in späterer Zeit als Mitstände auf den Reichs- und Landtagen, zunächst durch die speciellen Landfriedensbündnisse.

Diese werden ganz nach dem Vorgange der Reichslandfrieden auf bestimmte Jahre und mit bestimmter persönlicher Verpflichtung abgeschlossen, nur fassen sie die Aufgabe im engern Gesichtskreise praktischer und nehmen namentlich gleich im Voraus Bedacht auf den Fall eines wirklich eintretenden Landfriedensbruches, für welchen demnach die Art und Weise

der Abhülfe und der von jedem dabei zu leistende Antheil
festgestellt wird. Unsre norddeutschen Landfrieden zeigen zudem, der Stellung unserer Gegenden zum Reiche gemäss, eine
grössere Selbstständigkeit und Unabhängigkeit, als ähnliche
mittel- und süddeutsche Verbindungen. Bei den letztern wird
alles schliesslich von der Genehmigung des Kaisers abhängig
gemacht, bei uns findet sich diese Voraussetzung nicht, des
Kaisers geschieht gar keine Erwähnung, offenbar nicht aus
Mangel an Unterthänigkeit gegen ihn, sondern weil o h n e ihn
sich alles, und o h n e das geringste Zuthun seinerseits gemacht
hatte. Wären Rudolfs Absichten völlig geglückt, so würde
vielleicht auch bei uns der concentrirende Reichseinfluss schärfer sich gezeigt haben: so aber blieben unsere Lande mehr
ihrer eigenen Kraft und ihrer eigenen Noth, wo Unfriede war,
überlassen, und griffen deshalb ihre Aufgabe um so energischer
an. Die Städte haben sich nun zum Zweck des Landfriedens
mit andern Städten, mit Adel und Fürsten verbunden: bei zunehmender Fürstengewalt tritt der Adel mehr zurück; aber
wo die Fürsten die Schuld der Fehde haben, sehen wir Lübeck
auch im Bunde mit den Landesunterthanen, wie ich vorhin ein
Beispiel der Art aus Holstein vom Jahre 1306 anführte. Gleich
in dem ersten Falle eines wirklichen Landfriedens, der in unserm Norden vorkommt, in dem Rostocker Landfrieden von
1283 [43], finden sich die sämmtlichen ständischen Interessen
zum Zwecke der Befriedung des Landes vereinigt. Er ist
darum vorzüglich belehrend, weil er uns zugleich die V e r a n -
l a s s u n g, wie man zu solchen besondern Bündnissen kam,
aufweist und unabhängig davon eine weitere Vereinbarung zum
Friedensschutze auf 10 Jahre enthält. Dann aber bemerken
wir hier gleichmässig thätig die Städte — Lübeck vor allen,
welches sich am Vorabend seines ersten grossen Krieges mit
Norwegen befand, — und den König Rudolf, der offenbar damals schon, vier Jahre vor Erlass des mehrerwähnten Reichs-
landfriedens, in gleichem Sinne, wie in Süddeutschland, auf
unsre Gegenden vom Reiche aus einzuwirken suchte. Ohne
diese beiden Factoren wären schwerlich die Fürsten so zahlreich und so energisch zusammengetreten.

---

[43] Lüb. U.B. 1, S. 400 ff.

Die Veranlassung kam von langjährigen Fehden der brandenburger Markgrafen. Diese, damals acht ritterliche Vettern,
unterstützten theils den Böhmen Ottokar, theils suchten sie
einen ihrer Familie, Erich, gegen braunschweigische Ansprüche
auf den erzbischöflichen Stuhl von Magdeburg zu setzen, theils
breiteten sie sich durch Kauf und Gewalt zum Schaden der
pommerschen Fürsten in Pommern aus und suchten dieses in
Lehnsabhängigkeit von sich zu bringen; und während so verschiedene Prätensionen ihnen zahlreiche Gegner auf den Hals
zogen, benutzten wiederum die den Pommern nahestehenden
Herzoge von Grosspolen die Gelegenheit, ihre Herrschaft zu
erweitern. Kein Fürst diesseit und jenseit der Elbe war bei
solcher Fehde unbetheiligt. Auch König Rudolf behielt sie
im Auge. Zu Anfang seines Regiments bezahlt die Stadt Lübeck die königlichen Gefälle auf Rudolfs Anweisung an Brandenburgs Markgrafen Otto den Langen. Als aber dieser auch
nach der Schlacht auf dem Marchfelde Ottokars Interessen
gegen den König verfechten wollte, entzog Rudolf ihm die lübische Reichssteuer und übertrug sie dem Herzoge Albrecht
von Sachsen, welchen er überhaupt als Wahrer der Reichsrechte in den Städten Lübeck, Goslar, Mühlhausen, Nordhausen und ganz Sachsen, Thüringen und Slavien, zugleich mit
dem braunschweiger Herzoge Albrecht, aufgestellt hatte. Darüber befehden die Brandenburger auch Lübeck eine Reihe
von Jahren hindurch, greifen lübische Kaufleute auf den mär-
kischen Strassen bei Ukermünde und anderswo, plündern die
Waarenzüge u. s. f. König Rudolf, welcher der Einmischung
Brandenburgs in die böhmischen Händel schnell ein Ende gemacht hatte, wirft sich auch in Norddeutschland durch Briefe
und Gesandtschaften ins Mittel. Er ordnet den Grafen Günther von Schwarzburg als Obmann (Schiedsrichter) ab, welcher einen Waffenstillstand vermittelt, und ladet endlich, da
die vor ihm zu Basel erschienenen Boten der Brandenburger
solche Forderungen gestellt haben, die nach Graf Günthers
Urtheil für die Stadt nachtheilig sind, die Abgesandten beider
Theile auf Pfingsten vor seinen Hof, den er noch im Laufe
dieses Jahres, 1283, mehr in ihre Nähe, an den Niederrhein,

zu verlegen hoffe [44]. Aber um die anberaumte Zeit steht der
König gegen Philipp, Grafen von Savoyen, der sich unrecht-
mässig in Burgund auszudehnen suchte, gerade am entgegengesetzten Ende des Reichs im Felde. Die Lübecker aber haben sich auch für diesen Fall vorgesehen: am 13. Juni 1283
schliessen der Herzog von Sachsen, die Fürsten von Pommern
und Meklenburg samt ihren Vasallen und die Städte Lübeck,
Wismar, Rostock, Stralsund, Greifswald, Stettin, Demmin und
Anklam zu Rostock ein Schutz- und Trutzbündniss gegen die
Markgrafen von Brandenburg, das sie zum Schirm des Landfriedens auf 10 Jahre ausdehnen. Diesem grossen Bunde traten nach und nach auch der Adel Holsteins, die Städte Hamburg und Kiel, der Herzog Otto von Lüneburg, und die geistlichen Fürsten, die Bischöfe von Lübeck, Ratzeburg, Schwerin
und der Erzbischof von Bremen, endlich bei dem beginnenden Seekriege mit Erich Priesterfeind von Norwegen auch der
dänische König Erich bei.

Rudolf von Habsburg steht treulich bei und arbeitet nicht
nur auf die Beendigung der brandenburger Fehde hin, sondern
verwendet sich auch für die Städte im norweger Kriege bei
König Eduard I. von England [45]. So erlangen die Städte, was
sie gewollt, nicht bloss den gewünschten Frieden im Lande,
sondern auch eine völlige Demüthigung des nordischen Königs
Erich Priesterfeind, der, durch Entziehung der Zufuhr an den
nöthigen Lebensmitteln, Korn, Mehl und Bier, gezwungen wird,
von seinen Gewaltthätigkeiten gegen die Kaufleute abzulassen
und die alten Handelsfreiheiten zu bestätigen.

In dem rostocker Landfriedensbündnisse wird alles Einzelne aufs genaueste vorgesehen, wann und wie die gegen-
seitige Hülfeleistung geschehen soll: die Fürsten und Adligen
sollen mit 400 Reitern erscheinen, die Städte mit 200, oder
entsprechendes Geld dafür zahlen — Lübeck z. B. zahlt allein 15,000 Mk. —, die Bauern sollen von je sechs Hufen ein
Pferd und einen geziemend bewaffneten Mann stellen; kommt
es zu Seeunternehmungen, so sollen für je 100 Reiter 200

---

[44] Ebend. 1, S. 398 fg. Vgl. überhaupt daselbst die weiteren Belege zu
der obigen Ausführung.

[45] Ebend. 1, S. 109.

Bewaffnete gestellt werden und die Städte die Schiffe liefern. Schaden wird nach Verhältniss der Bewaffneten getragen, Beute in gleicher Weise vertheilt. Widersetzlichkeit gegen die Bundesbestimmungen unterliegt einem vorausbestimmten Schiedsgericht, ebenso Zwistigkeiten der Bundesglieder. Die Herren und Städte richten über ihre Angehörigen. Der Adel ernennt für seine Mitglieder geschworne Obmänner. Kein Bundesangehöriger darf für sich Frieden schliessen.

Ein ähnliches grosses Landfriedensbündniss ist nun in den nächsten 50 Jahren nicht wieder zu Stande gekommen, aber in den einzelnen Landschaften erneuern sich die Verbindungen bald hier, bald da alljährlich, breiten sich aus, wachsen gelegentlich zusammen und nehmen gar leicht die mit der Zeit allbekannten Formen an, so wie es irgendwo Noth thut. So geht es in Holstein, Sachsen, Meklenburg, Pommern, Brandenburg diesseit, im Erzbisthum Bremen und in Braunschweig-Lüneburg jenseit der Elbe. Erst 1338 vereint ein zu Lübeck auf sechs Jahre geschlossener Landfriede [46] die sämmtlichen weltlichen Herren der gedachten Landstriche, die Städte und die Bisthümer von Bremen westlich bis Brandenburg und Halberstadt östlich und südlich; ein ähnlicher wird 1349 auf drei Jahre in unserer Stadt geschlossen, ein gleicher 1353, 1354, 1356 u. s. f. Unter den Fürsten betreibt diese Verbindungen besonders eifrig der erste Herzog Meklenburgs, Albrecht, der Vater des Schwedenkönigs Albrecht, welcher bis zum Jahre 1362 den Landfrieden von der Lausitz bis nach Dänemark, von Polen bis zum Harz ausgebreitet hatte [47]. Unter den Städten geht Lübeck voran, welches eben so sehr seinen unausgesetzten Bemühungen für den Landfrieden seine Stellung als Haupt des grossen hanseatischen Städtebundes verdankt, als diese Machtstellung seinem Thun mit den Jahren einen gesteigerten Nachdruck verlieh.

Diese Sorge Lübecks für den Landfrieden wird denn endlich förmlich vom Reiche sanctionirt, als Kaiser Karl IV. 1374 den Bürgermeistern der Stadt Lübeck, als seinen Reichsvica-

[46] Ebend. 2, S. 619.
[47] Vgl. Lisch, Herzog Albrecht II. von Meklenburg und die norddeutschen Landfrieden.

ren, volle Macht und Gewalt gab, in aller Herren Gebieten
Mörder, Brenner, Land- und Wasserräuber und alle andern
Missethäter zu suchen, zu ergreifen, zu fahen und zu schlagen, auch über sie zu richten und mit ihnen zu thun, wie sie
nach ihrer Uebelthat verwirkt hätten, in Folge welcher Vergünstigung die Lübecker von nun an nicht bloss den Blutbann
mit voller uneingeschränkter kaiserlicher Autorität innerhalb
ihrer Stadt übten, sondern auch als die gesetzlich bestell n
Hüter des Landfriedens frei schalteten [48].

Aber die Lübecker würden ihre Aufgabe nur halb gelöst
haben, wenn sie nicht in gleicher Weise, wie das Land, auch
die See beschirmt und befriedet hätten. Sie schalten hierin
um so freier, da sie als Kaufleute einer Seehandelsstadt, als
gewandte Schiffer, hier in ihrem eigentlichen Elemente sind,
uneingeschränkt durch landesherrliche Obmacht und wirkliche
oder vermeinte Rechte bis dahin bevorzugterer Stände. Freilich finden sie an den fremden Küsten noch feindlichere Gegner, als daheim, und müssen jeden Fuss breit des Rechtsbe-
sitzes sich in unausgesetztem Ringen erkämpfen, aber sie treten gleich mit grösserer Sicherheit auf, denn in den christlichen Ländern ihres Handelsverkehrs ist ihnen von andern
deutschen Kaufleuten schon vorgearbeitet, in den heidnischen
aber bewegen sie sich mit dem stolzen Bewusstsein, das Licht
der Cultur und das Heil des Christenthums dorthin zu tragen. Sie fühlen sich den Heiden gegenüber als Vorkämpfer
der einen grossen katholischen Kirche, und diese lässt ihre
Schützlinge auch nicht im Stiche, sondern verficht eifrig ihre
Rechte. Die Feindseligkeiten, welchen die Kaufleute auf dem
Meere und an den fernen Küsten begegnen, sind im Allgemeinen derselben Natur, wie wir sie bisher in der Heimath geschildert haben: Beeinträchtigung, Ueberlistung, Raub, Plünderung und Gewaltthätigkeit jeder Art. Die Weise der Abwehr bleibt dieselbe: durch Klugheit und Entschlossenheit
schützen sie sich und das Ihre. Offenbare Gewalt halten sie
mit gewaffneter Hand fern, vorzüglich aber streben sie dahin,
die Wurzel der Gewaltthätigkeit auszurotten, indem sie sich

---

[48] Lüb. U.B. 4, S. 228 ff.

von den Landesherren und Einwohnern Rechte zusichern und
immer aufs neue verbriefen lassen. Gerade wie in Deutschland
ihre bevorzugte Stellung auf einer zusammenhängenden Folge
von Freiheitsbriefen und Privilegien aufgebaut wird, geschieht
es auch im Auslande: ungehindertes Kommen und Gehen,
freier Verkehr in Handel und Wandel, freies Geleite, Zollbe-
freiung, Rechtsschutz bei vorkommenden Beleidigungen und
die selbstständige Verwaltung ihrer eigenen Angelegenheiten —
das sind die Punkte, welche sie sich überall zuerst ausbe-
dingen. Dabei sind sie sich dessen klar bewusst, dass sie,
weit entfernt vom Vaterlande, auf den Schutz desselben nur
mittelbar rechnen können, dass sie also auf ihre eigne Festigkeit, Einmüthigkeit und auf die Achtung, die sie sich bei den
Fremden erwerben, bauen müssen. So bilden sich in der Ferne
jene eng geschlossenen Kaufmannsgenossenschaften aus, die
Höfe, welche schon vor Lübeck's Hinzutritt, im Osten, Norden und Westen bestanden bei Deutschen in Wisby, Nowgorod, Bergen, in Flandern und England. Nach aussen zu allmählich ganz unabhängig, ja mitunter übermüthig frei, sind sie
im Innern unter strenge Regel und Zucht genommen. Man
hat diese Höfe, wo bis ins Kleinste hinein alles beaufsichtigt
ward, wo die Unterschiede von Meister, Gesell und Lehrling
genau abgegrenzt waren, wohl zünftig-mönchisch genannt, man
hat mit moderner Selbstbespiegelung vom hohen Standpunkte
des Freihandels aus über den starren, engumschränkten Geist
des Mittelalters gelächelt, der in diesen Instituten sich aus-
spräche, aber — man hat vergessen, dass solche Einrichtungen
nothwendig waren, so lange der Geist der Unbändigkeit die
Zeit in dem Masse regierte, wie wir es bisher zu sehen Gelegenheit hatten, dass diese Hanseaten in hohem Grade ihren
Beruf zum Regiment dadurch zuerst bekundeten, dass sie sich
selbst in die Schule nahmen, und dass sie mit richtiger Weisheit ihre Existenz mitten unter den Fremden nur dadurch
möglich machten, dass sie ihre kleinen Gemeinwesen aufs
schärfste zusammenschlossen. Von allen Seiten beneidet und
angefeindet, wären die Einzelnen unrettbar verloren gewesen,
wenn man sie ihrer willkürlichen Neigung zu Gewaltthätigkeiten, Unrechtfertigkeiten, Betrug im Handel, oder auch nur der

verschiedenartigen Ausbeutung der Handels- und Gewerbsquellen überlassen hätte. Die imposante Massenhaftigkeit, mit der die deutschen Städte in der Fremde auftreten, beruht eben auf dem Gewicht der Corporation.

So sehr aber Lübeck und seine Mitschwestern in den kaufmännischen Beziehungen, welche über das Meer hin angeknüpft wurden, selbstständig auftraten, verschmähten sie doch auch hier die heimische fürstliche Unterstützung nicht. Wie der Herzog Heinrich der Löwe in seinen neu eröffneten Hafen Lübeck durch nach dem Norden entsandte Boten Dänen, Schweden, Norweger und Russen einladen lässt, unter Verheissung ungehinderten Verkehrs, so hat er, der im Norden weithin Angesehene, die Ansiedelung der deutschen Kaufleute auf Gothland durch Herstellung des Friedens zwischen Gothländern und Deutschen neu gefestigt, ein gleich gerechter Richter den Gothländern, wie seinen Landsleuten, den Deutschen, und damit hat er Lübecks Handel sogleich die bestimmte Richtung nach diesem alten Verkehrsmittelpunkte des Ostseehandels, dem Stapelplatze zwischen den nordischen Königreichen, Nowgorod und Deutschland, gegeben. Er hat, soweit sein mächtiger Name erscholl, seiner Stadt die ersten Handelszugeständnisse verschafft. Dass König Waldemars vorübergehende Herrschaft über uns der Stadt Nutzen brachte, davon war schon die Rede: ihr Handel in Dänemark, ihr Heringsfang in Schonen, desgleichen in Rügen, ihre frühesten Zoll- und Strandrechtsbefreiungen längs der wendischen, d. h. meklenburgisch-pommerschen Küste datiren sich aus Waldemars Zeit. Schon Waldemar liess zur Vermeidung der Seegefahren auf der langauslaufenden flachen Spitze Schonens zu Falsterbo ein hohes hölzernes Wahrzeichen für die Schiffer errichten, zu dessen Instandhaltung er freien Holzhieb in seinem Lande gestattete[49]. Gleicher Weise haben die Lübecker des Kaisers Autorität benutzt, um sich einerseits von ihm, der im Mittelalter als der höchste Oberherr aller weltlichen Macht galt, auch in solchen Ländern ihr Recht verbriefen zu lassen, die seinem Scepter nicht unmittelbar unterworfen waren, andrer-

---

[49] Ebend. 1, S. 27.

seits, um die Regenten dieser Länder durch die von jenen ge-
scheute kaiserliche Gewalt zu schrecken. Und ebenso benutzen
sie jede politische Beziehung, welche ihre Nachbarfürsten
zu ausländischen Herrschern haben. Noch mehr aber als die
weltliche Macht diente ihnen die des Papstes, des anerkannten Herrn über die Ländergebiete des Heidenthums. Gar
mannigfaltig sind die Wege, auf welchen das politische Interesse der Stadt, der Handelsvortheil der Kaufleute mit den religiösen und politischen Interessen der Kirche zusammentreffen. Auf die nordische Heidenwelt haben die Päpste ja früh
ihre Aufmerksamkeit und energische Thätigkeit gerichtet. Die
Wege dahin führten alle über Deutschland. Namentlich aber
erwies sich die sichere lübische Bucht, aus der man nach dem
innersten Winkel des finnischen Meerbusens fahren konnte, ohne
die dazwischen liegenden damals noch heidnischen pommerschen und preussischen Küsten zu berühren, als besonders geeignet, um über sie die Bahnen der christlichen Mission zu
lenken. Kaum hat daher noch zu Friedrich Barbarossa's Lebzeiten der Augustinermönch Meinhard mit bremer Kaufleuten
Livland erreicht, so lässt Papst Cölestin III. das Kreuz gegen
die Liven predigen, und bald schiffen sich Schaaren von Kreuz-
fahrern in Lübecks Hafen ein. Riga wird gegründet und der
Ritterorden der Schwertbrüder aufgerichtet. Kreuz und Schwert,
Ritterthum und Kirche, Handel und Politik gehen Hand in
Hand. In noch höherm Masse war dies der Fall, als, nach
den ersten Versuchen Polens, die Preussen zu unterwerfen,
nach der erfolglosen Bekehrung des pommerschen Mönches
Christian und nach der Niederlage des ältesten preussischen
Ordens, der Brüder von Dobrin, Polens Herzog den deutschen
Orden aus Asien zu Hülfe rief, und der Landmeister Hermann
Balk seine Ritterschaar ins Kulmer Land führte. Es war ein
Jahr nach der Schlacht bei Bornhövd, und schnell erweist das
wieder befreite Lübeck seinen Beruf in der Mitanlage preus-
sischer Städte, aus deren Gründung sich für die nächste Zeit
die erfolgreichsten hanseatischen Beziehungen entwickeln sollten.

Doch nicht nur diese unmittelbaren Vortheile erwuchsen
für Lübeck aus solchen politisch-kirchlichen Constellationen,
auch sonst ward ihm der päpstliche Einfluss von grossem Nutzen.

Dem Papste musste natürlich an dem Gedeihen der Stadt liegen, über welche seine Verbindungen mit der neu eroberten Heidenwelt gingen. Bei jeder Gelegenheit nahm er sich daher Lübecks an und verwendete sein Ansehen für dessen Wohlstand, redete seinen Interessen kräftig das Wort, schützte es gegen weltliche Bedrückung. In einer Hinsicht aber besonders vertraten Kirche und Papst die Kaufmannswelt, wie bei uns, so überall, nämlich in Bezug auf die barbarischen Bräuche, welche den Seehandel vorzüglich störten, Seeraub und Strandrecht. Auch an unsern Küsten war die ruchlose Sitte, aus dem Unglücke der Seefahrer für die Strandanwohner ein Besitzrecht herzuleiten, tief eingewurzelt — und die Reste derselben sind ja noch nicht ausgetilgt —, deshalb verboten auch der Kaiser und die weltlichen Fürsten aufs schärfste die Ausübung derselben. Da sie aber aufs engste mit dem Heidenthum verwachsen war, so liessen sich die Päpste vornehmlich die Einschärfung der wider sie ergangenen Machtgebote angelegen sein. Jeder Legat, der zu uns und nach dem Norden Europas entsandt ward, hat daher neben andern Aufträgen stets die Erneuerung der gegen das Strandrecht ausgeschriebenen päpstlichen Erlasse zu vollziehen; die Bewachung und Fürsorge für diese Befehle wird den Erzbischöfen überwiesen, welche sie wieder den Bischöfen und diese den Bezirksgeistlichen zu behändigen haben. Die Lübecker aber hielten getreulich auf unausgesetzte periodische Wiederholung dieser Strandrechtsbefreiungen, wie sie von geistlichen und weltlichen Herren gegeben waren, so dass ein grosser Theil ihrer Befriedung der See in dieser Thätigkeit zusammengefasst werden kann. Und wo Verletzungen dagegen vorkamen, waren sie eifrig dahinter her, sich die nöthige Genugthuung zu verschaffen oder den Fall an den Friedensbrechern zu ahnden. Zu dem letzteren Zweck und überhaupt, um ihre Flagge vor Unbill auf dem Meere zu schützen und jeder Zeit zur gewaffneten Abwehr bereit zu sein, haben sie denn sehr bald nicht bloss ihre Handelsschiffe mit Schutzwaffen versehen, sondern eigene Kriegs- oder Orlogsschiffe erbaut, mit hohem Hinter- und Vordercastell und wohl besetzt mit Kriegsknechten. Unsere Chronik erzählt uns schon von einer Seeschlacht gegen

König Waldemar, der nach der Niederlage bei Bornhövd die Stadt noch nicht aufgeben wollte und wiederholte Angriffe auf Travemünde machte. Die Lübecker, heisst es daselbst, hätten gegen die besonders grossen dänischen Schiffe sechs grosse Schiffe ausgerüstet, mit gutem Kriegszeug und wohl bemannt, um die Travemünder Rhede zu schützen. Da sie nun des Königs Anwesenheit vor der Warnow erfahren, so hätten sie rasch begriffen, dass sie auf offener See ein viel sachter Streiten hätten, als in ihrem Hafen oder gar auf dem Lande, wo Graf Adolf IV. von Schauenburg dem König Beistand geleistet haben würde. ,Se nemen to helpe god allmechtig und ere rechte unde toghen em mit balden mode na. Vor de Warnowe dar stridden se mit em van prime bet to vespertid. Der grotesten schepe wunnen se vive, de branden se to hant. Dat allergroteste schip, darinne weren mer den verhundert man mit vullen wapene, dat wunnen se lest mit groter not; darinne se sloghen unde venghen allet, dat dar was. De koningh vil kume untfloch. Aldus ghaf en god mit siner craft wunderliken den seghe van deme hemele, dat se bleven sint by erer vryheit; des mote god sin benedyt unde hebben lof unde ere nu unde jummer. Amen'[50]. Dass sich nöthigenfalls die Vertheidigung bald auch in Angriff verwandelte, ist schon an dem Beispiele des Königs Erich Priesterfeind von Norwegen dargelegt. Und so oft es auf dem Meere unruhig wird, so dass dem Handel Gefahr droht, Seeräuber sich zeigen u. dgl., so schliessen sich die Städte gleich zum Seefriedensbündnisse, ähnlich wie zu den Landfrieden, an einander, namentlich die an unserer nahen Ostseeküste gelegenen, die frühe die gemeinsame Bezeichnung der slavischen oder wendischen haben: Lübeck, Wismar, Rostock, Greifswalde, Stralsund, Stettin. Dann darf kein Handelsschiff allein fahren, sie gehen alle im Geleite der Kriegsschiffe, und die Vredekoggen der Seestädte säubern das Meer.

Lübecks älteste Stadtsiegel, deren es sich bis zum 15. Jahrhundert allein bediente, zeigen bekanntlich nicht den Adler, das Sinnbild des Reiches, sondern, wie die älteren Siegel vieler

[50] Grautoff 1, S. 112 fg.

west- und ostdeutschen Seestädte, ein Schiff. Am Vorder- und
Hinterbug hoch mit Thierköpfen geziert, wohl genietet und
gefugt in Sparren und Planken, mit Tauen aufgemacht, die
getheilte wehende Flagge am Mast, ist es ein Zeichen der
sichern Seefahrt, der soliden Befriedung und Beherrschung der
See. Am Steuer links sitzt ein Alter, ein Jüngling fasst kräftig ins Tau und zeigt mit der Hand nach oben. Weisheit und
jugendlicher Muth, eignes rüstiges Schaffen und Gottvertrauen
leiten das Schiff unversehrt durch die hochgehenden Wellen.
Unsere Väter verstanden es, nicht bloss in den Bau ihrer
Rathhäuser und Thürme sinnige Gedanken hineinzulegen, sondern auch ein schlichtes Siegel zum Wahrzeichen dessen zu
machen, was der Inbegriff ihres Thuns war. Das Rücksiegel
zu diesem Schiffe ist aber das Bild des sitzenden Kaisers mit
Scepter und Weltkugel: auf dem Verhältniss zu ihm beruhte
der Schirm daheim, der Landfriede.

Diese gedoppelte Thätigkeit Lübecks zur Herstellung eines
gesicherten friedevollen Zustandes, in welchem der Verkehr der
Städte gedeihen könne, nicht minder ins Reich hinein, als in
die See hinaus, muss vorwiegend als die Ursache angesehen
werden, welche Lübecks Bedeutung so schnell in die Höhe
brachte. Lübeck lag zur Verbindung der bis dahin vom deutschen Handel allein ausgebeuteten Nordsee mit der nun eröffneten Ostsee besonders günstig. Das trifft ja noch heute zu,
unter ganz veränderten Verkehrsverhältnissen, wie viel mehr
musste es damals in die Wagschale fallen. Mit der Nordsee
durch die Elbe und Hamburg auf der kürzesten Landstrecke
verbunden, gegen die Ostsee mit seiner Bucht zugleich nach
den drei nordischen Reichen und nach dem fernen Nordosten
gerichtet, dabei gesichert im Innern der Bucht, zwei Meilen
ins Land hinein an dem schiffbaren, aber leicht zu sperrenden
Flusse, auf dem ohne Strandungsgefahr die See sich schnell
erreichen liess, mit dem Reiche durch die geradesten, damals
vom Handel belebten Strassen über Lüneburg auf Braunschweig,
über Salzwedel auf Magdeburg in regem Verkehr, musste Lübeck
die Vermittlerin des flandrisch-englisch-französischen Westens
und des skandinavisch-russischen Nordens und Nordostens werden, der Landverbindung mit dem Süden Europa's gar nicht

zu gedenken. Denn durch die S e e vorzüglich hat es seine
Bedeutung erlangt. Wie viel leichter liess sich die See befrieden, als das Land, wo man das Amt der Friedensschirmer
mit so vielen theilen musste. Wie viel bequemer führte man
die Waaren zur See her, als auf den damaligen Landstrassen.
Das begriffen auch die Binnenstädte Deutschlands, und Lübeck
ward bald nicht nur ihre Vertreterin im Auslande, sondern
führte sie selber ins Ausland ein: sie treiben den Handel nicht
bloss über Lübeck nach dem Norden, sondern unter dem Schirm
unsrer Stadt treten sie mit gleichen Rechten in der Fremde
auf. Wir besitzen noch ein uns hierüber unterrichtendes Schreiben des Rathes unsrer Stadt an den lübecker Aeltermann auf
Gothland vom Jahre 1273, worin den dortigen Kaufleuten mitgetheilt wird, dass die Lübecker die Kaufleute von Salzwedel
in ihre Sitze und Genossenschaft zu Wisby aufgenommen hätten [51]. Damals war Lübeck wohl a n g e s e h e n auf Gothland,
aber die Gesellschaft deutscher Kaufleute zu Wisby, welche
älter war, als Lübeck, übte noch die eigne Autonomie nicht
bloss über Gothland, sondern auch über den Hof zu Nowgorod,
dessen Gründung von Wisby ausgegangen war. Wenige Jahr-
zehende später sehen wir Lübeck, in Folge seiner gehobenen
Macht seit dem Rostocker Landfrieden und der siegreichen
norwegischen Seefehde, Wisby vom Platz drängen. Durch Beschluss der angesehensten Städte von Cöln und Westfalen an
bis Preussen hin wird festgesetzt, dass in Zukunft bei Klagen,
betreffend den Hof zu Nowgorod, nicht mehr nach Wisby, sondern nach Lübeck Beschwerde eingelegt werden solle [52]. Der
Hof zu Nowgorod ward damit unter das Obergericht des lübeckischen Rathes gestellt, und dieser hat die ihm übertragene
Befugniss getreulich ausgeübt, indem er nicht nur die Deutschen zu Nowgorod gegen Unbill schützte, sondern auch die
dorthin kommenden Kaufleute gegen den Hof selber im Fall
der Beeinträchtigung oder Willkür vertheidigte, und in Bezug
auf Solidität der Waaren, auf Treue in Handel und Wandel
ein scharfes Regiment führte. In ähnlicher Art treten die andern Ansiedelungen deutscher Kaufleute oder ihr herkömm-

---

[51] Lüb. U.B. 3, S 17.   [52] Ebend. 1, S. 553 ff.

licher Verkehr nach gewissen Gegenden zu bestimmter Jahres-
zeit oder auf Messen u. dgl. unter Lübecks Suprematie, welches ohne förmlichen Beschluss allmählich in den einzelnen
Handelsregionen das Uebergewicht bekommt und schliesslich
an die Spitze aller Städte gestellt wird. Wir können nach
der einfachen und natürlichen Entwickelung aller solcher Zustände im Mittelalter nicht immer mit Gewissheit Jahr und
Datum, genauen Vorgang und Aehnliches angeben, aber wir
bemerken es an den Resultaten. In Bergen hatte Lübeck jedenfalls die Führung seit dem Ende des norwegischen Krieges,
denn unsere Stadt hatte die Erhaltung der dortigen Freiheiten
durchgesetzt. In Schonen muss wegen der nahen Beziehungen
Lübecks zu Dänemark schon von der frühesten Zeit an ein
Gleiches der Fall gewesen sein. In England war Cöln als die
mächtigste rheinische Stadt so wohl in dem Kaufhause der
Deutschen zu London (Gildehalle, später Stahlhof), als in andern kaufmännischen Verbindungen zu Boston und Lynn, bisher die Hüterin deutscher Freiheit gewesen. Es blieben diese
englischen Kaufhöfe, gerade wie die flandrischen, daher auch
später in ihrer eigenen Verfassung unabhängiger vom Rathe
zu Lübeck, als z. B. der von Nowgorod. Aber der Einfluss
Lübecks machte sich auch hier noch im 13. Jahrhundert geltend, und die Cölner haben, so weit wir es verfolgen können,
schon damals die Führung d e r Stadt überlassen müssen, welche
sich, nach dem Urtheile der Betheiligten, des deutschen Handels am eifrigsten annahm. Im Privilegium Kaiser Friedrichs II.
wird unsrer Stadt schon zugesichert: wenn ihre Bürger der-
einst nach England gingen, sollten sie frei sein von dem Drucke,
mit welchem ihnen die von Cöln, Tiel u. A. gedroht hätten,
und sollten mit diesen gleiche Rechte geniessen. Dreissig Jahre
später erlangen die Lübecker von König Heinrich III. von England besondere Freiheiten, wir finden sie auf London und andere Plätze handelnd, und nicht lange, so wandern die Bestä-
tigungen der allgemeinen Rechte der Kaufleute, die zur Gildehalle gehören, ins lübecker Archiv und Streitigkeiten werden
zur Entscheidung nach Lübeck berichtet. Gewiss hängt dies
grössere Ansehn der Lübecker in England mit ihrem vermehr-
ten Einfluss in Flandern zusammen, von wo der lebhafteste

Verkehr mit England stattfand. Die flandrischen Handelsplätze,
Sluis, Damm, Thorout, Tiel, Brügge, Ypern, Gent, Pöperingen
u. a., kann man freilich nicht eigentlich als fremde betrachten,
aber sie sind doch wegen der früh sehr selbstständigen Stellung
dieser Landschaften, und weil die Grafen von Flandern zum
Theil auch französische Lehnsherren waren, in einer ähnlichen
Opposition gegen das übrige Deutschland, wie fremde Handelsplätze. Die Deutschen haben also auch dort zur Schutzwehr
ihre eigenen Corporationen und halten wachsam über ihren
Rechten gegenüber den Vlamländern. Lübeck gewinnt die ersten
Freibriefe in den Niederlanden durch und unter dem Grafen
Wilhelm von Holland, der später zum römischen Könige gewählt ward. Noch zu dessen Zeiten 1252 erhält der Verein
der deutschen Kaufleute, welche Gothland besuchen, Bestätigung der Befreiungen, wie sie bisher für Deutsche in Flandern
gegolten, und eine feste Zollrolle. Einer der Abgeordneten,
die das in Brügge durchfechten, ist ein Lübecker, Herm. Hoyers,
der zweite ein Hamburger, Jordan[53]. Als aber um 1280 herum
von Neuem Klagen über Handelsbeeinträchtigungen in Brügge
sich häufen, vorzüglich über unredliches Gewicht, da entwickelt
Lübeck volle Thätigkeit. Durch gemeinsamen Beschluss wird
eine Zwangsmassregel gegen Brügge durchgesetzt, zu der auch
die ferneren deutschen Binnenstädte nach der Reihe ihre Zustimmung geben. Der Stapel wird nämlich nach Ardenborg
im benachbarten Seeland verlegt, dort soll fortan der deutsche
Kaufmann verkehren. Gleichzeitig aber betreiben die Lübecker,
in Verbindung mit den Kaufleuten anderer Nationen, französischen, spanischen, navarresischen, provenzalischen, die Aussöhnung und Unterhandlung mit der Stadt, dem Grafen von
Flandern und dem Herren von Gistel in Brügges unmittelbarer Nähe. Eine Wageordnung wird gegeben und den Beschwerden abgeholfen[54].

Derjenige, welcher dieses im Namen der Stadt Lübeck
durchficht, ist ausser dem früher genannten Johann Mönch,
welchen wir schon als diplomatischen Unterhändler Lübecks
kennen lernten, ein andrer Rathmann, vielleicht ein geborener

[53] Ebend. 1, S. 171 fg.; Höhlbaum 1, Nr. 421, 422, 428, 431—35.
[54] Lüb. U B. 1, S. 370 ff.

Flamländer, mindestens aus daher stammender Familie, wie sein Name besagt, Johann Dowaie oder von Douay im französischen Flandern. Gewiss wählte man ihn, weil er der dortigen Verhältnisse kundig war, aber auch um seiner Rührigkeit und Umsicht willen, denn wir sehen ihn Zeit seines Lebens aller Orten in lübischen Missionen thätig. Ihn schicken sie nicht nur nach Flandern, auch durch den ganzen Norden, nach Schweden, Dänemark, Norwegen, Esthland, und die wichtigsten Verträge werden von ihm abgeschlossen. Als sich einmal die Geschäfte bei solcher Gelegenheit stark häufen und ein Rathsbefehl dem andern folgt, schreibt er aus Gothland [55]: „Ihr habt mir zuerst in eurem Briefe befohlen, da ich aus Esthland kam, ich sollte sogleich wieder dahin umkehren, dem Abgeordneten der dänischen Königin (Esthland war damals dänisch) zu begegnen. Darauf, als ich schon zur Reise fertig war, schriebt ihr mir, ich sollte erst in Gothland die obliegenden Geschäfte mit Marquard besorgen. Das habe ich gethan, Gott weiss es, so gut und wahrhaftig ich es konnte, und hier folgt der Brief, welchen ich (wahrscheinlich in der vorhin erwähnten Angelegenheit mit Nowgorod) mit einsichtigen Männern aus andern Städten aufgesetzt habe. Jetzt aber, da ich glaubte von solchen Sorgen gänzlich befreit zu sein, schriebt ihr mir, ich müsse mit den Briefen des Königs und der Königinn von Dänemark (Agnes und ihr Sohn Erich Menved) abermals nach Esthland umkehren. Das ist mir aber sehr schwer, wie ein Jeder von euch leicht abnehmen kann. Denn ich soll mich unendlichen Mühen unterziehen um eine missliche Sache. (Es handelte sich um Ersatz und Wiedererstattung eines in Wirland gestrandeten lübischen Schiffes, und war schon viel Hin- und Herschicken darum gewesen.) Ich fürchte nämlich, dass ich nichts oder nur wenig ausrichten kann, das Eine aber weiss ich, dass ich mir viel Feinde damit mache. Obwohl mir nun aber alles Gedachte schwierig und lästig ist, kann ich doch weder, noch darf und will ich euren Wünschen entgegen handeln, sondern will gleichsam wie ein Verbannter alles erdulden. Doch bitte

---

55 Ebend. 1, S. 463 fg.

ich Eure Weisheiten, dass ihr meiner Bckümmerniss zu gedenken geruht, und mir namentlich zurück meldet, wann der
dänische Hauptmann (in Reval) hinüber geht (nach Esthland).
Denn wenn der nicht nach Reval kommt, so besorge ich,
nichts ausrichten zu können'.

So schlicht und einfach, fast wie ein Kind, schreibt ein
Mann, der damals Lübecks wichtigste Geschäfte auf Händen
hatte, der, wie uns Albrecht von Bardewik erzählt, zugleich
Lübecks Kriegszeugmeister war, wenigstens für eine Zeit [56].
So wie er, ist aber die ganze Zeit. Sie nehmen alles persönlich, und ordnen ihre Person doch mit der grössten Bereitwilligkeit den Satzungen unter, die sie selber anerkennen,
selbst mit beschlossen haben. Das giebt ihren Handlungen
die ungemeine Thatkräftigkeit, Frische und Ursprünglichkeit,
das prägt selbst manchem gewaltthätigen und willkürlichen
Verfahren den Stempel des Rechts auf, in dessen Bewusstsein
die That begangen ward. Nehmen wir dazu, dass solch
Ringen und Kämpfen verschiedener Rechtsansprüche den Verstand schärfen, den Charakter stählen, die Wehrhaftigkeit be-
fördern musste, so werden wir nicht zu gering von einer Zeit
und einer Generation denken wollen, der wir im Augenblicke,
da das Reich aus einander zu fallen drohte, die Erhaltung
alles dessen verdanken, was heute noch unsern Besitz aus-
macht, der namentlich wir Lübecker das höchste Gut danken,
unsre Freiheit.

---

[56] Grautoff 1, S. 413: Her Johan van Dowaye unde her Rolf Goldogho
de bewareden des stades armborste unde dat schot (1298).

II.

Ueber die beiden ältesten Lübeckischen Bürgermatrikeln.

(1854.)

In dem eben jetzt erscheinenden ersten Hefte vom zweiten Theile des Urkundenbuches unserer Stadt Lübeck ist unter Nr. 31 ein Verzeichniss der im Jahre 1259 von Fastnacht (Febr. 25) an zu Lübeck aufgenommenen Bürger abgedruckt worden. Es besteht diese erst kürzlich auf unserer Registratur wieder aufgefundene Littera Civilitatum in einer 2 Fuss $6\frac{1}{2}$ Zoll langen, 8 Zoll breiten Pergamentrolle, welche auf beiden Seiten völlig beschrieben und mit einem Pergamentbändchen zugebunden ist. Die Bedeutung, welche dieses Verzeichniss für unsere ältesten bürgerlichen Verhältnisse hat, liegt auf der Hand, da es aus einer Zeit stammt, in die unsere Ober-Stadtbücher, seitdem das erste derselben leider vermisst wird, nicht hinaufreichen. Aber abgesehen davon bietet der Inhalt manche Eigenthümlichkeiten dar, und manche aufzuwerfende Frage wird um so schwieriger ihre Lösung finden, weil diese älteste Lübeckische Matrikel ganz isolirt steht. Zwischen ihr und dem nächsten Bürgerregister aus dem 14. Jahrhundert liegen volle 57 Jahre, und dieses folgende Verzeichniss ist viel einfacher und gleichmässiger gehalten, als die abgedruckte Rolle. Trotzdem dürfte eine Heranziehung desselben nicht nur das schon veröffentlichte Register in gewisser Weise ergänzen, sondern auch übrigens für unsere städtische Geschichte und manche allgemeine, das 14. Jahrhundert angehende Frage, einige Ausbeute gewähren, so wie ja die einzelnen Namen, mit sonstigen Urkunden unseres Archives in Verbindung gesetzt, oft in überraschender Weise eine Handhabe für die Zeitbestimmung und anderweitige Aufklärung gewähren. Da ein Abdruck sämmtlicher Bürgernamen weder überall erspriesslich, noch für den unserem Urkundenbuche begränzten Raum thunlich war, so mag die gegenwärtige Mittheilung das Wichtigste, was dies Verzeichniss enthält, zusammenstellen.

Es umfasst das Bürgerregister des 14. Jahrhunderts die Jahre 1317 bis 1355 vollständig. Es ist eingetragen in unsere beiden ältesten Kämmereibücher, welche auf der Registratur bewahrt werden. Das erste beginnt mit dem Jahre 1316, das zweite 1337. Eine Beschreibung des Aeusseren und des übrigen Inhalts dieser Bücher ist hier um so weniger nöthig, weil im zweiten Theile des Lübeckischen Urkundenbuches das älteste Kämmereibuch seinen Platz finden wird [1], mit Ausnahme des Bürgerregisters.

Dieses, unter der Ueberschrift Civilitates, welche im ersten Kämmereibuche fast regelmässig neben dem laufenden Jahre über der linken Seite, mitunter über beiden steht, nimmt für die Jahre 1317 bis 1340 Fol. 51—76[b] des ersten Kämmereibuches ein. Nach einer Unterbrechung durch Aufzeichnungen über Einkünfte der Stadtdörfer folgen auf Fol. 80. 81 und einer losen Lage von acht unpaginirten Pergamentblättern die Civilitates der Jahre 1341 bis 1350; die letzten drei Seiten dieser Lage enthalten aber wieder Aufzeichnungen über vermiethete Buden. Im zweiten unpaginirten Kämmereibuche ist die vorletzte Pergamentlage und das erste Blatt der letzten mit den Namen der in den Jahren 1351 bis 1355 aufgenommenen Bürger beschrieben. Unmittelbar dahinter folgen Rechnungen über städtische Intraden. Daher ist die letzte Spalte, in welcher das Jahr 1356 schon fortgeführt und vom Schreiber 22 neue Bürger verzeichnet waren, wieder durchstrichen, und darüber geschrieben: Require in novo libro. Im dritten Kämmereibuche stehen aber keine Bürger. Das vierte soll nach einer auf dem inneren Deckel des ersten von neuerer Hand eingetragenen Notiz auf der Wette bewahrt werden und bis gegen 1400 gehen [2]. Wette- und Kammer-Rechnungen wurden fernerhin getrennt, die letzteren in den Rentebüchern verzeichnet, die Wette führte ihre eigenen Register über Grundheuer u. dgl. Dass bei der Kämmerei auch Bürgerverzeichnisse gewesen, lässt sich mit Gewissheit annehmen, bis jetzt aber habe ich keine Kunde über solche erlangen können.

Das Verzeichniss läuft ununterbrochen in drei Spalten

---

[1] Lüb. Urk. B. 2, Nr. 1098.

[2] Gemeint ist das erste Wetterentenbuch von 1370—1399, jetzt im Stadtarchiv. Dasselbe ist inhaltlich eine Fortsetzung der Kämmereibücher.

auf jeder Seite fort, bald ordentlicher, bald unordentlicher gehalten. In den Jahren 1319 und 1320 finden sich einmal zwei Spalten. Man unterscheidet mehrere Schreiberhände, gewöhnlich drei. In der Mitte ist bei weitem die Haltung des Registers am sorgfältigsten: die Spalten sind durch Linien geschieden, die Namen der Cives und ihrer Bürgen nehmen regelmässig jeder eine Zeile ein u. s. w. Die ins zweite Buch eingetragenen Civilitates sind am schlechtesten geschrieben, desgleichen die letzten Blätter der Einlage, wo schliesslich, weil der Platz nicht ausreichte, ein Pergamentlappen mit Bürgernamen angenäht ist.

Als Probe mag hier der Anfang einer Spalte, der dritten von Fol. 58ᵇ aus dem Jahre 1324 stehen:

Vincula Petri.

Johannes de Puteo	est civis.
Seghebodo Pape	fid(eiussit).
Henneke Stumpeke perator	est civis.
Echardus de Rendesborch sutor	est civis.
Arnoldus de Manso	est civis.
Seghebodo Pape	fid.
Albertus Ossenrey	est civis.
Tidemannus Ossenrey	fid.
Reymbernus de Minda	est civis.
Tidemannus Monachus	fid.
Copeko Dives	est civis.
Ditmarus de Lunden	fid.
Marquardus Langheside	est civis.
Bernardus Langheside frater eius	fid.
Marquardus Rughe	est civis.
Bertoldus Sapiens	est civis.
Petrus Dacus aurifaber	fid.
Hinricus de Merseberch sartor	est civis.
Jacobus Luscus de Parkentin	fid.
Thidemannus de Hedereminchusen	est civis.
Johannes de Rodhe	fid.
Arnoldus Godscalci	est civis.
Martinus de Gammo	fid. etc.

So geht es fort, und diese Gleichmässigkeit wird selten durch eine Abweichung unterbrochen. Das neue Jahr beginnt ge-

wöhnlich mit einer neuen Spalte, oder es wird in sonstiger
Weise der Anfang bezeichnet. Die verschiedenen Termine sind
in der Regel über jeder Spalte angegeben, mitunter auch in
derselben, z. B. im obigen Jahre: Kathedra Petri, Invocavit,
Johannis ante portam, Vincula Petri, Michaelis, Luce, Kathe-
rine. In den Jahren 1327 und 1328: Nativitas Domini, Blasii,
Kathedra Petri, Oculi mei, In Pascha, Johannis ante portam,
Corpore Christi, Jacobi, Egidii, Martini, Epiphania, In Con-
versione beati Pauli, Kathedra Petri, Gertrudis, Georgii, In
octava apostolorum Petri et Pauli, In Decollatione Johannis,
Brixii. Schon die Zusammenstellung dieser drei Jahre ergiebt,
dass keine Gleichheit hierin stattfindet, und dass nach dem
zufälligen Beginnen einer neuen Spalte oder der Willkür des
Schreibers der Termin beigesetzt ist. Mitunter fehlt er auch,
so finden sich 1349 und 1350 nur Kathedra Petri, Pascha,
Michaelis. Eine Gleichmässigkeit aber geht überall durch,
dass nämlich mit Kathedra Petri das Bürgerverzeichniss jährlich beginnt. Denn obgleich die neue Jahreszahl, wie überall
in den Kämmereibüchern und in unseren anderen Stadtbüchern
bis gegen das Ende des 14. Jahrhunderts, von Nativitas Domini anhebt, so dass auch z. B. Urkunden, wie die in Sartorius Geschichte des Ursprunges der deutschen Hanse Bd. II
S. 233 zu Nr. 114ᵇ angeführte vom Jahre 1305, nach unserer
Zeitrechnung ein Jahr früher zu setzen sind[3]: so läuft doch das
bürgerliche Geschäftsjahr von Petri Stuhlfeier zu Petri Stuhlfeier. Den Beweis dafür konnte noch vor einigen Jahren unsere
auf diesen Termin statthabende neue Rathssetzung liefern.

Im Bürgerverzeichniss von 1259 ist also unter der Ueberschrift: In Quadra(ge)sima auch nur Kathedra Petri zu verstehen, welches in diesem Jahre gerade auf den Sonnabend
vor Fastnacht fällt. Andere regelmässige Termine der Aufzeichnung fehlen hier, denn die eingefügten Tage beziehen sich
auf die Zahlung des Bürgergeldes, schwerlich auf sonstige
weiter unten zu erörternde Verhältnisse. Was aber der Absatz: Nova littera civilitatum anno LIX (S. 25 des Abdrucks),
welcher in der Rolle mit der vierten Zeile vor dem Ende der

---

[3] Lüb. U. B. 2, S. 161 Anm. 1; Höhlbaum 2, Nr. 63.

Hauptseite beginnt, zu bedeuten habe, ist schwer zu sagen. Man könnte annehmen, dass ein neuer Schreiber eingetreten sei, doch dagegen spricht die Handschrift, welche, kleine Einfügungen etwa und Verbesserungen abgerechnet, bis ans Ende dieselbe bleibt.

Wenn demnach Kathedra Petri als der regelmässige Anfang der neuen Matrikel feststeht, so wird es keiner weiteren Erklärung bedürfen, dass ich die Zahl der in jedem Jahre eingetragenen Bürger von diesem Tage an und bis zu ihm gerechnet habe. Eine einfache Nöthigung dazu war schon die Ungleichheit des letzten vorhergehenden Termines. Der ist bald Michaelis, bald Martini, bald Nicolai (Dec. 6), bald Thome (Dec. 22), Blasii (Febr. 3) u. s. f. Nur hin und wieder ist Nativitas Domini mit der neuen Jahreszahl angeführt. Eine Schwierigkeit für die ganz zuverlässige Berechnung der Zahl der Neubürger liegt in der Ungenauigkeit einzelner Schreiber. Wie schon vorhin angegeben, wechseln mehrere ab, je nachdem Geschäfte und andere Umstände es veranlasst haben. Der erste Stadtschreiber, dessen schöne, feste, gerade aufgerichtete Handschrift sich mit Sicherheit bis in die Mitte der dreissiger Jahre verfolgen lässt, ist stets genau, vergisst nie etwas, und seine civ. und fid. stehen immer lothrecht unter einander. Neben ihm kommt ausser einem anderen Schreiber, der alle Buchstaben in die Länge zieht und die Wörter desgleichen, so dass er z. B. immer Wittenborich, Rasseborich schreibt, eine dritte Hand vor, welche man nach den schwankenden Zügen, der oft sichtlich schlechten Feder oder verblassten Dinte einem alten Manne zuschreiben möchte, der vielleicht seltener einsprang, oft nur um eine oder ein paar civilitates fortzuführen, während die Anderen abberufen wurden. Doch ist weder im Anfange, noch im Fortgange des Registers die Undeutlichkeit so gross, dass sie zur Unleserlichkeit würde. Aber mitunter ist bei den Namen das civ. oder fid. ausgelassen, so dass man nicht weiss, ob die genannte Person ein Bürger oder ein Bürge sei. Zuweilen hat man es später hineingeschrieben, doch ist das öfters unterblieben. Im zweiten Kämmereibuche sind die Seiten nachträglich beschnitten, und dabei die obigen Bezeichnungen am Rande manchmal mit weggefallen, aber meistens sind sie hier zwischen den Zeilen wieder eingefügt. Ich habe mich, um sicher zu gehen, wo keine andere Aufklärung vorlag, wie z. B. wenn der unbezeichnete Name zwischen zwei fideiussores stand, an das Vorzeichen, die bekannte dem lateinischen C ähnliche Signatur für Item, gehalten, welche mit ganz geringen Ausnahmen von Versehen oder nachlässiger Schreibung, nur vor den Bürgern, nicht vor den fideiussores sich findet. Vereinzelt in den Jahren 1317 (1), 1318 (2), 1320 (1), 1321 (1) und 1337 (2mal) ist ausser dem Zeichen noch das Wort Item hinzugefügt; in den vierziger Jahren findet sich ein paar Male bei dem ersten Bürger nach Kathedra Petri der Zusatz Primo. Dass man nach der Signatur ziemlich fest die cives von den fideiussores unterscheiden könne, beweist auch das zweite Kämmereibuch, wo im Jahre 1351 schon der Schreiber die Bürger aufgezählt und centum an den Rand gesetzt hat. Später steht einmal CCC dabei, und gerade hundert civilitates weiter CCCC. In den drei letzten Jahren ist jede Spalte zusammengerechnet, und in römischen Ziffern, mit oder ohne den Zusatz Summa, das Resultat untergeschrieben. Wenn auch nicht überall, so stimmt doch grösstentheils mein Facit mit den Item überein, und oft erklärt sich die Differenz aus einer fälschlich vor den Namen eines Bürgen gesetzten Signatur. Durchgehends habe ich im ersten Kämmereibuche nur einen Bürgen gefunden, zwei vielleicht 1335, gewiss 1350, mehrmals im zweiten Kämmereibuche. Darum habe ich auch auf der allerersten Spalte d. J. 1317, wo man mit der Führung des Registers noch nicht recht in Ordnung gewesen zu sein scheint, und manche Unregelmässigkeiten in der Auslassung von civ. und fid. vorkommen, nur einen Bürgen gerechnet. Der Augenschein mag mich rechtfertigen:

C. Ludeke Bonenberich et
    Volmarus Sapiens fide.
C. Alvinus de Holthusen et
    Hinrikus de Alen fid.
C. Johannes Crudenere et
    Johannes Kerswin.
C. Reinerus scrivere est civis.
C. Nicolaus Dacus et Johannes Dacus fid.

C. Hinricus Schonewolt civis.

C. Henneke Smolt civis. etc.

Wie man aber auch in solchem Falle fid. und civ. scheiden mag, gross ist der Unterschied nicht, und wird kaum
zwanzig betragen. Nach dem Vorgange des zweiten Kämmereibuches habe ich auch die ausgestrichenen Namen mitgezählt.
Ihrer sind ungefähr vierzig.

Es mag nun zunächst eine Uebersicht der jährlich aufgenommenen Bürger folgen, welcher, um das auch schon von Anderen hervorgehobene, auffallende Mehr der Bevölkerung Lübecks
gegen seine Nachbarstädte zu veranschaulichen, die gleichzeitig in Hamburg immatrikulirten Bürger zur Seite gestellt sind,
wie sie Laurent nach dem ältesten Bürgerbuche in der Zeitschrift des Vereines für Hamburg. Geschichte Bd. I. H. 1.
S. 153 angiebt:

Jahr	Aufgenommene Bürger.		Jahr.	Aufgenommene Bürger.	
	Lübeck.	Hamburg.		Lübeck.	Hamburg.
1259	196	—	1337	185	58
1317	269	18	1338	231	89
1318	214	29	1339	178	
1319	187	90	1340	177	63
1320	263	50	1341	174	47
1321	161	74	1342	109	9
1322	201	20	1343	76	42
1323	164	37	1344	114	92
1324	178	43	1345	114	97
1325	185	45	1346	164	98
1326	170	113	1347	181	116
1327	195	86	1348	165	
1328	193	85	1349	158	85
1329	207	32	1350	271	44
1330	165	61	1351	422	108
1331	250	89	1352	255	114
1332	170	84	1353	210	88
1333	128	36	1354	236	78
1334	141	58	1355	205	77
1335	174	104	39 Jahre	7401	2459
1336	161		Durchschnittlich	190	63

Das Ergebniss dieser vergleichenden Tabelle ist, dass in
Lübeck durchschnittlich dreimal mehr Bürger aufgenommen
sind, als in Hamburg; halten wir aber die einzelnen Jahre
gegen einander, so zeigt sich oft eine weit stärkere Differenz.
Dies Resultat muss vorläufig genügen, denn auf die Grösse
der Einwohnerschaft lässt sich aus der Zahl der neu aufgenommenen Bürger nur muthmasslich schliessen, so lange wir
nicht mehr als 39 Jahre zusammenstellen können.   Dazu
kommt, dass gegen das Ende derselben gerade der schwarze
Tod fällt, dem man gewiss keine unbedeutende Verminderung
der Bewohnerzahl zuschreiben darf.   Denn was man auch immer von den Angaben unserer Chronisten halten mag, es ist
furchtbar von der Pest in Lübeck aufgeräumt worden.   Während sonst aus der ersten Hälfte des 14. Jahrhunderts sich
jährlich einzelne von auswärts her zur Einforderung von Erb-
schaften ausgestellte Nächstenzeugnisse finden, liegen mir vom
27. September bis zum Schlusse des Jahres 1350 an datirten
15 vor, von undatirten mögen manche in dieses Jahr gehören,
und die Registratur birgt deren gewiss noch mehr.   Die Zahl
der Testamente, welche vor 1350 langsam zunimmt, steigt in
diesem Jahre ganz ungemein.   Unsere Rathslinie weist 11
Todesfälle von 1350 nach.   Endlich wird durch die obige Tabelle die Thatsache einer grossen Einwanderung nach starker
Entvölkerung bestätigt.   1351 sind 422 Bürger aufgenommen,
in den folgenden Jahren stets über 200, und von den 271
Bürgern des Jahres 1350, dem zweitgrössesten Zuwachse in
den 39 Jahren, sind 196 nach Michaelis verzeichnet, nachdem,
wie Detmar sagt, ,an einem natürlichen Tage St. Laurentii
(Aug. 10) von der einen Vesper zur anderen 2500 Volkes
gestorben'[3].   Eine ähnliche Erscheinung weist die Hamburger

---

[3] Im Korrespondenzblatt f. ndrd. Sprachforschung 3 (1878), S. 44 findet
sich folgende hierhergehörige Mittheilung von Mantels.

      etter, s. Mnd. Wtb. I, 750.

    Während des schwarzen Todes sollen 1350 am Tage Laurentii (Aug. 10)
nach des Franziskaner-Lesemeisters (Detmar) Bericht 2500 Menschen in Lübeck
gestorben sein.   Schon Grautoff erwähnt in seiner Ausgabe der Lüb. Chroniken, dass die gleichlautende Chronik des sog. Rufus die Zahl 1500 hat.   Einige
in die älteste Lübische Rathslinie aufgenommene Gedenkverse reduciren die

Tabelle nach, auch haben wir neuerdings nach der ersten Anwesenheit der Cholera in Lübeck ein Gleiches erlebt.

Laurent in der vorhin angeführten Schrift bringt durch
eine sinnreiche Wahrscheinlichkeitsrechnung eine Zunahme der
Hamburger Einwohnerschaft von 7000 auf 14,000 in den bezeichneten Jahren heraus. Er nimmt an, dass in 35 Jahren
die Bevölkerung sich neu ergänze, vorausgesetzt, dass jeder
neue Bürger durchschnittlich 25 Jahr alt sei. Er rechnet
demnach die Bürger dieser Jahre zusammen, multiplizirt die
Summe mit 4, um die Familienglieder einzuschliessen, und
schlägt noch die Hälfte der gewonnenen Zahl dazu für Fremde,
Unverheirathete, Nichtbürger. Das Resultat giebt die Einwohnerzahl im 35. Jahre[4]. Mache ich mir diesen Grundsatz
zu eigen, rechne aber statt des Jahres 1351 wegen des oben
angegebenen Grundes das Jahr 1317 doppelt, so bekomme ich
für 1350, natürlich ohne Berücksichtigung der Pest, 37,000
Einwohner. Das würde zu der gewöhnlichen Annahme einer
stärkeren Bevölkerung vor der Zeit des schwarzen Todes wenig
stimmen. Abgesehen also von der geringen Verlässlichkeit
solcher Berechnung, so lange wir nicht eine grössere Reihe
von Jahren überschauen können, dürfte dies Ergebniss des
Bürgerregisters ein neuer Beweis dafür sein, dass Lübecks
Einwohnerzahl nicht so gross gewesen ist, wie man es bisher
angiebt. Es wäre ja ganz unerklärlich, wie Lübeck damals
so viel bevölkerter gewesen sein könne, als gegenwärtig, wo
auch im Jahre 1847 172, 1848 157, 1849 231, 1850 231 Bürger bei unserer Wette angenommen sind. Nichtbürger sind

Zahl 1500 auf 500, oder geben, richtiger gefasst, die ursprüngliche gleichzeitige Ueberlieferung. In ihnen begegnet die Latinisirung des niederdeutschen
eter (= Eiter), für welches das Mnd. Wtb. nur Formen mit doppeltem t anführt. Die Verse lauten:

> M tria C quinquageno domini fuit anno
> A Pe Pau Petri mors anxia cum fuit etri:
> In Lubek etrum cladem notat atque venenum
> Quo lux defunctos quingentos una ferebat.

A Pe Pau Petri muss Anfang und Ende der Pest, Peter-Paulstag und
Petri Kettenfeier, Juni 29 und August 1, bezeichnen.

[4] Ueber diese Berechnung der Bürgerzahl s. Koppmann in Mittheilungen
f. Hamb Gesch. 3, Nr. 10.

aber gewiss nicht mehr, eher weniger gewesen, als unsere Berechnung ansetzt.

Ehe ich aber auf diesen Gegenstand eingehe, möge zu
obiger Tabelle noch die Bemerkung Platz finden, dass die
geringe Zunahme der Bevölkerung im Jahre 1343 und den
nächstanliegenden Jahren wohl mit dem holsteinischen Kriege
zusammenhängt. Auch in Hamburg sehen wir 1342 nur 9
Bürger verzeichnet. Uebrigens finden sich dort weit grössere
Schwankungen in der Bürgerzahl, welche den stätigeren An-
drang der Fremden nach Lübeck bezeugen, wenn nicht viel
davon auf die Ungenauigkeit des Hamburger Schreibers kommt.

Noch eine Frage. Dürfen wir alle in unserem Verzeichnisse angeführten Cives als bleibende Einwohner Lübecks annehmen, oder fallen einzelne weg? Unser Register selbst giebt
wenig Auskunft darüber. Dass natürlich der Eine oder Andere hier sein Brod nicht fand und fortzog, ist selbstverständlich. Gerade im 14. Jahrhundert ist der mächtige Umschwung
in den städtischen Verhältnissen Ursache gewesen, dass die
ohnedies starke Vorliebe für das Wandern noch vermehrt
ward. Manche Namen der Bürger weisen darauf hin, dass
diese oder ihre Vorfahren weit herum gekommen sind. Ich
habe mir aus dem Jahre 1324 angemerkt: Mathias de Mal-
moga, filius Johannis de Sutphania, est civis. Auch bezeugen
Kundebriefe, wie der in der Anlage unter Nr. 1. abgedruckte,
dass öfters einer das Gewerk seiner Vaterstadt verliess, um
anderswo sich zu setzen. Im Allgemeinen aber wird man
mehr nach Lübeck, als von Lübeck weg gezogen sein. Ich
führte schon an, dass etwa vierzig ausgestrichene Namen vorkommen. Vielleicht sind das solche Bürger, die aus dem
Nexus traten, vielleicht hat man sie aus irgend einer Ursache
ausgeschieden. Im Jahre 1339 ist ein Magister Petrus rasor
pannorum gestrichen, andere Namen ergeben nichts Näheres.
Dass man einen Verbannten von der Matrikel getilgt habe,
ist ohne Frage. Es fehlt uns aber aus dieser Zeit ein liber
proscriptorum, wie es in anderen Städten noch bewahrt wird[5].

---

[5] S. jetzt Lüb. U. B. 2, Nr. 403, 598 und 3, Nr. 3; vgl. Frensdorff in
Hans. Geschichtsquellen I, S. XIII, XIV.

In unserem Verzeichnisse ist nur ein Fall des Auschlusses vor der Einzeichnung von 1336:

Reymer Kutsensone ac Nicolaus Verdammekensone propter homicidium non debent recipi in cives.

Auch Kreuze sind neben einzelne Namen gemacht, welche zwar mitunter einen oben oder unten übergeschriebenen Termin an dem richtigen Platze einreihen sollen, an anderen Stellen aber diesen Zweck nicht haben können. Ob hier ein Name vergessen, ob der Schreiber sich merken wollte, dass der Neubürger noch diese oder jene Leistung schuldig geblieben sei, ich weiss es nicht.

Im Verzeichnisse von 1259 hat die Durchstreichung der Namen ganz klar den Sinn, dass das Bürgergeld bezahlt sei, gerade umgekehrt, als in dem zweitältesten Hamburger Bürgerbuche, wo nach Laurent S. 157 das Durchstreichen mit: Nihil solvit gleichbedeutend ist. In einem solchen Falle ist 1259 der Lübecker Matrikel einmal non dedit beigeschrieben (S. 23) oder antiquatum est (S. 26), und ebenso bei der Bezahlung öfters dedit.

Es frägt sich nun, wie weit alle Einwohner Bürger werden mussten. Nach unserem Stadtrechte von 1294, wenn sie über 3 Monate in der Stadt sich aufhielten, über 12 Jahr alt waren und in der Stadt sich nähren wollten. Art. 180. 232.

Die Geistlichen waren natürlich davon ausgenommen. So bietet auch unser Verzeichniss keinen Namen eines Geistlichen. Nur ein Begarde kommt als Bürger vor: 1327 Egidii (Sept. 1). Frater Johannes de Heybecke baegardus est civis. Hinricus Bodyn senior fideiussit. Im Verzeichnisse von 1259 steht ein Frater Alvericus monetarius, der früher Mönch gewesen zu sein scheint.

Ferner sind fremde Adelige, welchen man nur ungern einen längeren Aufenthalt in der Stadt vergönnte, nicht cives geworden, auch wenn sie als Hauptleute im Dienste der Stadt standen. Dass sie noch weniger Grundbesitz in der Stadt haben konnten, ergiebt sich schon aus der auch später geltenden Bestimmung, dass, wenn sie eine Wohnung erwerben wollten, diese auf den Namen eines Bürgers geschrieben sein musste, wie immer mit der sogenannten Bernstorffschen Curie

der Fall war. Es kommen daher in dieser Zeit auch nur Adelige in der Gegend des Doms vor, und eifersüchtig wachte der
Rath darüber, dass ihnen anderswo kein Besitz blieb, auch
keine Renten. (Vgl. Dreyer Lüb. Verordnungen S. 85 und
meine Anlage Nr. 2.) Auch Geistliche, wenn sie ausserhalb
der ihnen einmal gehörigen Wohnungen Häuser erwerben wollten, konnten dies nur für eine bestimmte Frist, und bei der
Ueberlassung von einem Grundbesitze an die St. Egidien-Kirche
behält sich der Rath ausdrücklich vor, dass er die Dauer der
Benutzung begränzen dürfe. (Anlage Nr. 3.)

Den grössesten Zuwachs aber, ausser der Geistlichkeit,
welche man sich, Mönche eingeschlossen, gewiss recht zahlreich denken muss, erhielt die Einwohnerschaft durch die
dienende Klasse beiden Geschlechts. Dass Dienstboten und
Knechte, die wie schon von Anderen bemerkt worden ist, von
den Reichen, namentlich auch von der Geistlichkeit in grösserer Anzahl, als jetzt, gehalten wurden, unter die cives aufgenommen sind, glaube ich bezweifeln zu dürfen. Denn dass
Benennungen, wie leve knecht, junge knecht vorkommen, führt
nur auf einen früheren Stand des Namenträgers oder seiner
Vorfahren hin, und so wird z. B. 1332 ein Hinricus leve knecht
carnifex Bürger. Auch die folgende civilitas aus dem Jahre
1353, Trinitatis (Mai 19), scheint mir nur zu beweisen, dass
der Neubürger früher gedient hat, und dass man ihn in Er-
mangelung eines andern Beinamens nach seinem früheren Verhältnisse bezeichnet:

Matthias, famulus domini Hermanni de Wickede, est civis.
Idem Hermannus fideiussit.

So kommen 1351 zwei Diener verstorbener Herren als fideiussores vor:

Ludeke Kron civis. Hartwicus servus Constantini fideiussit.
Henneke Brokkehovet civis. Reder servus domini Wede-
kini Klingenberch fideiussit.

Der Rathsherr Wedekin Klingenberch starb 1350; Constantinus, wenn anders der Rathsherr gemeint ist, 1348.

Dass aber alle selbstständigen Arbeiter Bürger wurden,
muss ich schon nach meinem Verzeichnisse annehmen. Mindestens kommt der Beiname Träger (dregere) öfters vor. Auch

andere derartige erscheinen, z. B. Hühnerkäufer (honredregere), Schweintreiber (swindrivere), die sicher durch das Bürgerwerden in Dienst und Pflicht genommen sind, weil ihnen der Bürger Eigenthum anvertraut wurde, Karrenschieber (karneschuvere), Sandfahrer (santforer) u. s. w. Sobald solche Geschäfte nach der Weise des Mittelalters den Character einer Zunft annahmen, traten sie auch in die Reihe der bürgerlichen ein, wie das gewiss schon früh mit den Trägern geschehen ist. Auch bei den Gesellen und Knechten der Kaufmannschaft und der Handwerksinnungen gestaltete sich ja ein ähnliches zünftiges Verhältniss. Und wenn L a u r e n t aus dem zweitältesten Hamburger Bürgerbuche S. 157 einen Wandbereiterknecht als Bürger aufführt, so dürfen wir davon, obschon einer späteren Zeit angehörig, doch auf die vorliegende Anwendung machen.

Rechnet man zu den genannten Einwohnern nun auch die Fremden, die ab- und zuströmten, die Gäste (hospites), wie unsere Vorfahren sie so zutraulich nannten, so wird die Zahl der Nichtbürger doch schwerlich um mehr als um die Hälfte der Bürger und ihrer Angehörigen gesteigert werden.

Für die hin und wieder vorkommende Aufnahme von S l a - v e n ins Bürgerrecht scheint die Matrikel einige Beispiele zu liefern. Auch unserem Stadtrechte vom Jahre 1294 findet sich zum Art. 110: Von Zeugen in Criminalfällen, die Bestimmung beigeschrieben: Were over dat en went des werdich were, dat he borgher worden were, de scal bliven lyke borgherrechte. Im Ober - Stadtbuche erscheint der Beiname Slavus in dieser Zeit mehrfach. Unter den aufgenommenen Bürgern begegne ich demselben zweimal, zweimal verbürgt sich einer des Namens:

1327   Corpore Christi (Juni 11). Nicholaus slavus est civis.
1336   in ascensione Domini (Mai 9). Hinricus slavus e. c.
1323.   Arnoldus slavus fid.
1325.   Gerardus slavus, harinewesghere fid.
Auch finde ich slavische Vornamen 1320 bei einem Borwinus Balke, 1344 bei einem Borwinus de Deventer, und im Jahre 1259 bürgt ein Johannes Ywan (S. 24). Ein Testament, welches eine Slavin, Christina slavica, gemeinschaftlich mit ihrem Ehemanne Gerhard im Jahre 1295 Juni 20 ausstellte, ist im

ersten Theile des Lübeck. Urkundenbuches unter Nr. 634 abgedruckt.

Frauen, wenn sie ein bürgerliches Geschäft treiben wollten, mussten das Bürgerrecht erwerben, auch Häuser und
Renten konnten sie ohne dasselbe gewiss nicht besitzen. Ich
bringe aus dem Verzeichnisse über 100 solcher Bürgerinnen
zusammen. Vornehme führen den Titel domina, z. B.

1331. Domina Ghese de Ribbenisse est civis.
     Wolterus de Monasterio fid.
1332. Domina Alheidis Lurleys e. c.
     Hermannus Galin fid. (der spätere Rathsherr?)
1348. Domina Margareta de Molne e. c.
     Bertrammus de Molne fid.

Unendlich häufiger sind aber die Namen von Krämerinnen:

1323. Bela institrix de Juliaco e. c.
     Johannes Monachus fid.
1331. Tale Velehavere institrix e. c.
     Greta de Revalia institrix e. c.
     Tale Elrebrok institrix e. c.

Alle drei hinter einander ohne fideiussores.

1326. Ermegardis longa penestica e. c.

Eine Kauffrau wird im Jahre 1327 aufgenommen:

     Elizabet de Drema mercatrix e. c.

Andere Bezeichnungen von Handeltreibenden und Arbeiterinnen
sind:

1325. Ghesa de mizde boterhoke.
1326. Elizabet boterhokersche.
  „   Alheydis sidenwerkersche.

Wittwen sind natürlich die eingeschriebenen Bürgerinnen oft
gewesen, welche dann das Geschäft ihres Mannes fortsetzten:

1317. Elisabet paternostermekere e. c.
1355. Abele de Ghyfhorn civ.
     Henneke de Ghyfhorn filius eius fid.
1326. Alheydis de Bardewich vidua e. c.
1338. Elyzabet vidua de Hamme e. c.
1345. Margareta relicta Steves de Garse e. c.
     Marquardus Dunkerstorp fid.

Auch unverheirathete werden genannt:

1351. Geseke Badegow puella civ.

Bernardus Stekemest fid.

1352. Tybbeke brokehovet puella e. c.

Aehnliche Bewandniss mag es zum Theil mit denen haben, welche nur nach dem Vaternamen bezeichnet werden, wie drei hinter einander im Jahre 1328:

Herburgis filia Eleri est civis.

Alheydis filia Wesceli e. c.

Alheydis filia Lupi e. c.

oder ohne den Zusatz filia:

1341. Heyna Brunonis e. c.

Die meisten tragen gar kein näheres Kennzeichen ihres Standes oder Geschäftes an sich, z. B.

1341. Teybe de Sarowe e. c.

1347. Wendele Soltwedele e. c.

Thibbe de Rolevestorpe e. c.

1350. Alhedis up dem orde e. c.

Hinricus Scerpinc fid.

Als vereinzelter Fall steht im Jahre 1335 in Palmis (April 9):

Tibbeke de Crumbeke est *sicut* civis.

Das sicut ist von oben her hineingeschrieben, man kann es also für einen Einfall des Schreibers halten. Jedenfalls ist es die einzige Spur im ganzen Buche von einem nicht vollen Bürgerrechte. Sonst vermisst man jede Unterscheidung zwischen Voll- und Halb- oder Schutzbürgern. Die gegebenen Beispiele zeigen, dass bald est civis, bald civis allein geschrieben ist. In den ersten Jahren findet sich daneben concivis, was im zweiten Kämmereibuche einige Male wiederkehrt, aber ohne ersichtlichen Unterschied. Auch 1259 lesen wir: Hildebrandus est noster concivis (S. 27).

Die fideiussores betreffend, habe ich schon bemerkt, dass im ersten Kämmereibuche in der Regel für jeden Bürger nur einer vorkommt. Erst gegen das Ende desselben und öfters im zweiten Kämmereibuche finden sich zwei:

1351. Hinricus Brunswich civis. Slachman et Bruno rasor fid.

1353. Johannes Wittenborch civis. Hinricus Ravenswolt et Hermannus Wittenborch, quod sic probat, fideiuss.

In dem älteren Register von 1259 sind auffallender Weise mehr
Fälle von zwei Bürgen, als im 14. Jahrhundert. Man wird
aus dieser verschiedenen Zahl keinen Unterschied des Bürger-
rechts oder dgl. ableiten wollen, ebenso wenig, als aus dem
gänzlichen Fehlen der Bürgen. Je nachdem einer die fideiussores beibringen konnte, stellte er sie. 1259 heisst es ausdrücklich: fideiussorem non habet (S. 24). Erst 1397 wurde
gesetzlich bestimmt, dass zwei Bürgen zu stellen seien.
Dreyer S. 83. Man sollte freilich meinen, die Stadt habe
auch früher Niemanden ohne Bürgen zugelassen, und wenn
auch mitunter Nachsicht geübt worden, so sei jenes doch die
Regel gewesen. In den Kämmereibüchern fehlen aber die Bürgen so oft, dass es der Regel fast gleichkommt. Mehrmals
stehen 8 bis 12 cives ohne fideiussores hinter einander, 1350
nach Michaelis 21 cives. In diesem Jahre mag es seine Schwierigkeit gehabt haben, Bürgen zu bekommen. 1332 sind 16
cives ohne fideiussores aufgeführt, lauter Schlachter, wie es
scheint. Denn bei 13 steht ausdrücklich habet officium carnificum, mit und ohne est civis, bei dreien nur habet officium.
Ich habe gedacht, dass in solchem Falle der Aeltermann oder
irgend ein Zunftgenosse das fideiussorium für sämtliche neue
Bürger übernommen habe, aber es fehlt an einem Anhalt für
diesen Ausweg. Denn hinter dem letzten Schlachter Johannes
de Ustede folgen einfache Namen ohne Zusatz: Hinricus de
Minda est civis, Wulf de Lubeke fid. Auch sonst könnte man
für alle vorhergehenden cives, mehr oder weniger, den folgenden fideiussor als gemeinsam annehmen, wenn nicht, wo dies
sein soll, hinter den zwei cives derselbe Bürge wieder genannt
wäre. Beispiele sind häufig: Hermannus de Luttekenborch est
civis, Bertrammus de Brakele fid. Tidericus Luttekenborch frater Hermanni est civis, Bertrammus de Brakele fid. Oder es
heisst, wie 1328: Hermannus de Wickede fideiussit pro his
tribus prescriptis. 1337. Conradus Sconeweder et frater eius
Everhardus Sconeweder sunt cives, Lambertus Pape pro eis
fid. 1355. Hinricus et Bernardus filii Hermanni Wrede sunt
cives, pro quibus Nycolaus Gudetyt fid. Auch auf die Unver-
lässlichkeit der Schreiber kann man schwerlich die Schuld
schieben, da in den Zeiten, wo die Register am saubersten

geführt sind, keine Abweichung bemerkt wird. Es muss also wohl vorläufig bei dieser Unregelmässigkeit bleiben. Liefert doch auch die Matrikel Beispiele, dass unmittelbar, nachdem einer civis geworden ist, er als fideiussor gebraucht wird, oder dass zwei Neubürger gegenseitig für einander gut sagen: 1322. Arnoldus de Hulsen est civis. Brendeke de Wermoldeskerken est civis et fideiussit pro Arnoldo de Hulsen predicto. 1259. Bertrammus cyrotecarius tenetur III solidos. Gerardus cyrotecarius tenetur adhuc III sol., Bertrammus socius suus antescriptus cum eo et ipse secum compromiserunt. Dieser letztere Ausdruck compromittere oder promittere findet sich in den Kämmereibüchern nicht. Es heisst hier immer fideiussit, was im zweiten Buche mitunter ausgeschrieben ist.

Am liebsten und natürlichsten nahm man zu Bürgen Verwandte. Daher mehrfach: frater eius oder suus, patruus, avunculus, cognatus, consanguineus fid. Vorhin gab ich ein Beispiel, wo ein Sohn für seine Mutter bürgt. 1259 bürgt eine Wittwe für ihren Sohn oder zukünftigen Gemahl: Lodewicus dedit VIII sol. ad civilitatem, domina Heylewigis vidua Stertiken fid. ad V annos (S. 24).

Dass Bürgersöhne auch Bürgen haben, wird durch das Vorkommen des Vaters als fideiussor bewiesen. Denn ein Fremder konnte schwerlich bürgen, und wenn in unserer Matrikel es 1333 heisst: Gerhardus pelegrimus fid., so ist pelegrimus ein Name, wie z. B. 1320 ein Neubürger Pelegrim de Sosato genannt wird. Auch in unserer Rathslinie kommt der Name vor. Im Hamburger Bürgerbuche (Laurent S. 143) wird peregrinus nicht anders zu verstehen sein. Ausdrücklich genannt ist der Vater 1325: Johannes Ekhorne est civis, pater suus fid. Aber auch Beispiele, wie diese, können als Beweise dienen: 1341 Nicholaus Erponis e. c., magister Erp fid. 1351 Thideke Elvers, Elveren fid. 1327 Copeke filius Lusci Jacobi e. c. Luseus Bernardi fid. In den gleichen Namen der cives und fid., die mit senior und iuvenis unterschieden werden, liegt oft eine ähnliche Verwandtschaft.

Rathsherren hatte man in älterer Zeit gern bei allen bürgerlichen Geschäften, so kommen diese denn auch als fid. vor. Ob es ein Zufall ist, dass 1259 in einem Jahre 16 mal

Rathmänner Bürgen sind, in den Kämmereibüchern viel seltener, oder ob es beweist, dass man später auch ausser dem
Rathe viele wohlbehaltene und sichere Leute fand, will ich
nicht entscheiden. Vielleicht bürgten früher häufiger die Rathsherren, vor denen der neue Bürger angenommen ward, wie
es in Nettelbladt, Origines Rostoch. Cod. diplom. p. 96 aus
dem Rostocker Stadtbuche heisst: Hermannus Knoke in bur-
gensem receptus est, Gherwino Wilden et Johann Tolner ta-
bule presidentibus [6].

Ein Domherr als Bürge erscheint 1259 in dem oft genannten Mitgliede des Lübeckischen Kapitels Johannes Sperling
(Passer); ein Ritter 1335 Viti (Jun. 15):

Edelerus Albus est civis.

Dominus Ludekinus de Lasbeke miles fid.

Der Name Lasbeke kommt im Ober-Stadtbuche vor.

Im Ganzen kehren dieselben Namen von fideiussores sehr
häufig wieder, wie schon 1259 Godefridus apud sanctam Ka-
terinam viermal als Bürge vorkommt. Namentlich begegnen
einem in den Kämmereibüchern kurze Benennungen, wie wenn
Jemand sich eine bekannte Persönlichkeit nur merkt. Manchmal sind das grundbesitzende Bürger, ja Rathsherren, wie
z. B. Constantinus. Ob aber nicht mitunter Rathsdiener oder
andere Beamte der Art, die als die natürlichsten Vermittler
in solchen Geschäften den Fremden sich darboten, darunter
stecken? Ich habe mir von solchen Bürgennamen gemerkt:
Kreyenstrate (sonst Gherd Kr.), Holto, Eckeren, Scherf, Tanghe,
Tilewile, Harpere, Wapendeman, Luchow, Curen, Cornente
(Johann Cornente im Ober-Stadtbuche), Cordeshaghen.

Die Dauer der Bürgschaft setzt die Matrikel von 1259
auf 5 Jahre. Gegen das Ende derselben ist das quinque aus
Nachlässigkeit mehrmals weggelassen, aber gewiss richtig ergänzt. Auch jetzt wird noch für 5 Jahre bei der Aufnahme
eines Bürgers gutgesagt. Im Rostocker Stadtbuche steht die
alte Formel der Verbürgung auf Jahr und Tag: Warneke de
Monasterio inter cives est, pro quo Hermannus Drest waran-
diam diei et anni promisit. In den Kämmereibüchern fehlt
leider jede Bestimmung eines Termins.

---

[6] Mekl. U.B. 7, Nr. 4806.

Bedauern müssen wir diese Kürze ganz besonders aber noch in einer Hinsicht, in Bezug auf das Bürgergeld. Bei der Regelmässigkeit, mit welcher doch die Matrikel in den Kämmereibüchern geführt zu sein scheint, würde von diesem Punkte aus manche Erklärung für das Verzeichniss von 1259 gewonnen werden, ja der ganze Gegensatz von Voll- und Halbbürgern sich vielleicht erklären. Aber das Einzige der Art, was ich habe entdecken können, ist, dass 1355 vor Kathedra Petri, neben der Aufmachung der Bürgerzahl: Summa civium XXVII. die Worte stehen: VII marce et VII solidi. Man kann darunter nur die Bürgergeldssumme der 27 cives verstehen, denn für alle 236 Bürger des Jahres 1354 (die Spalte ist die letzte dieses bürgerlichen Jahres) wäre es doch zu wenig.

1259 finden wir nun die grösste Mannigfaltigkeit von gezahlten Summen, aber ohne anderen Schlüssel dazu, als den der Gewerbe und den natürlichen, dass nach Amt, Stand und Vermögen die Taxe gewechselt haben wird. Der höchste Satz für das Bürgergeld allein ist eine Mark (etwa 12 Mark heutigen Geldes)[7], eine Bestimmung, welche auch bei Nettelbladt a. a. O. S. 96. aber mit dem Zusatze: quolibet anno vorkommt: Hinricus de Dolphen dabit quolibet anno marcam pro sua civilitate[8]. Wenn man diese Voraussetzung auch bei der vorliegenden Matrikel annehmen darf, wird Manches schon übersichtlicher. Die Termine sind verständlicher, die Abgabe, in welche jeder gesetzt ist, wird eine jährliche Steuer. Einen Anhalt dafür könnte man auf S. 25. finden: Conradus Keding fideiussit pro Johanne Albo ad V annos, denarium dedit anno LIX. So steht Nettelbladt S. 32 ein langes Register über eingesammelte Stadtsteuern, in welchem manche unserer Rolle ähnliche Bestimmung sich findet[9]. Doch zurück zu dieser. Handwerker zahlen durchschnittlich acht und sechs Schillinge (6 und 4½ Mark), was überhaupt die gewöhnlichste Summe ist. Aber Gleichheit herrscht darin nicht. So giebt zweimal ein Schuster acht, einmal sechs, einmal fünf Schillinge (S. 23,

---

[7] Gemeint sind Mark Courant, von denen 2½ Mk. = 3 Reichsmarken.
[8] Mekl. U.B. 7, Nr. 4806 Anm.
[9] Vgl. ebend. 9, Nr. 6173 und Anm.

24, 27), ja S. 25 steht: Heinricus sutor tenetur XXX denarios
(= $2\frac{1}{2}$ solidos), was freilich auch noch ein schuldiger Rest
sein kann. Ein Schneider giebt sechs Schillinge (S. 23), ein
Pelzer, ein Koch, ein Mähder (graminator) sechs Schillinge.
Ein Hutmacher (vilter) mit einem anderen Unbenannten zusammen schosst zehn, ein Pergamentmacher vier Schillinge.
Ein Barbier giebt fünf, ein Stadtbote (tabularius) fünf, dagegen ein Münzmeister zwölf Schillinge. Die meisten Böttcher
zahlen sechs, aber einer vier, einer acht Schillinge (S. 27, 28).
Ein Fischer soll drei, ein anderer fünf, ein dritter sechs solidi
geben. Die beiden oben S. 71 angeführten Handschuhmacher
schulden wohl nur noch einen Rest, und dasselbe kann mit
einem fenestrarius der Fall sein, welcher III sol. zahlen soll.
Becker und Schlachter entrichten 12 solidi für's Amt (pro
opere) und 6 für's Bürgerwerden (pro civilitate), wie die Bestimmung des Rathsbuches von 1318 ist: Quandocumque aliquis acquirit opus carnificum, sive cum aliquis intrat eorum
consortium, dabit civitati XII solidos, antequam de opere se
intromittat. Qui vero acquirit utrumque, civilitatem et opus,
ille dabit pro utroque XVIII solidos. Das sind so ziemlich
die festen Bestimmungen, welche sich herausbringen lassen.
Ob ein mactator, der sechs solidi giebt (S. 25 Johannes mactator dabit ad civil. II sol., IIII dedit), ein Knochenhauer sei,
weiss ich nicht zu sagen. Ein Schlachter heisst sonst immer
carnifex[10]. S. 26 wird: Conradus Stromeling et Gerardus de
Tremonia tenentur XII sol. corrigirt in: I marcam, was auf
einem Versehen des Schreibers beruhen kann, und nicht gerade eine Erhöhung des ersten Ansatzes bedingt. Ein Gleiches gilt von S. 25: Th. dabit ad civil. VI sol., wo nach aber-
maliger Vergleichung des Originales, von welchem hier die
Schrift stark abgesprungen ist, VII sol., nicht IIII darüber
geschrieben steht. Ein vereinzelter Fall ist S. 23: Bertoldus
dedit octo solidos, III adhuc tenetur, was eine Gesammtsumme
von eilf solidi voraussetzen würde, doch kann ja schon mehr
bezahlt sein. Dasselbe ist möglich bei Arnold von Hannover,

---

[10] mactator bezeichnet, wie fartor, den Küter; die Küterhäuser heissen in
Rostock (Mekl. U.B. 4, S. 467) domus mactatoriae, in Hamburg (Kämmereirechnungen 1, S. LXXI) domus fartorum. carnifex ist der Knochenhauer.

von welchem es S. 27 heisst: tenetur X sol. Endlich findet sich noch der Ansatz eines Pfennigs (= 1 Schilling heutigen Geldes) für die civilitas, ohne nähere Bestimmung oder mit dem Zusatze, dass der Neubürger verheirathet sei, welcher Fall in anderer Verbindung nicht vorkommt (S. 25); Heinricus Buscho dedit denarium ad civil., uxorem habet[11].

Dass dies geringe Bürgergeld unter Anderem auch eine Vergünstigung für einen Familienvater sein sollte, glaube ich nicht. Zweifelhaft bleibt ebenfalls, ob der Zusatz S. 24: in talliis fuerunt scripti isti quinque (so ist ausgeschrieben) eine Verschärfung sei. Die Worte stehen genau an der Stelle zwischen den Zeilen, wo sie im Abdrucke eingefügt sind. Eine ungewisse Vermuthung wäre es, sie auf die zwei vorhergehenden und drei nachfolgenden ausgestrichenen Namen: Johannes de Molne pistor, Hence de Sosato pistor, Winandus, Tangmarus sutor und Wasmodus zu beziehen, weil hinter dem Bürgen des Letzten, Johannes Ywan, sich die Signatur für Item am Schlusse der Zeile findet. Und was für eine tallia diesen oder anderen umstehenden, ungleich besteuerten Neubürgern aufgelegt worden, bleibt ebenfalls unklar. Nach Laurent S. 143 wird einmal 1278 im Hamburger Bürgerbuche die Aufnahmegebühr auf I pram lignorum festgestellt. Nettelbladt S. 97 hat die Bestimmung: Si aliquis voluerit aliquod officium intrare, dabit pecuniam ad murum, nec aliquam exactionem debet officium facere in cum. Beides passt hier nicht, weil die beiden Becker schon pro civilitate et opere bezahlen, und auch die Anderen auf ihr Bürgergeld gesetzt sind. Nur der dazwischen stehende Johannes Rufus hat keinen Ansatz erhalten. Das Wort tall. unausgeschrieben erscheint noch dreimal. S. 23 findet es sich hinter dem einfachen est civis: Henricus comes est civis et tall. Godikinus de Cosvelde est civis et tall. Im Abdrucke ist talliavit ergänzt, das Natürlichste; es könnte auch talliatus heissen, insofern talliare nach Ducange für talliam imponere, exigere gebraucht wird. Ob

---

[11] Vgl. Lüb. U.B. 1, Nr. 32, S. 37, 38: Cum aliquis acquirit civilitatem, debet dare primum thelonium. — Et si habet legitimam uxorem in civitate, non dat. Vgl. Frensdorff, Stadt- und Gerichtsverfassung Lübecks S. 194 Anm. 24.

auch für talliam solvere, muss dahingestellt bleiben[12]. Es
liesse sich in beiden Fällen schon erklären, wenn auch die
nähere Bestimmung der tallia fehlt[13]. Was soll aber am
Schlusse der ganzen Rolle: Littera civilitatum post tal(liam)
heissen? Ist post in mittelalterlichem Sinne für ex oder secundum zu nehmen, so würde es die Anfertigung des Registers nach dem Schossansatze, der Schosstafel bedeuten; fasst
man es aber temporal, so weist es auf eine bestimmte Zeit
nach geschehenem Schossansatze hin. Die richtige Deutung dieses Ausdruckes könnte Licht über die ganze Rolle verbreiten.

Mir gilt noch immer nicht für ausgemacht, dass diese
eine unmittelbar bei der Anmeldung der Bürger aufgezeichnete
und allmählich fortgeführte Matrikel sei. Könnte nicht vielleicht der Beamte, welcher den Schoss einzufordern hatte, sie
sich angelegt haben, um das noch restirende und das schon
gezahlte Bürgergeld zu übersehen[14]? Ausdrücke, wie antiquatum est, und in talliis fuerunt scripti isti quinque, würden
dann den Sinn haben, dass aus Verjährungsgründen oder wegen anderer Belastung die notirte Summe nicht mehr einzufordern sei. Freilich können derartige übergeschriebene Bemerkungen auch in die ursprüngliche Matrikel hineingetragen
sein; und der Voraussetzung eines zum Zwecke der Gelder-
hebung angelegten Verzeichnisses widerstreitet, dass bei einigen Namen gar kein Schuldposten angeführt ist. Aber es ist
ja sonst dies und jenes hineingeschrieben oder später verbessert, so dass man auch hier ein augenblickliches Nichtwissen
des Schreibers mit Vorbehalt der Nachtragung sich denken
kann. Manches Andere würde bei solcher Annahme verständlicher sein, z. B. der wunderliche Wechsel der Termine, die
bunt über das ganze Jahr hin und her laufen, und sich doch
gewiss alle, was bei so vielen ausdrücklich beigeschrieben ist,

---

[12] Ueber talliare = Schoss zahlen s. Fabricius, Das älteste Stralsundische
Stadtbuch S. 75 Nr. 36: ita quod non talliabit neque dabit denarios vigilatori-
bus; vgl. das. S. 261.

[13] Ueber Schoss s. Dreyer, Einleitung in die Lüb. Verordnungen S. 137 ff.,
welcher eine Schosstafel v. J. 1330 citirt.

[14] Nach einer Mittheilung von H. Biernatzki führt in Altona der kassefüh-
rende Beamte noch jetzt ein ähnliches Register neben der Bürgerrolle.

auf die Zahlung der Leistungen beziehen, keiner auf die Stellung eines fideiussor, wie es jetzt nach dem regellosen Zwischenschreiben in der Bürgerrolle scheinen könnte. Ferner finden Ungenauigkeiten ihre Erklärung, wie das: Radeko filius Herewardi fideiussit pro *quodam* gleich zu Anfang, oder der flüchtig hineingeschriebene Ausdruck: cum Frederico prolutore (S. 27), was wohl richtig in prolocutore verbessert ist, so dass man unter dem Fredericus (er bürgt auch S. 23) jedenfalls den Bürgen zu verstehen hat, mag nun das prolocutor, wie sonst auch, den Stand eines Sachwalters oder hier gerade den einführenden Bürgen (vorsprake) bezeichnen sollen. Dass die vorhin angedeutete Vermuthung der mehrjährigen Zahlung des festgesetzten Geldes pro civilitate durch diese Erklärung grössere Wahrscheinlichkeit erhält, liegt auf der Hand. Lauter neue Bürger müssten wir zwar in den aufgeführten Namen sehen, denn bei schon lange ansässigen würde nicht das est civis so oft vorkommen, aber sie brauchten ja nicht alle aus dem Jahre 1259 zu sein, sondern könnten z. B. theilweise innerhalb der Dauer des fünfjährigen fideiussorii liegen. Damit wäre denn auch der Zweifel gelöst, woher die auffallend grosse Zahl der Bürger in einer so frühen Zeit käme. Allein mag man auch annehmen, dass alle Bürger dem Jahre 1259 angehören, immer gewinnt das Verständniss des Registers durch die Voraussetzung einer nachträglichen Aufzeichnung für die Controlle. Möglich bleibt ja dabei, dass damals überhaupt keine anderen Verzeichnisse existirt haben, und dass dies die Art war, wie nach der weniger amtlichen Weise des dreizehnten Jahrhunderts der Stadtschreiber die neu aufgenommenen Bürger eintrug: aber zum augenblicklichen und stets vorliegenden Gebrauche war doch, um auch diesen praktischen Grund noch anzuführen, die Form der Rolle die unbequemste.

Ein Umstand, welcher sich ausserdem für die geäusserte Meinung anführen liesse, ist der, dass gegen das Ende der Rolle fast alle dolifices auf einmal zusammen geschrieben sind. Doch begegnen wir dieser Erscheinung auch in den Kämmereibüchern, man denke nur an die genannten 16 carnifices; Becker stehen dort ebenfalls mehrfach dicht neben einander. Zu gewissen Zeiten des Jahres nahm man wohl die neuen

Meister ins Amt auf, und gleichzeitig wurden sie Bürger, daher steht häufig nur: officium habet, und ꝟ...ɔ est ist ganz
weggelassen.

Es bleibt mir noch übrig, von den Namen der einge-
zeichneten Bürger zu reden. Zwar ist schon mehrfach, und
auch bei uns, eine Reihe von Namen zusammengestellt worden,
um einen Ueberblick über die verschiedene Natur und Ent-
stehungsweise derselben im dreizehnten und vierzehnten Jahrhundert zu geben. Ich könnte also füglich auf solche Versuche verweisen. Doch da ich versprochen habe, das Haupt-
sächlichste, was die Matrikel enthält, mitzutheilen, so darf
ich, abgesehen von den Namen, welche eine interessante Notiz in sich schliessen, selbst bekanntere nicht übergehen, um
einigermassen den Eindruck, den das Verzeichniss macht, auch
von dieser Seite wiederzugeben. Da bleibt denn aber die Anordnung der Namen nach Verwandtschaft, Herkunft, Eigenthümlichkeiten aller Art und verschiedener Beschäftigung die
natürlichste. Ich habe in die Uebersicht cives wie fideiussores
aufgenommen. Sehr Vieles wird natürlich mit dem Ober-
Stadtbuche übereinstimmen, dessen genauere Kenntniss mir
fehlt. Doch gerade dieses Zusammentreffen gleicher Notizen
aus verschiedener Quelle kann ja nur zu gegenseitiger Ergänzung dienen. Ich habe deshalb auch von den mir zu Gebote
stehenden Namen des Ober-Stadtbuches und anderen sonst
abgedruckten hiesigen und auswärtigen keine eingefügt, sondern mich nur auf die im Register vorgefundenen beschränkt.

Dass die Namen im vierzehnten Jahrhundert noch flüssig
sind und sich erst allmählich zu festen Familiennamen gestalten, ist bekannt. Es herrscht daher im Gebrauche derselben
grosse Willkür, wozu denn auch die Sitte der Schreiber, bald
die lateinische, bald die deutsche Form zu nehmen, das Ihre
beiträgt. Andere Abweichungen sind z. B., dass zwei gleich-
bedeutende Bezeichnungen mit einander vertauscht werden,
1322: Richard Vos, Johannes de rode frater eius. Oder der
eine Verwandte wird nach seiner Vaterstadt genannt, der andere nach seinem Vaterlande, z. B. Hinricus de Gotinghe; Tidemannus Saxo pistor, frater eius. Dem schon länger hier
Ansässigen fügt man seine bekannte Bezeichnung nach irgend

einer Eigenthümlichkeit oder nach seinem Gewerbe bei, den Ankömmling benennt man zunächst bloss nach dem Orte, von welchem er hergezogen ist, z. B. Johannes de Meldorpe est civis; Marquardus faber, frater eius, fid. Heyneko de Vischbeke est civis, Johannes Stormere frater eius fid. Hinricus de Sosato funifex est civis, Conradus Stapel frater eius fid. Mitunter auch umgekehrt: Hinricus Wulf est civis, Wernerus Willemestorpe frater eius fid.

In den meisten Fällen sind zwei Namen zusammengestellt, der Taufname und die Bezeichnung nach der Heimath u. dgl., zur Unterscheidung zweier Leute mit gleichem Vornamen. Doch stimmt auch solcher Zuname oft bei Verwandten überein, und es fehlt an jedem trennenden Kennzeichen, wenn mitunter in unseren Büchern der sich verbürgende Bruder, schon ansässig in Lübeck, ganz mit demselben Namen erscheint, wie der aus der Fremde. Beispiele: Henneke Sasse civis, Henneke Sasse fid. Albertus Jungelink civis, Albertus Jungelink consanguineus eius fid. Johannes Clingenberch est civis, dominus Joh. Clingenberch fid. Wie allmählich diese Beinamen zu festen Familiennamen werden, könnte eine eingehendere Betrachtung der Kämmereibücher lehren. Wenn man mit denselben das Bürgerregister von 1259 zusammenhält, so zeigt sich hier eine viel grössere Einfachheit, viel öfter erscheinen blosse Vornamen mit irgend welchem natürlichen Abzeichen, vom Nächstliegenden hergenommen. Dagegen ist im ersten Kämmereibuche eine bunte Mannigfaltigkeit von Namen, und der unterscheidenden Bezeichnungen werden immer mehr. Im zweiten Kämmereibuche tritt grössere Gleichmässigkeit ein: zwei Namen, und häufig dieselben Zunamen, welche schon eine festere Form bekommen haben. Doch mag manches Derartige in der äusseren Beschaffenheit des Registers von 1259 und des zweiten Kämmereibuches seinen Grund haben, denn man begegnet in diesem auch seltener den Namen der Gewerke.

Jch lasse zunächst eine Auswahl von Vornamen folgen, besonders mit der Absicht, den Reichthum der deutschen Namen damaliger Zeit auch aus unserer Quelle darzulegen, so wie das spärliche Vorkommen ausländischer. Die letzteren sind fast nur den Heiligen entlehnt oder andere kirchliche

Namen, bei weitem am häufigsten Johannes (Henncke). Ausserdem:

Adam. Alexander (Sander). Andreas (Drews). Aspelanus (1259). Bonifacius (Facius. Faceke). Christianus. Christophorus. Constantinus. Daniel. Elias. Fulgentius. Jachin (= Joachim). Jacobus (Copeke). Jordanus. Joseph. Israel (als Zuname 1355). Laurencius (Lawerenz). Lucas (1259). Machorius (Machgorius. Gorius). Marsilius. Mathaeus. Nicolaus (Clawes). Paulus. Petrus. Philippus. Simon. Stephanus. Thomas. Valentiuus [15].

Deutsche Vornamen sind, ausser den viel vorkommenden: Albert. Arnold. Conrad. Friedrich (Fritse, Vicko). Heino und Heinrich (Heinz. Hence. Hinceke). Hermannus, die folgenden:

Alart. Almar (1259). Alveric (1259). Albern. Alwart (Elwart. Elver). Alwin. Amelung. Bagwin (ein Friese). Baltwin. Beringer. Beneke (Diminutiv von Benno, auch wohl für Bernhard gebraucht). Bernhard. Bertold. Bertram. Bolto. Borchard. Brand (Brendeke). Bruno. Coneke (Dim. von Cuno). Dancmar (1259). Dancwart. Dedeke. Dethard. Detlev. Dietrich. Ditbern (1259). Ditmer (Detmar). Doso. Everhard, Evering (1259). Everwin (1259). Ecbert. Eckard. Eilert. Eler. Eldagh. Engelbert. Ermbrecht. Ernst. Erp (Erpo. Erbo). Ertmar. Ertwin. Erwin. Esseke (Vom althochdeutschen esso? Vgl. F ö r s t e m a n n, Die Zusammensetzung altdeutscher Personennamen). Fromold (1259). Gences (ahd. gento). Gerhard (Gert. Gereke). Gerlach. Gerwin. Giso (Giseke). Gobelo (Gobelin). Goder. Godeke (ahd. godo, auch Dim. für den folgenden) [16]. Gotfried. Gotschalk. Hasso. Hartlev. Hartwich. Heise [17]. Helmich (1259). Helmwich (1259). Herbort. Herder. Hertger (1259). Herward. Hezcel (vgl. Azzo, Ezzel). Hildebrand. Hildeward. Hoger. Holto. Hugo. Ilsung. Lambert (Lampart). Lefhard. Lenhard. Livold (1259). Luder.

---

[15] Im Niederstadtbuch 1478 noch Thonies (Antonius) und Koppeke = Copeke, Jacobus?

[16] Das Testament des Gode Cloot von 1311 nach Jul. 15 heisst in der alten Aufschrift: Testamentum Godeconis Cloot.

[17] Ein Testament des Heyso Hoornemule von 1380.

Ludolf. Ludwig. Ludeke (wohl als Dim. von allen Dreien gebraucht)[18]. Lutbert (1259). Luthard (1259). Marquard (Make). Martin. Mas (? ahd. mazo). Meiner. Meinrich (und das Dim.) Meineke[19]. Ortwin (1259). Otbert. Otmar. Pelike (vom ahd. pal?). Rabodo. Radeke (ahd. rado). Radolf. Reddagh. Reder. Redeke (ahd. retto?). Reimar. Reimbern. Reimbert. Reiner. Reinhard (Reineke). Reinhold. Reinward (1259). Richard. Ricward. Ricwin (1259). Ritseke (ahd. rizo?). Robeko (Robekin. ahd. rupo? Auch Robin kommt vor, ist aber wohl der englische Name). Rotger. Rudolf (Rolf). Sebord (?). Segebodo. Sigfrid. Sivert. Suwel (ahd. suol?). Tammar (1259. ahd. tammo?). Tetze, Tesseke (ahd. taso oder tezzo?). Tezel (de Erfordia 1355. tezzo? gewöhnlich von Diez abgeleitet). Tideman (Tideke. Tidekin). Tim (Timmo). Ulrich. Volbern. Volbert. Volcward (1259). Volcwin. Volmar. Volrad. Waliwan (ahd. wallo?). Walter (Wolder). Warold. Wedego. Wedekin. Wenemar. Werncke (?). Werner. Wessel, Wescelus (ahd. wiso, wizzo?). Wichard. Wichmann. Wigger. Wigo. Wilhelm, Willeke, Willekin. Winand. Wineke (ahd. wino)[20].

Mit Mechfert (1259) weiss ich nichts anzufangen[21]; vielleicht ist es auch kein Vorname.

Bei den Frauennamen herrschen die Diminutiva noch mehr vor und in viel regelloserer Weise. In unserem Verzeichnisse finden sich:

Christina. Elisabeth. Margareta (Grete. Greteke); Adelheid (Alheid). Bela (Dim. von Abel). Engelke (Engel kommt für Männer und Frauen vor). Ermgard. Gerburg. Gertrud[22]. Gesa, Geseke (auch als Dim. von Gertrud gebraucht)[23]. Heil-

---

[18] Ludeke wechselt 1478 im Niederstadtbuch mit Lutke.

[19] Im Niederstadtbuch 1478 Meneke.

[20] Ebend. 1478 finden sich noch: Grymmolt Dativ Grymmen, Lasse Witte, Sweder Jostesson van Campen.

[21] Holländisch Meffert.

[22] Das Lüb. U B. 2, S. 151 genannte Haus domus Hermanni filii Druden gehört nach dem Oberstadtbuch der Gertrud Harmakersche.

[23] Die Erben des Rathmanns Hinrich Wullenpunt, welche eine Urkunde von 1319 Febr. 25 (Leverkus, Nr. 477): Luciam relictam quondam Bernardi de Parchim et filias ipsius Gertrudim, Windelburgim et Elizabeth viduas nennt,

wig. Heina (Heine). Hildegund (Hille. Hilleke). Herburg.
Ida. Jutta. Luitgard. Mechthild (Thilde. Als Dim. gilt Mette,
Metteke, oder von Meta?). Telse, Telseke (Dim. von Elisabeth, Else, mit vorgeschlagenem t). Tale (Tele. Gebraucht
als Dim. von Adelheid, kommt aber vom nieders. tellen, schwa-
tzen. Vgl. engl. tell, tale, talk. Taalke nieders. die Dohle,
als Frauenname im Rein. Vos) [24]. Tibbe, Teybe, Tibbeke.
Wiba. Wendel, Windela (Dim. von Windelburg) [23]. Wilmo-
dis. Wobbe (als Dim. von Walburg im Ober-Stadtbuche). Wil-
seke. Wulleke [25]. — Mödike und Olsike scheinen für Mütter-
chen und Altsche zu stehen. Beispiele des Diminutivs, welches aus jeder Benennung gebildet wird, sind häufig. Von
dem schon früh als Name vorkommenden Wolf, Wulf wird
Wulveke, aus Johannes Stump ein Henneke Stumpeke (s. oben
S. 57 und S. 65: verdammeke), Lutteke Henneke etc.

Zu den freilich meistens schon zusammengesetzten und
in ihrer inneren Natur den Charakter des Trägers bezeich-
nenden, aber allmählich abgeschwächten und gemeinsam für
Viele gebrauchten Vornamen trat als genauere Unterscheidung
zunächst die Verwandtschaft. Der Sohn wird nach dem Vater
benannt, wie dieser nach dem Grossvater hiess. Beispiele,
wie Ditlevus filius Johannis Ditlevi, Rembertus filius Hinrici
Remberti, scheinen das zu beweisen. In gleicher Art kommen
lateinisch, mit Auslassung des filius, vor: Joh. Pauli. Gerardus Robekini. Herderi. Hugonis. Eilardi u. s. f. Eine Bezeichnung, wie 1326: Bernardus Herman Bileveld, sagt dasselbe. In deutscher Form: Jacoppessone. Hillekensone. Her-
mankensen. Konigessone. Sibertissone. Swenessone. Wulfs-
sone. So wird nach Vater, Mutter, Schwiegervater oder einem
anderen Verwandten der einfache Name bei einem Einzelnen

heissen 1323 Jun. 28 (Mekl. U. B. 7, Nr. 4462) Lucia dicta Wullenpundes,
necnon Ghesa et Windele filie ejus, relicte, in Lubeke.

[24] Taleke auch im Niederstadtbuch 1478. — Tale, Taleke ist Dim. von
Adelheid, Ale, Aleke, mit vorgeschlagenem t. Durch Anlehnung an talen, tellen,
ist dann Taleke, Aleke Bezeichnung der Dohle und der Gans und weiter eines
geschwätzigen Frauenzimmers geworden.

[25] Im Niederstadtbuch 1478 finden sich noch: Dorothie, Heleke wohl
nicht zu Hildegund, sondern zu Heilwig, Lobberich.

bestimmt. Als eigenthümlich will ich nur noch anführen: Henricus, gener Conradi J u d e i cultellificis, est civis 1321.
Auch sonstige persönliche Beziehungen, dass Jemand z. B. des Anderen Geschäftsgenosse ist, in seinem Hause wohnt, oder dgl., geben für den Betreffenden ein näheres Kennzeichen ab, so 1259: Jordanus socius Aspelani [26]. Bruno, qui est cum Varoldo in domo. Tetmarus Fortis, qui quondam erat hospes Johannis de Bekehem.

Der W o h n o r t des Einzelnen giebt eine naheliegende Bestimmung; in der Stadt die Strasse, das Nachbarhaus, der Brunnen vor dem Hause, die Trave, daher: Helmicus de Clingeberg. Gerhardus in angelika fossa inferius. Johannes pistor dominarum in hucstrate. de platea fabrum. de vifhusen. in coberg. creyenstrate. de sancto Johanne. de cimiterio. de libra. de salso foro. de molendore. van der muren. de travena. super aqua. crummehus. hoghehus. vamme grotenhus. longhus. de schaghen. de contrado. de cellario. van der treppen. de urbe. up dem orde. War der Bürger von draussen, so brachte er ein ähnliches Signalement mit, unbestimmter bestimmter: de foramine. de clintse. de ponte. de puteo. de molendino. de wintmolen. stengrove. grube. grund. kule. langegrave. sten. brunsten. de werdere. van der heide. de huda. de hagen, hek, de indagine. schiphorst. schepenstede. vamme velde, Johannes oversvelt, supra campum, Make utfelt. bredevelt. ghelevelt. heydervelt. rodenvelde. schelevelt. santberch. bonenberch. blomendal. besendal. bolsendal (bolto oder bolce?). de busco. holt. bocholt. elreholt. de fago. de merica. de widen. homgarde. van der ghest. Lambert vamme mersche. morkerke. oldeland. de kaspele. de holthove. de dalhove. de vlegenkroghe. de salina, de sulte. de dreveren. de vlete. twilenvlet. de angelbeke. de berbeke. grambek. koldebeke. snakenbeke. de

[26] Asplanus † 1252 findet sich in der Rathslinie, Deecke Nr. 168. — Jordanus civ. Lub. 1236 (Lüb. U. B. 1, Nr. 75), von Deecke unter Nr. 149 in die Rathslinie aufgenommen); Jordanus civ. Lub. reist um 1250 nach Rom (Lüb. U.B. 1, Nr. 166). — Jordanus domine Benedicte nimmt 1255 neben lauter Rathsherren eine Bürgschaft wegen derer von Padelügge an (Lüb. U.B. 1, Nr. 216).

waterschede. de wegheschede. richtestich. wegesende. kal-
veswinkel. slindewater. sconenborn. vulensike. de inferno,
de inferis. de sancta druda. Timmo iuncfrowenord. de ost.
suderland. nortmeyere.

Unter den gegebenen Beispielen sind zum Theil schon
solche, welche einem bestimmten Ortsnamen entlehnt sind.
Die Auswahl von diesen und den landsmannschaftlichen Bezeichnungen ist sehr gross. Den bedeutendsten Beitrag liefert
Westphalen. Wie heute noch Westfal, Westfehling und Feh-
ling in Stadt und Land verbreitete Namen bei uns sind, so
erscheint auf jeder Seite der Kämmereibücher westfal. In den
ersten 15 Jahren kommt dieser Zuname allein bei Neubürgern
25 mal vor, sehr oft ausserdem sasse, saxo. Noch öfter sind
die einzelnen Städte genannt. Dass unsere angesehensten Raths-
familien, die Alen, Atendorn, Billerbeck, Bochholt,
Cusfeld, Dulmen, Hagen, Iserlohn, Warendorp
ihre Namen von westphälischen Ortschaften führen, will ich
nur in Erinnerung bringen. Von der allgemeinsten derartigen
Bezeichnung: theotonicus ausgehend, könnten wir eine Rund-
reise durch Deutschland und die angränzenden Länder antre-
ten, um die Namen derer zu sammeln, welche von überall her
damals nach Lübeck strömten. Eine kleine Uebersicht mag
den bunten Eindruck, welchen das Register in dieser Beziehung gewährt, veranschaulichen. Wir finden zunächst Lübeck
mit seiner Umgebung vertreten in den Beinamen:

de Lubcke, de Danica urbe, Vorwerke, Stochelsdorpe,
Crempelsdorpe; holsatus holste, ditmersche, Oldeslo, Segeberge,
vamme Kile de Kilo, de Nova civitate, Luttekenborch, Hilghen-
havene, de Ymbria Vemerling; de septem arboribus de Seven-
boem, Schenkenberch, Vorrade, Monkchof, Climpowe, Gronow,
Utecht, Schalse, Ratzeborch, Kulpin, Parkentin, Anker, de
Seveneken, Schonenberg, Hamborch. Und wandern wir von
hier ins Reich und weiter:

Megedeburg, de Lipse, de Prage, de Austria de Oster-
rike, Meyland, Vriborch, Straseborch, de Iddesten, de Lan-
dowe, Aken, gallicus, Paris, de Cortraco, Vlanderen, de Utrecht,
Harlem, Cyretze[27], de Swulle (Zwoll), Meppen, de Jeveris,

---

[27] Cyretze ist nicht Zierixee, sondern wohl Seretz.

Friso, de Brema Bremer, Wildeshusen, de Vechte, de Osen-
brugge, Hervorde, Bilevelde, Munster, Sendenhorst, de Hamme,
Dortmund, de Juliaco, de Colonia Colne colner, hesse, doring
thuringus, Duderstat, Quedelingheborch, Brunswic, Hanovere,
Gifhorn, Lunenborch, Buxtehude, Staden; anglicus engelsche,
Berwich, yslendere, norman, swede, Lunden, Valsterbode, Carl-
soe, Slagelosen (Slagloes), Copmanhaven, de Roschilde, dacus
dene; Righe, kure, lettowe, pruce, de Samlandia, pole, de
Cracowe, de Warschowe, Berlin, Prinslaw, Stolp, Swerin,
Haghenow, Wittenborch, Rene, Harkense. de Priwallich.

E i g e n s c h a f t e n aller Art, leibliche geistige, und deren
Bezeichnung bald durch ein einfaches Adjectiv, bald durch
ein Substantiv, bald durch Composita aus beiden oder mit
Verben, einmal hergenommen von der Person selbst, von ihren
Gewohnheiten, ein andermal von ihrer Habe, ihrem Stande,
ihrem Geschäfte u. s. f. liefern ferner eine Reihe von Zunamen, welche uns noch mehr, als die früheren, die frische
und lebendige Natürlichkeit der damaligen Zeit vergegenwärtigen. Schon die Vornamen, in ihre Wurzel verfolgt, sind auf
diese Weise entstanden. Manche wären genau genommen hieher zu ziehen, und umgekehrt würde aus dem Folgenden richtiger Einzelnes bei den obigen Namen seinen Platz finden. Es
war mir hier aber nicht um eine scharfe Scheidung zu thun,
sondern darum, die häufigsten und bezeichnendsten Zunamen
neben einander zu stellen. Ich gehe von den einfachsten aus.
Man nannte von zweien den Einen iunior iuvenis, den Anderen senior maior, wie noch jetzt. Man sprach vom swarten
Bertold, crusen Conrad, luscus Jacobus, langhe Marquart u.
dgl. m. Man setzte diese Eigenschaftswörter hinter den Vornamen, und bildete so: iunghe, witte albus, swarte niger, rode
rufus vos, blawe, grone, grise, bleke, rughe, blanke, grelle,
cale calvus schave[24]; magnus, parvus, megere, pinguis pinguior
vlome, swere, starke fortis, rasche snelle, weldeghe, langhe-
ricke, golias, drunge, butte, herdsam[28], wilde, kee, weland,
levendighe vivens, ledeghe, rike reiche dives, sapiens, pinlike,
drovige, saliche, slichtig, rusche, wrede, schunde, de levede[28],

---

24 Ist kein Adjektiv, sondern wohl Ortsname. l. Schaue, Lovede.

unghenade, unvertsagede, tige[28], stolte stoltheer. Wie vos, golias
und vlome, wurden auch andere Substantive, theils auf das
Thierreich anspielend, theils zur characteristischen Benennung
mehr geeignet, vielfach angewandt:

raven, visch, hon, vole, snake, katte, slabbekatte, cancer
crevit, schrenkel, Vicke swin siue porcus, blesse, slump, slum-
peke, stump stumpel stumpeke, slev, knolle, nickel, oldbalch,
tater, iuncfrowe puella (als Mannsbeiname).

Dazu kommen die Zusammensetzungen, die Ableitungs-
formen: schonekint, ovele iunghe, ravensiunghe, hogheherte,
hardenacke, langheside, scorteveddere, crumvot, bredevot, kovot,
langherben, Bernardus cum cicatrice, cum irsuto naso mit der
rughen nesen, spechals, pichals, berenstert, hollogher, rode-
bart, guderlif, clumpinc und die Menge von Beispielen dieser
Ableitungsform: crollinch, degheningh, ebbinch, hemelinch,
kedinch, keselinch, liminch, nidingh, ruting, snerinch, stromeling, teysling, vriling. An das letzte knüpft an vrieknecht,
leveknecht, levehere und die verwandtschaftlichen Bezeichnungen: vader, om omeke, son soneke, veddere, swager, bruder
(1259: Bruder [?] piscator), Jan de seven broderen Johannes
de septem fratribus. Zahlreich sind die Zusammensetzungen
mit man, neben welchem auch kerle allein und in pramkerl
erscheint:

bekeman, berchman, brokman, bruggeman, buweman, cappel-
man, cloterman, dikeman, dorman, ekerman, ghereman, hageman,
hangeman, haveman, hokeman, holeman, hoppeman, horneman,
hotman, hoveman, hoyeman, kileman, kraneman, langman, linde-
man, magerman, norman, oleman, osseman, panneman, pile-
man, plochman, poleman, roseman, royeman, schipman, sote-
man, stelleman, suderman, timmerman, traveneman, vorman,
vromman, wegherman, werneman, westerman, wichman, wine-
man, wulleman [29].

Auch mit Kopf und Haupt werden dergleichen gebildet,
so wie einer caput beibenannt wird: brokehoved, mildehoved[30],

---

[29] Fernere Zusammensetzungen mit man sind: hafman = haveman, schure-
man, sturman, sowie auch die im Wismarschen Kämmereibuch von 1320—36
bemerkten glaseman, soltman, wokkeman.

[30] Ist wohl Ortsname.

oldehoved, stoberhoved[30]; düvelscop, griscop, rasecop, stencop, trendecop[30]. Das letzte könnte auch mit kaufen zusammenhängen, wie offenbar: durecop, godescop, kendecop [30].

Bezeichnungen im Superlativ sind: vrindebest, Johann van den finesten, Herbordus de ergheste [30].

Sehr viele sind aus irgend einem augenblicklichen Einfalle entstanden. Was den Mann unterschied, ein Werkzeug, mit dem er häufig erschien, ein Kleidungsstück, ein Abzeichen, das er trug, auch sein Hauszeichen, sein Wappen, ein Wort, das er im Munde führte, ein Schicksal, das er hatte, gab den Namen her:

smelt, vlint, kabel, sabel, küsel, burste, stube, vunke, knoke, kenroc, quast, pannenbret, hilte swert, hoyke mantel, hose lammerenhosen, stripederock, stripe, rodereme, buntepaghe, parsynhose, naghel hufnaghel spiscenaghel, egghe, grope (olla), sac, lof, klot sneklot, bone boneke, bolte, kreke, sandreigher, vlughel, swanenvlucht, de cigno, crane, struz, karpe, herinch, wale, ule, lam, buc, leo, wulf, draco, wittehenne, woltvoghel, voghel, vurhake, rosenkranz, kelg, zubere, hamer, de blusme de flore, de harpen, cinke, holtappel, dannappel, cogghe, vodermast, howeschild, ketelhot, kedeltop, orloghe, kumpanighe, gutkumpan, huscummer, raet, weddermode[30], hasard[31], gutjar, gudetiit, wunder, morsel, vridach, paschedach, moltkorn, strophavere, bruschavere, roggenbuc, bradenhun, bradenehus, bokmast, sotebere, hunesche boter, velescap, lasthavere, dusentpund, wittepennig, twistrengh, howaf (hau af), rok-ut, Henemannus na-hus (vgl. Zusammensetzungen, wie die bekannte: Walter von Habenichts, oder unser noch gebräuchliches: Hans Hetnix un Hans Kriegtnix), rumelant, rumelif, rumescotel, utertaschen, utemsorge, sachtelevend, tuckeswert, clingesor, mornewech, winnepenning, drinkeber, vrovordrunken, vorleghene ghut, saffran, kanel, peper, peperkorn, pepersak, pipernut, petercilie, wullsak, cribbeghel, berneblas, pashard, watermort, schadeland, plochvorsworn, lagenacht, snidewind, trorenicht,

[31] Im Copiarius B des H. Geist-Hospitals aus dem Ende des 13. Jahrhunderts fol. 23a unter den Personen, welche Leibrenten kaufen, Domina Zacharia uxor Hasardi VI mr. bis in anno.

Hennecke vrochtenicht, Henneke vantsulpeke[32], Henneke bene-
dicite, Hermannus totus mundus, Johannes vif umme twe oder
vif under twe etc.

Mannigfaltige Anspielungen des Volkswitzes zeigen sich
in diesen Namen. Eine solche liegt auch gewiss in Johan
mekeleke sartor[33]; und wie in Pipelories der Klang gefällt,
so werden weitere Allitterationen gebildet, z. B. lipelabbe. Ein
Anklang an die alte Thierfabel findet sich in Henneke Hane
de Segheberghe.

Ich lasse schliesslich ein paar Beispiele von Verbalsub-
stantiven auf er folgen, welche den Weg zu den eigentlichen
Gewerben bahnen mögen:

bruckentreder (ein Spitzname, oder gleich Brückenmacher,
Steinpflasterer?)[34], buscher, deger, duker, duser, hoier[35],
kniper, kyver, misner[35], morder, rover, scoler, sprenger, stal-
breker, steder (Städter, Bürger)[35], stormer, upmaker.

Wie steder giebt es eine Menge Anderer, welche von
Substantiven oder Verben gebildet, den Stand, das Gewerbe
bezeichnen. Die Träger solcher Namen üben aber nicht immer mehr das aus, was die Benennung besagt, der Name wird
Familienname. Das können wir aus unserem Register wohl
dadurch beweisen, dass manche Benennungen auf städtische
Beschäftigung nicht passen. Stekemest heisst eine damals vorkommende Familie, den Namen brachte ihr Ahn, der Bauer-
knecht, in die Stadt mit[36]. So heisst ein Anderer nigebuer,
ein Dritter pelegrim[37], gast. Oder es steht: Nicolaus Borgher

---

[32] Ortsname. Das Testament des Johannes do Sulpeke datirt von 1334;
darin heisst es: Hermanno filio Gobelini fratris mei in Sulpeke (do) u. s. w.

[33] Elyzabeth dicta Slopescho in Kämmereibuch II, fol. 11b. Johannes
Ridindekoke 1348 Niederstadtbuch. Bernardus alt an Goddes namen im Testament des Hermann von Mölln 1356 Jun. 26. Hinricus Boenehase Testament
von 1363. Johannes Middenentwey, Nicolaus Pustebrade Kämmereibuch III,
fol. 22b. Ludeke Gosevoet, Claus Kistenbuck 1478 Niederstadtbuch.

[34] bruckentreder ist doch wohl Spitzname, Pflastertreter.

[35] hoier, misner, steder bezeichnet wohl die Herkunft aus dem Hoya-
schen, Meissnischen, Stadischen.

[36] Stekemest gehört zu mest, Messer: Mnd. Wb. 4, S. 379. Ueber ein
Spiel dieses Namens s. Nd. Korrespondenzblatt 2. S. 91.

[37] Telse filia Peregrini im Testament der Ermgard Wildeshusen 1350
Jul. 24 bei v. Melle S. 45.

est civis. Gleiches gilt von denjenigen Zunamen, die bestimmten geistlichen und höheren Ständen entlehnt sind. Im zweiten Theile unseres Urkundenbuches Nr. 96. 97. führt ein Dömitzer Bürger den Namen Hertoge Albrecht, Dux Albertus. So giebt es pawes, bischop episcopus, pape, monic monachus, soldan, keiser, koninch, herteghe dux, markgreve marchio, greve comes, miles ridder, edeler, schiltknecht, scultete, advocatus voghet, schutte sagittarius. Mitunter ist geradezu dabei geschrieben dictus oder cognomine, und so wird einige Male, wie es scheint, ausdrücklich der Beiname scriver scriptor von der Ausübung des Geschäftes unterschieden.

Solche von Geschäften entlehnte Namen, an die sich die städtischen Gewerbe anschliessen mögen, lasse ich nun noch folgen, ohne auszuscheiden, was Beiname, was Standesbezeichnung sei:

mester, burmester, cokemester, haghemester, werkmester, sluter, bomhower, bogener, falkener falconarius, vogheler auceps, erchmeker, köler, smidener, watertogher, hofslegher, veddeler, crudener, kemerer.

Bestimmter passen zur Stadt:

Cocus koc, dreger, sagher, grever, torfsteker, santforer, scheper, swindriver, karneschuver carrener, auriga vector, velificator, piscator, graminator, hoppener, ortolanus, molendinarius, lotor allecium harinewescher, carbonista carbonator (Kohlenmesser, Kohlenträger).

Mit den Letzten sind wir ganz in die Stadt eingetreten. Da finden wir denn [38]):

---

[38]) Im Brief-Kopiarius (Registrum copiarum) von 1366 findet sich ein Verzeichniss von Handwerken, nach der Handschrift nicht aus dieser Zeit, sondern erst aus dem 15. Jahrhundert stammend; man hat es später hineingetragen oder hineintragen wollen als ein nach den Gewerken gesondertes Verzeichniss neuer Bürger; viele Blätter sind ausgerissen, die wenigen gebliebenen geben nur die Ueberschriften an, die Gewerke, nicht die Handwerker. Ein Schema steht auf fol. I der alten, fol. 3 der jetzigen Paginirung in 2 Kolumnen. In der ersten Kolumne ist jedem Gewerk ein folium bestimmt, von fol. II XLI, bei der zweiten fehlt dies. Von den noch vorhandenen Folien, welche folgen, führt in Uebereinstimmung mit dem Verzeichniss fol. II (4) die Ueberschrift: knokenhowere, fol. V (5): smede, fol. VI (6): vischere, fol. VII (7): kannengheter, fol. VIII (8): apengheter, fol. IX (9): beckere, fol. XX (10): remensnidere, fol. XXIIII (11): bartscherer. Das Schema lautet:

Mercator mercatrix, Rostokervar 1353, Lubekevar. Stacius mekeler 1350. wesseler weslere campsor. pannicida lakensnider, grawantsnider 1259. incisor linei lewentsnider lewentkoper; holtkoper, perdekoper emptor equorum, humularius; institor institrix cremer, penesticus penestica, honredregher; kröger, pultifex, fartor, specsnider; ketelboter ketelbute (Kesselflicker und Händler); stalkoper stalmenger, iserenmenger (vgl. das engl. monger).

Scherer, rasor pannorum, wantscherer; walger; salunmaker (Verfertiger wollener Decken; der Name von Chalons hergeleitet), harmeker, sarwerter (Haartuchmacher); sevenmeker; textor wever, lineus textor linifex, wullenwever lanifex, kemmer. Pellifex pelliparius (Pelzer); filtrarius vilter; loder lore cerdo, witgerwer cerdo albus albus lore; kersengheter candelator candelifex; reper funifex.

Kordewaner, remenslegher, remensnider corrigiarius corricida, cyrothecarius, porsler bursifex, taschenmaker, perator, frenator.

Becker pistor, pistor pastillorum 1327, tortulator, oblatenbecker, haverbecker 1351 (?), ulenbecker 1259 (Figurenbecker? auch im Ober-Stadtbuche, so wie das Vorhergehende). carnifex, mactator 1259 (Knochenhauer, Küter?[39]). bruwer braxator.

Scroder sartor, sutor, solemeker (Pantoffelmacher), craghenmeker 1349.

Registrum up de jenne de borger werden.

Knokenhouwere, kremere, schomekere, smede, vischere, kannengheter, apengeter, beckere, schrodere, paternostermakere, up deme soltmarkede, glotsenmakere, oltschrodere, gherdener, swertvegher, permenterer, goltsmede, bodekere, remensnidere, rothleschere, repslegher, malre unde glasewerters, wantscherer, sedeler, remensleger, armborsterer, hoetviltere, mestmakers, bekerwerter, louwantsnider, netheler, platenslegher, barthscherer, budelmakere, kistenmakere, schatsnidere, stenwertere, missingslegher, wullenwevere, lorre, lynewevere, bredelynewevere, smalelynewevere, tymmerlude, garbradere, grapengetere, buntmakere, kersengeters, haremakere, travenmakere, botterhaken, stockvischwekere, pilstickere, louwentstryker, hoppeners, deckere, bastavere, hokere, ingesegelgraver, goltsleghere, heringweschere, watervorer unde vorlude, rademakere, mekeler van dem osterschen gude, luchtemeker, stekensevarer unde holtkopere, oldeschomakere, perdemekeler, hoppenmekeler, kornmekeler, heringmekeler, oldeclederssellers, korsenwerters unde pelsers, worpelmakere, bortemakers, ketelboters, stenbruckers, kuthere, taschenmakere, dreghere.

[39] S. oben S. 74 Anm. 10.

Timmerman carpentarius, cistifex kistenmaker, rademaker, doliator dolifex bodeker; tornator dreier, ringdreier, boltendreier, spillendreger, bussendreier, craterator (Becherer); stolmeker sellator; scachtsnider (snider allein dasselbe?); paternostermaker.

Faber, klensmet, cuprifaber, fusor ollifusor gropengheter, Conradus apengeter; cultellifex, negeler, pluchmeker; acufex (acutifex); missingslagher (Beckenschläger); lucernifex; tingheter kannengheter kannenmaker; fibulator bressemaker (Spangenmacher); platensleger platenmaker lorifex (Harnischmacher); helmsleger galeator; clipificus clipeator; swertfeger gladiator, trusalifex (Dolchmacher) 1350.

Brugger bruegemaker, stendecker, stenhower lapicida. Vitrarius vitrifex, fenestrarius (1259); speghelmeker, spegheler.

Verwer colorator; schildere (Schildmaler, auch als Beiname: Johannes dictus schildere, piscator), pictor (Sifridus 1330, Nicolaus 1348, Mag. Albert 1353); pergamentarius pergamentator; aurifaber, goltsleger, ringvilre vingermaker (Beides dasselbe?); Thidericus orlogifex 1336; Hinricus beldesnider 1351. Tastberner (im Ober-Stadtbuche auch sulverberner, Silberschmelzer, Wardein?).

Scriptor scriver, gewiss zahlreich, aber nicht immer als Gewerbe zu unterscheiden: Petrus scriptor cognomine est civis 1335; Petrus scrivere e. c. 1333. Ausser diesen beiden kommen vor: Alexander 1259; Reinerus 1317; Bertoldus de Eldassen öfters von 1317 an; Hinricus 1328; Henningh und Johann 1339; Mertin 1341; Albertus de Gronow und Herbordus 1355.

Barbitonsor barbetonsor bartscherer; stuparius stupenator stöver.

Vom Staate angestellte oder für die Kirchen Sorge tragende Beamte, Gelehrte u. dgl. sind mir folgende aufgefallen:

Zöllner, tolner (thelonarius) war freilich auch schon Familienname, wie der im Register von 1259 sich verbürgende Rathsherr beweist. Im Kämmereibuche steht: Conradus dictus tolnere. Ausser diesem 1352: Hermannus, Eberhard, Bernardus, und 1329: Hinricus de Cymezen.

Kirchenbeamte: Campanarius S. Petri 1259; operarii:

S. Petri Arnoldus 1341, S. Jacobi Johannes 1335, B. Marie
virginis (als Bürge für Bertoldus de Herdsam) 1355, S. Nicolai Engelke 1353.   Mag. Nicolaus organista 1348.

Vögte advocati (ist auch als Zuname damals schon im
Gebrauch gewesen [40]): Marquard Bom (1339) kommt auch sonst
vor; ob Marquard Bom iunior 1346 derselbe, weiss ich nicht.
Ausserdem: Johannes longus 1347, Tidericus 1351. 1336 wird
Nicolaus advocatus S. Johannis genannt.   Alle drei auch im
Ober-Stadtbuche.

Notare: Hinricus notarius noster 1347 oder vollständiger
H. Swerk 1348, und Mag. Martinus notarius noster 1352 sind
beide schon in Deecke, Von der ältesten Lübeckischen Rathslinie S. 44 aufgeführt.

Münzmeister monetarii: Frater Alvericus, Hildewardus
1259; Godeco ward 1331, Bertoldus 1340, Hinricus 1350 unter die Bürger aufgenommen.

Andere im Dienste des Staates beschäftigte Personen sind:
Lucas clericus noster, Cristoforus preco, Livoldus tabularius,
Otto civitatis nuncius 1259.   Hinricus Gloede balistarius 1348.
Ein Willeke vuurschutte wird 1352 Bürger; laut dem dritten Kämmereibuche stellte der Rath (ca. 1362) einen Feuer-
schützen Helmich auf ein Jahr zur Probe am Dankwärtsbrü-
ckenthore an [41].   Auch ein fistulator (Stadtpfeifer?) wird genannt.

---

[40] Hinricus Voghet nennt das Testament der Margaretha uxor Johannis
de Gotinge von 1329 unter ihren provisores.

[41] Kämmereibuch III fol. 76: Helmicho vurschutten concessimus ad unum annum fortalicium super portam fosse Danquardi sine reddi[ti]bus; die vorhergehenden Eintragungen über die Bezahlungen an Mag. Hermannus balistarius sind von
1362 und 1363.   Quittungen des Ludemannus vurschutte, alias dictus Grutter,
de Brunswiik datiren von 1362 Aug. 31 und 1363 Aug. 16: Lüb. U.B. 3,
Nr. 424 Anm., 472; eine Quittung des Zwederus vurschutte von 1371 Sept. 17:
ebend. 4, Nr. 162 Anm.   In Kämmereibuch II unter der Rubrik: Kremerbodhen
heisst es: Margaretha Wurschutte (vorher: Sifridus de Colonia) dat. II mr.
pro fenestra et 1 mr. pro loco, in quo facit bursas, und scheinen sich die Zah-
lungsvermerke von 1346, 1347 auf dieselbe zu beziehen.   Der Name lässt sich
doch wohl nur dahin verstehen, dass Gatte oder Vater der Margaretha vurschutte war oder gewesen war.   Im Uebrigen vgl. Fock, Rügensch-Pommersche
Geschichten 3 (1865), S. 264 — 66, wo meine Notizen schon benutzt werden
konnten.   Noch 1364 schloss dagegen die Stadt einen Kontrakt mit Joh. Stuke,

Der Rath hielt damals schon einen Stadtchirurgen und wahrscheinlich auch einen Stadtarzt. Den Namen physicus finde ich in der Matrikel nicht, habe ihn aber aus dem Ober-Stadtbuche in der Anlage Nr. 4 aufgenommen. Im Kämmerei-buche wird 1331 Conradus medicus de Hanovere als Bürger [42], Mag. Conradus cirulicus 1350 als fid. und Mag. Johannes de Wulfhaghen cirurgicus als civ. aufgeführt. Ein Johannes de Halverstad apothecarius wird 1323 Bürger.

Juristen sind: Deghenhardus quondam causidicus 1333, Hinricus de Kilo causidicus 1335 und Tydemannus de Kyl causidicus 1340. Prolocutor bedeutet wahrscheinlich dasselbe: Fredericus prolocutor 1259, Hinricus Brunswic prolocutor 1352. Auch rhetor steht dafür, so wird Thid. von Kiel 1335 im Ober-Stadtbuche rethor genannt. 1259 Ekchardus rhetor.

Wie viel Handwerker jährlich aufgenommen worden, lässt sich aus dem Bürgerregister der Kämmereibücher nicht genau nachweisen, weil das Gewerbe nicht immer beigeschrieben ist. So wird ein Henneko Hagheman 1338 Martini Bürger, welcher der in der Anlage Nr. 1 von Mölln aus empfohlene Beckermei-ster sein kann [43]; das Ober-Stadtbuch weist nichts über ihn nach. Dass die Gewerke zum Theil stark vertreten waren, wird der übrige Inhalt des Kämmereibuches ergeben. Einiger-massen bezeugt dies auch die ältere Matrikel von 1259, ob-wohl sie gewiss nicht immer in den Angaben vollständig ist. Wie sie uns jetzt vorliegt, sind 1259 9 Schuster, 6 Böttcher, 4 Becker, 3 Fischer, 2 Pelzer, 2 Handschuhmacher Bürger ge-worden.

Interessant ist auch die Compagnieschaft einzelner Hand-werker, wofür ausser dem S. 71 abgedruckten Beispiele der beiden Handschuhmacher die folgende civilitas des Jahres 1323 spricht, wenn nicht socius hier schon im Sinne eines späteren Gesellen gebraucht ist:

---

nach welchem derselbe jährlich unum machinamentum sagittarium, wlgariter eyn schietende werk liefern sollte: Lüb. U.B. 3, Nr. 497; vgl. Pauli, Lüb. Zustände 1, S. 28, 192.

[42] meister Curd de arste 1355 Dez. 20: Lüb. U.B. 4, Nr. 57.

[43] Ein Hinricus Hagheman vester burgensis wird 1353 Febr. 28 in einem Schreiben Stralsunds an Lübeck genannt: ebend 3, Nr. 159.

Rotgerus sartor in den gulten dictus est civis.

Conradus Helte socius eius fid.

Für unsere Rathslinie liefern die Register gleichfalls ihren Beitrag, welchen Deecke aus den Kämmereibüchern schon benutzt hat. In diesen kommen Hinrich van Alen 1322 Jacobi (Jul. 25), Albertus de molendino 1327 dicht vor Corp. Christi (Jun. 11), Joh. van Hattorpe 1325 Laurentii (Aug. 10), Constantinus 1327 nach Oculi (März 15), Thidemannus van Alen 1331 zwischen Ypoliti (Aug. 23) und Michaelis, Sifridus de Ponte 1331 Michaelis zuerst vor. Johannes Ruffi wird 1343 Blasii (Febr. 3) erwähnt. Hinrich van Wittenborg ist 1321 nach Ostern zuletzt genannt, und Everhard Rucenberg, als dessen Todestag das Rathsbuch 1343 Elizabeth (Nov. 19) angiebt, erscheint einmal als fid. gerade in diesem Jahre zwischen Johannis und Catharine (Nov. 25). Endlich wird Hermann Blomenrod 1350 Michaelis genannt. Die grosse Geschäftsthätigkeit des Thidemann von Gustrow scheint auch daraus hervorzugehen, dass er von 1338 bis 1350 zwanzigmal als Bürge aufgeführt wird.

Ebenso wird durch die ältere Matrikel von 1259 das Consulat der Rathsherren Alfwinus Niger (schon 1255. U.B. 1, Nr. 216), Hinr. de Nestwedis, Hinr. de Isernlo, Vromoldus van Vifhusen und Hinr. Stencko früher hinauf ausgedehnt; die Lebenszeit von Joh. van Molne, Hinr. van Molne (dominus cum irsuto naso, mit der rughen nesen) verlängert; und für Martin tolner findet sich meines Wissens hier das erste genaue Datum.

Zwei neue domini erhalten wir 1259: Eilardus witgerwer und Lampertus de Nestwedis. Dominus Wenemarus de Essende de Gotlandia, welcher 1355 als Bürge vorkommt und zu Anfang 1356 selbst Bürger wird, ist ein Rathmann von Wisby, der nach Lübeck gezogen war. Wenn nicht die beiden Anderen gleichfalls Fremde sind, so kann man Eilard Witgerwer wohl nur für einen hiesigen Rathsherren halten. Denn dass dominus hier für Handwerksmeister stehe, wie es im Hamburger Bürgerbuche sich finden soll, glaube ich nicht. Ich kenne kein Beispiel der Art[44], nur magister oder mester liest man auf allen Seiten des Käm-

---

[44] Zweifelhaft ist Her Jacop de Munstere 1317 Mich. (civis), Herman Stochel fid.

mereibuches. So gut aber ein tolner Rathsherr geworden ist, kann es auch einen witgerwer gegeben haben. Lampert van Nestwede lässt sich vielleicht mit einem Lüb. Canonicus Lampertus identifiziren, welcher im Stiftsurkundenbuche von 1216 —1231 genannt wird, und eine Zeitlang Domküster war. Freilich müsste er dann ziemlich alt geworden sein, aber das Domstift, Bischof Borchard von Serken an der Spitze, verstand sich ja auf ein langes Leben.

Ich habe schliesslich noch über die Anlagen mich zu erklären. Sie haben den Zweck, meinen Auszug aus den Kämmereibüchern, welcher, ich fühle es wohl, nur zu skizzen- und lückenhaft geworden ist, einigermassen zu ergänzen durch ein paar Belege für das von mir Angeführte und durch wenige Beispiele des in Bezug auf Aus- und Einwanderung der Bürger herrschenden schriftlichen Verkehres. Ueber Nr. 1 bis Nr. 4 habe ich schon gesprochen. Der in Nr. 5 erwähnte Erblasser ist höchst wahrscheinlich derselbe Ludeke Spaan, welcher 1345 Symonis et Jude in Lübeck als Bürger recipirt ward, das Ober-Stadtbuch nennt ihn nicht. Faceko de Raceborch (Nr. 6) wird 1325 Bürger, und drei Jahre später 1328 bürgt er für seinen nach Lübeck ziehenden Bruder, welcher Wernerus Facii de Raceborch genannt wird. Im Ober-Stadtbuche kommt jener als Fatzeke de Ratzeborch und als Johannes Fatzeke vor in den Jahren 1343—1371, ein Beweis, dass der Vatername bei ihm schon gänzlich als Familienname gebraucht ward. Nr. 7 und 8 bedürfen keiner Erklärung. Den Beschluss machen Nr. 9 und 10, Todtenscheine über zwei Nonnen aus oft genannten Lübeckischen Familien.

Anlagen.

1.

Der Rath von Mölln empfiehlt, auf das Zeugniss der dortigen Be-
ckerzunft, den nach Lübeck ziehenden Beckermeister
Heinekin Hageman.

Obsequiosa salutatione precognita. Noverit vestra prudentia
commendanda, quod constituti coram nobis magistri officii pistorum nostrorum Heynekinum Hageman pistorem, exhibitorem pre-
sentium, habuerunt honeste commendatum pro eo, quod se in
eorum consortio et officio laudabiliter rexisset et decenter, ita ut,
si voluisset, ipsum Heynekinum prefatum in eorum consortem libenter obtinuissent. Et nos eidem de sua conversatione et fama
in nostro concivio bona maxime regratiamur. Petimus igitur vestre
honestatis dilectionem precibus studiosis, quatinus amore nostri
predictum Heynekinum ad officium pistorum vestre civitatis, quod
affectat, dignemini gratanter promovere, eidem facturi, que circa
ea sibi fuerint optima. Quod cupimus simili vel meliori, si poterimus, promereri. Datum per consules in Molno eorum sub
secreto.

In dorso: Prudentibus viris et honestis, dominis . . proconsulibus et consulibus in Lubeke, dominis eorum sincere dilectis.

Original auf Pergament an der Trese, mit Resten des weissen, aufgedrückt
gewesenen Wachssiegels, welches den Brief schloss.

2.

Der Lübeckische Bürger Wedekin von Reval löst die Weich-
bildsrenten, welche er bisher an den Ritter Marquard von
Hagen zu zahlen pflegte, auf Befehl des Rathes ab.

Notum sit, quod Wedekinus de Revalia ex rigore mandati
consulum Lubicensium emit ad se libere octo marcas denariorum
antiqui wicbeldes a domino Marquardo de Haghene milite, quos
ei dare solebat annuatim de domibus sitis in foro salis, quos ei
coram consulibus resignavit. Qui Wedekinus dedit ei pro qualibet
marca wicbeldes XXI marcas denariorum lubicensium.

Ober-Stadtbuch 1296 vor Joh. Bapt. (Juni 24). Nach der gütigen Mitthei-
lung des Herrn Dr. Schröder sind die in Rede stehenden Häuser die
drei in der oberen Egidienstrasse unter Nr. 676—678 belegenen Grundstücke.

3.

Der Rath von Lübeck genehmigt den Verkauf eines Hauses an die St. Egidienkirche, mit dem Vorbehalte, dass die Dauer des Besitzes jeder Zeit von seinem Willen abhänge.

Notum sit, quod provisores ecclesie sancti Egidii emerunt a Rothero Calvo domum quandam sitam apud domum Arnoldi de Verda iuxta cimiterium sancti Egidii, quam eis ad manus ecclesie coram consulibus resignavit. Dabunt autem sibi inde unam marcam denariorum wicbeldes annuatim, reemendam pro XVI marcis denariorum. Sed dicta ecclesia non utetur ista domo diutius, quam placuerit consulibus civitatis.

Ober-Stadtbuch 1301 Laurentii (August 10). Das Haus, welches 1310 von der Kirche verkauft, später aber wieder erworben wurde, liegt unmittelbar am Kirchhofe unter Nr. 651.

4.

Bernhard, der Sohn des Arztes Hermann, verpfändet für schuldiges Leibgedinge seinem Schwiegersohne statt eines Hauses in der Hundestrasse eine Viertelbude auf dem Markte und 7 Mark Pf. Weichbildsrenten in der Burgstrasse.

Notum sit, quod Bernardus filius Hermanni phisici cum Johanne suo genero, filio Marquardi filtrarii, concordavit taliter, quod loco domus site prope domum, in qua moratur, in platea canum, quam vendidit et prius impignoraverat dicto suo genero pro redditibus duodecim marcarum lifgedinges exsolvendis sibi, impignoravit loco huius domus quartam partem bode site in foro prope bodam civitatis, ubi media treppa est, et VII marcas denariorum wicbeldes, quas habet in domo Hinrici de Sedorpe in platea urbis, ut hanc partem bode et dictas septem marcas denariorum wicbeldes vendere nec alienare aliquatenus possit, quam diu dictus Johannes vixerit, nisi in ipsius voluntate fuerit et favore. Actum coram consulibus, consentientibus partibus utrobique.

Ober-Stadtbuch 1309 Agathe (Februar 5). In der Hundestrasse wohnten damals die Gelehrten, das Haus des Arztes ist nicht mehr aufzufinden. Die Bude lag an der Westseite des Marktes beim Schwibbogen, durch welchen man nach den Schüsselbuden geht. Das Haus in der Burgstrasse ist Nr. 726.

5.

Der Rath von Telgte (in Westphalen) giebt an Elseke Span als Erbin des in Lübeck verstorbenen Bürgers Ludeke Span ein Nächstenzeugniss.

Vrentlike grote vorgescreven iu heren van Lubeke, den borgheren meysteren unde den ratmannen.

Wi borghere meystere unde de ratmanne unde de menen scepenen to Telghet dot iu kundich in dessen breve, dat vor uns is komen Elseke, Sweders dochter Spans, unde hevet uns dat kundich ghedan, dat ere broder Ludike Span mit iu to Lubeke storven is, de ere broder was van vader unde van moder. Unde biddet iu dar umme, dat gi dessen ieghenwordighen manne, de Elseken echte man unde ere rechte man is, unde unse borghere is, dat gi eme laten alsodan gut volghen, alse Ludike ere broder Span ghelevet hevet. Dat wille wi vordenen, unde willet iu dat vor stan, dat dat gut anders nyn man bedeghedincghen ne mag, und dat dit war is. Unde dot dar also bi, alse gi wolden, dat wi bi iu deden. Dat dit war se, dat betughe wi mit der stat inzeghele van Telghet.

Original auf Pergament an der Trese. Das an einem Pergamentstreifen hangende runde Siegel in dunkelbraunem Wachs zeigt einen Eichbaum mit Blättern und Früchten. Umschrift: † Sigillum civitatis de Telget. Das kleine, gleichfalls runde Rücksiegel hat einen ähnlichen Baum mit der Umschrift: † S'. cecretum de Telget.

6.

Ritter Volkmar von Grönau meldet dem Rathe zu Lübeck, dass der Streit zwischen dem Lübeckischen Bürger Fatzeke von Ratzeburg und Nicolaus Ecberts Sohne von Sarau nach Lübischem Rechte zu Ratzeburg entschieden sei.

Providis viris ac honestis, dominis consulibus in Lubeke, Volemarus de Gronow, miles, quicquid poterit servitii et honoris.

Juwer achbarecheyt do ik to wetende, dat mi witlich is, dat Fatzeke iuwe borghere sculdeghede Nicolaum Egbertes van Zarowe to Ratzeborch vor den ratmannen unde vor dem voghede an lubesschem rechte. Des worden ze sceden vor dem richte mit allem rechte na enem lubesschem rechte, unde ward endet unde lendet alle ere zake und alle ere twedracht, unde de zulve Nicolaus wart mit allem rechte los van eme unde van allen sculden, dar Fatzeke ene umme sculdeghede, unde dar he ene nu anderwerve vor iu umme sculdeghet. Hir hebbe ik over wezen, unde is mi witlich, dat ze mit rechte sceden zin. Dat tughe ik under minem inghezeghelle, unde bidde iu, dat he dar umme unbezswaret blive, wente uppe endede lendede zake neman spreken mach an lubeschem rechte.

Original auf Pergament an der Trese. Vom aufgedrückt gewesenen Siegel sieht man nur noch Spuren der Umschrift.

7.

Der Dachdecker Tidekin giebt Tidemann Losse vor zwei Lübeckischen Rathmännern eine Ehrenerklärung.

Witlik sy, dat ich Tydeken steendeker hebbe openbar bekant vor den erliken mannen den tughen, de hir na stan ghescreven, dat ich Tydemanne Losse unde sin erfnamen quit scelde van alder sake, dat ich eme ut deme stocke halp, wente hey my nicht en lovede, unde ich eme ok nicht en eysce, mer hey hevet my also ghedan, dat ich eme danke. Des sint tughe her Bernt Cosvelt ıde her Evert Swarte, ratmannes tho Lubeke.

Littera memorialis auf Pergament an der Registratur. Tidemann Losse kommt im Ober-Stadtbuche 1362 u. 1369 vor, die Rathsherren Bernhard Cosfeld 1351—67, Eberhard Swarte 1354—67.

8.

Der Rath zu Stadt-Oldendorf bittet den Rath zu Lübeck, seinem Bürger Heinrich Stumpels das ihm genommene Gut wieder zu geben.

Providis viris et discretis ac dominis, proconsuli et consulibus civitatis Lubicensis, consules opidi Oldendorpe sub castro Homborch, quidquid poterint servicii et honoris.

Wetet, dat gy bekummert hebbet, also us ghesecht is, Henr(ics) ghut Stumpels, de use borghere is unde lange ghewesen heft. Des bidde wy iuk denstliken, dat gy eme sin ghut willen weder gheven. Dat wille wy alle tyd teghen iuk vordenen, wor wy kunnen eder moghen. Juwes antwerdes bidde wy weder. Ghegheven to Oldendorpe, des lateren daghes na Twelften under useme inghezegle, dat ghedrukt is to rugehalven uppe dussen bref.

Das Original auf Papier an der Trese, der Handschrift nach dem 14. Jahrhundert angehörig. Das aufgedrückte runde Siegel in dunkelgrünem Wachs zeigt ein Mauerthor mit Spitzbogen, darauf eilf Zinnen; über diesen in der Mitte ein runder conischer Thurm, der unten ein Fenster hat, und dessen Spitze in eine Blume ausläuft; rechts und links zwei je mit drei Zinnen gekrönte eckige Thürme, und zwischen diesen und dem Mittelthurme auf jeder Seite ein kleiner Spitzthurm mit einem Knopfe. Umschrift: † Sigillum burgensium de Oldendorp.

9.

Beatrix, Fürstin von Mecklenburg (Tochter Heinrichs des Löwen), Aebtissin des Klosters Ribnitz, und der Gardian desselben, Mathias, stellen über das Ableben der Nonne Margaretha von Wittenburg einen Todtenschein aus. 1350. Nach Sept. 8.

Nos Beatrix, domicella Magnopolensis, sororum ordinis sancte Clare in Rybbenitze locum tenens abbatisse, et frater Mathyas,

gardianus ac provisor sororum predictarum, coram singulis presens
scriptum cernentibus publice recognoscendo protestamur, quod Margareta de Wittenborch, una de nostris sororibus, viam universe
carnis est ingressa, et hoc in anno Domini MCCC quinquagesimo,
circa festum nativitatis virginis gloriose, et in evidentiam predictorum sigilla nostra presentibus sunt appensa.

In dorso : Fratri Gotfrido Strokerke.

*Das Original auf Pergament an der Trese, mit zwei an Pergamentstreifen
hangenden elliptischen Wachssiegeln, welche auf der Vorderseite das erste
roth, das andere braunroth gefärbt sind. Nr. 1 stellt die Krönung der
Maria dar, in dem unteren Winkel kniet eine kleine weibliche Figur
(St. Clara?). Umschrift: † S'. abbatisse ordinis ste. Clare in Ribeni . . .
Nr. 2 ist durch zwei gegen einander gekehrte Rundbogen quer in zwei
ungleiche Hälften getheilt: in dem oberen grösseren Felde Christus am Kreuz,
rechts und links ein Stern; in dem unteren kleineren Felde eine knieende
weibliche Figur (St. Clara?). Umschrift: † S'. gardiani Ribinisensis. —
Jetzt auch gedruckt: Mekl. Jahrb. 23, S. 195; Mekl. U.B. 10, Nr. 7120.*

10.

*Das Nonnenkloster Rühn ersucht, unter Bezeugung des Todes der
Nonne Gertrud Elreholt, den Rath (zu Lübeck) um Aufrechthaltung ihres letzten Willens.*

Eterne felicitatis incrementum cum humili salutatione premissa.

Coram universis Christi fidelibus vestreque providentie cupimus fore notum, quod Ghertrudis Elreholtes, sanctimonialis in
Rune, consoror nostra, viam universe carnis feliciter est ingressa,
et cum Christo, ut speramus, in celesti sede exultat gloriosa:
supplicantes dominationi vestre humiliter et devote, quatenus ul-
timam voluntatem suam in nullo inpediatis propter salutem ani-
marum vestrarum in eternum. In illo valete, qui dat post mor-
tem vivere. Datum Rune nostro sub sigillo.

Bernardus prepositus, Michtildis priorissa totusque conventus
in Rune.

*Das Original auf Pergament an der Trese, mit aufgedrücktem, zur grösseren
Hälfte erhaltenem, rundem Siegel in gelbem Wachs, welches den gekreuzigten
Christus und zur linken Seite eine Figur zeigt. Umschrift: † Sigillum
co(nventus in Ru)ne. Bernhard lebte 1368. Lisch, Mekl. Jahrb. 9,
S. 298.*

III.

Herr Thidemann von Güstrow,

Bürgermeister der Stadt Lübeck.

(1858.)

Was wiltu begehren mehr,
Denn die alte Lübsche Ehr!

Auf diesen oft wiederholten Spruch unserer Altvordern
pflegt sich bei uns zu berufen, wer es unternimmt ein Stück
ihrer Geschichte zu zeichnen. Und wir alle sind es geständig,
es schmeichelt uns von dem Glanz unserer Vorzeit recht oft
zu hören, uns sagen zu lassen, wie die Lübecker Rathsherren
Schlachten gekämpft und Flotten geführt, wie sie Könige gemacht und aus dem Lande getrieben haben, wie ihr Wort gebieterisch vom westlichen Ocean bis zu den innersten Winkeln
des finnischen Busens erklungen ist. Auch aus den Zeiten,
da Lübeck noch nicht in solcher anerkannten Macht dastand,
da es sich unter rühriger und stetiger Anstrengung empor-
arbeitete über seine wendischen Schwesterstädte, vernehmen
wir nur zu gern. Von dieser Seite her also dürfte das Bild
eines alten Lübecker Rathmannes aus dem vierzehnten Jahrhundert von jedem Lübecker der Jetztzeit willkommen geheissen werden, wenn es anders als ein lebendiges vor ihn hin-
tritt. Aber da gebricht es eben. Die lebensvolle Persönlichkeit entzieht sich unserer Kunde ebenso, wie kein Pinsel uns
die Gesichtszüge eines unserer Vorfahren aus der Zeit aufbewahrt hat, ebenso, wie wir vergeblich das alte Kleid, das unsere Stadt damals trug, uns deutlich zu vergegenwärtigen suchen. Und doch fühlt man sich bei eingehender Beschäftigung
mit irgend einem Zeitabschnitt unserer Geschichte immer wieder
angelockt durch den Gedanken, was von Thatsächlichem sich
an einen entschieden bedeutenden Mann anknüpft, einmal um
diesen zu gruppiren und eine Art von Wiederbelebung seiner
Persönlichkeit zu versuchen. Eine schwache Skizze kann beim
Fehlen aller Personalbeschreibung, beim Mangel an Kenntniss
des Costüms und so viel anderer äusserer und innerer Beson-
derheiten des Lebens auf diese Weise immer nur entstehen,

aber die vorgeschriebenen Grenzen bilden mindestens eine natürliche Abrundung für die Erzählung, und Familien- und Lokalnotizen, wie sie unsere Stadtbücher, Testamente u. dgl. an die Hand geben, rücken uns die Bekanntschaft des zu zeichnenden Mannes näher. Verhehlen darf man sich freilich nicht, dass der grösste Reiz eines solchen Versuches eben auf dem Zusammenstellen selbst beruht, welches oft überraschende Resultate liefert: dürre Verzeichnisse beleben und gestalten sich, abgerissene Notizen gewinnen Zusammenhang, und schon ein blosses Verschweigen oder Erwähnen eines Namens bleibt nicht bedeutungslos.

Möchte ein wenig von diesem Leben, auch dem Leser fühlbar, in die nachfolgende Schilderung eingeflossen sein. Und wenn in ihr das Thatsächliche die Persönlichkeit zu verhüllen scheint, so dürfen wir eben nicht vergessen, dass, zumal in den früheren Jahrhunderten unserer Republik, vielfach nur die Thaten, nicht die Thäter verzeichnet sind, welche s i c h allerdings die volle persönliche Geltung für die Gegenwart, dem Gemeinwesen aber den Glanz nach aussen und den Nachruhm für die Zukunft sicherten. Es dürfte bei aller Verschiedenheit der Zeiten hierin für unsere Gegenwart und die, welche in ihr zur unmittelbaren Wirksamkeit am Staate berufen sind, ein Trost und ein Fingerzeig liegen.

T h i d e m a n n v o n G ü s t r o w gehört der ersten Hälfte des vierzehnten Jahrhunderts an, noch heute Manchem unter uns bekannt als der Bürgermeister, welcher den nach ihm benannten auf der Registratur bewahrten Codex des lübischen Rechtes schreiben liess. Wie er dadurch unserm Gedächtniss als ein Mann von gesetzgeberischer Thätigkeit sich einprägt, so erscheint er auch sonst nicht den kriegerischen Bürgermeistern gleich, von denen unsere Geschichte erst etwas später zu sagen weiss, den Warendorps u. A.: er ist ein Mann der Tagfahrten, in Staatsangelegenheiten vielfältig gebraucht, rechtskundig, in angesehenen kaufmännischen Verbindungen, unseren ersten Familien verwandt, wohlhabend, freimüthig, fromm, rastlos thätig. Zudem scheint er mehr als Andere unter seinen Zeitgenossen, was er war, sich selbst verdankt zu haben, weniger durch ausgedehnten Familienanhang, durch übermässigen Grundbesitz gestützt gewesen zu sein. Er ist also gerade eine

Persönlichkeit, in welcher sich der Charakter der ersten Hälfte dieses Jahrhunderts für unser Lübeck abspiegelt: die eigenthümliche Mischung von Kaufherr und Staatsmann schon mit dem Anflug des Patrizierstolzes, das besonnene ruhige Lossteuern auf die nächsten Ziele, das entschiedene energische Auftreten, wo diese zu erreichen sind, aber auch das ruhige Zuwarten, wo die Zeitumstände sich widrig gestalten. Sie schlagen keine Schlacht, als die sie müssen, sie zahlen keinen Pfennig mehr, als nöthig ist, aber wo etwas mit Unterhandlung durchgesetzt werden soll, wo es die Ehre, den Glanz der Stadt gilt, da schonen sie das Geld nicht. Es ist dies zwar vorwiegend hansische Politik gewesen, doch mischt sich entschieden schon in der zweiten Hälfte des vierzehnten Jahrhunderts etwas Grossartigeres, mehr Gebieterisches, aber auch mehr Ueberstürzendes hinein. Die erste Hälfte, wo unsere Städte vom Reich fast nur negativ behandelt, vom Kaiser entschieden begünstigt, aber nur stellenweise wirklich unterstützt werden, ist vorwiegend die Zeit solcher ruhig umsichtigen Politik, mit der sie sich die achtunggebietende Stellung im In- und Auslande sichern, bis sie geschlossener und stolzer auftreten können. Endlich werden wir auch die Conflicte, in welche damals die Städte innerhalb ihrer Mauern häufig mit den Rechten oder Prätensionen des geistlichen Standes und mit den zu deren Schutz geführten römisch-canonischen Waffen geriethen, in der Person Thidemann Güstrow's vertreten sehen.

Von Güstrow, wie sie sich nennt, wird die Familie hieher eingewandert sein [1]. Thidemanns Vater, Johann, sass schon im Rathe der Stadt Lübeck von Anfange des Jahrhunderts bis zu seinem 1334 erfolgten Tode. Da der Familie vorher nirgends gedacht wird, so ist Johann muthmasslich der erste des Namens in unserer Stadt, denn auch von Melle, der unser ältestes Ober-Stadtbuch noch gekannt hat, führt keinen früheren auf. Jedenfalls war die Familie angesehen, da Johann eine Swarte zur Frau nahm, Tochter eines Johann († 1289), die Swartes aber mehrmals schon in der Rathslinie

---

[1] Ueber eine Familie von Güstrow, die in Greifswald mit dem Rathmann Rüdiger de Gustrow 1250—55 auftritt und von 1281—1313 mehrere Mitglieder in den Rathsstuhl zu Stralsund schickte, s. Klempin, Matrikeln und Verzeichnisse der Pommerschen Ritterschaft, Berlin 1863, S. 113.

des dreizehnten Jahrhunderts vorkommen. 1295 kauft Johann Güstrow seiner Schwiegermutter Abel sein späteres Wohnhaus ab, das Adolf Roddesche, zuletzt dem Kassenschreiber Lang gehörige, Breitestrasse No. 783[2]. Johanns Schwager, der Mann seiner Frauen Schwester Abel, war ein Johann von Hattorp[3].

Johann Güstrow hinterliess vier Kinder, zwei Töchter: Margarethe, Nonne im mecklenburgischen Kloster Rehna, und Abel, welcher der Vater selber als Vorsteher an Marien zugleich mit seinem Nebenvorsteher, dem Rathmann Johann Schepenstede, und dem Werkmeister Hartwich 1330 zehn Mark Leibrenten an der Kirche verkauft[4]. Von den beiden Söhnen sollte der ältere, Thidemann, dem Vater im Amt folgen, während der jüngere, Johann, im väterlichen Hause blieb und die Familie bis ins vierte Glied fortsetzte. Seine Tochter Alburg (= Abel), vermählt mit Wilhelm Buzst, erhielt bei Johanns Tode 1350 das grossväterliche Haus als Mitgift, das sie später (1362) als das ihrige vor dem Rathe in Anspruch nahm, 1364 aber an Berthold Holthusen verkaufen liess. 1378 war sie zum zweiten Male mit dem Arzt Everhard Quaas verheirathet. Von des jüngern Johann drei Söhnen Johann, Winold und Nicolaus war der letzte beerbt, und dieser Erbe, Jacob, wird 1382 todt genannt[5]. Soweit lässt sich das Geschlecht

---

[2] Schroeder, Topogr. und Geneal. Notizen aus dem vierzehnten Jahrhundert S. 29, Nr. 99.

[3]   Joh. Swarte.
        G. Abel.

Abel.	N. N.
G. Joh. v.	G. Joh. v.
Hattorp.	Güstrow.

[4] Lüb. U.B. 2, Nr. 516.

[5]   Joh. v. Güstrow Rathm. † 1334.
        G. N. N. Swarte.

Thidemann	Margaretha	Johann	Abel
Rathm. † 1350.	Nonne in Rehna	† 1350.	† nach 1330.
G. Adelh. Geismar[6].	† nach 1362.		

N. N. G. Joh. Castel.

Alburg.	Johann.	Winold.	Nicolaus.
G. 1. Wilh. Buzst.			
G. 2. Mag. Eberh.			Jacob
Quaas.			1382 todt.

[6] Adelheid Bodynes nennt in ihrem Testament von 1347 Aug. 23 Herrn Thidemann von Güstrow ihren avunculus. Sie könnte eine Tochter der Abel

fortführen: ob die Aebtissin des Johannisklosters Hildegund Güstrow († 1370) dazu gehöre, vermag ich nicht nachzuweisen.

Thidemann muss sich noch bei des Vaters Lebzeiten durch Umsicht und Erfahrung, erworben auf seinen Geschäftsreisen nach Schweden, mit welchem Lande wir ihn in reger Verbindung sehen, vor andern Mitbürgern hervorgethan haben, denn gleich nach Johanns Tode führte er den Titel dominus im Ober-Stadtbuche, und schon am 4. März 1335 wird er im sitzenden Rath als der vorletzte genannt, nach ihm der jüngere Hermann von Warendorp, der gleichzeitig gewählt zu sein scheint [7]. Thidemann überliess dem Bruder des Vaters Wohnhaus, weil er schon ein nicht weit davon entferntes Grundstück besass, das heutige Levenhagensche Erbe, Breitestrasse No. 791 [8]. Er erhielt es 1325 mit seiner Frau Adelheid Geismar, Wittwe des Johann Pleskow und Mutter des nachmaligen gleichnamigen Rathsherrn [9]. Der Schwiegervater, Johann Geismar, ein reicher Stockholmer Bürger, der aber schon 1334 nach Lübeck übergesiedelt war [11], hatte Nr. 791 und das Nebenhaus Nr. 790 (das Rubeckische), welches auch den früheren Besitzern mitgehörte, zusammen gekauft, und wie er das eine seiner Tochter und deren beiden Ehemännern, mit Reservirung des halben Theils für sich, anwies, so schenkte er das Nebenerbe seinem Enkel, dem oben genannten Johann

---

sein, doch scheint ihr Vorname sie der Geismarschen Familie zuzuweisen. S. unten Anm. 9.

[7] Lüb. U.B. 2, Nr. 606. [8] Schroeder S. 31, Nr. 123.

[9]
	Joh. Geismar.	
	G. Christina.	
Adelheid.	N. N.	N. N.
G. 1. Joh. Pleskow.	G. Joh. Retlage.	G. Barthold
G. 2. Thid. v. Güstrow.		Schriver.

1. Joh. Pleskow [10]
Rathm. † 1367.

[10] Eine Tochter des Rathmanns Johann Pleskow war Gertrud, die Gemahlin des Rathmanns Thidemann Vorrad.

[11] Vielleicht ist mit Rücksicht auf die mir nicht bekannte Stadtbuchstelle von 1304 dieses Jahr gemeint und 1334 nur Druckfehler.

Pleskow. Durch Johann Geismar's Testament 1345 erhielt
Thidemann das ganze Grundstück [12], das nach seinem unbe-
erbten Tode (eine an Johann Castel verheirathete Tochter
war früher gestorben) erst seiner Wittwe, dann, als auch sie
1354 starb, dem Stiefsohn zufiel und von diesem drei Jahre
darauf an Simon Swerting, den nachmaligen Rathmann, verkauft ward. Johann Geismar scheint nur Töchter hinterlassen
zu haben, denn eine über seinen Tod hinausgreifende Bestimmung, das Patronat einer zu St. Marien gestifteten Vicarie
betreffend, weist dieses seiner Tochter Adelheid, seinem Enkel
Johann und seiner Schwester Sohn, Bernhard Geismar, an [13].
Unser Stadtbuch erwähnt 1304 noch einen Barthold Schriver
(Scriptor) als Johann Geismar's Schwiegersohn, und endlich
nennt sich Johann Retlage so in seinem auf dem Todbette
1330 zu Lübeck errichteten Testamente [14]. Der Letztere ist
seines Schwiegervaters Handelsgenoss gewesen, und das Testament giebt Aufschluss über ihre Geschäfte. Vornehme Herren
des damals höchst unruhigen südlichen Schwedens erscheinen
als ihre Käufer und — Schuldner. Voran Herzog Knud Porse
von Halland und Samsöe, nachheriger Gemahl der norwegischen Königstochter Ingeborg, der Wittwe des schwedischen
Herzogs Erich Birgersson, Mutter des Königs Magnus Smek.
Demnächst der Marschall Schwedens Erenghislo Næskonungs-
son, und ein adliger Schwede von Porse's Verwandtschaft, Johann Ribbing. Anderen Herren vom Adel, welche aus Holstein auf Abenteuer heraufgekommen sind, einem Lüder von
Küren, einem Ritter Berthold von Borstel, hat Johann Retlage

---

[12] Nach den von Mantels angefertigten Stadtbuchauszügen hatte wohl der
verstorbene Johann Pleskow das Haus Nr. 791 besessen. Die eine Hälfte desselben brachte dessen Wittwe Adelheid 1325 ihrem zweiten Manne Thidemann
von Güstrow als Mitgift zu; die andere Hälfte wurde von deren Sohne Johann
Pleskow dem Grossvater Johann Geismar verkauft. 1341 erwarb Johann Geismar das Nachbarhaus Nr. 790 und gab es seinem Enkel Johann Pleskow.
1345 kam durch das Testament des Johann Geismar auch die andere Hälfte
von Nr. 791 an Thidemann von Güstrow.

[13] Leverkus 1. S. 744 Anm.

[14] Lüb. U.B. 2, Nr. 517: meo domino Johanni Gheysmaro de Stokholmis.
Der Ausdruck dominus meus könnte aber auch den älteren, wohlhabenderen
socius bezeichnen.

Bürgschaft geleistet für Gelder, die der Herzog ihnen zahlen soll. Die Schulden sind für Scharlachtuch, für Seidenzeuge gemacht; es handelt sich bei den letztern beispielsweise um über 100 Mark Pfennig.

Auch Thidemann von Güstrow wird als Gläubiger des Herzogs Knud genannt, welchem dieser 1326 200 Mark kölnischen Silbers zur Deckung alter Schulden in Lübeck auszahlen liess [15]. Thidemann wird eben durch seinen Schwiegervater Johann Geismar in diese und ähnliche Geschäfte, die er laut dem Niederstadtbuche mit jenem gemeinsam machte, hineingezogen sein. Jedenfalls bewegte er sich frühzeitig in solchem mitunter höchst gefährlichen Handel, denn es betraf oft nicht bloss den Beutel, sondern Leib und Leben — wie denn Johann Retlage klagt, dass ihn Berthold von Borstel in schwerer Gefängniss um der erwähnten Schulden willen gehalten habe. Seiner genauen Bekanntschaft mit Schweden und seinem guten Leumund in Bezug auf die Kenntniss des Landes hatte Thidemann es dann zu danken, dass man ihn bald nach seiner Erwählung in den Rath zu wichtigen Unterhandlungen dorthin sandte. Zum Verständniss derselben bedarf es einer kurzen Angabe der damaligen Lage des südlichen Schwedens.

Bekanntlich gehörten die südlichsten Provinzen dieses Reiches, Schonen, Halland und Blekingen, lange Zeit zu Dänemark, 1332 aber traten sie unter schwedische Herrschaft, und erst 1360 hat Waldemar IV. von Dänemark sie wiedererobert.

Der Abfall war folgendermaassen vor sich gegangen. Schon der Dänenkönig Erich Menved († 1319) zerstückelte durch seine mehr auf glänzende auswärtige Eroberungen, als auf die Concentration des Reiches im Innern gerichtete Politik den dänischen Staat und musste sich die Gunst der einheimischen Grossen und die Unterstützung benachbarter auswärtiger Fürsten durch zeitweilige Verpfändung bedeutender Landstriche erkaufen. Noch schlimmer und nachtheiliger aber ward dieses System für Dänemark unter seinem Bruder und Nachfolger Christoph II., vorher des Bruders treulosestem Gegner. Nur

---

[15] Lüb. U.B. 2, Nr. 471.

mit Widerstreben ward dieser auf dem Parlament zu Wiborg
1320 anerkannt, bald trieben ihn seine eigenen mächtigen
Freunde in die Enge. Der schon genannte Knud Porse, ein
unruhiger Abenteurer, des Königs früherer Spiessgeselle, ward
als Herzog mit Südhalland belehnt, der Reichsmarschall Ludwig Albrechts Sohn, Graf von Eberstein, im Besitz von Blekingen bestätigt, die Lehnshoheit, welche Erich Menved in
Pommern und Mecklenburg behauptet hatte, den dortigen Fürsten Preis gegeben. Als aber bei solchem Treiben die Geld-
mittel nicht ausreichen wollten, eine Reichsschatzung von den
Ständen, denen Christoph in dieser Beziehung bei seiner Wahl
übertriebene Vorrechte hatte einräumen müssen, abgeschlagen
ward, und der König nun zu dem gewaltsamen Mittel griff,
die einzelnen Grossen aus ihren Pfandschaften zu vertreiben,
da empörte sich der Adel. Als Christoph ferner beim Tode
des Herzogs Erich von Südjütland (Schleswig) dessen unmündigen Sohn Waldemar unter seine Gewalt zu bringen suchte,
wandten sich seine bisherigen Verbündeten, die Holsteiner
Grafen, der grosse Gerhard, Waldemars Oheim, und Gerhards
Vetter Johann der Milde, des Königs Halbbruder, gegen diesen. Christoph musste sein Reich meiden, und in dem jungen
Herzog Waldemar von Schleswig ward ihm ein Gegenkönig
erweckt (1326), der zwar ein Kind war, für den aber Gerhard
der Grosse gebieterisch die Vormundschaft führte. Dass Johann sich bald mit seinem Halbbruder Christoph aussöhnte,
Waldemar eine kurze Zeit mit Einwilligung Gerhards zurück-
trat, Christoph seit 1330 wieder König hiess, um nach zwei
Jahren, geschlagen von Gerhard und flüchtig, zu sterben, und
Gerhard, ohne viel um seinen Neffen den Herzog Waldemar
sich zu kümmern, Herr von Dänemark blieb, während des
gestorbenen Königs Söhne vergeblich vom Auslande her ihre
Rechte geltend zu machen suchten — das alles trug nur zu
grösserer Verwirrung im Lande bei, welche erst nach Gerhards Tode (1340) ihr Ende fand in der Wiedereinsetzung
von Christophs jüngstem Sohne Waldemar IV. (Atterdag).

Halb Dänemark, diesseit und jenseit des Sundes, Inseln
und Festland, war während dieser Zeit in den Händen der
Holsteiner Grafen. So war Johanns Freundschaft 1329 durch

die Verpfändung Schonens erkauft, hier regierte als sein Statthalter Eckard Brokdorf. Die Schoninger aber, der Fremdherrschaft müde, wandten sich an den Nachbarstaat Schweden, wo auf noch viel schlimmere Bruderzwiste die scheinbar segensreiche Herrschaft des jungen Magnus, zugleich Königs von Norwegen, gefolgt war. Für 34000 Mark köln. Silbers wurden 1332 Johanns Ansprüche abgekauft, und Schonen sammt den andern südlichen Landschaften ward schwedisch.

Lübeck konnten alle diese Vorgänge und der Wechsel des Regiments auf Schonen natürlich nicht gleichgültig sein, denn eben dort hatten ja die Kaufleute der Ostsee von Alters her ihre Niederlassungen zu Skanör und Falsterbo. In der dem Mittelalter eigenthümlichen Weise mischten sich hier die wichtigsten politischen Ereignisse mit den persönlichsten Interessen der einzelnen Handelsleute, und schon die vorher angeführten Notizen liefern dazu die schlagendsten Beweise. Thidemann Güstrow werden die Schulden Knud Porse's aus den für seine Gemahlin, die Herzogin Ingeborg, vom Reich Schweden bewilligten Geldern angewiesen, die Lösungssumme für Schonen wird den Bevollmächtigten des Grafen Johann in Lübeck ausbezahlt, und einen Theil derselben bestimmt Johann zur Deckung von früher bei reichen Lübeckern gemachten Anleihen. So wanderte der Gewinn der grossen Herren nicht ungeschmälert durch die städtischen und Privatkassen der Hanseaten. Aber sie verloren darüber die Hauptsache nicht aus den Augen, die Sicherung und Erweiterung ihrer Freiheitsbriefe. Mitten in allem Wirrsal halten sie unverbrüchlich an diesen fest, und beuten jede Verlegenheit der Landesgebieter zu ihrem Vortheil aus, durch die Erfahrung belehrt, dass sie dem guten Willen jener wenig, alles ihrer eignen zähen Hartnäckigkeit zu danken haben. Wo sich im Augenblick nichts gewinnen lässt, sorgen sie mindestens dafür, dass nichts verloren geht, und wahren unter mangelnden äusseren Rechtszuständen das geschriebene Recht, den Buchstaben ihrer Pergamente. Aengstlich wird die Continuität der Privilegien gehütet, bis sich die Gelegenheit bietet, der so lange getragenen Gewalt das Gewicht ihrer einflussreichen Hülfe, das zwingende Wort der Unterhandlung entgegenzusetzen.

Schon Erich Menved, unter dessen Schirmherrschaft sich die Stadt Lübeck, vom Reich nur schwach geschützt und allein noch nicht stark genug, den mächtigen Nachbarn die Spitze zu bieten, in freier Wahl lange Jahre befand, scheint gegen sein Lebensende, gedrängt durch die Noth, beabsichtigt zu haben, Lübecks schonische Privilegien um den wichtigen Zusatz zu erweitern, dass den dortigen Vögten der Stadt bei Lübeckern die volle Gerichtsbarkeit über Leib und Leben, das Recht über Hals und Hand, auf ihren Vitten zustehen sollte [16]. Sein Tod hinderte die Ausführung. Von Christoph II., von Waldemar III. lässt sich die Stadt die alten Freiheiten bestätigen. Kein sorglicher Comptoirchef kann präciser seinen Wechsel zum Accept präsentiren, als diese Kaufherren ihre Briefe dem neuen Herrscher. Erich war am 13. Nov. gestorben, am 2. Dec. bestätigt Christoph noch als Herzog zu Greifswalde die Privilegien der Lübecker [17]. Waldemar III. erneuert auf seinem ersten Reichsparlament zu Nyborg in Fünen die lübischen Freiheiten am 14. August 1326 [18], noch einen Tag früher, als er das berühmteste Aktenstück dieses Reichstages ausstellte, die Ertheilung des Herzogthums Südjütland als erblichen Fahnenlehns an Graf Gerhard. Als sich Graf Johann seinem vertriebenen Halbbruder Christoph wieder näherte, geschah es unter Vermittelung Lübecks, in Lübeck, und die Gelegenheit ward nicht versäumt, nicht nur die königliche Bestätigung Christophs, zu der ihm seine rasche Flucht aus Dänemark nicht Zeit gelassen, nachzuholen, sondern auch die oben erwähnte Erweiterung der Gerichtsbarkeit sich ertheilen zu lassen, am 30. Nov. 1328 [19].

So war denn auch Magnus als Landesherr von Schonen um Bestätigung angegangen. Gerade da die Unterhandlungen über den Verkauf Schonens ihren Anfang nahmen — es war gegen Ende des Sommers, die Zeit des jährlichen Marktes zu Skanör und Falsterbo — befanden sich die Boten von Lübeck, Rostock, Stralsund und Greifswalde beim König Magnus, der

---

[16] Lüb. U.B. 1, Nr. 13; 2, Nr. 368; Höhlbaum 2, Nr. 282.
[17] Lüb. U.B. 2, Nr. 381; Höhlbaum 2, Nr. 346.
[18] Lüb. U.B. 2, Nr. 469; Höhlbaum 2, Nr. 448.
[19] Lüb. U.B. 2, Nr. 499; Höhlbaum 2, Nr. 479.

eben mündig ward, zu Bohus. Sie klagten über Störung des deutschen Handels in Bergen, aber nur die Lübecker erhielten eine Antwort, die sie zurückwiesen, weil die andern Städte nicht einbegriffen wären. Die Lübecker hatten zudem zehn grosse Koggen und vier Sniggen im Sund, um bei dem Aufstand in Schonen, den Kriegsrüstungen der Holsteiner und Schweden, ihren schonischen Markt zu schützen. Aber so wenig sie Abhülfe ihrer Beschwerden über - den bergischen Handel erhielten, so wenig drangen sie mit der Anerkennung ihrer schonischen Privilegien durch [20]. Drei Jahre vergingen, ehe sie ans Ziel kamen. Trug König Magnus die Schuld, der als Herr der vereinigten Landschaften, in welchen sich der Haupthandel der Städte bewegte, Schweden, Norwegen und jetzt Schonen, ihren Uebergriffen ein Ziel setzen zu müssen glaubte? Oder hat Lübeck die jüngste von Christoph usurpirte Erwerbung der höchsten Gerichtsbarkeit in ihren eigenen Vitten von Magnus erzwingen wollen? Auch später, selbst 1352 in seiner höchsten Bedrängniss, hat Magnus ihnen das Recht über Hals und Hand nicht zugestanden [21], und Waldemar IV., welcher zwar 1340, da er die Lübecker gebrauchte, seines Vaters Christoph Brief bestätigte [22], hat 1365, als er wieder Herr von Schonen geworden war, diesen Punkt weggelassen [23].

Wie dem auch sei, geruht haben die Lübecker inzwischen nicht, und als sich im Jahre 1336 eine günstige Gelegenheit bot, benutzten sie dieselbe in voller Maasse. Fürst Albrecht von Mecklenburg hatte des Königs Magnus Schwester Euphemia geheirathet, dieselbe, deren Sohn Albrecht nachher Schwedenkönig werden sollte. In seine Schirmvogtei begab sich die Stadt am 28. Juni 1336 [24], als der Fürst mit seiner Neuvermählten über Lübeck zur Krönung seines Schwagers nach Stockholm reiste. Im Gefolge waren Rudolf, seines Oheims, Herzog Rudolfs von Sachsen, Sohn, der Graf Heinrich (der

---

[20] Grautoff I, S. 234, 235; Hanserecesse 1, S. 61.

[21] Lüb. U.B. 3, Nr. 149.

[22] Lüb. U.B. 2, Nr. 704; Höhlbaum 2, Nr. 657.

[23] Lüb. U.B. 3, Nr. 542; Hanserecesse 1, Nr. 370.

[24] Lüb. U.B. 2, Nr. 633.

Eiserne), Gerhards des Grossen Sohn, und viele Ritter und
Knechte. In See fanden sie Lübecks Boten nach Schweden,
Herrn Thidemann Güstrow, des ehemaligen Stockholmer Bürgers Schwiegersohn, und den ihm beigeordneten geschäftstüch-
tigen ersten Rathsschreiber, Johann den Rothen (Rufus oder
Rufi). Die fuhren ihnen voran bis zum Kalmarsund. Dort
empfing sie des Königs Mutter, Herzog Porse's Wittwe, mit
grosser Freude, und geleitete sie unter Musik nach Kalmar,
wo man fünf Tage in hoher Lust verweilte. Dann ging es
auf Stockholm. König Magnus mit den höchsten Herren und
Frauen des Reichs erwartete hier seine Verwandten und liess
sich von seinem Schwager von Mecklenburg zum Ritter schlagen. Am nächsten Tage begab sich der König mit seiner vor
dem Jahr ihm angetrauten flandrischen Gemahlin, Gräfin Blanka
von Namur, in die Kirche. Anwesend war in Angelegenheit
seines Stiftes, der Freund der Lübecker, der fromme Bischof
Engelbert von Dorpat. Ihm zu Ehren verzichteten der Erzbischof Peter von Upsala und die anderen Bischöfe des Reichs
auf ihr Vorrecht: Engelbert sang die Messe und weihte und
krönte das königliche Paar. In dem neugebauten langen
und weiten königlichen Saal erhub sich dann viel Lustbarkeit
über Tafel. Nach Tisch ward getanzt und turniert. Der
Sachsenherzog und der tapfere Holsteiner und viel einheimische und fremde edle Herren rannten und brachen zahllose
Speere. Drei Tage währte das Fest, dann brach der König
auf, die deutschen Herren stachen wieder in See, kamen aber
erst nach viel Ungemach über Gothland, wo man ihnen mit
Proviant und andern Dingen aushalf, mit genauer Noth zu
Michaelis heim [25].

Die lübischen Boten jedoch blieben in Stockholm bis Mariä Himmelfahrt (15. August), und erlangten nun endlich am
12. August zwei besiegelte königliche Handfesten. Die erste
enthielt die Bestätigung ihrer schonischen Freiheiten, mit Ausnahme des Zugeständnisses höchsten Gerichts; die andere die
Erlaubniss überall in Schweden zu wohnen und Handel zu
treiben, dabei Zusicherung persönlichen Schutzes und Gleich-

---

[25] Grautoff 1, S. 239, 240.

stellung mit den Schweden vor Gericht, schliesslich die Befreiung vom Strandrecht an den Küsten von Schweden und Norwegen, Schonen und Halland, Alles in weitestem Umfange [26].

Die Gesandten hatten aber noch mehr auszurichten. Sie erwirkten am 2. August die Erneuerung eines frühern königlichen Urtheils, durch welches lübeckische Bürger zur Entschädigung für weiland im Hafen von Pernau genommene Güter ermächtigt wurden, an aller beweglichen und unbeweglichen Habe des geständigen Empfängers dieser Güter, des Sohnes von dem vorhin genannten, damals verstorbenen Marschall von Schweden, Erenghislo Nækonungsson, sich schadlos zu halten [27]. Endlich galt es, einen langdauernden Zwist mit Knud Porse's Familie beizulegen. Die Boten stellten dem König und seinem Rathe die Gerechtigkeit ihrer Sache dar, und dieser beorderte einen einflussreichen Ritter, als Obmann den Streit zu vergleichen. Den Boten aber gab er einen frommen Knappen mit, so dass sie ehrbarlich durch sein Reich gen Halland fuhren, wo ihr Hauptwidersacher, Sigwid Ribbing, ein Jüngling tollen Muthes vom Geschlecht Porse's, als Hüter des Landes für die unmündigen Kinder des verstorbenen Herzogs auf Schloss Falkenberg sass. Sie wurden fröhlich empfangen, und kurz darauf traf auch des Königs Ritter ein, die Parteien zu verhören [28]. Der Zusammenhang der Sache war aber dieser:

Vor langen Jahren war ein lübeckischer Schiffer, Jacob Lange, samt seinen Befrachtern im Bardafiord in Halland überfallen und seiner Kogge und Ladung beraubt. Dem Bedrängten waren Friesen aus Staveren, der bekannten einst so blühenden Handelsstadt am Eingang in die Zuidersee, zu Hülfe gekommen, die sich gerade mit ihren Schiffen in der Nähe befanden. Ein Kampf entstand, in welchem die Lübecker wieder zu ihrem Eigenthum gelangten, von den Stavernern aber dreizehn erschlagen, einer gefangen ward, und auch ein Blutsverwandter des Herzogs Porse, Eskillus Skane, fiel [29]. Als dieser nach langen Jahren von den Stavernern zur Genugthuung für

[26] Lüb. U.B. 2. Nr. 638, 639; Höhlbaum 2, Nr 590, 589.

[27] Lüb. U.B. 2, Nr. 637.   [28] Grautoff 1, S. 240, 241.

[29] Ihn nennt Knut Porse 1325 Jul. 1, Höhlbaum 2, Nr. 431; vergl. ebd. 2, Nr. 559 § 3.

den Todtschlag 45 Pfund Groschen von Tours erpresst hatte,
wandte sich die Stadt Staveren zur Schadloshaltung an Lübeck. Im Jahre 1329 ward am Johannisabend unter Vermittlung Hamburgs öffentlich auf dem Dom daselbst zwischen den
beiderseitigen Rathsboten verhandelt, und bei dieser Gelegenheit die obigen Einzelheiten von den Stavernern ausgesagt [30].
Sie verlangten von Lübeck, dessen Bürger die Veranlassung
zu ihrer Einmischung gegeben hätten, Ersatz des baaren Geldes, ferner der Lösungssumme für den gefangenen Staverner
(10 Pf.) und des Werthes einer in Anlass des Kampfes verlorenen Kogge, deren Ladung aus einem Stück Tuch und einem
Schiffspart Salz bestanden habe. Der ganze Handel war damals aber schon vierzig Jahr alt, und so ist es begreiflich,
dass sich die Kunde davon verdunkelt hatte. Wahrscheinlich
waren die Staverner auch erst durch die vor ein paar Jahren
erfolgte Erpressung und die Drohbriefe des mächtigen Herzogs,
der zu beiden Seiten der Sundeinfahrt auf Samsöe und in
Halland sass, veranlasst worden, sich beschwerend an Lübeck
zu wenden. Die Lübecker liessen sich vorsorglich sogleich
eine Erklärung von Herzog Knud ausstellen (d. d. 14. Juli),
dass sein Streit mit Staveren sie nichts anginge [31]. In Hamburg aber gaben sie zu Protocoll, weder den Alten noch den
Jungen im Rath sei von der Sache etwas bekannt, und wiesen
ganz richtig darauf hin, dass in der langen Zwischenzeit von
Staveren aus nie eine Klage oder Forderung in Betreff dieses
Handels nach Lübeck gelangt sei. Die anwesenden drei Rathmänner, Hermann Clendenst, Hinrich Zobber und Siegfried
von der Brügge, erboten sich zur Eidesleistung für die Wahrheit dieser Aussage oder zur Stellung von zwölf andern Rathmannen oder des ganzen Raths zu gleichem Zwecke. Da aber
die Staverner dies zurückwiesen, schlugen ihnen die Lübecker
ein Compromiss auf ihren Landesherrn, den Grafen Wilhelm
von Holland, Kaiser Ludwigs Schwiegervater, vor. Die Staverner wollten auch das nicht annehmen, und so ging man
unverrichteter Sache aus einander. Der Rath von Lübeck wandte
sich jedoch trotzdem um Vermittelung an den Grafen, der

30 Lüb. U.B. 2, Nr. 507; Höhlbaum 2, Nr. 487.
31 Lüb. U.B. 2, Nr. 510; Höhlbaum 2, Nr. 489.

sich auch sonst als ein den Lübeckern geneigter Herr und besondrer Feind des Strandrechts erwiesen hatte. Graf Wilhelm antwortet ihnen unter dem 20. August aus Quesnoy in Hennegau, er habe mit ihrem Abgesandten, dem Kleriker Gottfried, die Sache besprochen, und bäte sie nur, sich bis zu seiner Rückkehr nach Holland zu gedulden. Bis dahin sollten sie wegen des sichern Geleits ihrer Waaren in seinen Landen Holland und Seeland ausser Sorgen sein [32]. Der Graf ernannte darauf zu Schiedsrichtern seine Gemahlin Johanna und den Herrn von Vorne und erliess eine förmliche Instruction für den Gang des Compromisses [33]. Danach sollte auf dem ersten Termin zu Egmont in Nordholland am 20. März 1330 eine gütliche Einigung zwischen den Boten der streitenden Parteien versucht, im Entstehungsfalle aber den Stavernern vorgestellt werden, dass es billig und gerecht wäre, die Vertheidigung der Lübecker in Lübeck anzuhören, da man ihnen die Reise nicht zumuthen könne. Die Schiedsrichter sollten dann ihren Boten nach Lübeck senden, dieser die Vertheidigung und den Reinigungseid entgegennehmen u. s. w. Das so freundliche Anerbieten des Landesherrn zerschlug sich aber, wie es scheint, an der gereizten Stimmung der beiderseitigen Bürger, zu der die widerhaarige Natur der Friesen ihr gut Theil beigetragen haben mag. Beim Markt zu Falsterbo und anderer Orten wurde heftig über die Ansprüche der Staverner gestritten, diese misshandelt; ein angeblicher lübeckischer Bürger Claus Grando, nahm Staverner Gut weg, und die Staverner sagten Lübeck auf. Im Jahre 1332 brach der Krieg aus. Lübeck empfängt auf seine Ausschreiben in die niederländischen Häfen und Handelsplätze von allen Seiten Zusicherung der Neutralität, Versprechen der Vermittlung: zehn solcher Antwortschreiben liegen vor von Sluis, Utrecht, Briel, Middelburg, Zierikzee, Dortrecht, Zütphen, Harderwyk, Elburg, Kampen [34]. Der Krieg blieb aber wohl nur blosse Kaperei auf der See und an den gemeinsamen Verkehrsorten,

<hr>

[32] Lüb. U.B. 2, Nr 511 unter 1329 Aug. 20; Höhlbaum 2, Nr. 503 unter 1331 Aug. 18.

[33] Lüb. U.B 2, Nr. 518.

[34] Lüb. U.B. 2, Nr. 541—49; 3, Nr. 80; Höhlbaum 2, Nr. 513, 515—23.

wie z. B. auf Schonen. Dabei vergriffen die Lübecker sich auch
an Gütern des Abts von Staveren und seines Neffen Egge-
brecht von Woldricheem, so wie der Stadt Enkhuizen, die
Staverner dagegen an dem Gut hamburgischer Bürger, beide
unter der Anschuldigung, dass jene mit ihren Feinden gemeinsame Sache machten. Der Graf Wilhelm von Holland
muss indess die Rolle eines Vermittlers dauernd beibehalten
haben, denn am 9. August 1332 gestattet er seinen Leuten
von Staveren sich nur dann überall in seinen Landen an Lübecker Gut ihres Schadens zu erholen, wenn Lübeck binnen
jetzt und kommende Lichtmess (2. Februar) über's Jahr nicht
die Vermittlung des Grafen angenommen hätte[35]. Jedoch
schon am 18. October 1333 fällt der Graf als von allen Parteien erwählter Schiedsrichter ein Urtheil: die Staverner werden mit ihrer ursprünglichen Forderung abgewiesen, Kriegs-
schäden soll jeder selbst tragen, und nur für binnen Frieden
geschehene Beleidigungen und Beraubungen werden Reinigungs-
eide oder geringe Entschädigungen festgesetzt. Auf den ersten Mai kommenden Jahres sollen diese geleistet, und die
Beweisführungen beigebracht werden zu Harlem vor des Grafen Balliv und Rentmeister von Kenemerland und Friesland[36].
Mit Einwilligung des Grafen compromittirte man schliesslich auf die sechs Städte Gent, Brügge, Ypern, Dortrecht,
Zierikzee und Middelburg, aus deren jeder zwei Rathmänner
gewählt wurden, welche mit Johann von Heyle als Obmann in
Brügge ein Schlusserkenntniss fällten, im Wesentlichen gleichlautend mit dem des Grafen[37]. Die weitläufigen Verhandlungen mit ihren Beitrittserklärungen, Beschickungen der Tagfahrten durch Rathsmitglieder (von Lübeck durch den ältern
Marquard von Coesfelde) ziehen sich bis in den Mai 1335 hin:
noch am 30. Juli werden Beschwerden zweier Bürger von Enkhuizen durch die besiegelten Erklärungen der Führer lübeki-
scher Orlogsschiffe erledigt, eine Verhandlung, welche für uns
besonderes Interesse hat, weil als Schiffshauptleute lauter Lübecker Bürger genannt werden, von denen aber mindestens

---

[35] Lüb. U.B. 2, Nr. 551.

[36] Lüb. U.B. 2, Nr. 568; Höhlbaum 2, Nr. 540.

[37] 1335 März 26, Höhlbaum 2, Nr. 557.

zwei (Kule und Dhitmersche) nach Namen oder Siegel als bekannten adligen Geschlechtern angehörig sich erweisen [38].

Dass dieser langgedehnte Streit für Lübeck so günstig
verlief, hatte es zumeist der entschiedenen Unterstützung des
Grafen Wilhelm zu danken, den unser alter Chronist mit Nachdruck den edlen Grafen nennt. Er wie sein gleichnamiger
Sohn, Bruder der Kaiserin Margaretha, waren Lübecks Bürgern sonderlich gnädig und günstig. Als der Letztere daher
am 6. December 1337 auf seinem Zuge nach Preussen durch
Lübeck kam, ward er prächtig eingeholt und bis an den vierten Tag stattlich bewirthet [39].

Kaum aber war der Staverner Streit ausgeglichen, so fing
Sigwid Ribbing mit den Lübeckern Händel an, wobei die ver-
jährte Ermordung seines Blutsvetters den Vorwand hergab,
aber auch andre Misshelligkeiten vorgekommen sein müssen.
Die lübeckischen Sendboten gaben dem schwedischen Ritter,
der in Falkenberg ihr Obmann sein sollte, klaren und umfänglichen Bericht, so dass es diesem nicht unschwer gelang,
den Sigwid von seinem Unrecht zu überzeugen. Zur Bekräf-
tigung ward dann am Tage nach Kreuzeserhöhung (15. September) ein Eintrachts- und Sühnbrief ausgestellt, an welchen
Sigwid Ribbing, der Hauptmann Südhallands, Knud Arnwithsen, Paul Arnwithsen, Peter Porse und Claus Skriwer, alle
nach ihren Wappen der Poreschen Familie angehörig, zur Beglaubigung ihre Siegel hängten [40].

Mit so werthvollen Pergamenten, von Sigwid Ribbing reichlich beschenkt, kam Thidemann Güstrow im Spätherbst des
Jahres 1336 in der Vaterstadt wieder an, gewiss hoch gefeiert
im Rath und bei der Gemeine, viel umringt und befragt von
seinen Standesgenossen, den Kaufleuten, die auf Schonen fuhren,
seinen eignen schwedischen Verwandten u. A. Wenn die Räume
des Rathskellers erzählen könnten, oder die Zusammenkünfte
auf der Olavsburg verzeichnet wären, wer weiss, ob wir nicht
auch von manchem gewichtigen Wort, manchem derben Spass

[38] Lüb. U.B. 2, Nr. 621; Höhlbaum 2, Nr. 575.
[39] Grautoff 1, S. 243.
[40] Lüb. U.B. 2, Nr. 641; Höhlbaum 2, Nr. 595.

vernehmen würden, die dort im Herbst dieses Jahres erklungen sind.

Thidemann Güstrow sollte später noch einmal im Jahre 1344 in Schweden seine Stadt vertreten, nachdem das gute Einvernehmen mit Magnus sich wenige Jahre nach der Stockholmer Uebereinkunft wieder getrübt hatte, und häufige Unterhandlungen nöthig wurden. Als nämlich im Jahre 1340 die schon erwähnte Wiedereinsetzung Waldemars IV. in Dänemark zu Stande kam, begannen nach kurzer Eintracht die nordischen Fehden aufs Neue. Die Städte und König Waldemar hielten zusammen gegen Graf Gerhards Söhne, den holsteinischen Adel und Schweden. Es erfolgen die Kämpfe von Lübecks Thoren bis nach den dänischen Inseln und Schonen hin, wobei auch Reichstruppen von Waldemars Schwager, dem Brandenburger Markgrafen Ludwig, und seinem Vater, dem Kaiser, gesandt, sich betheiligen; es erfolgt der Waffenstillstand vom St. Gallentag (13. October 1342)[41], so wie der endliche Friede am 13. December 1343[42], beide zu Lübeck geschlossen. In beiden Friedensinstrumenten wird Thidemann von Güstrow unter den die Stadt vertretenden Bürgermeistern und ersten Rathmännern genannt, desgleichen in einer Sühne, am 6. Mai 1345 eingegangen mit dem holsteinischen adligen Geschlecht der Krummendik, das noch länger auf seine Hand die Fehde fortgesetzt hatte[43]. Andere Rathmänner führten indessen die Unterhandlungen in Schweden selbst. Thidemanns einflussreiche Stellung im Rath war vielleicht Veranlassung, dass er diesmal in Lübeck blieb. Vielleicht ist es ihm zuzuschreiben, dass gerade während des Kriegs die Stadt sich abermals in die Schutzvogtei des Fürsten Albrecht von Mecklenburg begab[44], der nachher am meisten zur Erreichung des Friedens beitrug. Aber sobald man seiner daheim nicht bedurfte, ging auch er wieder nach Schweden. Es können immerhin äussere Gründe gewesen sein, etwa die doch von ihm zum Heringsmarkt unternommene schonische Reise, welche seine Mitwirkung daselbst herbeiführten. Genug, während noch im Mai 1344 die

---

[41] Lüb. U.B. 2, Nr. 750; Höhlbaum 2, Nr. 710.

[42] Lüb. U.B. 2, Nr. 785.   [43] Ebend. 2, Nr. 832.

[44] '342 Aug. 11, ebend. 2, Nr. 741.

Rathmänner Constantin und Gottschalk von Warendorp die Erneuerung des Stockholmer Freiheitsbriefes für den schwedischen Handel, und zugleich mit Stralsunder, Rostocker und Greifswalder Sendboten den Abschluss eines Bündnisses zur Bekämpfung der Seeräuber von Magnus erlangen[45], ist im Herbst dort wieder Thidemann Güstrow neben demselben Constantin thätig. Drei wichtige Verträge werden geschlossen, am 1. September zu Trelleborg, am 10. und 11. zu Helsingborg. Der erste erneuerte den vor 32 Jahren von Magnus' Vater, Herzog Erich, und dessen Bruder Waldemar den Lübeckern in Bezug auf unbehinderte Schifffahrt im finnischen Meerbusen, auf der Newa und nach Nowgorod ertheilten Freiheitsbrief[46], dessen Wichtigkeit einleuchtend sein wird, wenn man sich erinnert, dass auf dem Verkehr mit Nowgorod der Welthandel der Lübecker beruhte, und andrerseits Magnus, im Besitz der finnischen Küsten, ohne verbriefte Zusage jeden Augenblick diesen Handel zu stören vermochte, zumal in Kriegszeiten, wie sie bei dem schon lange beabsichtigten Zuge der christlichen Schweden gegen die heidnischen Russen (1348 ausgeführt) nur zu bald hereinbrechen konnten. Der zweite Vertrag sicherte allen denjenigen Lübeckern, welche durch Briefe oder authentische Dokumente ihre Anrechte an Einkünften aus dem schwedischen Kupferbergwerke nachweisen konnten, die Wiederherstellung derselben und deren ungeschmälerten Besitz[47]. Dass der Kupferhandel für Lübeck wichtig sei, bedarf noch heute keines Beweises, dass er es damals in weit höherem Grade war, lag natürlich in der den Lübeckern noch nicht erweckten Concurrenz. Man kann sich durch jede diesen Jahren entnommene Notiz von der Bedeutung des Kupfers für Lübeck überzeugen. Ein Lübecker Johann vom Steen erhält 1322 zur Mitgift seiner Frau einen halben Drittelantheil im schwedischen Berge, wo das Kupfer gegraben wird[48], und wir werden wohl nicht fehlgreifen, wenn wir vermuthen, dass die meisten dieser Antheile mit lübeckischem Gelde angelegt seien. Kupfer ward gleich Geldeswerth als Legat ver-

[45] Lüb. U.B. 2, Nr. 800, 801; Hanserecesse 1, Nr. 139.
[46] Lüb. U.B. 2, Nr. 806.   [47] Ebend. 2, Nr. 808.
[48] Ebend. 2, S. 752 Anm. 1.

macht, namentlich auch an Kirchen und milde Stiftungen, so
z. B. im Testament des Joh. Castel, des Schwiegersohns von
Thidemann Güstrow. Und bei den kaufmännischen Geschäften, welche im Niederstadtbuch verzeichnet sind, stösst man
überall auf Kupfer. Der dritte Vertrag bestätigte nochmals
den Lübeckern ihre Privilegien insgesamt, sicherte ihren Kaufleuten überall Schutz zu und versprach bei ausbrechenden
Feindseligkeiten die Aufsagung des Friedens ein Jahr zuvor[49].
Dasselbe hatten die Lübecker am 8. September dem König
verbrieft, mit dem namentlichen Zusatze, keiner dem König
feindlichen Seeausrüstung im Travemünder Hafen irgend welchen Vorschub leisten zu wollen[50]. Man braucht nur die
nordische Geschichte der nächsten Jahre anzusehen, um auch
in diesem Vertrag ein kluges Vorbeugen zu finden, so weit
es in so ungewissen Zeiten und bei so schwankenden Charak-
teren, wie Magnus und Waldemar, überhaupt möglich war.
Sollten wir nun fehlgreifen, wenn wir hier wieder die tiefere
Kenntniss schwedischer Zustände und die nahe Beziehung Thidemann Güstrow's zum schwedischen Handel zwischen den for-
mellen Zeilen der Verträge lesen?

Auch bei dem neuen Geschäft der Goldausmünzung, welche
seit dem vielgenannten Privilegium des Kaisers Ludwig vom
Jahre 1340 zu Lübeck stattfand und eine eigenthümliche Bewegung in die hiesige Kaufmannswelt gebracht haben muss[51],
war Thidemann Güstrow als Kaufmann und als Rathsherr betheiligt. Er, sein Schwiegervater, sein Verwandter Diedrich
Buzst (Bruder von Wilhelm, Thidemanns angeheirathetem Neffen)
besorgen und vermitteln ansehnliche Goldankäufe[52]. Aber auch

---

[49] Ebend. 2, Nr. 809.   [50] Ebend. 2, Nr. 807.
[51] Ebend. 2, Nr. 753. Vgl. Dittmer, Gesch. der ersten Gold-Ausmün-
zungen zu Lübeck im 14. Jahrhundert in Ztschr. f. Lüb. Gesch. 1, S. 22—78.
[52] Ztschr. f. Lüb. Gesch. 1, S. 56, 60, 62. Einen Gesellschaftsvertrag
zwischen Dietrich von Buzst und den Herren Johann Geismer und Thidemann
von Güstrow von 1335 enthält das Niederstadtbuch. Daselbst finden sich ferner von 1331 Georgii (Apr. 23) eine Schuldverschreibung von dominus Hermannus de Clendenst an Thidemann von Güstrow über 263 ₰; von 1342
Thome apostoli (Dez. 21) desgleichen von Marquard Swochel, Tymmo von
Segeberg, Lubbert Omeke und Hartwig von Verden an dominum Tidemannum
Buzst et Wilhelmum fratrem suum, welche dominus Thidemannus Gustrowe

als Kämmereiherr finden wir ihn genannt[53]. Ob er neben
Anderen (Hinrich von Loen, Johann Pape, dem Rathsherrn
Thidemann von Warendorp) auch in solchen Geschäften nach
Flandern geschickt ward, lässt sich nicht zur Gewissheit beweisen, da die einschlagenden Münzaufzeichnungen und undatirten Briefe noch der chronologischen Sichtung entbehren.
Demnach kann ein Herr Thidemann, von dem es in einem
Briefe heisst[54], dass er die Geschäfte des Raths in Holland
nach Wunsch besorgt habe und sich augenblicklich in Tournay
aufhalte, um mit Johann Salimben, dem lübeckischen Münzmeister, zu sprechen, eben so gut Thidemann von Warendorp
wie Thidemann von Güstrow sein. Jedenfalls aber ersieht man
aus den genannten Geschäften die flandrischen Verbindungen
des Letzteren, deren er freilich zum Eintausch der nach dem
Norden gehenden Waaren, Tücher, Wein u. A., so gut wie zum
Absatz des nordischen Kupfers, Thrans, Holzes, der Felle u. s. w.
bedurfte.

Aber noch in einer ganz anderen Eigenschaft, als dieser
kaufmännischen, sollte sich der Rathsherr Thidemann bewäh-
ren. Bei einem empörenden Missbrauch des Schutzes geistlicher Gerichtsbarkeit, welcher zugleich die Autorität des Rathes
als höchster Obrigkeit zu gefährden schien, übertrug derselbe
dem Thidemann von Güstrow die Führung seiner Sache. Ohne
Frage wird sich dieser als Laie rechtskundiger Hülfe bedient
haben, da es nicht das altheimische Sassenrecht galt, das er,
wie jeder Rathmann seiner Zeit, zu sprechen verstand, sondern
die Irrgänge des fremden römisch-canonischen Prozesses. Aber
in dem umfangreichen Gerichtsprotokoll (Acta iudicialia), welches in bester Form über alle Verhandlungen aufgenommen
ist, blickt aus den vom Anwalt des Rathes abgegebenen Schriftstücken so deutlich ein individueller Geist, eine persönliche

tilgen lassen kann; von 1343 Epiphanie (Jan. 6) desgleichen von Borchardus
cuprifex et Johannes Utrecht an dieselben unter gleicher Ermächtigung für
Thidemann Güstrow; von 1345 Circumcisionis Domini (Jan. 1) desgleichen
an Thidemann Güstrow und Johann Pleskow über 535 ₤ Pfennige; von 1346
Bartholomei (Aug. 24) desgleichen von den Hamburger Bürgern Godeke und
Ludeke Bekendorf an Thidemann Güstrow über 124 ₤ Pfennige und von 1347
ein Gesellschaftsvertrag zwischen Wilkin von Buzt und Thidemann von Güstrow.
[53] Ztschr. f. Lüb. Gesch. 1, S. 55.   [54] Lüb. U. B. 2, Nr. 1077, 4.

Entrüstung hervor, dass man schon hierin die Mitautorschaft
Thidemanns erkennt und eine unmittelbare Einsicht in seinen
Charakter gewinnt. Um so mehr dürfte es gerechtfertigt erscheinen, die Einzelheiten des Vorfalls etwas eingehender zu
verfolgen [55].

Ein namhafter Bürger Lübecks, später Rathmann, Dethard
Sachtelevend, hatte sich mit seinem Neffen Albert von Cleye
wegen Erbschaftssachen entzweit. Dethards Schwester Gerburg war mit Hinrich von Cleye vermählt gewesen, Alberts
Vater, der 1338 starb. Die Vermögensverhältnisse der Söhne,
des Priesters Dethard, des spätern Subdiakonus Hinrich und
des genannten Albert, müssen nicht glänzend gewesen sein.
Ihr Oheim dagegen war ein an Grundbesitz reicher Mann, und
vielleicht haben seine Neffen sich übergrosse Erwartungen von
dem aus ihrem mütterlichen Erbtheil ihnen zufallenden Vermögen gemacht [56]. Albert von Cleye gerieth also mit seinem
Oheim in Streit über eine Mauer, welche ihre beiderseitigen
in der Mengstrasse (vielleicht unter Nr. 96 und 97) belegenen
Grundstücke trennte, und beide gingen am 2. September 1344
zu Rath. Unmittelbar vor den Thüren des Rathhauses in der
Breitenstrasse begann Albert mit seinem Oheim Zank, bedrohte
ihn tödtlich, überhäufte ihn mit den ärgsten Schimpfreden und
warf ihm namentlich Veruntreuung von 700 Mark lübisch aus
seinem Erbgut vor. Der Rath aber legte auf der Stelle den
Streitenden während des schwebenden Prozesses Stillschweigen
auf bei Strafe von 50 Mark Gold und Verweisung aus der

---

[55] Gedruckt sind aus diesem Prozess nur die Ernennung Thidemanns von
Güstrow zum Syndikus von 1346 Apr. 22, dessen Klagelibell von Mai 2 und
Bischof Johanns Urkunde von Jul. 27, Lüb. U.B. 2, Nr. 846, 848, 853.

[56] Niederstadtbuch S. 13: Dominus Dethardus, Hinricus et Albertus fratres,
dicti de Cleye, constituti coram consulibus, concorditer [sunt] arbitrati, quod
nullus eorum de bonis alterius fratris aut fratrum jam dictorum infra et extra
civitatem existentibus sumptus facere debeat aut accomodaciones; sed si quis
istorum hoc faciet, de propriis suis bonis facere debeat, et non de bonis alio-
rum fratrum suorum predictorum. Actum coram consulibus anno Domini 1341
judica (Mrz. 25). Daselbst findet sich von 1345 Pasche (Mrz. 27) die Erbschei-
dung zwischen den Brüdern Dethard, Priester, Hinrich, Subdiakon, und Albert,
Laien, und ihrer Mutter und von 1345 Simon, Jude (Okt. 28) die Quittung
der Vormünder durch Dethard und Albrecht.

Stadt. Der Rath entschied zu Gunsten des Dethard Sachtelevend, und abermals wiederholte Albert Cleye öffentlich in
der Marienkirche vor zahlreich versammelter Menge um Mariä
Lichtmess (2. Febr.) 1346 die Injurien nicht nur gegen seinen
Oheim, sondern jetzt auch gegen die Rathmänner, welche das
den Prozess erledigende Document (litterae testimoniales) im
Auftrage des Rathes abgefasst hatten, denen er Fälschung
dieses Aktenstückes im Einverständniss mit seinem Oheim vorwarf. Zur Verantwortung gefordert, entfloh er, um der ange-
drohten Strafe zu entgehen, und liess sich am 11. März in
Genin vom Bischof die niedern Weihen ertheilen. Im Vertrauen auf seinen priesterlichen Charakter griff er dann zum
dritten Male am Sonntag Oculi (19. März) seinen Gegner in
der Marienkirche an vor einer Versammlung von fast 4000 Männern und Frauen, die zur Anhörung der Messe[57] dorthin gekommen waren. Er begnügte sich nicht mit den früheren
Schimpfreden, sondern fügte noch ärgere auf den Rath und
dessen Erlass hinzu, den er „ene smartbunten" (einen Wisch)
nannte. Als ihn ein anderer Bürger, Johann Blekenstede, endlich zur Rechenschaft ziehen wollte, fasste er diesen bei den
Haaren, warf ihn zu Boden und benahm sich so gröblich, dass
er, unangesehen seinen priesterlichen Charakter, mit dieser
Verletzung obrigkeitlichen Befehls die höchste Strafe an Leib
und Leben verwirkt hätte.

Aber der Rath, welchem die Grenze geistlichen und weltlichen Gerichts in diesem an Competenzstreitigkeiten der Art
schon reichen Jahrhundert nur zu wohl bekannt war, hütete
sich durch voreiliges Einschreiten sein gutes Recht zu ver-
derben. Obwohl er daher den Uebelthäter, auf welchen sich
Thidemann Blekenstede, Hinrich und Conrad Papendorp ge-
worfen hatten, leicht hätte in seine Gewalt bekommen können,
so liess er ihn doch durch die Diener der Kirche ruhig ab-
führen. Dagegen belegte er die Habe des Albert von Cleye
mit Beschlag und ergriff alsbald die nöthigen Massregeln, am
gehörigen Orte, beim Bischof, sich volle Genugthuung zu verschaffen.

---

57 ad videndum eucharistiam: Lüb. U.B. 2, S. 787.

Dem Bischof aber, Johann von Mul, darf man gleichfalls die Anerkennung nicht versagen, dass er das Seine that, einen so offenbaren Missbrauch des Schutzes geistlichen Gerichts mit der gebührenden Strafe zu belegen. Ohne regelmässige Verhandlung durfte er nicht wohl entscheiden. Aber dass der ganze Prozess laut dem aufgenommenen Protokoll nur drei Monat dauerte (vom 25. April bis zum 27. Juli), während sich ähnliche Streitigkeiten über Jahre hinziehen und nie ohne Berufung nach Avignon ihr Ende finden, liefert den Beweis für das massvolle Einvernehmen zwischen Bischof und Rath in diesem Falle. Und wem der Termin bis zum Anfange des Verhörs zu lang erscheinen sollte, der braucht sich nur zu erinnern, dass schon das einfallende Osterfest einen natürlichen Aufschub gebot, und dass Bischof und Rath sich doch erst verständigen mussten, abgesehen von der unumgänglich nothwendigen Constatirung des Thatbestandes, den Zeugenverhören und andern Vorverhandlungen. Der Frevler Albert war vom Bischof, welcher die förmliche Anklage des Raths nicht erst abwartete, sogleich gefangen gesetzt und ist während der ganzen Dauer des Prozesses, den seine oben genannten Brüder für ihn führen, trotz wiederholten Protestes seiner Partei nicht freigegeben worden. Ueberhaupt verlaufen sich die Chicanen, welche diese Partei den Spitzfindigkeiten des canonischen Rechts abzugewinnen sucht, an der gleichmässigen Haltung des vorsitzenden Richters: ruhig geschieht, was Form Rechtens ist, in Hinausschiebung der Termine, Fristverstattung u. s. w., aber auch nichts mehr, und so wundert man sich schliesslich nicht, beim Endurtheil ohne weitere Motivirung den Schuldigen geständig zu finden und bereit die Strafe auf sich zu nehmen.

Am 22. April 6 Uhr Morgens befehlen die beiden Bürgermeister Siegfried von der Brügge und Bertram Heideby dem Rathsdiener Johann Jode, durch herkömmliches Anziehen der Glocke den Rath zu versammeln, und begeben sich dann vom Rathsstuhl in der Marienkirche, wo sie diesen Befehl ertheilt hatten, ins untere Rathhaus. Hier ernennt der gesamte Rath Thidemann von Güstrow zu seinem Syndikus im vorhabenden geistlichen Prozesse [58]. Thidemann erscheint am 25. April im

---

[58] Lüb. U.B. 2, Nr. 846.

Domhofe vor dem Bischof und bittet um Verschiebung des Termins für die Anklage auf den 2. Mai. An diesem Tage überreicht der Kläger sein Libell mit den oben ausgeführten Einzelheiten und dem Schlussantrage auf ewige Haft des Schuldigen wegen begangenen Sacrilegiums und Zahlung der verwirkten Busse von 50 Mark Gold an den Rath [59]. Die Gegenpartei, zur Replik auf dem nächsten Gerichtstag angewiesen, liefert diese nicht, sondern eine Reihe formeller, zum Theil höchst unnützer Exceptionen, welche nur eine Entgegnung von der anderen Seite und somit Verlängerung des Termins bezwecken. Dagegen bringt nun am 9. Juni der Syndikus seinerseits eine fulminante Replik. Die Exceptionen, deren Ungrund jedoch bis ins Einzelnste nachgewiesen wird, seien theils ganz allgemein gehalten, theils unklar, theils albern, theils frech, frivol und aufschieberisch; sie hätten mit dem Recht gar nichts zu schaffen, zumal hier, wo es sich um einen Criminalfall handle; der Angeklagte fülle damit nur Pergament und Papier, bereichere die Notare und verschwende die Zeit. Ankläger bitte demnach inständigst, dass dergleichen abgeschnitten und Beklagter zur Replik gezwungen werde, damit der Bischof dann gegen ihn verfahre. Das scheint gewirkt zu haben, denn nach zweimal noch verlängertem Termin begab sich am 27. Juli um 9 Uhr der Bischof von seinem Hofe nach dem hohen nordwärts gelegenen Stegel auf dem Marienkirchhofe und nahm hier vor versammeltem Volke Platz, ihm zur Seite der Domprobst Arnold Ketelhot, und die Domherren Anton von Plessen, Gebrüder Diedrich und Hermann von Rostock und Johann Duzekop. Albert erscheint, bekennt und schwört Unterwerfung unter das Urtheil. Dieses lautet: Einziehung aller seiner Habe und Verbannung aus Stadt und Gebiet innerhalb acht Tagen, mit Androhung ewiger Haft, wenn er sich wieder daselbst betreten lasse. Er schwört Urfehde, seine Brüder stellen Caution [60]. Dass sie den Streit gegen ihren Oheim nie erneuern wollten, mussten sie am 29. Juli ausdrücklich vor versammeltem Rathe erklären [61].

---

[59] Ebend. 2, Nr. 848.   [60] Ebend. 2, Nr. 853.

[61] Niederstadtbuch S. 22: Notum sit, quod omnis causa, lis, contro-

Noch während dieses Prozesses nimmt Thidemann am
29. April mit den Bürgermeistern das Gelöbniss eines Wehrgeldes von 700 Mark für die erschlagenen Bürger Lubbert
Warendorp und Gerke Pole von den holsteinischen Grafen entgegen [62]. Er selbst wird zuerst Bürgermeister genannt am
7. März 1347 [63]. Als solcher liess er im nächsten Jahr den
erwähnten Codex des lübischen Rechts durch den Vicar am
Dom Helmicus Thymonis zu der Stadt Behuf schreiben [64], fast
das einzige, aber freilich für unsere Rechtsgeschichte höchst
wichtige Ereigniss, das aus der Zeit seiner letzten Thätigkeit
aufgezeichnet ist. Denn nur noch einmal erscheint sein Name
in einem öffentlichen Document, am 22. Juli 1349, bei Beglaubigung einer der Auszahlungen, welche der deutsche Orden
unter Lübecks Vermittlung für das verkaufte Esthland an den
König Waldemar leistete [65]. Am 31. Juli 1350 bezeugte er
noch das Testament seines Schwiegersohns Johann Castel: am
22. August erlag er selbst dem schwarzen Tode, welcher aus
den Rathsverwandten Lübecks so zahlreiche Opfer forderte [66].

Unter den anderthalb hundert Testamenten dieses Pest-
jahrs hat sich bis jetzt keines von Thidemann von Güstrow
gefunden, aber wir dürfen darum nicht zweifeln, dass er sein
Haus bestellt hatte, bestellt auch nach dem frommen Sinne
des Jahrhunderts in reichen Legaten an Kirchen, Klöster und
Arme. War ihm doch sein Vater Johann, welcher 1327 eine

---

versia seu questiones, quam vel quas .. filii Hinrici de Cleye movebant hucus-
que seu movere poterant contra ipsorum avunculum Dethardum Sachtelevent et
suos heredes, per diffinitivam sentenciam dominorum consulum sopita, finita et
terminata judicialiter est penitus, sic quod predicti .. filii Hinrici de Cleye prefatum Dethardum aut suos heredes racione premissorum nullatenus futuris tem-
poribus valeant incusare. Actum coram consilio in consistorio superiori, et consilium ita notari jussit sub anno Domini 1346 sabbato ante Petri ad vincula
(Jul. 29).

[62] Lüb. U.B. 2, Nr. 847, Mekl. U.B. 10, Nr. 6647.

[63] 1347 Febr. 28 borghermester: Mekl. U.B. 10, Nr. 6730; Mrz. 7 proconsul, ebend. 10, Nr. 6734.

[64] Hach, Das alte Lüb. Recht S. 66.

[65] Lüb. U.B. 2, Nr. 887; Mekl. U.B. 10, Nr. 6988.

[66] Deecke, Rathslinie S. 37, Nr. 366.

neue Domherrnstelle fundirte[67], darin mit gutem Beispiel voran-
gegangen. Nicht minder Johann Geismar, der die Ausführung
zum Theil dem Schwiegersohn überliess. Zur Unterhaltung
einer von jenem in der St. Nicolaikirche zu Stockholm 1337
gestifteten Kapelle[68] erwarb dieser 1347 am 3. Februar Grundstücke im Dorf Kymmeling in Upland: seine Bevollmächtigten
waren Johann Castel und der Priester Ludolf von Gadebusch,
welcher Thidemanns Kapellan genannt wird, der den Dienst
der Kapelle versehende Vicar[69]. Eine zweite Vicarie stiftete
Johann Geismar 1334 zu Marien in Lübeck, für deren Unterhaltung die ganzen Einkünfte von Gneversdorf bestimmt waren
nebst 2 Mk. jährlich aus Crumbek[70], von den letzteren ein
Viertel zur Vertheilung an die armen Siechen zu St. Jürgen[71].
Endlich verwendeten nach Johann Geismar's Willen sein Schwiegersohn und sein Enkel 1347 die Einkünfte der Dörfer Up
dem Velde auf Pöl und Poppekendorp in Hoenwentorp bei
Wismar zur Gründung zweier anderen Vicarien an Marien[72].

An einer die letzte Stiftung betreffenden Urkunde hängt
auch das runde Siegel Thidemanns (abgebildet: Lüb. U.B. II
T. 2, 10)[73]. Es hat einen gelehnten gespaltenen Schild, dessen rechte Hälfte einen gefiederten Vogelfuss zeigt, während
die linke viermal quergestreift ist; darüber einen Helm mit
Helmdecke und einem Federbusch besteckt, vor dem letzteren
ein mit vier Quasten versehenes Kissen.

---

[67] Leverkus 1, Nr. 527.   [68] Lüb. U.B. 2, Nr. 646.
[69] Ebend. 2, Nr. 870.
[70] Leverkus 1, Nr. 587 und S. 744 Anm.
[71] octo solidos pauperibus in nova domo sancti Georgii prope Lubeke,
qui peregrini pauperes nuncupantur, existentibus.
[72] Mekl. U.B. 10, Nr. 6734; über „Auf dem Felde" s. ebend. 9, Nr. 6360,
6460; 10, Nr. 6626, 6730, und über Hinter-Wendorf ebd. 9, Nr. 6557; 10,
Nr. 6629, 7049, 7069; Beides 10, Nr. 6734. Ueber das in letztgenannter Urkunde
angeordnete Anniversarium heisst es im Memoriale eccl. Lub. (MS. chart. s.
XV—XVI) fol. 193a: Magni Martiris (Aug. 19) obiit Tydemannus de Gustrow
consul et uxor ejus, qui dederunt solum canonicis 4 marcas, camp(anario) s(oli-
dum), quas eorum vicarius ad b. Virginem exponit, modo B. Stenhaghen. Non
sunt hic sepulti.
[73] Mekl. U.B. 10, Nr. 6734. Das Siegel s. jetzt auch in Siegeln des
Mittelalters, Lüb. Bürgersiegel Tafel 1, 10.

Solch ritterliches Wappen führte damals ein Lübecker Rathmann. Ihre Grabsteine aber, von denen leider die meisten vertreten sind und längst anderen Zwecken gedient haben, zeigen in christlicher Demuth das einfache Familienwappen oder auch nur die schlichte Inschrift: Anno Domini obiit ..., mit dem nie fehlenden Schlusse: Orate pro eo.

IV.

Lübeck und Marquard von Westensee.

(1856.)

Johann Angelus erzählt in seiner Holsteinischen Adels-
chronik (2, S. 42):

„Zur Zeit Königes Woldemari tertii in Dennemarck ist
(wie Krantzius lib. decimo Saxoniae cap. nono schreibet) der
gewaltige Stam der Edlen von Westensee auffgangen, also
dass nur noch ein unächter, mit Namen Mamser, davon vorhanden gewesen. Von demselben ist Graf Nicolaus von Holstein gebeten worden, er wolte ihm doch das Wapen seines
Geschlechts führen lassen, auff dass so ein gross Geschlecht
derer von Westensee nicht zu Grunde untergienge. Darauff
hat ihm der Graff zur Antwort gegeben: „Barmherziger Gott!
Es wird das Eichhörnlein nicht wieder auff den Baum
kommen". Denn dasselbige war derer von Westensee Wapen. Es hatte aber der Graffe ihre Halsstarrigkeit zuvor erfahren, und hatte nicht Lust solche Art zu erhalten'.

Dieselbe Ueberlieferung, in einzelnen Zügen abweichend,
im Ganzen jedoch gleichlautend, zieht sich durch sämtliche
Chroniken Holsteins. Die meisten setzen den Untergang des
Geschlechts bald nach dem Aufstande Marquard Westensees
gegen die Grafen von Holstein im Jahre 1346 (Waitz, Schles-
wig-Holsteins Gesch. 1, S. 237. Becker 1, S. 264), manche
bringen ihn sogar in unmittelbare Verbindung damit und lassen Marquard als den letzten seines Stammes bei der Vertheidigung Rendsburgs fallen.

Einige diese holsteinische Fehde betreffenden Documente
in unserm Archive, so wie ein paar Spuren vom spätern Vorkommen der Westensee bei Sartorius (Gesch. der Hanse 2,
S. 499, 602) brachten mich zuerst darauf dem Zusammenhang
dieser Geschichten nachzuspüren. Unser Archiv lieferte eine
wider Erwarten reiche Ausbeute, deren Ergebniss in den folgenden Blättern darzulegen ich um so weniger Bedenken trug,

als Erkundigungen in Kiel, Oldenburg und Hamburg mir
die Gewissheit gaben, dass von so lange andauernden Händeln zwischen der Stadt Lübeck und den Westensee weder in
Chroniken noch Urkunden anderswo eine Kunde sich erhalten hat. Dennoch würde ich mich besonnen haben, ob diese
freilich interessanten, doch immerhin lückenhaften Nachrichten
sich zur öffentlichen Mittheilung eigneten, wenn sich nicht
zugleich Gelegenheit geboten hätte die übrige Geschichte des
erloschenen Stammes damit in Verbindung zu setzen. Wie
spärlich diese auch ausgefallen sein mag, sie verzweigt sich
nach allen Seiten, und wird ein neuer Beleg dafür sein, dass
erst von einer urkundlichen Erörterung der Verhältnisse des
Landesadels die älteste Landesgeschichte ihr volles Licht gewinnt. Sollte es mir aber gelungen sein hier die richtigen
Gesichtspunkte aufzudecken, so verdanke ich das zumeist dem
Herrn Senator Hermann Biernatzki in Altona, der mit
der grössten Bereitwilligkeit alle dahin einschlagenden Fragen
der gründlichsten brieflichen Besprechung mit mir unterzogen hat.

‚Den gewaltigen Stam der Edlen von Westensee (potens
militarium familia)' nennt die oben angeführte Chronik (nach
Krantz) das in Rede stehende Geschlecht; die älteste Erzählung, aus welcher die nachfolgenden holsteinischen Chronisten
geschöpft haben[1], bezeichnet sie als ‚Eddellüde gantz gewel-
dich und hoverdich (militares valde prepotentes et superbi)',
und so stimmen alle Nachrichten darin überein, dass die von
Westensee ein mächtiges und grosses Geschlecht gewesen.
Grund genug, den Ursprung ihres Ansehens in den ältesten
Zeiten zu suchen. Was aber darüber in spätern Chroniken
bei Angelus[2], Enewald[3] u. A. mitgetheilt wird, entbehrt jedes geschichtlichen Anhalts. Die Westensee sind weder Nach-
kommen der alten Overboden von Holstein, der Marcraden

---

[1] Chronicon Holtzatiae auctore Presbytero Bremensi, herausgeg. v. Lappenberg (Schl.-Holst.-Lauenb. Quellensammlung 1,) S. 91, 92.

[2] 2, S. 41.

[3] Schlesw.-Holst. Ritterchronic bei Westphalen 4, S. 1607, 1612.

oder Marquarden, der Ersten holsteinischer Ritterschaft zur
Zeit des Beginns der Schauenburger Grafen, noch sind sie
Vögte des Kirchspiels Westensee [4] u. dgl. m. Erst seit dem
13. Jahrhundert werden sie genannt und gehören daher zur
zweiten Linie der Ritterfamilien. Dass sie aber eins der alten
freien Geschlechter gewesen, dafür spricht ausser ihrer Liebe
zur Unabhängigkeit, die noch in den verschiedenen Fehden
des 14. Jahrhunderts durchbricht, manches Anzeichen. Sie
stehen zu allen uransässigen Familien in Beziehung: einige,
wie die Tralow, Krummendiek, sind in die Westenseeischen
Händel verwickelt, ja der alte Name der Krummendiek, Busch,
findet sich als Vorname einiger Westensee, und gerade ein
Hartwig, Buschen Sohn, ist der letzte des Westenseeischen
Stammes, ebenso wie Hartwig Busch mehrfach in der Krum-
mendiekschen Familie erscheint [5]. Weit entfernt irgend welche Folgerungen an diese geringen Spuren anzuknüpfen, be-
gnüge ich mich auf sie hingewiesen zu haben, und gehe zu
den einzig sichern Schlüssen über, welche sich aus dem wirklichen Vorkommen des Geschlechts ziehen lassen.

Dreierlei wird dabei in Betracht kommen: die ursprüngliche Ansässigkeit und der Güterbesitz der Familie, ihr Wappen, und endlich die Schicksale ihrer einzelnen Mitglieder und
deren Eingreifen in die allgemeine oder besondre Landesgeschichte. Der Landbesitz ist natürlich in die Entwicklung
der Familiengeschichte verwoben, und darum kaum räthlich
beides von einander zu trennen. Um aber einen festen Ausgangspunkt zunächst von dem Stammsitze der Westensee nehmen zu können, mag die Erledigung dieser Frage vorangestellt werden, nachdem mit wenigen Worten das Wappen besprochen ist, das im vorliegenden Falle die mindeste Schwierigkeit darbietet.

Die beigegebene Tafel zeigt, dass sämtliche in unserm
Archive erhaltene Westenseeische Siegel ein Eichhörnchen
führen. Somit hat also Angelus richtig aus Krantz übersetzt,

---

[4] Seestern-Pauly, Beiträge zur Kunde der Gesch. des Herz. Holstein 2,
S. 25, nach Geufs in den Schlesw.-Holst. Anz. auf das Jahr 1776, S. 83.

[5] Lemmerich, die Familie Krummendik, in Michelsens Archiv 4, S. 376 fgg.
Hamb. U B. 1, Nr 494.

wie denn schon Westphalen das rechte Wappen angiebt und
selbiges aus Siegeln nachweist als ein auf den Hinterfüssen
sitzendes Eichhörnchen[6]. Das rothe Schlänglein, von welchem die andern Nachrichten reden, beruht lediglich auf einem
Uebersetzungsfehler, wobei das mittellateinische Wort asprio-
lus, welches auch sonst häufig für sciurus vorkommt, durch
Verwechslung von ἄσπρις und aspis höchst unklimatisch für
das Land Holstein zu einer Schlange werden musste[7]. Dass
das Eichhörnchen für ein rothes (rubeus) ausgegeben wird,
können wir uns schon gefallen lassen, da das die gewöhnliche
Tracht der Eichkätzchen bei uns zu sein pflegt. Weiterem
Familienzusammenhang nachzuspüren gestattet uns dies Thier-
lein aber nicht, denn, mit Ausnahme eines später zu erwähnenden Falles, ist es bis jetzt das einzige seiner Art in Holstein: doch dient schon dieser Nachweis nicht nur ferneren
Forschungen im In- und Auslande zum Anhaltspunkt, sondern
er genügt auch, um allen unbegründeten Vermengungsver-
suchen mit dem übrigen Landesadel ein Ziel zu setzen.

Nicht so leicht und vollständig lässt sich die Frage vom
ältesten Landbesitz der Westensee zum Abschluss bringen.
Auf den See, das Kirchdorf und das adlige Gut Westensee
südlich der grossen Strasse von Kiel nach Rendsburg im Kieler
Güterdistrict leitet schon der gleiche Name. Wie weit man
aber Kirchspiel und Besitz der Familie Westensee identifiziren soll, wird wohl immer fraglich bleiben, da aus dieser
Gegend, in welcher es keine geistlichen Stiftungen gab, ältere
urkundliche Belege fehlen, und die Gutsgeschichte vor 1500
im Unklaren liegt. Damals hatten die Güter ziemlich denselben Umfang, wie jetzt. Dass dies jedoch nicht immer so
gewesen, beweist schon das Auseinanderfallen der heutigen
Guts- und Kircheneintheilung, wie z. B. das Gut Bossee nördlich vom Kirchdorf Westensee theils zu diesem, theils zum
Kirchspiel Bovenau gehört[8]. Selbst das Alter der Westen-

---

[6] 3, S. 102; 2, S. 80.

[7] Auf einem Anschauungsfehler beruht es, wenn das dänische Adelslexikon
Art. Westensee aus dem Eichhörnchen einen Fuchs (ræv) macht.

[8] v. Schröder u Biernatzki, Topogr. der Herz. Holstein u. Lauenburg.
2. Aufl. 1, S. 248.

seer Kirche giebt hier keine sichere Grundlage, weil sie, wenn auch dem Anscheine nach aus dem 13. Jahrhundert stammend [9], erst 1342 genannt wird [10]. Möglicher Weise haben die beiden benachbarten Kirchspiele zu Nortorf und Flemhude früher das Westenseer mit umfasst, denn der Nortorfer Kirche wird schon im 12. Jahrhundert gedacht [10], und die Flemhuder, obwohl vor 1316 nicht erwähnt [10], stösst in ihren kirchlichen Rechten noch heute an einer Stelle mit der Nortorfer zusammen, wo im Uebrigen jetzt das dazwischenliegende Kirchspiel Westensee beide trennt [11].

Den schlagendsten Beweis für die Ansässigkeit der Familie Westensee im gleichnamigen Kirchspiel liefert ihr alter Stammsitz die La k e b o r g (Lache-, Sumpf-Burg) im westlichen Zipfel des Westensee, und zwar an dessen Nordseite, dem Gute Bossee gegenüber. Bei dem Aufstande Marquard Westensee's im Jahre 1346 wird sie als seine Hauptfeste genommen. Lakeborg ist ihr urkundlicher Name [12], wie sie auch Becker und Suhm [13] richtig nennen, bei Krantz, Petersen [14], Alardus [15] u. A. heisst sie Lakensee, Reimar Kock schreibt: dat hus tho Ladeborch, aber mit dem wichtigen Zusatz: ‚welck dusses Westensee sin erve was'. So dürfen wir mit vollem Recht Detmars [16] Namen Kaleborch, der auch noch in Waitz' Holsteinischer Geschichte Platz gefunden hat [17], für einen Schreibfehler erklären. Die Stelle der Burg ergiebt sich aber aus dem Namen der heutigen Insel L o h b u r g, welche Spuren alter Befestigung zeigt [18], und auf Meyers Karte bei Dankwerth noch

---

[9] Ebend. 2. Aufl. 2, S. 586.

[10] Lappenberg, Hamb. U.B. 1, S. 810.

[11] Nach Schröder u. Biernatzki 2, S. 554 liefert ein Hufner in Gross-Vollstedt (Kirchsp. Nortorf) für eine Wiese, genannt Papenwiese, an das Flemhuder Pastorat jährlich 2 Tonnen Roggen. — Jensen in Nordalb. Stud. 4, S. 302 rechnet das ganze spätere Kirchsp. Westensee zum Urkirchsp. Nortorf.

[12] Lüb. U.B. 2, Nr. 1074.   [13] 12, S. 165.

[14] Joh. Petersen, Chronica der Lande zu Holstein S. 178.

[15] Lamberti Alardi Res Nordalbingiae bei Westph. 1, S. 1812.

[16] Grautoff 1, S. 264.

[17] Bei Besprechung dieser Arbeit von Mantels in den Gött. gel Anz. 1856, S. 1249 hat auch Waitz Kaleburg in Lakeburg berichtigt.

[18] Topographie 1, S. 246; 2, S. 587.

Laeckborg (d. h. Laakborg, wie Claes für Claas) genannt wird. Die Burg mitten im See weist auf älteste Anlage hin, die Annahme, dass auch das Gut, zu welchem die Insel heute gehört, Bossee, einst Westenseeischer Besitz gewesen, dürfte nicht zu gewagt erscheinen. Im Gute liegt das Dorf Bruchs[18a], und eine Familie des Namens (von Brocse) kommt im Kieler Stadtbuch des 13. Jahrhunderts vor[19], ob sie aber mit den Westensee zusammenhängt, muss, wie Andres, vorläufig dahingestellt bleiben.

Ein zweiter Besitz der Westensee scheint das Gut Emkendorf gewesen zu sein, südwestlich vom Dorfe Westensee belegen[20]. Es erinnert in seinem Namen Emekenthorpe an den ältesten Ritter des Westenseeischen Geschlechts und wird schon 1268 genannt[21]. Es gehört zum Theil ins Kirchspiel Nortorf, zum Theil nach Westensee, dürfte aber in seiner jetzigen weitläufigen Gestalt aus mehreren Stücken zusammengeschmolzen sein, deren einige offenbar vom Amte Rendsburg abgerissen sind.

Als drittes Besitzthum muss denn endlich wohl das adlige Gut Westensee selbst[22], nordöstlich vom Dorfe und unmittelbar am Südufer des Sees belegen, angenommen werden. Das Gut ist nur klein, scheint aber nach seiner zusammenhängenden Geschichte vom 16. Jahrhundert an nie grösser gewesen zu sein, wie denn öfters dergleichen wenig umfangreiche alte Güter vorkommen. Wegen des geringen Besitzes wollte es früher Niemand recht haben, und sogar Prozesse wurden am Reichskammergericht geführt, um es wieder los zu werden. Der Hof liegt in einer Niederung an einer Au, ganz so wie alte Burgen zu liegen pflegen. Das gleichnamige Kirchdorf gehört zum Gute.

Weitere Annahmen über Westenseeischen Besitz am Süd- und Ostufer des Westensee dürfen kaum als Vermuthungen ausgesprochen werden. Die gleichfalls im Kirchspiel Westen-

[18a] Topographie 1, S. 266.

[19] Hasse, Kieler Stadtbuch aus den Jahren 1264—1289.

[20] Topographie 1, S. 364.

[21] Schl.-Holst.-Lauenb. Urks. 1, S. 212.

[22] Topographie 2, S. 585.

see befindlichen Güter Deutschnienhof und Schierensee, von welchen in späterer Zeit Pohlsee und Annenhof abgelegt sind, zeigen in den Wohnhäusern noch Spuren alter Befestigung [23]. In Annenhof liegt eine Stelle Hohenberg (bei Danckwerth Hohnborg), wo möglicher Weise eine Burg gestanden haben kann. Doch berühren wir hier schon die Grenzen des Kirchspiels Flemhude, wohin das am Nordostufer des Sees befindliche Gut Marutendorf gehört, welches durch seinen Namen an die von den Westensee gänzlich verschiedene adlige Familie Marute erinnert.

Aus Allem stellt sich also mit ziemlicher Gewissheit heraus, dass die Westensee am Südwestende des Sees Bossee, Westensee, Emkendorf gehabt haben, doch dürfen wir ihren Besitz südwärts jenseit Nortorf ausdehnen, denn 1320 entsagen die Ritter Marquard und seine Söhne, Wulf und Marquard Westensee, zu Gunsten des Klosters Neumünster, unter Bestätigung des Grafen Gerhard III., ihren erblichen Ansprüchen auf Zehnten nicht bloss in Borgdorf und Schülp, welche noch jetzt theilweise zum Gute Emkendorf gehören, sondern auch in Loop, Krogaspe, Timmaspe und Gnutz [24].

Im Nordosten des eigentlichen alten Holstenlandes angesessen, erscheinen die Westensee denn auch vorwiegend als Zeugen in Urkunden, welche diese Gegenden betreffen, und als Mitgelober der dort regierenden Grafen. Dass sie mit Neumünster in nächster Gebietsberührung waren, wurde eben erwähnt. 1310 beglaubigen Ritter Marquard und Gottschalk Westensee den Verkauf des Dorfs Bissee ans Kloster [25]; 1321 verspricht derselbe Ritter Marquard oder sein gleichnamiger Sohn mit andern Edlen dem Kloster über die gute Aufführung eines auf ihre Bitten aus der geistlichen Haft entlassenen Mönches zu wachen [26]. Als die Grafen Johann III. und Gerhard III. 1322 dem Kloster das Patronatsrecht der Kieler Kirche verleihen, ist Ritter Marquard Westensee in beiden Urkunden der erste Zeuge [27]. Ebenso finden wir in Preetzer

---

[23] Topographie 2, S. 215, 398.   [24] Westphalen 2, S. 80.
[25] Ebend. 2, S. 73.   [26] Ebend. 2, S 81.
[27] Ebend. 2, S. 87, 83.

Verkaufs- und Stiftungsurkunden 1281 die Ritter Marquard
und Emeke, 1306 Ritter Marquard von Westensee [28].

Zu Kiel haben die Westensee, wie der ganze holsteinische
Adel, noch in besondrer Beziehung gestanden, indem sie sich,
zumal als so nahe Nachbarn, gewiss an der ersten Colonisi-
rung der Stadt betheiligten [29]. Das Kieler Stadtbuch zeigt,
dass sämtlicher Adel damals in Kiel ansässig war, und wenn
auch die dort genannten Andreas, Timm und Diedrich von
Westensee Bürgerliche sein mögen, weil sie Brüder eines Bürgerlichen, wie es scheint, des Nicolaus Unrecht, heissen [30], und
weil die Westenseeische Genealogie sonst diese Vornamen nicht
kennt: so bleibt die Entscheidung doch immer fraglich, denn
der Zusatz dominus oder miles fehlt bei den Rittern häufig
im Stadtbuch [31], und jedenfalls werden sich die Westensee,
wie gesagt, nicht ausgeschlossen haben, wo es Sache des ganzen
Adels war in der neuen städtischen Colonie festen Fuss zu
fassen. 1288 verspricht Ritter Marquard Westensee Einlager
in der Stadt auf den Fall einer von Detlev Block nicht geleisteten Rückkaufszahlung für drei Hufen in Hammer bei
Kiel [32].

Auch in Wagrien finden wir die Westensee ansässig,
doch scheint es, als ob dieser Besitz nicht aus der ältern Zeit
der Eroberung Wagriens durch den holsteinischen Adel stamme,
sondern dass erst durch Gerhard den Grossen unser Geschlecht
dahin gekommen ist. Denn sichtlich hängt ihr grösseres Ansehen in dieser Gegend, so wie überhaupt ihr bedeutenderes
Hervortreten im 14. Jahrhundert, aufs engste mit Gerhards
Geschichte zusammen.

---

[28] Schl.-Holst.-Lauenb. Urks. 1, S. 218, 225 fg.

[29] Topographie 1, S. 10 fg.

[30] Hasse Nr. 264. Ein Landbert von Westensee ebend. Nr. 380. Diese
alle führen den Namen des Dorfes, aus dem sie nach Kiel gekommen sind,
desselben Dorfes, nach dem auch adliges Gut und Adelsgeschlecht benannt sind.
Aehnliches gilt natürlich auch von zwei weiblichen Trägerinnen des Namens
Westensee, die nach einer Mittheilung Avé-Lallement's von 1856 in den Poli-
zeiakten Lübecks eine Rolle spielen

[31] Lucht, Das Kieler Stadtbuch von dem Jahre 1264 bis zum Jahre 1289
S. XXVIII.

[32] Hasse Nr. 901.

Wenn nämlich schon unter den Grafen Johann I. und Gerhard I. in wichtigen Landesurkunden die Westensee als vorragende Vasallen aufgeführt werden, wie Emeke von Westensee 1253 in einem Lübecker Vertrag [33], 1259 in einem Frieden mit Herrn Otto von Barmstede [34]: so mehrt sich dies ihr Vorkommen seit dem zweiten Jahrzehnt des 14. Jahrhunderts, und vielfach erscheinen Westensee an der Spitze der adligen Mitgelober. Ritter Wulf Westensee ist unter den Zeugen des 1315 von den Grafen Gerhard III. und Johann III. mit Johann II. zu Kiel geschlossenen Friedens [35], Ritter Marquard und Wulf beglaubigen die Bestätigung der Kieler Freiheiten [36]. Ritter Wulf, Ritter Marquard und Gottschalk von Westensee erscheinen bei der Landestheilung zwischen Johann III. und Gerhard III. vom Jahre 1316 [37]; Wulf 1317 in einer dithmarsischen Urkunde des Grafen Gerhard [38]; in demselben Jahre die Brüder Marquard und Wulf in einem Kaufbriefe über Kembs abseiten der verwittweten Gräfin Heilwig und ihrer Söhne Gerhard und Giselbert an das St. Johanniskloster zu Lübeck [39]; 1318 Marquard in einem Reinbecker Kaufbriefe des Grafen Johann III. [40]; 1319 Marquard als erster Zeuge in einer Hamburger Domurkunde der Grafen Gerhard, Johann und Adolf [41]; 1325 Marquard in dem vom Grafen Gerhard mit Johann über das Land zwischen Eider und Schlei geschlossenen Vertrag [42]. 1319 ist Marquard Westensee gegenwärtig bei der vom Herzog Rudolf von Sachsen an Johann III. ertheilten Belehnung [43]. 1323 ist Marquard einer der fünf Obmänner beim Verbund der holsteinischen Ritter und Knappen gegen Graf Johann [44]. Dass aber dies steigende Ansehn der Familie aus persönlicher Verbindung mit Gerhard

[33] Lüb. U.B. 1, Nr. 192.   [34] Hamb. U.B. 1, Nr. 648.
[35] Schl.-Holst.-Lauenb. Urks. 2, S. 144.
[36] Ebend. 1, S. 482.   [37] Ebend. 2, S. 37.
[38] Michelsen, Ditm. U.B. S. 21.
[39] Lüb. U.B. 2, Nr. 348.
[40] Schl.-Holst.-Lauenb. Urks. 2, S. 39.
[41] Staphorst, Hamb. Kirchen-Gesch. 2, S. 236.
[42] Schl.-Holst.-Lauenb. Urks. 2, S. 61.
[43] Ebend. 2, S. 399.   [44] Ebend. 2, S. 54.

dem Grossen stamme, wird ein Hinblick auf Gerhards eignes
Wachsthum ergeben.

Durch die Landestheilung vom Jahre 1273 zwischen Johann I. Söhnen und Gerhard I. waren die beiden getrennten
Linien des Kieler und Itzehoer Grafenhauses der Schauenburger mit gesondertem Landgebiet entstanden. Die Itzehoer
schieden sich seit Gerhard I. Tode in die Plöner, Schauenburger und Rendsburger Linie. Nun werden die Kieler aber
1316 gestürzt: es erfolgt eine neue Landestheilung, deren
Früchte besonders der Plöner und Rendsburger Linie zufallen.
Haupt der erstern ist damals Johann III. der Milde, Haupt
der letztern Gerhard III. der Grosse. Bis dahin hatte dieser
nur den Rendsburger Antheil im eigentlichen Lande Holstein
zwischen Eider, Elbe und Stör besessen, jetzt erhielt er einen
Segeberger Antheil dazu, welcher östlich der Stör durch das
südliche Holstein nach Stormarn an die Quelle der Alster
gehend, über die Trave hinüber ostwärts bis nach Wagrien
hineingriff, und zu dem noch ein gesondertes Stück in der
unmittelbaren Nähe des Klosters Cismar, aus Theilen der Kirchspiele Grömitz und Altenkrempe bestehend, geschlagen ward[45].
In der Rendsburger Herrschaft war Mittelpunkt und Gerhards
Hauptsitz das Schloss zu Rendsburg, in der Segeberger das
Segeberger Schloss. Beide Theile blieben für sich bestehen,
noch nach dem dreissigjährigen Kriege sind sie gesondert,
und Biernatzki hat schlagend nachgewiesen, wie diese alten
Theilungen in der Gestalt der heutigen Aemter sich völlig
erkennen lassen. Zur Segeberger Herrschaft gehörte, wie gesagt, das abgesonderte Stück in den Kirchspielen Altenkrempe
und Grömitz, doch war am letztern Ort ein festes landesherrliches Schloss, welches bei der Theilung dem Grafen Gerhard
zufiel, während der Beraubte, Johann II. zu Kiel, Dorf und
Schlossgüter auf Lebenszeit behielt, die nach seinem Tode an
Johann III. kamen. Das Schloss lag in einer Niederung bei
der heute Paschburg genannten Anbauerstelle auf der Gemein-

---

[45] Vgl. das Nähere in den beiden vortrefflichen Aufsätzen von Biernatzki, Zur Revision der Geschichte des Schauenburger Grafenhauses Kieler
und Itzehoer Linie, Nordalb. Stud. 3.

weide am Meeresstrande ziemlich weit nordöstlich vom Orte
Grömitz [46].

Dass mit Gerhard dem Grossen nun, wie andre seines
Rendsburger Adels, so auch die Westensee in diese neu gewonnenen Landestheile gekommen sind, lässt sich, obschon
nur auf schwachen Spuren, doch ganz entschieden verfolgen.
Die Hofämter waren nachweislich damals in die Hände von
Niedriggeborenen gerathen, so umgab sich der Landesfürst
mit den grossen Grundbesitzern vom Adel: sie bildeten nach
alter Sitte mit ihm die Landesversammlung, die Angesehensten und die ihm persönlich zusagten, waren sein engerer Rath,
sie wurden mit grössern Landstrichen belehnt und wuchsen
daher zeitweilig über den andern Adel hinaus. Dazu kam,
dass die Landesherren damals im Ganzen wenig selber regier-
ten, nicht nur einzeln Land und Leute, sondern ganze Vog-
teien verpfändeten, mit dem Gericht ihre Vasallen belehnten
u. s. f. In solche Stellung zu Gerhard müssen auch die Westensee gekommen sein. Schon die oben angeführten Documente
beweisen das, auch in auswärtigen Händeln begegnen wir dem
Namen. 1318 ist Ritter Busch Westensee Zeuge in einer dä-
nisch-jütländischen Urkunde König Erich Menveds und des
Herzogs Erich II. von Jütland, des Schwagers von Gerhard [47].
1321 begleiten Marquard und Wulf von Westensee den Grafen
auf seinem Lauenburger Kriegszuge [48].

Ein Marquard Westensee namentlich tritt unmittelbar neben
Gerhard handelnd auf in der bekannten Fehde mit dem Lübecker Bischof Heinrich. Ob dieser Marquard von den beiden
oben genannten gleichnamigen Rittern der Vater oder der
Sohn gewesen, würde sich aus der Vergleichung der Siegel
vielleicht nachweisen lassen, wenn die Siegel an der Neumünsterschen Urkunde [49] samt dieser noch vorhanden sind, denn
das Siegel des bei der Fehde betheiligten Marquard ist im
Oldenburger Archiv [50]. Für unsere Darstellung ist es zu-

[46] Topographie 1, S. 433. Die genauere Bezeichnung verdanke ich der
Güte des Herrn Biernatzki.
[47] Hvidfeldt, Dän. Chronik S. 403.
[48] Mekl. U.B. 6, Nr. 4283 von Jul. 16; Gründ. Nachr. Beil. S. 32.
[49] S. oben S. 139 Anm. 25　　[50] S. unten Beilage 29.

nächst unwesentlich, wir werden uns bei diesem am häufigsten in der Familie wiederkehrenden Namen auch später be-
gnügen müssen die verschiedenen Marquarde neben einander
gelten zu lassen, ohne sie entwirren zu können. Ritter Marquard Westensee also, Gerhards Vasall und Rath (consiliarius)
genannt, hat an den Plackereien Theil, welche der Graf drei
Jahre lang von 1321 [51] bis 1324 während des Bischofs Abwesenheit in Avignon gegen dessen Stadt Eutin, seine Dörfer
und Landsassen ausübt [52]. Auf päbstlichen Befehl vermittelt
endlich der Bischof Johann von Schleswig 1324 eine Sühne
zwischen beiden Theilen [53], deren demüthigenden Bedingungen
nach mehreren vorgängigen Verträgen Gerhard, persönlich in
Lübeck vor dem päbstlichen Richter und dem versammelten
Domcapitel mit vier und zwanzig seiner Vasallen erschienen,
am 9. und 10. August 1324 beitrat [54]. Später that er dann
vor dem 1328 aus Avignon zurückgekehrten Bischof [55] fuss-
fällig Abbitte und nahm die Vogtei über die bischöflichen Be-
sitzungen in Holstein oder auch blosse Zehnten aufs neue
gleich seinen Vorgängern von ihm zu Lehen [56].

Den Sühnvertrag hat Graf Gerhard für sich und Marquard Westensee geschlossen, welcher bei der zu zahlen-
den Schadensersatzsumme von 1200 Mark namentlich erwähnt
wird. Von den als Unterpfand für diese Summe versetzten
hundert Mark jährlicher Einkünfte machen funfzig Mark die
ganze Einnahme des Dorfes Brenkenhagen aus, welches in dem
vorhin bezeichneten gesonderten Landestheile liegt. Nun wird
zwar nicht gesagt, dass Marquard Westensee Besitz in Brenkenhagen gehabt habe, im Gegentheil, Gerhard erklärt, dass er

---

[51] Seit 1321 ist Bischof Heinrich in Avignon. S. Detmar 1, S 213;
Leverkus 1, Nr. 495 Lübeck 1321 Jan. 18; Nr. 501 Avignon 1321 Mai 6;
ebend. 1, S. 787 Anm. *.

[52] Michelsen, Archiv 2, S. 286 fg.; Leverkus 1, S. 787 fg.

[53] Falck, Sammlungen 3, S. 202 Nr. 5.

[54] Leverkus 1, Nr. 511—16; vgl. ebend. 1, Nr. 498; Lünig, Spicil. Eccl. 2,
S. 335 fg.

[55] Leverkus 1, Nr. 530; vgl. ebend. 1, S. 616 Anm. *, 787 Anm. **.

[56] Zu Leverkus 1. S. 788: postulaturus veniam de commissis et feudum
terre sue ab eodem episcopo petat et recipiat, ac homagium et fidelitatem eidem
episcopo prestet u. s. w. s. Waitz 1, S. 210.

sich dieses Dorf von seiner Mutter Heilwig habe anweisen lassen. Doch wird ohne Frage Marquard seinen Antheil am Schadensersatz getragen haben, und dieser dürfte am ersten in Brenkenhagen oder in der Nachbarschaft zu suchen sein. Als Graf Gerhard später mit den Lübeckern einen Bund zur Bekämpfung der Westensee beschliesst, wird neben der Lakeburg die Syraa als eine zu zerstörende Westenseeische Feste genannt[57], das heutige Sierhagen, welches noch ganz fest, zum Theil mit Wasser umgeben ist und uralte Baulichkeiten, namentlich Reste eines alten Thurmes hat[58]. Im 15. Jahrhundert sind die Buchwaldt hier angesessen[59]: wie der Besitz auf sie übergegangen, liegt nicht vor. Zu Anfang des 14. Jahrhunderts giebt es noch eigene Herren von Syra oder Zyra, von denen ein Volrad mit seinen Brüdern dem Kloster Cismar 1304 Wendisch Postyn, das heutige Dorf Hobstin, verkauft[60]. Waren das Angehörige der Familie Westensee? Man könnte es vermuthen, denn auch in einer Neumünsterschen Urkunde wird 1317 ein Knappe Johann von Syra als Bürge genannt[61]. Das wiese denn freilich, wie schon der Besitz der Burg Syraa, auf eine frühere Angesessenheit der Westensee in Wagrien hin.

Auf Erwerb unter Gerhards Vergünstigung dagegen deutet es, wenn wir Marquard und Eccard von Westensee im Besitz von Grömitz, Körnik und halb (d. h. Gross-)Schlamin sehen, welche sie 1327 an das Kloster Cismar verkaufen. Damals giebt Graf Gerhard seine Einwilligung dazu, während schon 1322 der Verkauf von Grömitz durch denselben und Herzog Erich von Sachsen als Lehnsherrn bestätigt ist, 1323 Graf Johann dem Kloster das Patronat der Kirche zu Grömitz übergiebt. Leider kennen wir von dem ersten Verkaufsbriefe nur die Regeste, Abdrücke der beiden letzten beweisen, dass die

---

[57] Lüb. U.B. 2, Nr. 1074.

[58] Topographie 2, S. 459.

[59] Schl.-Holst.-Lauenb. Urks. 3, Nr. 59, 94; Lünig 2, S. 398; Westphalen 4, S. 3458. Vgl. v. Stemann, Beiträge z. Adelsgesch. VII. Die Familie von Bockwold (Ztschr. f. Schl.-Holst. u. Lauenb. 4), S. 267.

[60] Leverkus 1, Nr. 399, 401.

[61] Westphalen 2, S. 78.

146

IV. Lübeck und

in Kopenhagen aufbewahrten Urkunden fast gänzlich zerstört
sind[62].

Fasst man die genannten Besitzthümer nochmals zusammen, so fällt auf, dass sie fast den ganzen gesonderten Landestheil, der zu Gerhards Segeberger Vogtei gehörte, ausmachen. Vermuthen lässt sich danach mindestens, dass Marquard von Westensee mit dem ganzen Stück von Grömitz und Altenkrempe belehnt worden, und das würde dann zur Genüge erklären, weshalb er dem Bischof ein so widerwärtiger Nachbar gewesen. Marquard von Osten her, Gerhard von Westen konnten das dazwischen liegende Eutiner Gebiet in eine vortreffliche Zwickmühle nehmen[63].

Vielleicht war es aber auch im Hauptlandestheil Segeberg für gewöhnlich Marquard, der dort als des Grafen Regent schaltete. Aus den vorhandenen Nachrichten lässt sich nicht unumstösslich beweisen, dass er auf Segeberg gesessen, doch fehlt es nicht an Spuren, die auf eine solche Annahme führen. Vor einem Marquard Westensee bezeugt der Segeberger Rath, dass das dortige Siechenhaus des heiligen Abundius eine Hufe im Dorfe Steinbek an der Lübeck-Segeberger Landstrasse besitze[64], welche noch heutigen Tages ihre Grundheuer an das Segeberger Hospital bezahlt[65]. Wann dies Zeugniss abgelegt sei, bleibt ungewiss, da es undatirt ist, doch stammt es nach der Handschrift aus der ersten Hälfte des

---

[62] Ebend. 4, S. 3473; Nordalb. Stud. 4, S. 347 fg.

[63] Nach einer noch jetzt am Gute Bossee haftenden Sage könnte man sogar muthmassen, dass der Bischof in die Stammburg der Westensee geschleppt worden. Unmittelbar neben der Lakeburg, zwischen ihr und dem Hofe Moorrägen, liegt eine Niederung, Uebelteich genannt, darin der Bischofswärder, ein kleiner Hügel. Hier soll zu den Heidenzeiten ein Bischof gemartert sein, auch Bossee (Bosee ausgesprochen) seinen Namen von Busse (Bote) haben, weil es zur Sühne gebaut sei. Geschichtlich hat es hier nie einen Bischof gegeben, der Hamburger Domprobst übte die bischöflichen Functionen. Man deutet diese Erzählung deshalb gewöhnlich auf Bosau (Vicelin), wo gleichfalls ein Bischofswärder liegt. Aber wenn man auch an Bischof Heinrich selber nicht denken will, da die bischöfliche Chronik das gewiss erzählen würde, sollte vielleicht ein andrer angesehener Würdenträger der Eutiner Kirche in der Lakeburg geschlachtet haben? Vgl. Noodt, Beiträge 1, S. 94; Müllenhoff S. 107.

[64] Beilage 2.   [65] Topographie 2, S. 481.

14. Jahrhunderts. Eine 1319 über Steinbek ausgestellte Verkaufsurkunde[66] gedenkt der Einzelhufe nicht, das Verhältniss möchte demnach später entstanden sein. Der Westensee heisst nicht dominus, ist daher möglicher Weise ein späterer Knappe Marquard. Jedenfalls aber finden wir ihn in einer amtlichen Stellung zu Segeberg. Auch spricht für einen derartigen Zusammenhang der Umstand, dass dasselbe Document, durch welches im Jahre 1366 die Grafen Heinrich und Claus, nach Rückgabe des Segeberger Schlosses, Lübeck von allen aus dem bisherigen Pfandbesitze der Stadt etwa erwachsenen Ansprüchen entlassen, zugleich den Beitritt der Grafen zur Sühne zwischen der Stadt und den Westensee enthält[67].

So lange bestimmtere Data fehlen, wird sich nicht mehr sagen lassen, als dass es scheint, Gerhard habe Marquard Westensee als seinen Vogt in Segeberg eingesetzt. Vielleicht blieb er es bis zur Verpfändung des Schlosses an Johann, welche schon 1325 bedingungsweise zugesagt[68], aber erst später ausgeführt ward, denn noch 1334 findet man Gerhard im Besitze von Segeberg, wohin der gefangene Junker Otto, König Christophs Sohn, gebracht ward, der darauf nach Rendsburg kam[69]. Johann übergab das Schloss seinem Vogt Lange Beienvlet auf Trittau, und dieser vermittelte 1341 die Verpfändung an Lübeck[70], welches bis 1352 im ununterbrochenen Besitz blieb, dann eine kurze Zeit das Schloss holsteinischen Rittern zu Händen gab unter Bedingung der Rücklieferung, wenn die Pfandsumme nicht in bestimmten Terminen bezahlt werde. Dies muss nicht geschehen sein, denn später finden wir wieder Lübecker Vögte in Segeberg, und erst 1366 erfolgt die Auslösung[71].

---

66 Leverkus 1, Nr. 485.   67 Lüb. U.B. 3, Nr. 591.

68 Schl.-Holst.-Lauenb. Urks. 2, S. 59, 60.

69 Detmar 1, S. 237. Vgl. Lüb. U.B. 2, Nr. 758 (unten Anm. 91).

70 Detmar 1, S. 251. Nach Lüb. U.B. 3, Nr. 592 erfolgte die Verpfändung 1342 März 3.

71 Pauli, Lüb. Zustände S. 3—6, 152—55; Lüb. U.B. 2, Nr. 932; 3, Nr. 145; 2, Nr. 984; 3, Nr. 580, 592; Hauserecesse I, 1, Nr. 299 § 11. Auch Detmar (I, S. 254) sagt nur, dass Graf Heinrich 1342 in das Weichbild von Segeberg plündernd eingedrungen sei, nicht, dass er das Schloss wieder genommen habe. Vgl. die Aufgebote Heinrichs von 1342 Aug. 17 nach

Gegen Gerhards Lebensende hat ein Marquard Westensee Rendsburg zu Pfande: darf man daraus folgern, dass dies als Entschädigung für die abgetretene Segeberger Pfandschaft gegeben ward?

Doch genug der Vermuthungen. Ohnedies sieht man sich in den nächsten Jahren für die holsteinischen Verhältnisse der Westensee von allen geschichtlichen Zeugnissen verlassen und auf die gewöhnlichen Annahmen aus dem natürlichen Verlauf der Dinge beschränkt.

Es ist vorhin angedeutet worden, dass noch Gerhard der Grosse selber sich herbeiliess auf einen Vertrag mit Lübeck zur Zerstörung Westenseeischer Festen einzugehen. Ihm also schon wuchs die Familie, die er gross gemacht hatte, über den Kopf, so dass er die Gelegenheit ergriff, welche ihm die Westensee durch unmässige ritterliche Brandschatzungen und Landfriedensbruch gegen Lübeck gaben, um sich seiner bisherigen Schützlinge zu entledigen. Möglich, dass sie in ihrem Uebermuth sogar dem gewaltigen Landesherrn aufsässig wurden, wie später seinen Söhnen. Das persönliche Verhältniss mit dem Ritter Marquard scheint überdies der Tod desselben gelöst zu haben: 1325 wird zuletzt ein Marquard mit dem ausdrücklichen Zusatze Ritter genannt[72], nach dieser Zeit kommt weder ein Ritter des Namens noch überhaupt ein Ritter Westensee vor, nur Knappen. Schon dies bezeugt ein Herabkommen des Geschlechts. Auffällig ist aber ausserdem, dass nach 1327 in holsteinischen Urkunden bei Gerhards Lebzeiten die Westensee gar nicht mehr erscheinen, und auch später nur in solchen Fällen, welche eine persönliche Deutung zulassen. Mag der Grund davon theilweise in Gerhards häufiger Abwesenheit von Holstein gesucht werden, während die Westensee, um ihre ritterliche Unabhängigkeit zu wahren und in Folge ihrer Stellung, gerade im Lande blieben: immerhin ist dieser Umstand bezeichnend. Folgten sie den Grafen aber

---

Wenemersmolen apud castrum Seghebergh, Lüb. U.B. 2, Nr. 742—46; 3, Nr. 97.

[72] In einer Verkaufsurkunde des Grafen Johann über das Dorf Berne an Hamburger Bürger von 1325 Oct. 1. (Klefeker,) Samml. Hamb. Ges. 10, S. 135.

nicht ausser des Landes Grenzen, so ritten sie desto mehr im Lande umher und geriethen denn bald mit den verhassten Städten in Streit.

Eine Darstellung des Ursprungs der ersten Fehde zwischen der Stadt Lübeck und den Westensee[73] beginnt mit Berufung auf den von Herzog Erich von Sachsen, Graf Johann, Hamburg und Lübeck 1334 geschlossenen Landfrieden[74]. Denselben hätte Marquard Westensee mit vielen seiner Freunde ohne vorgängige Absage an Lübeck gebrochen. Vertragsgemäss hätte Lübeck bei den Verbündeten Hülfe gesucht, die Herren von Holstein wären in die Stadt gekommen und hätten nach gewohnter Weise den des Brands und Raubs Beschuldigten geboten sich auf Michaelis zu stellen und den Reinigungseid zu leisten, oder für den Schaden genug zu thun. Etliche hätten sich gereinigt, etliche die Schuld bekannt, und Recht dafür gelitten oder noch zu leiden. Eccard Westensee aber und Busch, die kundbar ihre Vettern unterstützt hätten, wären nicht zu Recht gekommen. Beide seien also bei den Herren abermals verklagt, und hätten jetzt sogar gegen Graf Johann sich erhoben, der den Lübeckern gerathen jenen abzusagen. So sei eine förmliche Fehde entstanden, welche später durch einen Tag zwischen Lübeck und Eccard und Busch hätte gelegt werden sollen: die Westensee wären aber die ersten gewesen den Gottesfrieden zu brechen, und so hätten die Lübecker nachgethan, was ihnen jene vormachten.

Der auf Michaelis bestimmte Termin kann ins Jahr 1336 fallen, in welchem am Tage nach Michaelis Herzog Otto von Braunschweig erklärt, dass zu einer von ihm angesetzten Willkür Lübeck seine Boten, die Rathmänner Marquard von Koesfeld und Constantin, gesandt habe, Eccard und Busch aber nicht erschienen seien[75]. Unbedingt nöthig ist es jedoch nicht beide Termine für dieselben zu halten. Die Lübecker verwahren sich am Schluss der obigen Darstellung gegen den Vorwurf, sie hätten nicht alle ihre Tagfahrten eingehalten: so scheinen mehrere Versuche der Beilegung vor verschiedenen Instanzen stattgefunden zu haben. Auch an den Erzbischof von Bremen,

73 Lüb. U.B. 2, Nr. 1073.   74 Ebend. 2, Nr. 593.
75 Ebend. 2, Nr. 642.

Burchard Grelle, haben sie sich mit ihren Klagen über die
Westensee gewandt: der gab ihnen aber die wenig tröstliche
Antwort, es gehe ihm selber nicht besser; in seinem weiten
Lande hielten sich zu Zeiten seine offenbaren Feinde heimlich
auf und würden von seinen eignen Vasallen in ihren festen
Schlössern gehauset [76].

Die Lübecker gaben keine Ruhe, bis sie es endlich zu
einem eignen Verbündniss mit Graf Gerhard und Johann gegen
die Westensee und ihre Helfer trieben, und gerade für diese
Einigung wird die angeführte Darstellung der bisherigen Fehde
als Vorlage gedient haben.

Diese Einigung liefert unser Archiv im Entwurf [77]. Nach
demselben urkunden Graf Gerhard und Johann, dass sie um
des Raubs und Brands der von Westensee und ihrer Genossen
willen folgende Punkte mit Lübeck verabredet hätten: Die
Grafen legen die Gebrüder Marquard und Albrecht von Westensee friedlos im Lande Holstein, und so weit sie gebieten, auch
in Dänemark; sie thun ein Gleiches nach den herkömmlichen
Landfriedensbestimmungen jedem, der die Verfesteten hauset
oder der Verfolgung entzieht. Sie versprechen die Lakeburg
und Syraa niederzubrennen, desgleichen die Mühle zur Syraa [78]
gänzlich zu zerstören. Wer widersteht, soll am Leibe gerichtet werden. Wer weiter von den Lübeckern der Mitschuld
angeklagt wird soll sich selbzwölft eidlich reinigen; die das
nicht thun, sollen das Schicksal der Westensee theilen, ihre
Wohnungen soll man nach Holstenrecht zerhauen, Gut und
Dörfer sollen die Grafen an sich nehmen und ohne des Raths
Einwilligung nicht wieder aushändigen. Graf Gerhard verpflichtet sich besonders die Feste Krummendiek, soweit sie
Lüder von Krummendiek gehört, und sein andres Gut an sich
zu nehmen. Endlich sollen diejenigen, welche ihre bei dem
Friedensbruch betheiligten Knechte nach geschehenem Schaden
nicht aus ihrem Brod entlassen haben, als Mitthäter behandelt
werden. Beide Theile verpflichten sich ohne ihre Bundesgenossen keine Sühne mit den Schuldigen zu schliessen. Er-
kunden die Rathmänner noch andre Schuldige ausser den in

---

[76] Ebend. 2, Nr. 1075.   [77] Ebend. 2, Nr. 1074.
[78] Wohl der Meierhof Mühlenkamp im Gute Sierhagen.

ihrer den Grafen gegebenen Schrift Genannten, so sollen auch
diese mit in die Verfolgung aufgenommen werden.

Ein Bündniss in bester Form und nach den schärfsten
Anforderungen des Landfriedens! Die einzelnen Bestimmungen
desselben lassen die zu Grunde liegenden Verhältnisse ganz
anschaulich erkennen. Graf Johann darf natürlich als der
Hauptbeförderer der Landfriedensverträge nicht fehlen, auch
werden die Westensee und ihre Cumpane den Frieden seines
Gebiets nicht minder, als den des Rendsburger, gebrochen
haben. Persönlicher aber ward seine Theilnahme noch dadurch, dass er auf Segeberg augenblicklich gebot und zu dem
gesonderten Landestheil, in welchem Sierhagen lag, manche
Beziehung hatte. Ihm, dessen Territorium ohnedies das in
Rede stehende Stück Land fast völlig umschloss, wird der
Angriff in Wagrien zugedacht worden sein, Gerhard die Lakeburg. Derselbe übernimmt die Feste Krummendiek, deren Zerstörung nicht ausbedungen wird, wahrscheinlich weil sie andern Gliedern der Familie mitgehörte, die sich damals noch
nicht bei den Raubzügen der Westensee betheiligt hatten, wie
Lüder.

Fragt man nun nach der Ausführung des Vertrages und
vergleicht dabei das Jahr 1346, wo die Lakeburg wirklich
zerstört ward, wo wieder Marquard Westensee und Lüder
Krummendiek, damals in Rendsburg, trotzten, so wird man
bald die Ueberzeugung gewinnen, dass erst 1346 Wahrheit
ward, was man vor Gerhards Tode (1340 Apr. 1) verabredete. Die ganze Fassung des entworfenen Bündnisses ist aber
zu scharf und bestimmt, um anzunehmen, dass Wankelmuth
und geänderte Gesinnung, die allerdings häufig in diesen lei-
denschaftlichen Zeiten feierlich Beschworenes ungültig machten, allein hier gewirkt haben können. Es bleibt kein anderer
Ausweg die Nichtausführung des Vertrags zu erklären, als
Gerhards eigner Tod[79], und so scheint mir der undatirte
Entwurf, der nie zu einem beschworenen und besiegelten Bünd-

[79] Nitzsch in den Schl.-Holst.-Lauenb. Jahrbüchern 1, S. 131 bemerkt
mit Berufung auf seine Schrift, Das Taufbecken der Kieler Nicolaikirche S. 29:
‚nicht allein — Gerhard's Tod, sondern zugleich gewiss die vollständige Veränderung —, die sofort in dem Verhältniss zwischen Fürsten und Adel eintrat'.

niss geworden ist, unmittelbar vor diesen gesetzt werden zu
müssen, in den Januar oder Februar 1340, als Gerhard zum
letzten Mal, auch um des Landfriedens willen, in Lübeck war.
Was man besprochen, sollte förmlicher stipulirt und gültig
ratifizirt werden: da erschienen Boten des Markgrafen Ludwig
von Brandenburg in Lübeck, um die Wiedereinsetzung Waldemars, König Christophs jüngsten Sohnes, in das dänische Reich
zu bewirken. Gerhard, um dies zu hindern und seine bedrohte
Herrschaft in Jütland zu sichern, eilte schleunig nach dem
Norden und fiel auf Randers unter Niels Ebbesens Meuchler-
hand [80].

Mit dem Landfrieden war es zunächst aus. Gerhards
Söhne, Heinrich der Eiserne und Nicolaus, hatten anfangs
wichtigere Dinge in Jütland zu thun, darüber mehrten sich
die Räubereien des holsteinischen Adels zu Lande und zur
See, an welchen bei dem zwischen Holstein und den Städten
ausbrechenden Kriege auch die Grafen Theil nahmen. Wie
weit die Westensee dabei noch im Spiele gewesen, lässt sich
nicht verfolgen, da ihrer in dieser Hinsicht während der nächsten Jahre nicht gedacht wird. Besässen wir das in dem Entwurf erwähnte den Grafen eingehändigte Verzeichniss ihrer
Helfershelfer, das doch eine andre Schrift sein muss, als die
oben skizzirte Darstellung der Fehde, allein schon deswegen,
weil in dieser Lüder Krummendiek gar nicht, Albrecht von
Westensee mindestens nicht namentlich genannt wird: so würde
sich vielleicht mehr über die weitere Entwickelung der Fehde
sagen lassen [81]. So sieht man sich nur auf Schlussfolgerungen
aus dem Nichtvorkommen des Namens Westensee beschränkt,
die freilich in diesen Jahren der buntesten Adelsplackereien
misslich sind. Doch scheinen sich die Westensee mit Lübeck
bald ausgesöhnt oder aus irgend einem andern Grunde die
Befehdung aufgegeben zu haben. 1341 schliessen Hamburg
und Lübeck ein Bündniss zur Bekämpfung der Krummendiek

---

[80] Detmar 1, S. 245, 246; Schl.-Holst.-Lauenb. Urks. 2, S. 194—97.

[81] Dieses später aufgefundene Verzeichniss ist gedruckt Lüb. U.B. 4,
Nr. 26: Hi sunt, qui incusati sunt per dominos consules Lubicenses pro incen-
diis et rapinis ipsis per illos de Westense et eorum complices illatis et se
nondum excusaverunt. Primo Luderus de Krummendike cum 40 famulis etc.

und ihrer Helfer, wobei der Westensee namentlich nicht Erwähnung geschieht[82]. Die Letztern sind Mitgelober des, nach vorläufigem Stillstand i. J. 1342[83], endlich am 13. December 1343 bündig zwischen den Grafen und Städten abgeschlossenen Friedens[84], dem die Krummendiek und ihre Freunde erst zwei Jahre später beitreten[85]. Darum können aber die Westensee immerhin bis zu diesem Frieden bei allen Feindseligkeiten gegen die Städte mitgeholfen und sich erst 1343 von ihren bisherigen langjährigen Raubgenossen, den Krummendiek, getrennt haben. Ja da es schwer hält die einzelnen Persönlichkeiten der damals gewiss noch zahlreichen Familie, in welcher nach der Sitte der Zeit stets dieselben Namen wiederkehren[86], genau zu constatiren, so wäre es nicht unmöglich, dass die für den Frieden sich verbürgenden Marquard, Eccard und Albrecht im Widerspruch mit ihren gleichnamigen Vettern und Busch Westensee gestanden hätten, gerade so, wie einzelne Siggen und Split schon den Stillstand mit beschwören, während ihre Verwandten[87], die Porsveld und Musgard, sich noch vom Frieden ausschliessen[88]. Doch widerstreitet dieser letzteren Annahme allerdings, dass nur die Krummendiek, Porsveld, Blocksberg (Krummendick)[89] und Musgard, nirgends die Westensee, als in längerer Feindseligkeit verharrend aufgeführt werden. Ein zwingenderer Beweis für den früheren Rücktritt der Westensee von der Fehde möchte darin liegen, dass in den langen Sündenregistern adliger Strassenräubereien, welche 1342 bei den kaiserlichen Commissarien eingereicht werden[90], der Name Westensee nicht auftritt, und nur eine möglicher Weise auf sie zu beziehende Beschwerde sich findet, welche aber noch in Gerhards Zeit gehört[91]. Jedoch da ge-

[82] Lüb. U.B. 2, Nr. 732; Sartorius 2, S. 368; Höhlbaum 2, Nr. 688, 689. [83] Lüb. U.B. 2, Nr. 750. [84] Ebend. 2, Nr. 785. [85] Ebend. 2, Nr. 832. [86] Beilage 1. [87] Schl.-Holst.-Lauenb. Urks. 1, S. 232; Westphalen 2, S. 277; Michel-, Archiv 1, S. 60. [88] Lüb. U.B. 2, Nr. 750, 785. [89] Michelsen, Archiv 4, S. 381. [90] Höhlbaum 2, Nr. 722—28. [91] Lüb. U.B. 2, Nr. 758, S. 701, Höhlbaum 2, Nr. 725 S. 319: Vortmer reden greven Gherdes man van Segheberghe unde roveden waghene bi

rade an dieser Stelle von vielen mit Graf Gerhard und Graf
Heinrich gehaltenen Tagfahrten die Rede ist, und die obigen
Reste das einzige Schriftliche sind, was uns von diesen vielen
Tagfahrten geblieben: so muss das wieder einer Entscheidung
Einhalt thun, die bei so fragmentarischer Ueberlieferung aus
Nichterwähnungen auf Nichtgeschehensein schliessen wollte.

Wenn die angeführte Stelle sich wirklich auf die Westensee bezieht, so dient sie der vorhin über Segeberg geäusserten
Vermuthung zum Anhalt. Andrerseits macht sie klar, was
für Interesse die Lübecker hatten, die Westensee, welche ihnen
so nahe vor den Thoren plünderten, mehr als Andre zu bekämpfen. Doch würde man fehlgreifen, wenn man ihre Brandschatzungen auf Lübecks Umgegend und etwa die Hamburger
Landstrasse beschränken wollte, welche sie zunächst von Segeberg und Sierhagen aus völlig beherrschten. Gerade ihre
Ansässigkeit im Herzen Holsteins, zusammengenommen mit
ihrer Ausbreitung bis nach Wagrien hin und der Verbindung
mit den Krummendiek und deren Spiessgesellen, machte es
ihnen möglich nicht nur Lübecks Verkehr mit seinem Landbesitz in Wagrien zu stören, sondern auch den Handel durch
ganz Holstein zu beschatzen. Die Westensee selber übernahmen von der Lakeburg aus die nach West und Nord sich
kreuzenden Handelsstrassen, denn über Neumünster gingen
die Wege nach Dithmarschen, Kiel, Rendsburg, Schleswig
u. s. w., welche unmittelbar durch Westenseeisches Gebiet führten, eine alte Wasserstrasse sogar durch den Westensee selber[92]. Die Porsveld und Musgard, im Preetzischen und bei
Kiel sesshaft[93], secundirten von Osten her, während die Krummendiek aus ihren Stammsitzen den ganzen Westen zwischen
Itzehoe und Rendsburg befehdeten und mit andern adligen

Crumesse, dar se nemen borgheren unde ghesten vifhunderd march werd gudes
Lub. penninge, dar vele daghe umme holden worden mit greven Gherde unde
greven Hinrike, unde vredelos ghleghed worden, de men vorvraghen cunde,
de dar mede wesen hadden, de dat gud loveden thu gheldene, unde nicht ghe-
gulden is van deme gude denne bi 70 Lub. marken.

    [92] Topograhie 2, S. 195 Neumünster; 1, S. 385 Flemhude; 1, S. 530
Hohenhude.

    [93] Ebend. 2, S. 297; Westphalen 2, S. 277.

Pfandinhabern des erzbischöflich bremischen Schlosses Hasel-
dorf den Südwesten zwischen Itzehoe und Hamburg von der
Elbe bis ostwärts nach Stormarn hinein in Schach hielten,
wo dann endlich die Scharfenberg auf der Linau, die Hummersbüttel auf Wohldorf und Stegen u. A. sich anschlossen,
und so den um die Städte gezogenen Ring vollendeten [94].

Jetzt begreift man, weshalb die Lübecker um Hülfe wider
die Westensee sich auch an den Erzbischof Burchard von Bremen wandten, der den Ruf eines energischen Landesherrn ge-
noss und 1333 selber in Lübeck gewesen war [95]. Entweder
galt ihre Bitte der Bekämpfung der Krummendiek oder der
Austreibung der Westensee, die zeitweilig des Erzbischofs
überelbische Marschen als Zufluchtsort oder Hinterhalt gebrauchten.

Ob die Westensee eine ähnliche Verbindung jenseit der
Eider gehabt? Man könnte es daraus abnehmen, dass Gerhard der Grosse sich verpflichtet sie auch in Dänemark friedlos zu legen. Bemerkenswerth bleibt dabei, dass die letzte
Handlung, an welcher sie in andern als ihren eignen Angelegenheiten Theil nehmen, ein Bündniss der Grafen Heinrich
und Nicolaus mit König Waldemar Atterdag vom Jahre 1344
ist, welches allein die Brüder Marquard und Albrecht von
Westensee mit den Grafen beschwören und besiegeln [96]. Wenige Jahre später steht Marquard von Westensee im Bunde
mit dem dänischen König und erhebt sich nebst andern Adligen gegen seine Landesherren, die Grafen. Dies ist denn die
vielerwähnte Fehde von 1346, an welche die Ueberlieferung
den Untergang des Geschlechts unmittelbar oder nach Verlauf
einiger Zeit anknüpft.

Was schon der Vater gewollt, führen die Söhne aus. Der
übermüthige Vasall in ihrer eignen Hauptlandesfeste Rendsburg, der aus seinem Pfandbesitz nicht weichen wollte, musste
fallen, um so mehr, als seit Gerhards Tode in den dänischen
Landen Alles rückwärts gieng, und die Grafen Schritt für
Schritt aus den Erwerbungen ihres Vaters herausgedrängt

---

[94] Michelsen, Archiv 1, S. 17 fgg., 59 fgg.; Staphorst 2, S. 608—10.
[95] Leverkus 1, Nr. 579; Westphalen 2, S. 112.
[96] Schl.-Holst.-Lauenb. Urks. 2, S. 118.

wurden von demselben Waldemar, dem sich jetzt Marquard
Westensee anschloss. Das sind die Hauptzüge des zu Grunde
liegenden Verhältnisses; mit Ausnahme der dänischen Verbindung ist Alles, wie 1340 vor Gerhards Tode, so dass, wenn
nicht der Beweis von Gerhards damaliger Betheiligung urkundlich vorläge, man fast glauben könnte, der Vertrag Lübecks zur Bekämpfung der Westensee sei nicht mit dem Vater, sondern mit den Söhnen entworfen. Ob nun Lübeck in
Kraft jenes ersten unterbrochenen Vertrages sich den Grafen
sogleich thatkräftig angeschlossen oder mit seiner Beihülfe
gegen den aufsässigen Adel erst dann eingegriffen hat, als der
Stadt selbst von den Räubereien der Ritter Gefahr erwuchs,
wie vor 1343, lässt sich aus den erhaltenen Quellen nicht ganz
klar erkennen. Das Interesse der Städte gieng dieses Mal
wieder Hand in Hand mit dem der Grafen, doch weiss man
nur von einem eignen Bündniss der Grafen mit Hamburg[97],
Lübeck scheint wegen seiner derzeitigen Beziehungen zu König
Waldemar länger gezögert zu haben. Hierin und in der entschieden anders, als zu Gerhards Zeiten, gestalteten örtlichen
Entwickelung des Aufstandes, welcher seinen Hauptsitz in
Stormarn und dem südlichen an Lauenburg anstossenden Holstein hatte, dürfte es liegen, dass Lübeck bei der Bekämpfung
des Adels nur secundär auftritt, wiewohl Manches sich unserer Kunde entziehen mag. Von einem Angriff in Wagrien
und der Zerstörung Sierhagens wird nichts erwähnt, Lüder
Krummendiek wird zwar als Mitpfandinhaber Rendsburgs von
holsteinischen Chronisten genannt, von seiner Befehdung durch
die Grafen findet sich aber keine Spur: andere Krummendiek
erscheinen sogar auf Seiten der Grafen[98]. Möglich bleibt
auch, dass des eisernen Grafen Heinrich rascher Angriff auf
Rendsburg und die Lakeburg den Widerstand der Westensee
in Holstein sogleich brach, während die längere Vertheidigung
von Stege diesen Theil des Krieges bedeutender hervortreten
lässt. Eigenthümlich ist dabei, dass mehr, als sonst, in diesen
Jahren jeder Mithandelnde für sich allein auftritt und seine
getrennten Interessen verfolgt, doch ist dies wohl nicht min-

⁹⁷ Schl.-Holst.-Lauenb. Urks. 2, S. 210 v. 1347 Aug. 24.
⁹⁸ Ebend. 2, S. 212, 214.

der durch den allgemeinen Charakter der Zeit und den besondern des parteigängerischen Aufstandes, als durch Waldemar veranlasst, welcher überall aufhetzend dahinter steckt. Bedauern muss man deshalb, dass gerade die dänischen Regesten für Waldemars Itinerarien so wenig Anhalt bieten. Um so rathsamer erscheint es daher die Thatsachen einfach chronologisch zusammenzustellen, und zunächst für den vorliegenden Zweck, mit Auslassung alles Fremdartigen, dasjenige, was über den Westenseeischen Handel Aufklärung geben kann, allein herauszuheben.

Von den Chronisten ist hier im Allgemeinen für die richtige Folge der Ereignisse unser Detmar am zuverlässigsten, nur dass, wie öfters, das Meiste um ein Jahr verschoben erscheint. Zunächst Waldemars Reise über Lübeck ins gelobte Land, für die sich nach dänischen Urkunden kein anderer passender Zwischenraum findet, als der Frühling oder die zweite Hälfte des Jahres 1347[99], während Detmar sie 1346 ansetzt. Im Zusammenhang damit verschiebt sich denn auch die Einnahme der Westenseeischen Schlösser. Mit Waldemar reist Herzog Erich der Jüngere von Sachsen: auch dieser war noch im August 1346 mit der Einnahme des Schlosses Lassahn beschäftigt, gegen dessen Besitzer, die Carlow, er sich am 13. Juni 1345 mit Lübeck verbündet hatte[100]. In gewissem Sinne aber behält Detmar doch Recht, wenn man Waldemars Reise in den Anfang des Jahres 1347 verlegt. Dann war der König wirklich noch 1346 im December in Lübeck, von wo er sofort nach Preussen gieng. An der Winterreise darf man keinen Anstoss nehmen; vier Monate (13. Febr.—24. Juni) müssen zur Fahrt von Marienburg ins gelobte Land und nach Kopenhagen zurück genügen[1], und man erreicht Uebereinstimmung

---

[99] Nach Regesta Hist. Dan. ist Waldemar 1346 Aug. 15 in Kopenhagen, Aug. 29, Sept. 6 in Marienburg, Oct. 21 in Roeskilde, Dec. 19 in Lübeck; 1347 Febr. 13 in Marienburg, Juni 24 in Kopenhagen, Juni 28 in Lübeck; 1348 Mai 3 in Kopenhagen, Juli 22 in Nebbe auf Seeland. — Vgl. auch Dahlmann 1, S. 495.

[100] Ebend. 2, Nr. 836, 854. — Auch Duvensee wird verbrannt, ebend. 2, Nr. 866 68.

[1] Schäfer, Die Hansestädte und Kg. Waldemar v. Dänemark S. 141 Anm. 2.

mit den Documenten, die dafür sprechen, dass Waldemar im Sommer des Jahres 1347 in Holstein war. Ja dass er so bald nach seiner Rückkehr, schon am 28. Juni, in Lübeck erscheint [2], beweist, dass er dringende Veranlassung hatte in diese Gegend zu eilen. Mit Lübeck aber kann Waldemar schon deswegen seit Ende des Jahres 1346 bis in den Sommer 1347 hinein nur in freundlichem Verhältniss gestanden haben, weil die Zahlungen für das an den deutschen Orden verkaufte Esthland (Dec. 19—Juli 8) in unsrer Stadt geleistet werden. Die Verbindung des Königs mit dem damals der Stadt befreundeten Herzog Erich wird das Einverständniss mit Lübeck eher vermehrt haben, so dass die Lübecker während der holsteinischen Fehde fast nur den Adel abwehren, und allein da, wo sie nach Landfriedensbestimmungen nicht anders können, sich den Grafen behülflich erzeigen. Mit dieser Auffassung stimmt auch Detmar überein, der von einer vor Westenseeischen oder andern adligen Schlössern geleisteten Hülfe Lübecks nichts weiss. Seine Darstellung ist die den holsteinischen Urkunden sich am meisten anschliessende [3]:

Während Waldemar auf Reisen ist, stehn Marquard Westensee, Johann Hummersbüttel u. A. auf. Graf Heinrich nimmt Rendsburg [4] und Lakeburg (Kaleburg), Graf Johann und Heinrich samt den Hamburgern lagern vor Stege [5]. Inzwischen bemächtigen sich Heine Brokdorf und Ludeke Scharfenberg in Abwesenheit des Herzogs Erich wieder der Linau. Waldemar kommt im nächsten Jahre zurück, will Stege entsetzen, es gelingt ihm nicht, und er vermittelt den Vergleich zwischen den Grafen und den Hummersbüttel [6].

Aus Lübecker Documenten ergiebt sich aber Folgendes:

---

[2] Lüb. U.B. 2, Nr. 883.

[3] Falck, Samml. 3, S. 285 Nr. 3 wird ein für sich allein stehender Friedensbruch gegen die Stadt Kiel vom Jahre 1346 erwähnt, für welchen Henneke Hummersbüttel Urfehde schwört.

[4] Rendsburg wurde wohl damals dem Ritter Marquard Glüsing in Pfand gegeben, wenn er nicht etwa schon ältere Pfandansprüche hatte; 1350 wurde es von den Grafen Heinrich und Claus von ihm eingelöst. Schl.-Holst.-Lauenb. Urks. 2, S. 126.

[5] S. Anm. 97, 1347 Aug. 24.

[6] Schl.-Holst.-Lauenb. Urks. 2, S. 212—14 von 1348 Jul. 22.

Seit 1345 beginnt viel Friedensbruch im Lauenburgischen, aber auch in Holstein fehlt es nicht daran. Die Knappen der Stadt Lübeck verwunden 1346 des Ritter Johann Meinersdorf Knechte vor Oldesloe[7], ja sämtliche Grafen geloben am 29. Apr. 1346 persönlich in Lübeck das bedeutende Wehrgeld von 700 Mk. für den Todtschlag zweier angesehenen Bürger[8]. Man könnte nun annehmen, dass damals ein Bündniss mit Lübeck zu Stande gekommen sei, zumal Lübeckischer Söldner bei Kiel im Anfange des nächsten Jahres Erwähnung geschieht[9]. Waren das Hülfstruppen gegen die Westensee, so haben wir einen neuen Beweis, dass der Angriff erst 1347 erfolgte. Aber im Frieden lebt die Stadt, mindestens mit Graf Heinrich, nicht: sie sühnen sich noch am 24. Juni 1347 über gegenseitig weggefangene Knechte und Mannen[10], vier Tage darauf ist Waldemar in Lübeck[11], und während seines dortigen Aufenthalts beschwert sich Heinrich, dass des Dänenkönigs Leute von Lübeck aus holsteinisches Land raubend und brennend überfallen[12]. Auch Erich von Sachsen ist nach seiner Rückkehr mit Waldemar verbündet, und Lauenburger Adlige erbitten sich 1348 ihre vom Lübecker Vogt genommenen Pferde zurück, welche sie im Dienste ihrer Herren, des dänischen Königs und sächsischen Herzogs, gegen deren offenbare Feinde, die Grafen von Holstein, gebraucht hätten[13]. Man kann kaum anders als sich für ein durchaus unabhängiges Auftreten Lübecks entscheiden, welches schon damals im Gefühl seiner Macht nur den Gesichtspunkt des zu erkämpfenden Landfriedens festhielt und keinem der hitzigen Gegner zu viel Uebergewicht einräumte, freilich denn auch mitunter einen Machthaber, wie Waldemar, der nach Detmars Ausdruck sich stark gesammelt hatte, augenblicklich gewähren lassen musste.

Dass die Lübecker aber dem immer lauter um die Stadt sich erhebenden Adelstumult nach Kräften gesteuert haben, bezeugt vorzüglich das Jahr 1348, welches eine wahre Muster-

[7] Lüb. U.B. 2, Nr. 844. [8] Ebend. 2, Nr. 847.
[9] Ebend. 2, Nr. 894 von 1347 Dez. 24.
[10] Ebend. 2, Nr. 881. [11] Ebend. 2, Nr. 883.
[12] Ebend. 2, Nr. 885. [13] Ebend. 2, Nr. 902, 911, 912.

karte von Urfehden, Wehrgeldsgelobungen u. s. w. darbietet.
Jede der im Aufstande genannten und gar manche andere
holsteinische und lauenburgische Familien sind vertreten, aber
jede für sich; so sühnen sich die Hummersbüttel, Tralow,
Modentin und Struz 3. Juli 1348 um die Erschlagung eines
Lübecker Bürgers [14] und erlauben dem Rath, im Falle sie
das versprochene Wehrgeld von achtzig Mark nicht auf den
Tag bezahlen, alle diejenigen friedlos zu legen, welche um
des gedachten Handels willen nun schon zweimal vor sein Gericht geladen wären.   Aber auch die holsteinischen Grafen fordern die Friedensbrüchigen vor Lübisches Gericht, ja sie haben einen eignen Vogt Willekin Gruwel nach Lübeck gesandt,
auf dessen Ansuchen der Rath die Schuldigen ins Gefängniss
werfen und gegen sie Prozesse instruiren lässt, so dass der
Beschwerdebrief des Grafen Heinrich gewirkt zu haben scheint,
und so schon 1347, gewiss aber 1348, Rath und Grafen im
Einklang handeln.   Zwei Fälle der Art werden angeführt.
Henneke genannt Strikhose und Eberhard von Wickede (mit
ihnen die Parkentin) schwören Lübeck Urfehde, weil sie auf
Ersuchen des Vogts zwei Tage wegen Plünderung gefangen
gehalten sind [15] — und Marquard Westensee wird in
Lübeck als holsteinischer Mordbrenner und um andrer Uebel-
thaten willen förmlich vor Gericht gestellt.   Der Prozess en-
det mit einer Sühne zwischen Ankläger und Beklagten, deren
Inhalt nicht angegeben wird, welche aber Graf Heinrich und
Johann am 20. September 1348 von Örkel auf Fühnen her
anerkennen [16].   Die Lübecker lassen sich um des Vorgefalle-
nen willen von Marquard am 15. März Urfehde schwören,
welche sein Bruder Albrecht, Busch und Bredehinrich von
Westensee, so wie Hartwich Breide, Johann Brokdorf genannt
Hund, Henneke Ritter Johanns Sohn und Henneke Bertholds
Sohn von Rönnau mitgeloben [17].   An demselben Tage versprechen drei meklenburgische Adlige, die Ritter Johann von Plesse
und Konrad Ketelhot mit dem Knappen Nicolaus Hane, Anerkennung und Schadloshaltung Lübecks von Seiten Waldemars in einer eignen besiegelten (seltsam genug schon voraus

[14] Ebend. 2, Nr. 904.   [15] Ebend. 2, Nr. 909.
[16] Ebend. 2, Nr. 910.   [17] Ebend. 2, Nr. 897.

datirten) königlichen Urkunde bis kommenden Pfingsten zu beschaffen [18]. Die gleiche Schadloshaltung sagen die Grafen in ihrer Beitrittsurkunde zu [19].

Ob Marquard Westensee von den Lübeckern gefangen und eingebracht worden, ob er, vertrauend auf den dänischen Schutz, nach Lübeck geflüchtet und dort festgehalten sei, wird nicht gesagt. Doch möchte man das Letztere vermuthen, da die genannten Meklenburger offenbar Vermittler von dänischer Seite sind. Einer von ihnen, Nicolaus Hane, damals mehrfach in Lübeck, wird als Waldemars Getreuer in den Quittungen für Esthland bezeichnet, Marquard aber in der Waldemarschen Urkunde der Diener der Getreuen des dänischen Königs genannt. In dieser engen Verbindung mit Dänemark bleiben die Westensee von jetzt an.

Leider fehlt an der Westenseeischen Urfehde gerade das wichtigste Siegel, das des Marquard. Es lässt sich daher nicht ermitteln, ob er der 1343 genannte ist. War dieser ein Bruder des Albrecht von 1343, so ist auch der verfolgte Marquard ein andrer, denn der 1348 mitgelobende Bruder Albrecht führt ein von dem von 1343 grundverschiedenes Siegel. An einer übrigens gleichgültigen Urfehde eines Hasse Smedeke (1350) [20] hängt das Siegel eines Knappen Marquard Westensee, welches von dem 1343 vorkommenden abweicht. Das mag der aufständische Marquard von 1348 sein, doch muss man dann wieder einen andern in dem gleich zu erwähnenden Westensee desselben Namens von 1354 anerkennen, indem der Letztere einen Bruder Busch hat, 1348 aber der Mitgelober Busch Westensee nicht Marquards Bruder heisst.

Lassen wir das dahin gestellt sein: ohnehin versinkt das geächtete Geschlecht in immer grösseres Dunkel. Ob sie mehr ausser Landes gewesen, ob im Lande geblieben sind, ob ihnen ihr Besitz bald zurückgegeben ward, wir erkennen es nicht. Ihre Familie war nach allen Anzeichen gelichtet, aber doch immer noch in einer Reihe von Männern vertreten, dazu waren sie mit den angesehensten altansässigen Geschlechtern verschwägert, die Stellung zum eingebornen Adel konnten sie,

wie die Hummersbüttel u. A., die man bald nach wie vor im
Lande sieht, leicht wieder gewinnen: da müssen rasch auf
einander folgende Todesfälle, vielleicht der schwarze Tod, die
noch übrigen Männer nach wenigen Jahren hingerafft haben.
Nur ein Erwachsener, Marquard, war noch am Leben. Mochte
es nun die angeborne Unbändigkeit des Geschlechts sein oder
ein verbissener Groll auf Lübeck ob der Behandlung im Jahre
1348, oder gab irgend ein Zufall die Veranlassung, liess Marquard sich vielleicht wider geschworne Urfehde auf städti-
schem Gebiet betreffen — kurzum, er ward unter erschwe-
renden Umständen in der Nähe Lübecks erschlagen. Die Person des Thäters ist so wenig bekannt, wie die Art und Weise
oder das Jahr der Ermordung[21]. Bei Lübeck war es, denn
die Leiche ward nach Lübeck gebracht, ein Unrecht musste
zu Grunde liegen, denn nirgends zeigt sich, dass der Rath
erleichternde Umstände zur Entschuldigung des Todtschlags
anführt. Diener des Raths waren es auch, da keinem einzelnen Bürger die Sühne aufgeladen wird. Nur einmal wird ein
Hermann Tolner mitgenannt, das mag aber eben ein Beamter
sein[22]. Eher wäre es nach den Bestimmungen der Sühne
denkbar, dass ein grosser Theil der Bürgerschaft Helfer oder
Augenzeugen der That gewesen sind.

Um diesen Mord, welcher die Theilnahme des ganzen
Rendsburger Adels, der Grafen und namentlich des Königs
Waldemar aufrief, hat man denn anfänglich mindestens einige
Jahre in Feindschaft gelebt und verhandelt. 1352 geben die
Lübecker dem König Waldemar einen Geleitsbrief, der in
doppelter Fassung aufbewahrt ist, einmal ordnungsmässig besiegelt, dann in vollständigerem Entwurf, so dass es scheint,
der König habe den ersten von Rathmännern der Stadt ausgestellten Brief als ungenügend zurückgesandt und sich mit

---

[21] Einigen Aufschluss giebt die seitdem aufgefundene Urfehde des Eler
Bystechsee und seines Dieners Jesso von Stockmark von 1352 Mrz. 25 (Lüb.
U.B. 3, Nr. 135): per stipendiarios jam dictorum dominorum Lubicensium capti
fuerant in reysa, dum Marquardus Westensee ex eventu disfortunii occidebatur.
Bystechsee ist Bissee, Dorf am Bothkamper-See, östl. v. Bordesholm. S. auch
Mantels, Zeitschr. f. Lüb. Gesch. 1, S. 254.

[22] Ebend. 3, Nr. 586. Der Name erscheint 1352 im Bürgerregister des
zweiten Kämmereibuchs und 1370 im Ober- wie im Niederstadtbuch.

mehr Clauseln von Bürgermeistern, Rathmännern, Bürgern und ganzer Gemeinde freies Geleit versprechen lassen. Vielleicht wollte der König auf einem seiner wiederholten Kriegszüge nach Meklenburg über Lübeck reisen und dort auch eine Sühne wegen des Mordes anbahnen, denn in das Geleit werden besonders Marquard Westensee's Freunde, die Breide, aufgenommen, welche nachher Vertreter der Familie sind [23]. Zu Stande kam eine Sühne aber erst 1354 am 22. Mai, nachdem der Rath einerseits, Ritter Benedict von Ahlefeld der Jüngere, Hartwich Breide und Iwan von Tzepel (ein Walstorf) andrerseits als Freunde (und ohne Frage nächste Verwandte) der zwei unmündigen Westensee, Marquard des Erschlagenen Sohn, und Hartwig Buschen Sohn und des Erschlagenen Neffe, auf die vom König Waldemar erwählten Schiedsrichter, Bischof Bertram von Lübeck, Ritter Eccard von Crumesse (einen Lauenburger) und Peter Dene, des Königs Amtmann, compromittirt hatten [24]. Diese entscheiden [25]:

Der ganze Rath und hundert Bürger sollen sich eidlich vom Todtschlag sühnen. Man soll auf der Stelle, so weit sie sich nachweisen lässt, wo man die vor Lübeck gebrachte Leiche zuerst niedersetzte, ein wahrhaftig Kreuz [26] errichten zu Marquards Gedächtniss. Man soll ihm Messen lesen lassen nach Lübischem Brauch in allen Pfarrkirchen. Man soll drei ewige Messen neu stiften zu Reinfeld, zur Burg und bei den Franciskanern in Lübeck; hätte das Schwierigkeiten, so würden die Schiedsrichter etwas Entsprechendes vorschlagen. Sie sollen ihm einen Leichenstein herrichten. Sie sollen für seiner Seelen Heil einen Pilger ins gelobte Land senden, nach Rom, nach San Jago de Compostella, nach Rochamadour in Quercy, zu Unserer Frau in Aachen und nach Obernkirchen in der Grafschaft Schauenburg. Sie sollen ihm geistliche Brüderschaft aller guten Werke in Klöstern der Bisthümer Schwerin, Ratzeburg und Lübeck erwerben. Sie sollen Marquard Westensee's Sohn nach Ehre und Gebühr in seinen Rechten schützen. Endlich sollen sie 1000 Mk. Wehrgeld an Marquards Sohn bezahlen.

[23] Ebend. 3, Nr. 141, 142. [24] Ebend. 3, Nr. 200.
[25] Ebend. 3, Nr. 201. [26] waraftech == dauerhaft?

Es bedarf wohl kaum des Beweises, dass etwas Ausser-
gewöhnliches geschehen sein musste, um die sonst so zähen
Städter zu solcher Sühne und so bedeutenden Kosten zu vermögen. Schon das Wehrgeld ist das Höchste, das nur für
einen Rathmann oder einen Edlen vorkommt[27]: eines einfachen Knappen Todtschlag findet man in diesen Zeiten, wie
den eines gewöhnlichen Bürgers, mit 60, 80 Mk. ab; für z w e i
angesehene Bürger werden, wie oben angeführt, 700 Mk. versprochen. Mehr aber als Geldauslagen würde die Stadt eine
so feierliche Erklärung nicht nur des gesamten Raths, sondern auch der Gemeinde abgelehnt haben, wenn sie sich nicht
schuldig gewusst hätte. Und nun die Stiftungen u. dgl. mitten in ihrer Stadt! Die ewigen Messen in Lübeck scheinen
nicht zu Stande gekommen zu sein, wenigstens fehlt das Zeugniss. Uebrigens beeilt sich die Stadt die einzelnen Stipula-
tionen der Sühne zu erfüllen. Noch im Mai desselben Jahrs
ist die Brüderschaft der Ratzeburger Kirche erworben, es folgen im Juni gleiche Verleihungen von den Predigermönchen
und Franciskanern in Wismar, den Nonnen zum heiligen Kreuz
in Rostock, von den Klöstern Doberan und Neucamp; endlich
von den sämtlichen Dominikanern der Provinz Sachsen[28].
Ueberall wird Bischof Bertram, der mehrfach als ein versöh-
nender und ausgleichender Mann erscheint, der Vermittler
genannt. Auch ihren Pilger, einen Priester Hermann Fusor
(Grapengheter) haben die Lübecker bald ausgesandt: über
Obernkirchen wird er nach Aachen gereist sein, von da nach
Südfrankreich, am 9. Juli 1355 ist er in Galizien gewesen, am
27. September in Rom[29], von wo er sich ins gelobte Land
begeben haben mag. Schliesslich sollte denn auch das Geld
bezahlt werden. Waldemar und Graf Nicolaus treten am
19. Juli 1355 der Sühne bei, nachdem sie in ihrer Gegenwart

---

[27] Lüb. U.B. 3, S. 545 Anm. 1; Noodt, Beiträge S. 595 (freilich ein späterer Fall v. J. 1588). Der Todtschlag eines Klerikers wird 1482 mit 30 Mk.
abgefunden, Grautoff 2, S. 428. Vgl. Pauli, Ueber das Lübeckische Mangeld
in Zeitschr. f. Lüb. Gesch. 3, S. 279—328.

[28] Lüb. U.B. 3, Nr. 202 Ratzeburg 1354 Mai 31; Nr. 204 Wismar Jun. 10;
Nr. 205 Rostock Jun. 11; Nr. 206 Dobberan Jun. 18; Nr. 207 Neucamp
Jun. 20; Nr. 220 Generalvikar Konrad zu Dortmund ohne Tag.

[29] Ebend. 3, Nr. 233, 247.

durch Marquard Westensee den Jüngern, die Brüder Hartwig, Nicolaus und Helrich Breide, und die Gebrüder Hartwig und Tcneke Zabel, so wie Hartwig Zabels Sohn Breithaupt ratifizirt worden ist. An demselben Tage erklären dieselben Fürsten, dass das Geld bezahlt sci, und versprechen es den Lübeckern wieder zu schaffen, wenn nicht andrerseits alle Punkte der Sühne erfüllt würden[30]. Ob das nicht geschehen ist, ob damals schon der junge Marquard starb, und die Stadt besonnen nicht dem ersten besten Verwandten das Geld hingeben wollte, sondern bis zur Mündigkeit eines Westensee warten[31], ob anfangs andre Hindernisse, dann der mit Waldemar ausbrechende Krieg dazwischen trat — genug, erst am 8. September 1366 bezahlt Lübeck wirklich das Wehrgeld an Hartwig Westensee, Buschen Sohn[32], nachdem auf Anfrage beim König Waldemar und dessen Erkundigung bei Graf Heinrich dieser, als Neffe des Erschlagenen, für den Nächstberechtigten erklärt ist[33]. Er muss damals wieder der einzige Mann des Geschlechts gewesen sein, denn so wenig wie 1354 ist 1366 ein einziger Westensee unter der zahlreichen Mitgeloberschaft aus dem Rendsburger Adel. Dieser endgültigen Sühne treten 14 Tage darauf die beiden Grafen Heinrich und Claus bei Gelegenheit der Auseinandersetzung um Segeberg schliesslich bei[34].

Nach diesem Hartwig habe ich nun keinen weitern Westensee auftreiben können, und so behält die Mittheilung der ältern holsteinischen Chronisten, dass zur Zeit Waldemars das Geschlecht ausgestorben sei, ihre volle Gültigkeit. Nur die nähern Umstände des allmählichen Verschwindens entzogen sich späterer Kunde, und nach der Natur der Sage schloss man den Fall des Stamms unmittelbar an den höchsten Gipfel seiner Macht an, damals als die rasch emporgestiegenen Westensee den Landesherren in der eignen Landeshauptstadt

[30] Ebend. 3, Nr. 236, 237.

[31] So werden in dem vorhin angeführten Fall der Ermordung eines Flensburger Bürgers zwei Drittel des Wehrgeldes für den Sohn aufgehoben. Ebend. 2, Nr. 880, 897.

[32] Ebend 3, Nr. 586.   [33] Ebend. 3, Nr. 560 unter 1366.

[34] Ebend. 3, Nr. 591

otzten. Mit dem Angeführten lässt sich recht gut der Tod
nes Marquard Westensee beim Sturm auf Rendsburg verei-
igen. Auch die Erzählung von der abschlägigen Antwort
es Grafen Nicolaus († 1397), als man ihn um Aechtmachung
es letzten unehelichen Sprosses (Mamser [35] heisst noch im heu-
gen Rothwelsch Bastard) angieng, besteht mit den urkund-
chen Thatsachen. Zwanzig Jahre nach der Sühne führt ein
udeke Tötink, anders geheissen Sehestedt, das Westenseeische
Wappen, abweichend von seinen männlichen Verwandten [36].
s ist wahrscheinlich, dass dieser durch seine Mutter mit dem
usgestorbenen Geschlecht zusammenhängt, und dass auf ihn
ugleich mit dem Besitz Westenseeischer Güter auch der Wap-
enschild zeitweilig überging [37]. Beglaubigt wird diese Vermuthung dadurch, dass von den Mitgelobern Hartwig Westen-
ee's, welche die Grafen als S c h w ä g e r und Freunde be-
eichnen [38], der erste Ritter Johannes von Sehestedt heisst,
er demnach einer Westensee vielleicht vermählt war. Im
andregister von 1543 [39] findet man sämtliche adlige Güter,
elche damals zwischen dem Westensee, Flemhuder See, der
ider und Rendsburg lagen, also da, wo vor Alters die We-
ensee ansässig waren, im Besitz der Sehestedt und Ahlefeldt,
ie nördlichen gehören jenen, die südlichen diesen. Auch das
estätigt die Verwandtschaft der Westensee mit den Sehestedt,
zugleich aber auch mit den Ahlefeldt, von denen Benedict
nach Marquards Tode als nächster natürlicher Vormund oben
genannt ward.

Die langen Händel mit den Westensee mögen Lübeck

---

[35] Vgl. Diefenbach, Glossar. Lat.-Germ. S. 347.

[36] Lüb. U.B. 4, Nr. 524. 1392 findet sich ein Syverd Smalstede, de anders
Töteke heten is, Westphalen 2, S. 291, 293.

[37] In von Stemanns Beiträgen zur Adelsgeschichte IV Die Familie Sehested (Zeitschr. f. Schl., Holst. u. Lauenbg 1) wird dieser Ludeke Totink nicht
erwähnt. Ein späterer Lütke Sehested war 1457 Amtmann in Rendsburg, s.
von Stemann ebend. 1, S. 78 und die betreffende Urkunde jetzt in Schl.-Holst.-
Lauenb. Urks. 4, Nr. 212.

[38] Lüb. U.B. 3, Nr. 591: affines et amici quondam Marquardi Westenzeo,
vasalli nostri'. 3, Nr. 586 heisst es: amici mei' und umgekehrt cum amico
nostro'.

[39] Falck, Neues staatsbürg. Magazin 3.

noch manche Plage gemacht haben, von der uns die Kunde
fehlt. Noch 1367 beim Recess von Falsterbo werden sie dänischer Seits vorgebracht, und es sieht fast wie ein herkömmliches Tagfahrten-Thema aus, wenn der König zugleich mit
der oft wiederholten Beschwerde über die ihm angewiesene
Lübeckische Reichssteuer in puncto des Marquard Westensee
sich beklagt. Die Lübecker haben wohl nicht gern von der
Sache reden hören, wie denn auch ihr Stadtchronist kein Wort
davon verlauten lässt, und so stellen sich die Lübeckischen
Abgeordneten unwissend, oder, wie es im Recess heisst [40]:

*„Dat olde saken weren, der sik her Jacob Plescowe unde
mester Johan nicht uterken verwusten'.*

Beilagen.

Die folgenden Abdrücke sind sämmtlich von Originalen genommen, welche sich im Lübeckischen Archive befinden. Sie sind
alle auf Pergament, nur der Entwurf unter Nr. 11 auf Papier.
Zur vollständigen Uebersicht ist ein chronologisches Verzeichniss
der bisher gefundenen Westensee vorangestellt. Es schien dies
räthlicher, als der Versuch dieselben Namen nach gewissen Grund-
sätzen auf e i n e Person zu concentriren. Da in den zwanziger
Jahren Marquard Vater und Sohn gleichzeitig auftreten, in den
vierziger mindestens zwei Marquard und Albrecht aus den Siegeln
sich nachweisen lassen, so würde jeder derartige Versuch doch
nur   )blematisch bleiben.

1.

Verzeichniss der von 1253 bis 1366 vorkommenden von Westensee.

1253.	Emeco miles.	Lüb. U. 1, Nr. 192.
1259.	Emeco miles.	Hamb. U. 1, Nr. 648.
1281.	Marquardus ⎫ Emeco ⎭	milites. Schl.-Holst.-Lauenb. Urks. 1, S. 218.
1288.	Marquardus miles.	Hasse, Kieler Stadtbuch Nr. 901. (Vgl. Westphalen 3, S. 638.)
1306.	Marquardus miles.	Schl.-Holst.-Lauenb. Urks. 1, S. 225 fg.
1310.	Marquardus miles. ⎫ Gotschalcus. ⎭	Westphalen 2, S. 73.

1315. Marquardus ⎰ milites. Schl.-Holst.-Lauenb. Urks. 1,
      Wulf   ⎱   S. 482. (Westphalen 4, S. 3216.)
1315. Wulf miles. Ebend. 2, S. 144.
1316. Wulf   ⎰
      Marquardus ⎰ milites. ⎰ Ebend. 2, S. 37. (Angelus 2,
      Gotschalcus.   ⎱ S. 41.)
1317. Wulf miles. Michelsen, Dithmars. Urk. S. 21.
1317. Marquardus ⎰
      Wulf   ⎱ fratres, milites. Lüb. U.B. 2, Nr. 348.
1318. Marquardus miles. Schl.-Holst.-Lauenb. Urks. 2, S. 39.
1318. Buscho miles. Hvidfeldt S. 403.
1319. Marquardus miles. Schl.-Holst.-Lauenb. Urks. 2, S. 399.
1319. Marquardus miles. Staphorst 2, S. 236.
1320. Marquardus
      Wulf   ⎰   ⎰ milites. Westphalen 2, S. 80.
      Marquardus ⎰ eius filii ⎱ (Suhm 12, S. 25.)
1320. Marquardus ⎰
      Wulf   ⎱ milites. ⎰
      et eorum patrueles.   ⎱ Westphalen 2, S. 80.
1321. Wulf   ⎰ milites vasalli Gerhardi (III). Leverkus
      Marquardus ⎱   1, Nr. 498.
1321. Marquardus miles. Lüb. U.B. 3, Nr. 69.
1321. Marquardus ⎰
      Wulf   ⎱ milites. Mckl. U.B. 6, Nr. 4283.
1321. Marquardus miles. Gründl. Nachr., Beil. S. 32.
1321. Marquardus miles. Westphalen 2, S. 81.
1322. Marquardus miles. Westphalen 2, S. 87, 83.
1323. Marquardus miles. Schl.-Holst.-Lauenb. Urks. 2, S. 54.
         (Suhm 12, S. 356.)
1324. Marquardus miles, consiliarius Gerhardi (III). Lever-
         kus 1, Nr. 511, 513—15. (Lünig 2, S. 335 fg.
         Falck, Sammlungen 3, S. 202. Christiani S. 126 fgg.
         Becker 1, S. 250 fg. Hvidfeldt S. 425. Suhm 12,
         S. 91.)
1325. Marquardus miles. Schl.-Holst.-Lauenb. Urks. 2, S. 61.
1325. Marquardus miles. (Klefeker,) Samml. Hamb. Gesetze
         10, S. 135.
1327. Marquardus. ⎰
      Eccardus.   ⎱ Westphalen 4, S. 3473.
(1319—34.) Marquardus. Beil. 2.
1336. Eccardus. ⎰
      Buscho.   ⎱ Lüb. U.B. 2, Nr. 642.
(1336—40.) Marquardus.
      Eccardus ⎰   ⎰
      Buscho   ⎱ eius patrueles. ⎱ Ebend. 2, Nr. 1073.

(1340.) Marquardus) fratres. Ebend. 2, Nr. 1074. Vgl. 4,
Albertus   }   Nr. 26.
1343. Marquardus) famuli. Ebend. 2, Nr. 784, 785. (Schl.-
Eccardus   (Holst.-Lauenb. Urks. 2, S. 114, 207.)
Albertus   Vgl. Lüb. U. B. 2, Nr. 811 (Klefeker
)   11, S. 681 fgg.), Nr. 814.
1344. Marquardus) fratres. Schl. - Holst. - Lauenb. Urks. 2,
Albertus   }   S. 119. (Hvidfeldt S. 490. Suhm 13,
)   S. 107.)
1348. Marquardus
Albertus, frater eius   (armigeri. Lüb. U. B. 2,
Buscho   {   Nr. 897, 898, 910.
Hinricus dictus Bredehenric)
1350. Marquardus famulus. Ebend. 2, Nr. 970.
1352. Marquardus ex eventu disfortunii occisus. Ebend. 3,
      Nr. 135.
1352. Marquardus. Ebend. 3, Nr. 141, 142.
1354. Marquardus occisus, famulus. Ebend. 3, Nr. 200.
1354. 1355. Marquardus, Marquardi occisi filius. Ebend. 3,
      Nr. 200, 201, 236, 237.
1354—66. Hartwicus, Buschonis Marquardi occisi fratris 1354
      iam defuncti, filius, armiger. Ebend. 3, Nr. 200,
      201, 560, 586.
[1390. Ludeke Toetine alias dictus Sestede, famulus. Ebend. 4,
      Nr. 524.]

2.

*Der Rath zu Segeberg bezeugt vor Marquard Westensee, dass das
dortige St. Abundius-Siechenhaus einige der Zeit von Heinrich
Brant bewirthschaftete Hufen in dem Dorfe Steinbeck eigenthümlich besitze.* (1319—34.)

Coram vobis Marquardo de Westense et omnibus presencia
visuris nos consules civitatis Segheberghe recognoscimus protestantes, quod domus leprosorum sancti Ambundii iuxta castrum Segheberghe habuit et habet in villa Stenbeke colonum colentem man-
sos dictis pauperibus cum omni iure pertinentes. Nomen autem
coloni est Hinricus Brant. Quod nobis notum est et aliis pluribus fidedignis.

*Anhängend das in den Holst. und Lauenb. Siegeln des Mittelalters II. 1, Taf. 6
Nr. 28 abgebildete Siegel.*

3.

Otto, Herzog von Braunschweig und Lüneburg, urkundet, dass auf einer in der Streitsache zwischen der Stadt Lübeck und Eccard und Busch Westensee von ihm als erwähltem Schiedsrichter angesetzten Tagfahrt Erstere durch ihre Vertreter erschienen, Letztere aber ausgeblieben seien. 1336 Sept. 30.

Anhängend das Siegel des Herzogs (ein Löwenkopf).
Gedruckt: Lüb. U.B. 2, Nr. 642.

4.

Darstellung des Ursprungs der Fehde der Stadt Lübeck mit denen von Westensee. (1336—40.)

Gedruckt: Lüb. U.B. 2, Nr. 1073.

---

4 a.

Verzeichniss derer, welche angeschuldigt worden, an den Räubereien der Westensee Theil genommen zu haben. (1338—40.)

Gedruckt: Lüb. U.B. 4, Nr. 26.

5.

Lübeckischer Entwurf der von den Grafen Gerhard (III.) und Johann (III.) zur Friedloslegung und Verfolgung der Brüder Marquard und Albrecht von Westensee mit Lübeck einzugehenden Verbindung. (1340.)

Gedruckt: Lüb. U.B. 2, Nr. 1074.

6.

Burchard, Erzbischof von Bremen, antwortet den Rathmännern zu Lübeck, dass er in Bezug auf die von Westensee ihnen keine Auskunft zu ertheilen vermöge. (1336—43.)

Das aufgedrückt gewesene Siegel ist gänzlich abgesprungen. — Burchard Grelle war Erzbischof vom 28. September 1327 bis zum 12. August 1344.
Gedruckt: Lüb. U.B. 2, Nr. 1075.

7.

Der Knappe Marquard von Westensee schwört der Stadt Lübeck Urfehde wegen dessen, was ihm dort auf Betrieb des Willekin

Gruwel Namens der Grafen von Holstein widerfahren ist. 1348
März 15.

*Anhängend die Siegel des Albrecht Westensee (Taf. Nr. 4), Johann Brokdorf
(ein Hund), Hennekin und Johann von Rönnau (das Wappen der Rönnau,
dem der Ranzau gleich). Vom ersten Siegel ist die ganze Vorderseite abgesprungen, vom dritten, vierten und fünften sind nur die Pergamentstreifen
vorhanden.*
Gedruckt: Lüb. U.B. 2, Nr. 897.

8.

*Die Ritter Johann von Plesse und Konrad Ketelhot und der Knappe
Nicolaus Hane versprechen dem Lübeckischen Rathe, bis kommende Pfingsten eine den zu Lübeck zwischen Marquard Westensee und Willekin Gruwel geschlossenen Vergleich anerkennende
Urkunde des Königs Waldemar von Dänemark beizubringen.
1348 März 15.*

*Anhängend die Siegel des Joh. von Plesse (gehender Stier), Konr. Ketelhot
(drei Eisenhüte) und Nic. Hane (Hahn).*
Gedruckt: Lüb. U.B. 2, Nr. 898.

9.

*Johann (III.) und Heinrich (II.), Grafen von Holstein und Stor-
marn, ertheilen ihren Consens zu der zwischen ihrem Bevollmächtigten Willekin Gruwel und Marquard Westensee geschlossenen Sühne. 1348 Sept. 20.*

Anhängend die Secrete der beiden Grafen.
Gedruckt: Lüb. U.B. 2, Nr. 910.

10.

*Die Knappen Marquard Westensee und Hennecke Smedeke geloben für
die von Hasse Smedeke, dem Bruder des Letztern, der Stadt
Lübeck geschworene Urfehde. 1350 Jul. 5.*

*Anhängend die Siegel des Marq. Westensee (Taf. Nr. 5) und Hennecke Sme-
deke (Hammer und Zange).*
Gedruckt: Lüb. U.B. 2, Nr. 970.

10 a.

*Die Knappen Nicolaus Boltzendal, Lüder und Christoph von Bor-
stel verbürgen sich für die von Eler Bystechsee und dessen*

Diener Jesse von Stockmark der Stadt Lübeck geschworene Ur-
fehde. 1352 *März* 25.
Gedruckt: Lüb. U.B. 3, Nr. 135.

11.

Der Rath von Lübeck gelobt dem Könige Waldemar von Dänemark
freies Geleit in der Stadt Lübeck und deren Gebiet bis zu kom-
menden Pfingsten und nimmt in diese Zusage die Freunde des
Marquard Westensee, die Gebrüder Breide, auf. 1352 *Aug.* 9.

Anhängend ein Rest des Lüb. Stadtsiegels. (Holst. Lauenb. Siegel. Taf. 4
Nr. 15.) Ebendaselbst der Entwurf.
Gedruckt: Lüb. U.B. 3, Nr. 141.

---

11 a.

Entwürfe zu entsprechenden Geleitsbriefen des Königs Waldemar IV
von Dänemark. (1352.)

Gedruckt: Lüb. U.B. 4, Nr. 142.

12.

Ritter Benedict von Ahlefeld und die Knappen Hartwig Breide und
Iwan von Tzepel unterwerfen sich Namens der unmündigen
Söhne von Marquard und Busch Westensee dem über den Todt-
schlag Marquards angesetzten Compromiss. 1354 *Mai* 22.

Anhängend die Siegel des Benedict von Ahlefeld (welches dasselbe ist mit dem
an einer Urkunde von 1358 (Lüb. U.B. 3, Nr. 294) hängenden, deren
Aussteller Benedictus miles, filius domini Benedicti senioris, genannt wird),
Hartw. Breide (rechtsgelehnter Schild mit aufgerichtetem Löwen, darüber
Helmdecke und springender Löwe als Helmzier), und Iwan von Tzepel.
*(Wappen der Reventlow; Umschrift: * S' Ywani Walestorph.)*
Gedruckt: Lüb. U.B. 3, Nr. 200.

13.

Bischof Bertram von Lübeck, Ritter Eccard von Crumesse und Pe-
ter Dene, Amtmann des Königs Waldemar von Dänemark, er-
kennen als von beiden Theilen erwählte Schiedsrichter über die
vom Lübeckischen Rathe wegen der Erschlagung des Knappen
Marquard Westensee zu leistende Sühne. 1354 *Mai* 22.

Anhängend die Siegel des Bischof Bertram, Eccard von Crumesse (Strahl)
und Peter Dene (in einer gothischen Verzierung, einem Vierpass, ein rechts-
*geneigter Schild mit einem Kopf; Umschrift: + S' Petri * Dænæ).*
Gedruckt: Lüb. U.B. 3, Nr. 201.

14.

Das Capitel der Ratzeburger Kirche ertheilt dem verstorbenen Marquard Westensee geistliche Brüderschaft. 1354 Mai 31.

Anhängend das gewöhnliche Capitelsiegel ad causas.
Gedruckt: Lüb. U.B. 3, Nr. 202.

15.

Gleiche Verleihung des Priors der Dominikaner in Wismar.
1354 Jun. 10.

Siegel aufgedrückt.
Gedruckt: Lüb. U.B. 3, Nr. 204.

16.

Gleiche Verleihung des Bruders Hermann, Gardians der Minoriten in Wismar. 1354 t. 10.

Siegel aufgedrückt.
S. zu Lüb. U.B. 3, Nr. 204.

17.

Der Convent des Nonnenklosters zum heiligen Kreuz in Rostock gewährt dasselbe. 1354 Jun. 11.

Anhängend die Siegel des Probstes Dietrich und des Convents.
Gedruckt: Lüb. U.B. 3, Nr. 205.

18.

Gleiche Verleihung des Klosters Doberan. 1354 Jun. 18.

Anhängend die Siegel des Abts Jacob und des Convents.
Gedruckt: Lüb. U.B. 3, Nr. 206.

19.

Gleiche Brüderschaft durch das Kloster Neucamp verliehen.
1354 Jun. 20.

Anhängend die Siegel des Abts Heinrich und des Convents.
Gedruckt: Lüb. U.B. 3, Nr. 207.

20.

Konrad, Generalvicar der Predigermönche für die Provinz Sachsen, verleiht eine gleiche Brüderschaft. 1354.

Das Siegel anhängend.
Gedruckt: Lüb. U.B. 3, Nr. 220.

21.

Die Cardinäle und der Schatzmeister der Kirche des Apostels Jacob von Compostella in Galizien erklären, dass der Priester Hermann Fusor seine Pilgrimschaft für die Seele des Marquard Westensee ordnungsgemäss vollbracht habe. 1355 Jul. 9.

Unregelmässig abgeschnittenes Stück Pergament, 6 Zoll breit, 4 Zoll hoch. Es ist doppelt zusammengelegt, und dann ein Siegel darauf gesetzt, von dem nur noch die grünen Wachsspuren vorhanden sind.
Gedruckt: Lüb. U.B. 3, Nr. 233.

22.

Waldemar (Atterdag), König von Dänemark, und Nicolaus, Graf von Holstein und Stormarn, erklären, dass vor ihnen über den Todtschlag des Marquard Westensee dessen Sohn Marquard samt seinen Freunden und Rath und Bürger von Lübeck sich endgültig gesühnt und jene für die Haltung der Sühne eine besondre Gelöbniss-Urkunde ausgestellt haben. 1355 Jul. 19.

Anhängend die Secrete des Königs Waldemar (rund, mit einer Krone) und Grafen Claus.
Gedruckt: Lüb. U.B. 3, Nr. 236.

23.

König Waldemar und Graf Nicolaus erklären, dass Rath und Bürger von Lübeck dem jungen Marquard Westensee die in der Sühne gelobten 1000 Mk. ausgezahlt haben, und verpflichten sich dieselben zurückzuzahlen, so wie die Lübecker in Schutz zu nehmen, wenn durch die Gegenpartei die Sühne verletzt werde. 1355 Jul. 19.

Anhängend dieselben Siegel, wie an Nr. 22. — Dreyer in seinem Apparatus juris publ. Lub. führt die obige Urkunde, deren Original übrigens, wie Nr. 22, eine Signatur von seiner Hand trägt, als in Schedis Jo. Friderici Arpe (Prof. in Kiel) vorhanden an.
Gedruckt: Lüb. U.B. 3, Nr. 237.

24.

Johann de Strigonio, Pönitentiar des Papstes, bescheinigt, dass Hermann Fusor für die Seele des Marquard Westensee seine Pilgrimschaft in Rom vollbracht habe. 1355 Sept. 27.

Ein sehr unkenntlich gewordenes Siegel in rothem Wachs ist dem Briefe auf-gedrückt.
Gedruckt: Lüb. U.B. 3, Nr. 247.

25.

Waldemar, König der Dänen, Slaven und Gothen, ersucht den Rath zu Lübeck, die wegen Tödtung des Marquard Westensee zu entrichtende Entschädigung an Hartwig Westensee, Buschen Sohn, als allein Berechtigten, zu zahlen. (1366) Mai 30.

Das aufgedrückte rautenförmige Siegel ist ganz unkenntlich geworden.
Gedruckt: Lüb. U.B. 3, Nr. 560.

26.

Hartwig Westensee, Buschen Sohn, urkundet über die vollständige Erfüllung aller Punkte der um den Todtschlag seines Vaterbru-ders Marquard Westensee erkannten Sühne und bescheinigt den Empfang des Wehrgelds von 1000 Mk. 1366 Sept. 8.

Anhängend die Siegel des Hartw. Westensee (Taf. Nr. 6), Joh. Schestedt (Taf. Nr. 7), Meseke Krummendiek (zwei auswärts gekehrte Widderhörner, da-runter ein Vogel; Umschr.: † S' Domini. Nicolai. Mezeken), Burch. Krum-mendiek (Baum), Heinr., Wulf und Volrad Riksdorf (Adler mit gekrön-tem Menschenkopf), Nic. Molt (ledige Vierung im linken Oberwinkel), Joh. Stubbekesdorf (gezäumter Pferdekopf), Siegfr. und Marq. Doserode (Zin-nenschnitt), Joh. Schmalstede (Bär), Joh. Parkentin (aufrecht stehende Spitze), Lud. und Hartwig Schinkel (Wappen der Schestedt), Marq. und Arnold v. d. Wisch (Wolf), Iwan Reventlow (Zinnenschnitt), Iwan Krum-mendiek (Baum), Marq. Stake (viermal quergetheilter Schild).
Gedruckt: Lüb. U.B. 3, Nr. 586.

27.

Heinrich (II.) und Nicolaus, Grafen von Holstein und Stormarn, entbinden den Rath von Lübeck aller aus dessen Pfandbesitz von Segeberg erwachsenen Rechtsforderungen und treten der von ihren Vasallen, den Verwandten und Freunden des weiland Mar-quard Westensee, mit Lübeck geschlossenen Sühne bei. 1366 Sept. 21.

Anhängend die Secrete der beiden Grafen.
Gedruckt: Lüb. U.B. 3, Nr. 591.

28.

Ludeke Tötink, anders geheissen Sehestedt, schwört dem Rathe zu Lübeck Urfehde wegen seiner und seines Knechtes Gefangensetzung daselbst. 1390 Aug. 29.

Anhängend sechs Siegel, welche mit Ausnahme des ersten (Taf. Nr. 8) das Sehestedtsche Wappen führen.
Gedruckt: Lüb. U.B. 4, Nr. 524.

29.

Zu der Siegeltafel.

Das Wappen der Westensee ist abgebildet im Dänischen Adelslexikon (II, Taf. XLII Nr. 50).

Schon oben (S. 139, 143) ward angeführt, dass nach Westphalen 2, S. 80. an einer Neumünsterschen Urkunde die Siegel dreier Westensee hängen, der Ritter Marquard und seiner Söhne Wulf und Marquard.

Das Oldenburger Archiv bewahrt an der unter Nr. 514 im Urkundenbuche des Lüb. Bisth. (1, S. 637) abgedruckten Urkunde als zweites anhängendes Siegel das des Ritters Marquard, welcher dem Bischof Heinrich so arg zusetzte. Nach einer von Herrn Archivar Dr. Leverkus gütigst eingeschickten Zeichnung ist es $3\frac{1}{2}$ Centimeter gross, rund, und enthält auf dem Schilde ein den abgebildeten Siegeln ähnliches Eichhörnchen. Der Grund aber neben dem Schilde ist mit Blumenranken verziert. Umschrift:

† MARQVARDI · MILITIS · D · WESTESE.

Sonst habe ich nur noch einmal, 1344, die Siegel von Marquard und Albrecht als ursprünglich angehängt erwähnt gefunden. (Schl. Holst.-Lauenb.-Urks. 2, S. 119.)

Die nebenstehende Tafel enthält unter Nr. 1 — 3 die Siegel des Eccard, Marquard und Albrecht, welche in dieser Reihefolge an der zweiten der Friedensurkunden von 1343 hängen, das Marquards auch an der ersten. (Lüb. U.B. 2, Nr. 785, 784.)

Nr. 4 hängt an der Urk. von 1348 (Beil. 7), Nr. 5 an der von 1350 (Beil. 10), Nr. 6 und 7 an dem Sühnbrief von 1366 (Beil. 26), Nr. 8 an Beil. 28.

V.

Die hansischen Schiffshauptleute Johann Wittenborg, Brun Warendorp und Tidemann Steen.

(1872.)

Im Jahre 1366 hatte die Stadt Lübeck einen ärgerlichen Process an der römischen Curie. Einem gewissen Priester, Johann von Helle, der schon drei Jahre früher vom lübischen Bischof Bertram Cremon zur Ruhe verwiesen und als Fälscher einer päpstlichen Bulle aus der Stadt auf ewig verbannt war, gelang es, den Rath von Lübeck aufs neue in die Irrgänge des römisch-canonischen Rechts einzufangen und eine zweite Klage wegen angeblicher Gewaltthätigkeiten, Erpressungen durch der Stadt Diener u. s. w. bis vor die Instanz des Papstes zu bringen. Die Anschuldigung ist so absurd, dass der Stadt Anwalt, bevor er auf das Klaglibell antwortet, es für gerathen hält, Seiner Heiligkeit klar zu machen, was für eine Stadt denn Lübeck sei: er wolle erst einiges über die Beschaffenheit und die Ehrlichkeit (d. h. die hochgeehrte Stellung) des Rathes und der Stadt sagen. Und nun beginnt er zu erzählen, dass sie eine Reichsstadt sei, allein dem Kaiser unterworfen; dass über dreissig Städte an ihr den obersten Appellhof hätten, von dem man sich nur auf den Kaiser berufen könne, was übrigens selten vorgekommen sein solle; dass sie die Landstrassen sicher halte, ohne dazu den fremden Kaufmann zu besteuern u. s. f. Deshalb seien die Rathmänner Lübecks geehrt auf Reichstagen und überall, geschätzt von Kaiser und edlen Herren, in Tracht und Schmuck dem Ritterstande gleich geachtet, und, wie an anderen Orten, so sei auch an Seiner Heiligkeit Hofe nur eine Stimme über ihre Herrlichkeit und Macht.

In diese Zeiten lübischer Macht und Herrlichkeit weisen die drei in der Ueberschrift genannten Namen. Es sind drei Männer aus der grossen Zahl reisiger Kaufleute, welche als Rathsmitglieder des Vororts Lübeck an der Spitze hansischer Flotten gestanden haben, drei Männer, welche durch ähnliche

Lebensumstände sich wohl dazu eignen, in eine Gruppe zusammengeschlossen zu werden. Alle drei haben gegen Dänemark commandirt, Johann Wittenborg 1362, Brun Warendorp 1369, Tidemann Steen 1427. Alle drei erliegen ihrer Stellung und dem Geschicke des Krieges: Johann Wittenborg lässt sich überfallen und büsst für den der hansischen Flotte zugefügten Verlust mit seinem Haupt auf dem Markte zu Lübeck; Brun Warendorp verliert sein Leben in Schonen vor Helsingborg; und Tidemann Steen muss die Nichtbefolgung seiner Verhaltungsbefehle mit dreijähriger schwerer Haft sühnen.

In der langen Reihe glänzender Namen von, nur aus Lübeck hervorgegangenen, umsichtigen Staatsmännern und schlagfertigen Kriegshauptleuten, welche sich innerhalb der gedachten 65 Jahre aufführen lassen, treten die genannten Drei in der besonderen Verwandtschaft hervor, dass der Tod sie als Kriegsopfer erlas, denn auch an Tidemann Steens Haupt ist er dicht vorbeigestreift. Freilich ein verschiedenartiger Tod: mit Recht gilt Brun Warendorp für den in hohen Ehren Gestorbenen, den Andern fiel ein Gedächtniss der Schmach zu. Aber auch diese Beiden haben, so weit wir es erfahren oder nach dem Geiste der Zeit sicher voraussetzen dürfen, dem Tode mit Festigkeit ins Antlitz geschaut, den Spruch des Raths als einen gerechten auf sich genommen und wie Männer und wackere Bürger dem Wohl des Ganzen jeden eigenen Wunsch geopfert. Aus den erhaltenen Nachrichten aber spricht der grosse republikanische Geist jener Zeit zu uns, der zwar des bewegenden Parteilebens nicht entbehrt, doch ohne Ansehn der Person über Alle gleichmässig zu Gerichte sitzt und, ebenso frei vom Uebermaass des Hasses wie der Liebe, das persönliche Wohl und Wehe des Einzelnen nicht registrirt.

In diesen und ähnlichen Gestalten treten unsere hansischen Bürgermeister den vielgepriesenen Helden flandrischer Städte oder den durch Geschichte und Poesie noch allgemeiner gefeierten Häuptern italienischer Republiken ebenbürtig an die Seite. Aber wie schwer hält es, ihre bis zu völliger Unkenntlichkeit verdunkelte Persönlichkeit aus dem Nebel der Ueberlieferung heraufzuführen, geschweige denn sie mit einigen char   ristischen Zügen auszustatten.

Unwillkürlich erinnert man sich beim Schicksal Johann Wittenborgs an den Dogen, dessen Bild in der langen Reihe des venetianischen Regentensaales fehlt. Doch von Jenem erfährt kein Fremder, der Lübecks Markt betritt, — den Einheimischen selbst ist die Mähre verklungen — während ein Jeder, welcher an der Riesentreppe des Dogenpalastes stand, vom leidenschaftlich glühenden Marino Faliero zu sagen weiss, dem dort das greise Haupt vor die Füsse gelegt ward.

Wie hart Tidemann Steens Gefängniss anfänglich war, darüber geben uns die amtlichen Einzeichnungen des Niederstadtbuchs Kunde, welche von der allmählichen Erleichterung desselben zeugen. Aber kein Chronist gewährt uns einen Einblick in das, was er litt und dachte, wie, bei ähnlichem Erlebniss, Leo's italienische Geschichte selbst deutschen Lesern ihn in das Herz der beiden Venetianer Foscari mit den Worten des Sanuto im Leben des Franz Foscari eröffnet.

Die dem Foscari seit Antritt seines Ducats feindliche Partei des Loredano, welche noch kurz vor des Dogen Tode nach 34 Jahren der Regierung 1457 seine Absetzung erzwang, hatte, unter anderm Herzeleid, auch seinen einzigen Sohn Jacob in Criminaluntersuchung verwickelt, bei welcher er durch die damals gebräuchliche entsetzliche Seiltortur, die sogenannte Wippe, furchtbar verletzt war. Der Doge besuchte seinen Sohn im Gefängniss. Er war alt und gebrechlich, erzählt Sanuto, und ging an einem Stocke. Und wenn er zu ihm ging, so sprach er standhaft zu ihm, dass es schien, er wäre nicht sein Sohn, obschon es sein eigner Sohn war. Und Jacob sprach: ‚Herr Vater, ich bitte euch, verschafft mir, dass ich in mein Haus zurückkehren darf‘. Der Doge sprach: ‚Geh, Jacob, und gehorche Dem, was der Staat will, und nichts weiter‘. Aber, als der Doge in seinen Palast heimgekehrt, da, sagt man, sei ihm das Herz gebrochen.

Schon Barthold, welcher zuerst mit Glück eine lebensvollere Darstellung hansischer Verhältnisse versucht hat, klagt über die Nüchternheit norddeutscher Chroniken, ihnen fehle, sagt er in seiner Geschichte der deutschen Seemacht, ‚das chevalereske Gepräge, jener Farbenglanz, welchen die Chronik eines Jean Froissart über die Thaten der Franzosen, Englän-

der und Spanier verbreitet'. Wenn wir bei jenem zuweilen
ein gut Theil auf die Phantasie des Erzählers hin in Abzug
zu bringen haben, so dürfen wir bei unsern Chronisten, die,
wortkarg und hausbacken wie ihre Helden, über diese kauf-
männisch-bürgerlichen Krieger nicht mehr berichten, als was
eben von Nöthen ist, dreist etwas zulegen, was die Inbetracht-
nahme der Nebenumstände, der Zeit, der späteren Entwickelung
u. s. w. gestattet. Für die fehlende Buntheit und Mannigfaltigkeit der Farben entschädigt dagegen das Körnige, Markige und
Sinnreiche unserer Erzähler, ein Wort, ein Ausdruck entrollt
vor dem Auge des mit der Zeit Vertrauten oft ein ganzes
Bild.   So, wenn es von dem bekannten Umschlag in der Macht
Waldemars des Siegers heisst: Nu merket, wo mit dem koninge de schive is ummelopen! — Oder, als nach seiner
Befreiung aus der Gefangenschaft die Stadt Lübeck sich in
der Zwickmühle zwischen den Ansprüchen des Königs auf Unterthänigkeit und den erneueten des Grafen Adolf von Schaum-
burg befindet: Do hadden de van Lubeke ere boden over
berch in Italia, dar se deme keisern, erem rechten heren,
klageden ere not. — Oder von dem Siege auf der Heide zu
Bornhöved: Des daghes wurden de lant geloset van der Denen wolt, des se alle

Gode gheven lof unde ere,

unde dot jummer mere.

Oder, wenn Kaiser Karl IV., der hohe Gast der Stadt, fünf
Jahre nach dem glorreichen stralsunder Frieden, seinen Wir-
then auf dem Rathhause zu Lübeck als vollendeter Hofmann
sagt: Gy sint heren!

Aus solchen innerlich wahren, echt sittlichen und tief
poetischen Zügen, von denen unsere Chronisten voll sind, kann
der Geschichtschreiber schon die Pinselstriche entnehmen, um
ein lebensvolles Zeitgemälde zu entwerfen und von dem Grunde
desselben die hohen Gestalten unserer edlen alten Vorfahren
leibhaftig sich abheben zu lassen. Aber nicht überall wird uns
dies Material so reichlich geboten; an einzelnen Stellen, wo
es sich um die Erkundung der folgewichtigsten Ereignisse
handelt, versiegt die chronikalische Quelle fast ganz. Es trifft
diese schmerzliche Lücke gerade die Kriege, in welchen die

beiden erst genannten Rathmänner thätig und leitend auftreten, die beiden grossen Kriege mit Waldemar IV., deren end-
licher siegreicher Abschluss der Stadt ihre gebietende Stellung
in unserm Norden gab. Es fehlen uns über sie und die nächsten Jahrzehnte alle gleichzeitigen chronikalischen Niederschrif-
ten, und auch ohne das ausdrückliche Zeugniss des Franziskaner-Lesemeisters Detmar, der den Strom wieder ebenmässi-
ger und dann immer voller vom Ende des 14. Jahrhunderts
an fliessend machte, würde uns der oft nicht ein halbes Oc-
tavseitchen seiner Chronik ausfüllende Inhalt der thatenvollen
Jahre 1351 — 1371 von der traurigen Wahrheit überzeugen,
dass, wie Detmar sagt, ‚der stades coroniken bi 36 jaren nicht
togeschreven, ok brekhaftich der ding was, de gescheen weren
an vele jaren unde an vele landen'.

Eben um dem Mangel abzuhelfen und die Lücke möglichst auszugleichen, schrieb Detmar von 1385 nicht bloss
weiter, sondern trug die Vorzeit neu zusammen. Ohne ihm
den Dank der Nachwelt dafür zu verkümmern, darf man es
aussprechen, dass er diesem Theil seiner Aufgabe minder gewachsen war. Wenigstens bleibt es sonst räthselhaft, wie
spätere Chronisten über manches richtiger und vollständiger
berichten, als Detmar. An diese Spätern werden wir uns also
um Nachrichten zu wenden haben, aber leider tritt bei ihnen
in Folge der grösseren zeitlichen Entfernung von den erzählten Ereignissen eine andere Schwäche hervor: die Darstellung
wird aus der Geschichte allmählich zur Sage. Es bleibt nichts
übrig, als den Prüfstein gleichzeitiger Actenstücke an sie zu
legen. Jedoch sind Bündnisse, Verträge, Friedensschlüsse, die
mannigfachsten Briefe von der Stadt an Auswärtige und umgekehrt, Protokolle, Stadtbücher, ja Kaufdocumente und Be-
glaubigungen der privativesten Natur — auch in einem wohl-
gehüteten und vor grossen Zerstörungen des Feuers und des
Krieges bisher bewahrten Archive, wie das lübische, Gott Lob,
ist, immer nur unvollzählig vorhanden. Denn einmal hat es
in der langen Zeit auch fahrlässige und gewissenlose Hüter
des Archivs gegeben. Andererseits hatte, was für uns aus
der Vergangenheit oft vom grössesten historischen Werth ist,
für die Gegenwart nicht solche Bedeutung, und eine grosse

Menge bloss vorübergehendem Gebrauche dienender Schreibe-
reien wurde vernichtet. Dann aber sind Actenstücke keine
zusammenhängende Geschichte, sie setzen die Bekanntschaft
mit den Thatsachen, welche uns oft abgeht, voraus, und nur
im glücklichsten Falle kann man die zerrissenen Fäden neu
anknüpfen, ohne dass es gelingt, das ganze Gewebe in seinem
alten Bilderglanze wieder zu schaffen, ja nur die Farbe und
den Stoff desselben kenntlich zu machen.

Es schien angemessen, der Schilderung der genannten drei
Persönlichkeiten diese allgemeinen Bemerkungen über die Beschaffenheit der Quellen voraufzuschicken, denen die Einzel-
züge zu ihrem Bilde entnommen werden müssen. Lässt sich
dieses nur in schwachen Umrissen wiederherstellen, so wird
das Niemand Wunder nehmen, der da erfährt, dass sogar die
grossen Zeitereignisse uns nirgend in ihrem vollen Zusammenhange überliefert sind, sondern erst gleichsam durch einen
künstlichen Prozess der Kombination der verschiedenartigsten
Einzelnachrichten abgenommen werden müssen. Es wird aber
auch für unsere Leser nicht ohne Interesse sein, im Laufe der
Darstellung zu beobachten, wie solche vereinzelte Notizen sich
verwerthen lassen. Sie werden bei Johann Wittenborg erfahren, dass ohne die hansischen Protokolle (die Recesse) wir so
gut wie nichts Beglaubigtes über ihn hätten, bei Brun Warendorp verhelfen nur Urkunden und andere schriftliche Documente zur Identificirung seiner Person, und was die Chroniken in grösserer Breite über Tidemann Steen erzählen, wird
durch solche Documente, besonders durch die Niederstadtbü-
cher, erst präcisirt.

So liefert die folgende Darstellung an ihrem Theil einen
Beleg dafür, dass nur durch die vollständige Veröffentlichung
alles Quellenmaterials, mag es in Chroniken, Recessen, eigentlichen Urkunden, Stadtbüchern oder sonstigen Acten enthalten
sein, die hansische Geschichte ihr volles Licht erhalten kann.

I.

Johann Wittenborg.

Johann Wittenborg war, wie Koppmann in seinen Vorbe-
merkungen zum Hanserecess vom 8. October 1362 abweichen-

den Meinungen gegenüber nachgewiesen hat, der alleinige
Oberanführer der von den wendischen Hansestädten gegen
Dänemark i. J. 1362 ausgesandten Seeexpedition. Diese ist
das Ergebniss des neuen Aufschwungs, den der Verein der
Ostseestädte zum grossen hansischen Städtebund nimmt. Ein
unmittelbarer Erfolg würde die Entwickelung des Letzteren
früher gezeitigt haben, ein Misslingen stellte nicht nur den
Bund in Frage, sondern bedrohte die nächsten Interessen jeder einzelnen Stadt.

Der Urenkel des bei Bornhövd geschlagenen Waldemar II.,
auch ein Waldemar, der Vierte des Namens, Atterdag, hatte
1340 den von seinem Vater Christoph verlorenen dänischen
Thron wiedererlangt. In demselben Jahre war, etwa einen
Monat vorher, der mächtige Gegner des jungen Königs, der
kahle Gert von Holstein, ermordet. Durch Klugheit und rechtzeitig angewandte Gewalt gelingt es Waldemar, sich nach und
nach in den Besitz seines von den Holsteinern zerstückten
Landes zu setzen. Eine Insel nach der andern müssen sie
räumen, Jütland gewinnt er wieder, Schonen, das der Schwede
derweilen genommen, lässt er diesem vorläufig. Nach 20 Jahren hat er Alles zusammen, da nimmt er auch Schonen, denn
in Schweden herrscht Feindschaft zwischen den Königen, Vater und Sohn.

Bei all diesen Erfolgen sind die wendischen Städte seine
getreuen Helfershelfer. Von Lübeck aus wird Waldemar durch
eine Fürstenversammlung unter Vorsitz seines Schwagers, des
Markgrafen Ludwig von Brandenburg, Kaiser Ludwig's des
Bayern Sohn, in sein Reich eingesetzt, Lübeck nimmt Theil
am Krieg gegen Holstein, ja die Wiedergewinnung Schonens
unterstützt Lübeck, dessen Abgesandte wir beim König finden,
als er Schonens Hauptfeste Helsingborg 1360 belagert. Natürlich hatten die Hansestädte dabei den ruhigen Besitz ihrer
schonischen Freiheiten und ihres Haupthandelsmarktes im Auge,
um den sie seit 30 Jahren bei der wechselnden Herrschaft
auf Schonen vielfältig hatten ringen und unterhandeln müssen.
Was that aber Waldemar? Statt der versprochenen Gewähr-
leistung des altverbrieften Handels, um deren Preis er schon
vor Helsingborg gefeilscht hatte, tritt er alles Recht mit Füs-

sen, glaubt nun die Zeit gekommen, wo die Herrschaft der
alten Waldemare über die Ostsee neu erstehen soll, und
will sich zunächst des Vortheils über Schweden durch Besetzung der ihre Küsten beherrschenden Inseln Oeland und
Gothland versichern. Oeland — dazu hätten die Hanseaten
noch geschwiegen, als er aber Gothland ohne Absage im Sommer 1361 überfiel und, wie bekannt, durch Zerstörung des
reichen Wisby die Blüthe dieser altberühmten Metropole deutschen Handels im hohen Norden brach, da zögerten sie keinen
Augenblick. Der nächste Schlag, das wussten sie, galt ihrem
schonischen Handel. Darum soll der König Alles, Oeland,
Gothland, Schonen, ja sein dänisches Inselreich selbst, verlieren, wenn er dem deutschen Handel nicht die gebührende
Sühne zahlt. Rasch wird mit den Königen Magnus von Schweden und Hakon von Norwegen ein Bündniss geschlossen, die
benachbarten einheimischen Fürsten werden in den Bund gezogen, die Hanse an Ost- und Westsee aufgeboten, der Pfundzoll zur Deckung der Kriegskosten angeordnet, und schon im
Frühjahre 1362 erscheint die hansische Flotte stark gerüstet
im Sunde, um den versprochenen Zuzug der Schweden und
Norweger nach Schonen zu erwarten.

Man hatte sich sofort gegen Kopenhagen wenden wollen,
griff aber auf den Wunsch der Könige zuerst Helsingborg an.
Zwölf Wochen lagen hier die Städter, die Schweden kamen
nicht. Jene hatten zum Zweck der Belagerung die Mannschaft
aufs Land gezogen und nur eine schwache Besatzung, darunter die Kieler, auf der Flotte zurückgelassen. Waldemar ersieht sich die Gelegenheit, überschleicht die Flotte und führt
12 grosse Koggen voll Proviants und Kriegsmaterials hinweg.
Er soll selbst dabei nicht ohne Schaden fortgekommen sein,
namentlich sein Sohn Christoph soll eine Verwundung durch
einen Wurf, die für diesen später tödtlich ward, davongetra-
gen haben. Aber da Christoph nachweislich noch weiter im
Felde und bei Verhandlungen thätig gewesen und erst am
11. Juni des nächsten Jahres gestorben ist, so lassen wir die
kleine Beschönigung der erlittenen Niederlage billig auf sich
beruhen. Die Flotte hat jedenfalls die Belagerung Helsing-
borgs und alle gemeinsame Unternehmung gegen Dänemark

selbst vorläufig aufgegeben und ist, wenn auch nicht sofort, doch zum Herbst unverrichteter Sache heimgekehrt.

‚Wegen solcher Verwahrlosung und um einiger andrer Dinge willen, die man ihm vorwarf, ward Herr Johann Wittenborg, Bürgermeister der Stadt Lübeck und damals Hauptmann dieser Expedition, bei seiner Rückkehr in die Stadt gefangen gesetzt, fast zwei Jahre lang in Ketten gehalten und endlich am Haupte gestraft und in der Kirche der Dominikaner begraben'.

So erzählt der Chronist Hermann Korner, welcher etwa 70 Jahre nach dieser Begebenheit schrieb. Aber den ganzen obigen Zusammenhang des Ereignisses würden wir aus den Chroniken nicht gewinnen, er lässt sich nur den umfänglichen Entschädigungsklagen entnehmen, welche die Städte im J. 1370 nach Beendigung des zweiten glücklichern Krieges mit Dänemark gegen die Könige von Schweden und Norwegen wegen dieser durch ihr Nichterscheinen verunglückten Expedition einreichten. Die Chroniken werfen die beiden dänischen Kriege, deren Angriffsplan ein gleicher ist, völlig durch einander und liefern nur die allgemeinsten Notizen ohne Oertlichkeit, ohne genaue Zeitbestimmung. Detmar lässt den Kampf um den 8. Juli fallen, aber 1363. Korner giebt zwar die dankenswerthe Erwähnung Wittenborgs, den ausser ihm die bremische Chronik von Rynesberch und Schene und die dänischen Annalen von Ruhkloster nennen, im Uebrigen aber weiss er über die Schlacht nicht mehr als Detmar, ja er legt sich daraus erst einen Sieg, dann eine Niederlage der Städter zurecht. Und die Späteren verarbeiten das nun vollends. So laufen bei Reimar Kock die Lübecker ohne alle Ordnung aufs Land, um zu plündern, der Bürgermeister voran.

Sind aber die Thatsachen schon so entstellt, wer bürgt uns dafür, dass Korner uns von der Person des Bürgermeisters das Richtige überliefert hat? Sehen wir uns nach Belegen um.

Ein Rathmann Johann Wittenborg, nach Melle und älteren lübischen Genealogen Urenkel des Bürgermeisters Hinrich von Wittenborg, der in der Rathslinie als ein Mann ‚von kloken worden' bezeichnet wird, Sohn eines zweiten Bürgermei-

sters Hinrich, wird von 1350 an vielfach in städtischen Urkunden genannt. Im Protokoll einer rostocker Tagfahrt (1358)
erscheint Johann Wittenborg unter den lübischen Abgeordneten. Bald nachher nennt ihn das Nieder-Stadtbuch Bürgermeister. Er führt den Vorsitz auf der Versammlung zu Greifswald, welche 1361 den Krieg gegen Waldemar beschloss.

Da die Protokolle der Versammlung dieses und des nächsten Jahrs uns nur lückenhaft erhalten sind, so ist in den
vorliegenden Recessen nicht von Wittenborgs Ernennung zum
Flottenführer die Rede, wohl aber gedenken sie im folgenden
Jahre seiner Anklage.

Gleich am 1. Januar 1363 verschieben die zu Stralsund versammelten städtischen Sendeboten die Besprechung d e r S a c h e
d e s H e r r n J o h a n n W i t t e n b o r g auf den nächsten Termin.
Auf diesem, 5. Febr., zu Rostock, wird darüber verhandelt,
wie der Schreiber gegen den Schluss des Protokolls bemerkt.
Im nächsten Monat, 17. März, bildet sie den ersten Gegenstand der Tagsatzung zu Wismar. Und als nach altem Herkommen zur Zeit der Sonnenwende, um Mitsommer, am Jo-
hannisfeste, in Lübeck selbst getagt wird, da drängen die
Freunde des Verhafteten zu einer Entscheidung. ,Item, es
baten die Freunde des Herrn Johann Wittenborg um seine
Befreiung von der Haft. Darauf antworteten die Städte, s i e
klagten ihn nicht an und ziehen ihn keiner Schuld. Die Rathmänner von Lübeck aber entgegneten, in Stralsund, wo Johann
Wittenborg zugegen war, wäre beschlossen, sein Handel und
seine That könne nicht als ohne Vergehen, d. h. müsse als
Gesetzüberschreitung angesehen werden (quod causa ipsius et
factum predicti domini Johannis non posset esse sine excessu).
Deshalb und wegen andrer Sachen, die der Rath von Lübeck gegen
ihn habe, müsse er ferner gefangen gehalten werden. Uebrigens
dankten sie den Rathmännern der andern Städte, dass sie
keine Anschuldigung gegen ihn erhöben, sondern den Wunsch
hegten, dass die Lübecker den beregten Handel in alleinige
Berathung nähmen und zum Schluss brächten'. Noch einmal,
am 25. Juli, kommt in Rostock die Angelegenheit zur Sprache,
als die Kieler auf Schadensersatz klagen. Ihre Rathmänner
sagen, auf Herrn Johann Wittenborgs Befehl wären sie vor

Helsingborg auf die Schiffe gegangen (als schwache Deckungs-
mannschaft) und hätten dadurch Schaden in der Gefangen-
nahme ihrer sämmtlichen Mitbürger erlitten. Darauf antworteten die Lübecker, die Städte hätten erklärt, sie erhöben
keine Anschuldigung gegen Herrn Johann, und man habe ihnen
dafür in Lübeck seinen Dank schon ausgesprochen. Das Protokoll ward darauf verlesen (wie ich es eben mitgetheilt habe),
aber es stimmte nicht mit dem Protokoll der von Stralsund,
Wismar und Rostock, welches so lautete: ,Item, es baten die
Freunde des Herrn Johann Wittenborg darum, ihn frei zu
lassen oder ihn vor die Versammlung der Rathssendeboten zu bringen; was man ihm als Ueberschreitung Schuld
gäbe, anzuführen und sie hören zu lassen, denn ihnen wäre
der Handel (causa) nicht kund. Darauf antworteten die Rathmänner der Städte, die Lübecker hätten ihn aus ihrem
Rath gestossen und ihn gefangen gesetzt, und das
sei ohne ihr (der Rathssendeboten) Wissen und Rath
geschehn. Sie hätten ausser dem, was in Stralsund in Gegenwart Johanns selber beschlossen wäre, dass seine That
nämlich als Ueberschreitung anzusehen sei, keine Beschuldi-
gung wider ihn und beabsichtigten keine Anklage gegen ihn
anzustellen, sondern überliessen es dem lübecker Rath, was
mit ihm am heilsamsten zu machen sei (quid cum eo sanius
esset faciendum). Diese aber antworteten, nachdem sie es
überlegt: um der erwähnten Entscheidung in Stralsund willen
und wegen andrer Sachen, die sie wider ihn insbesondere hätten, hätten sie ihn in Fesseln werfen lassen und wollten den
Handel in ihrem Rath zu ihrer Zeit zum Schluss bringen'.

Das haben sie alsbald gethan, denn schon um Michaelis
dieses Jahres werden Testamentsvollstrecker des weiland Herrn Johann Wittenborg im Nieder-Stadtbuch
aufgeführt.

Im Uebrigen erfahren wir weder vom Rechtsgange noch
von den weiteren Schicksalen Herrn Johanns das Mindeste.
Nur die schlichte Notiz findet sich noch, dass, als man eine
Stadtbuchstilgung von ihm bedurfte, Rathsbevollmächtigte zur
Einholung derselben an ihn (also in den Thurm) gesandt wur-
den. Sein Testament hatte er vor dem Auslaufen der Flotte

am 14. März 1362 gemacht. Es liefert daher keine Ausbeute
für die Umstände seines Todes, wohl aber einen indirecten Beweis für die Härte, mit welcher der Rath gegen ihn verfuhr.
Herr Johann hatte seine letzte Ruhestätte in St. Marien unter
dem Grabstein seines verstorbenen Vaters gewählt. Der Rath
stiess das um. Wie er ihn aus dem Rathsstuhl gewiesen, wie
er seinen Namen in das Rathsmemorialbuch von 1318 nicht
aufnehmen liess — denn das Fehlen desselben an dieser Stelle
kann nur die gleiche Bedeutung haben, wie Marino Faliero's
Auslassung in der Dogenreihe — so duldete er seine Leiche
auch nicht in der Marktkirche, der Kirche des Raths. Sie
wird in den Umgang der Dominikaner zur Burg verbannt, ins
Marien-Magdalenen-Kloster, das während des Mittelalters besondere Messen für die Seelen der armen Sünder las, zum
späteren Armensünder-Kirchhof bei St. Gertrud in Beziehung
stand und vor dem noch in unserm Jahrhundert die zur To-
desstrafe aus dem Burgthor geführten Missethäter den letzten
Labetrunk erhielten.

Nicht bloss die Chroniken wissen von seinem Begräbniss
zur Burg, noch 1787 war sein Leichenstein im Umgange zu
finden. Hier erkor auch seine Wittwe Telse (Elisabeth), Tochter des Rathmanns Arnold von Bardewik, laut ihrem Testament von 1367, schwach am Leibe, sich den Platz neben ihrem
unglücklichen Gatten. Ihr Beichtiger war der Prior daselbst,
Bruder Nicolaus. 125 Mark sollen ihre Testamentsvollstrecker,
Herr Bruno Warendorf der Aeltere, der spätere Schiffshauptmann, und Johann Lorenssen, nach dem ihnen gewordenen ge-
heimen Auftrage verwenden, wahrscheinlich zu Seelenmessen
für ihren Mann. Elisabeths Vater war schon 1350 verschul-
det gestorben, ihr Bruder Arnold scheint später ins Ausland
gezogen zu sein, denn sein Name verschwindet aus den Stadt-
erbebüchern. Unter den Kindern der Elisabeth wird zwar ein
Sohn, Johann Wittenborg, genannt, und unsre Genealogen verfolgen die männlichen Enkel bis 1426. Sie sind aber, wie ein
Genealog des 17. Jahrhunderts bemerkt, ‚nach des Grossvaters
disgrace nicht wieder emporgekommen'.

Aus allen diesen Nachrichten geht des Raths Stellung zur
Sache Wittenborgs ziemlich klar hervor, wenn auch im Ein-

zelnen die Protokolle manches Räthsel ungelöst lassen. Der Rath hat des Bürgermeisters Tod, der Lübecks Vorortsstellung auf Jahre lang gründlich compromittirte, entschieden gewollt. Ob innere Parteiung dabei im Spiele gewesen, bleibt unaufgeklärt: fast scheint es so, wenn man die immerhin harte, aber schliesslich glimpflichere Behandlung Tidemann Steens, dessen Fall ein so ähnlicher war, damit vergleicht. Zwar fand dieser mächtigere Verwendung, ward aber viel heftiger von den Bundesgenossen verklagt, und der Rath von 1427 hatte gegen ihn, einen früheren Angehörigen des aufständischen Raths von 1408, weniger Rücksichten zu nehmen, als gegen Wittenborg, das Glied einer altrathsbürtigen Familie. Eine Parteiung wüsste ich mir doch kaum anders auszulegen, als einen Zwist im Rathe selber, der schon auf die 1376 ausbrechenden ständisch-demokratischen Bewegungen hindeutete. Dabei bleibt es nicht ausgeschlossen, dass der Rath in seiner Majorität begriffen hat, es sei nöthig, der Gerechtigkeit ein Opfer zu bringen, um sein altes Ansehen unangetastet zu wahren.

Nach dem Inhalt der Protokolle ist Johann Wittenborgs Sache am 1. Januar 1363 vor der hansischen Tagsatzung zu Stralsund verhandelt worden, wo er selbst zugegen war, nicht als lübischer Rathssendebote, sondern zur Verantwortung von den Lübeckern vorgeführt, die ihm sofort nach seiner Rückkehr sein Amt und vielleicht auch die Freiheit genommen haben werden. In Stralsund ward ausgesprochen, dass er straffällig sei, das Weitere auf den nächsten Termin verschoben. Dem lübecker Rath scheint das als Rückhalt gegen Wittenborgs Anhang für das ferner gegen ihn einzuhaltende Verfahren genügt zu haben. Sie lehnen fortan jede Einmischung der Hanse ab, sowohl zu Gunsten Wittenborgs als in Betreff etwaiger noch an ihn zu machender Ersatzansprüche. Daher wird am 5. Februar zu Rostock nichts weiter ausgemacht, als wie die Kieler für ihren Verlust gedeckt werden sollen. Auf dem nächsten Tage zu Wismar verlautet nichts. Die Partei Wittenborgs in Lübeck aber ruht nicht und ergreift die Gelegenheit einer Versammlung in Lübeck selbst, um dort eine abermalige Vorführung Wittenborgs vor die hansischen Vertreter und eine Darlegung seiner Schuld, offenbar zum

Zwecke der Milderung, zu veranlassen. Die Städte erklären
darauf, dass nicht sie, sondern die Lübecker ihn gefangen
hielten; sie hätten sich nur über seine Straffälligkeit im Allgemeinen ausgesprochen, im Uebrigen beabsichtigten sie keine
weitere Anklage gegen ihn. Im Grunde konnten sie ja keine
Strafe an ihm vollziehen, sondern mussten diese Lübeck überlassen [1]. Die Lübecker danken ihnen dafür, benutzen das
aber auch, um der Partei Wittenborgs jeden Recurs auf eine
hansische Vermittelung abzuschneiden. Demgemäss protokol-
liren sie, und ignoriren, was etwa Günstigeres aus der Erklärung des Hansetages für Wittenborg gefolgert werden könnte.
Als daher die Kieler am 25. Juli zu Rostock nochmals klagbar
werden, berufen sich die lübischen Abgeordneten auf den lübecker Beschluss, der Lübeck allein das weitere Verfahren anheim stellte, und produciren ihr Protokoll. Obschon dieses
nun, bei Vergleichung mit der dagegen vorgebrachten Fassung
der Stralsunder, Wismeraner und Rostocker, schärfer formu-
lirt erscheint, da in ihm die Motivirung des hansischen Beschlusses und, so zu sagen, die Empfehlung an die Milde der
Lübecker weggelassen ist, so können die Städte doch nicht
anders, als es bei der einmal anerkannten Rechtsinstanz lassen. So sehen wir, dass auch dieser Anrege keine Folge gegeben wird. Eine abermalige Besprechung beseitigen die Lübecker, denn, als man im September aufs neue in Stralsund
und Greifswald tagt, ist Johann Wittenborg gerichtet.

Die Hinrichtung hat nach der bremischen Chronik und
nach den Annalen von Ruhkloster auf dem Markte stattgefunden, was sachentsprechend ist; wenn das fünf Jahre vor-

---

[1] Ein für das Verfahren gegen Wittenborg lehrreiches Beispiel ist der
Fall mit dem rostocker Rathmann Friedrich Suderland. Als durch ihn Borgholm, dessen Hut ihm anvertraut war, 1366 verloren geht, erklären die hansischen Sendeboten auf Rostocks Anfrage, dass sie sich an Rostock halten
würden, und als Rostock gegen Suderland verfährt, wie Lübeck 1363 gegen
Wittenborg, erwiedert Lübeck den beschwerdeführenden Freunden Suderlands,
dass dies Verfahren allein Rostock zur Last falle. Koppmann nimmt ohne
Grund zwei Friedrich Suderland an, einen Rathmann und einen Ritter. Auch
Herr Johann Kale ist kein Söldner der Stadt Rostock, sondern der gleichnamige Rathmann. Beide, Suderland und Kale, befehligen als Rathmänner 1362
eine rostocker Kogge. Vgl. auch Hanserecesse 1, S. 243 § 15.

her abgebrannte Rathhaus schon wieder stand, vor den offenen Lauben desselben. Nach allem hat Wittenborg kein volles Jahr im Gefängniss gesessen, wie auch mehrere Chroniken berichten. Wenn Korner fast zwei Jahre daraus macht, so erklärt sich das dadurch, dass er die Niederlage vor Helsingborg ins Jahr 1361 setzt, während er Wittenborgs Todesjahr 1363 richtig überliefert. Man möchte annehmen, dass er dieses Jahr auf Wittenborgs Grabstein gelesen habe, denn seine Worte: ‚Dominus Johannes Wittenborch, procons ulurbis Lubicensis et protunc capitaneus expeditionis praedictae' erinnern an Warendorps ähnliche Grabschrift.

Ueberall zeigt sich Korner, in dessen Kloster die Seelenmessen für den berüchtigten Bürgermeister gelesen wurden, hier mit Grund gut unterrichtet. Ja, seine Wendung, Johann Wittenborg sei enthauptet worden wegen solcher Veranlassung ‚et quaedam alia, quae sibi objiciebantur', klingt entschieden an den Inhalt des Protokolls an, welches aussagt, der Rath habe Wittenborg in Fesseln werfen lassen ‚propter alias causas, quas cum eo specialiter haberet'.

Es können damit nur die besondern Ansprüche gemeint sein, welche der Fiscus von Lübeck für den zugefügten Schaden an Johann Wittenborg zu machen hatte, keine Klage auf Hochverrath. Denn einerseits hätte diese ja auch von den Städten erhoben werden müssen, andrerseits müsste das Oberstadtbuch Beschlagnahme gegen seinen Nachlass aufweisen, wie bei den Theilhabern der Knochenhauerverschwörung, was nicht der Fall ist. Gewiss ist aber, dass an diese Aeusserung Korners die spätere Sage ansetzt, in welcher sich die Kunde von Wittenborg als einem Hochverräther bis auf die Neuzeit lebendig erhalten hat.

Meine Leser mögen das leichtfertige Mährlein in Geibels jüngstem Gedicht sich ansehen oder von Deecke in seinen Lübischen Geschichten und Sagen sich erzählen lassen, wie Herr Johann Wittenborg schon Kopenhagen in seiner Macht hatte, aber von den Reizen der dänischen Königin sich fangen liess, so dass er die Insel Bornholm für einen Tanz ihr zusagte. In Bornholm steckt noch eine geschichtliche Erinnerung an das 1361 von Waldemar genommene und 1362 ihm

wieder abgewonnene Schloss Borgholm auf Oeland. Damals sprachen die anwesenden Lübischen: ‚Dar dansst Bornholm hen!' Das Wort wurde auf einen aus Wittenborgs Gütern gefertigten silbernen Pokal gegraben, aus welchem die
Bürgermeister, ihnen zur Warnung, zweimal im Jahre trinken
mussten, wenn der Hippokras ausgeschenkt ward nach dem
Spruch:

> ‚Dat letzte Für und dat erste Gras,
> Da drinken de Heren den Hippokras.
> Dat erste Für un dat letzte Gras,
> Da drinken de Heren den Hippokras'.

Auf dem Markte zeigt man noch in unseren Tagen die Fliese,
auf der Wittenborg bei der Hinrichtung gesessen haben soll,
den Stuhl, einen alten Folterstuhl, bewahrt die Alterthumssammlung. Auch eine bildliche Darstellung, ‚eine Tafel, welche
das Urtheil des unglücklichen Wittenborg 1350 in Copie enthielt', hing im Zeughause und ward nach einer von Grautoff
ins Album der Stadtbibliothek eingetragenen Notiz, 13. Aug.
1814 an diese abgeliefert. Deecke, sein Nachfolger, hat aber
daneben geschrieben: ht vorgefunden!'

II.

Brun Warendorp.

Das gerade Gegenstück zu Johann Wittenborg ist Bruno
Warendorp, auch in der Art, wie sich die Ueberlieferung
von ihm allmählich gestaltet hat.

Wenn Johann Wittenborgs geschichtliche Persönlichkeit
sich in unsern Chroniken zwar immer mehr verdunkelte, so
hat doch sein Gedächtniss in der städtischen Sage bis auf den
heutigen Tag fortgelebt. Bruno Warendorp dagegen ist den
lübischen Chroniken und folglich auch der heimischen Ueberlieferung fremd: ein lebender Zeuge von ihm existirt zwar
noch unter uns, sein Grabstein, aber durch ein eigenthümli-
ches Geschick war dieser nur den Gelehrten bekannt geblieben, die, seltsam genug, in Betreff der Feststellung von Bruns
Person fast alle denselben ursprünglich eingeschlagenen Irr-
weg gingen. Von der nach den Befreiungskriegen bei uns

wieder erwachten Geschichtsforschung über Lübecks Mauern hinausgetragen, ward Brun Warendorps Name das Stichwort für die ruhmreichen Kriege der Hanse, seine Figur, in Wort und Bild von moderner Sage neu gestaltet, der Repräsentant des reisigen Kaufmanns.

König Ludwig I. von Bayern wies Bruno von Warendorp, dem hanseatischen Anführer, gestorben bei Kopenhagen 1369, eine Gedächtnisstafel in der Walhalla an. Er sagt von ihm in ‚Walhalla's Genossen': ‚Der Kriegsschaar hochverdienter Anführer war Brun von Warendorp, eines Lübeck'schen Bürgermeisters Sohn. Ihm ward das seltene Glück, in des Sieges jugendschimmerndstem Glanze, in des Ruhmes Fülle auf dem Schlachtfelde sein Leben zu enden'.

Barthold schreibt in seiner Geschichte der deutschen Seemacht: ‚Kein Chronikant weiss es, dass Bruno von Warendorp, Bürgermeister, Anführer der Flotte und Hauptmann, an der Spitze von 1600 Lübeckern in der grossen Fehde gefallen, im Tode von seinen Mitbürgern hohe Ehren erfuhr, stände nicht im Chore von St. Marien über seiner Gruft Bildniss, Schild und Helm'.

Und wenn ein Lübecker die neuerdings unter Leitung des Akademie-Directors Bendemann mit Wandgemälden geschmückte Aula der Realschule zu Düsseldorf betritt, wird er unter den Vertretern des Handels, neben dem kölnischen Banquier Jabach, neben J. G. Büsch, Perthes u. A., auch das Medaillon des lübecker Hauptmanns Brun von Warendorp, etwa im Costüm eines Wilibald Pirkheimer, erblicken und sich sehr verwundern, dass er erst in Düsseldorf erfahren muss, dies Bildniss sei in der Marienkirche zu Lübeck über Bruns Grabe sammt Helm und Schild aufgehangen (v. Lützow's Zeitschr. für bildende Kunst Bd. 7, S. 114).

Ich bin weit entfernt, Brun Warendorp den Platz, welchen er verdientermassen in unsern nationalen Ruhmeshallen erlangt hat, streitig zu machen, noch weniger möchte ich unsern lieben Landsleuten den Dank verkümmern für die Pflege eines ehrenden Gedächtnisses, die Brunos engere Heimath so lange verabsäumte. Aber es scheint mir Pflicht, das Bild, dessen Trübung doch am Ende von Lübeck ausgegangen ist,

möglichst zu klären durch urkundliche Feststellung alles dessen, was sich aus Schrift und Denkmal über Bruno Warendorp in Lübeck nachweisen lässt.

Als Hintergrund für den Gegensatz seiner Persönlichkeit
zu der Wittenborgs mag eine Uebersicht der Entwickelung
des zweiten waldemarischen Krieges dienen.

Ein Hauptnachtheil, den Wittenborgs Niederlage nach sich
zog, schlimmer, als der erlittene Verlust selber, war die Locke-
rung des seit 1361 sichtlich erstarkten Städtebundes und in
Folge davon die Zaghaftigkeit und Unentschlossenheit der
wendischen Städte. Sie schleppen sich von einem Waffenstill-
stande zum andern, bringen es nur zu halben Demonstratio-
nen gegen Dänemark, schliessen endlich 1365 einen faulen
Frieden. Aber — nicht davon zu reden, dass Waldemar im
Besitz von Gothland und Wisby bleibt[2], keine Entschädigung
giebt, was er mit der einen Hand gewährt, mit der andern
wieder nimmt — das Gelingen aller seiner Pläne, die günstige Wendung, welche für ihn die skandinavische Politik ein-
schlägt, seit König Hakon von Norwegen, der präsumtive Erbe
Schwedens, seiner Tochter Margarethe Mann und somit auch
der Thronfolger Dänemarks geworden ist, machen ihn nur
immer übermüthiger und herrischer. Er hält keine Zusage,
bricht jeden Frieden, brandschatzt den Handel, plündert die
Schiffe. Andererseits haben sich die Waldemars Unionsbe-
strebungen feindlichen Elemente auch gekräftigt. In Schweden hat der wider Hakon und dessen Vater Magnus 1364 zum
König gewählte meklenburger Prinz Albrecht festen Fuss gefasst. Seine natürlichen Bundesgenossen sind die Fürsten-
häuser von Meklenburg und Holstein und des ersteren Seestädte, Rostock und Wismar. Der wendische Städtebund als
solcher hält sich dem Unternehmen fern. Aber bei den Städten des Deutschordensgebietes wie bei den Niederländern der
Westsee wächst unter den unaufhörlichen Handelsstörungen
die Ueberzeugung von der Unhaltbarkeit solcher Zustände, sie
drängen auf eine allgemeine Einigung zur Abwehr hin und

---

[2] Die Städte schreiben noch am 6. Oktober 1368 an Wisby: Walde-
mari, regis Danorum, manui subjecti estis, licet indebite et minus juste. Hanserecesse 1, Nr. 482.

treiben die wendischen Städte aus ihrer passiven Haltung heraus, bis im November 1367 zu Cöln die grosse Conföderation
gegen Waldemar geschlossen wird, deren Resultat die Erneuerung des dänischen Krieges ist. Diesmal sind sämmtliche
Seestädte von der flandrischen Grenze bis Estland vereint, die
angesehensten norddeutschen Fürsten an ihr Interesse geknüpft.
Waldemars wenige Parteigänger auf dem Festlande, namentlich Herzog Erich II. von Sachsen-Lauenburg, sind von ihm
abgeschnitten.

Die Seestädte aber hatten ihre Massregeln so gut getrof-
fen und wurden vom Kriegsglück so begünstigt, dass sie, schon
in der dritten Woche nach ihrem Auslaufen vom Gellen bei
Rügen, am 2. Mai Kopenhagen sammt dem festen Schloss in
ihre Gewalt bekamen. Dann nahmen sie Helsingör, die Inseln
Amager und Hveen, Nyköping auf Falster, Aalholm auf Lol-
land, Malmö, Falsterbo und Skanör in Schonen und plünderten ganz Seeland. Vom Sund aus gingen sie nordwärts und
verwüsteten die norwegische Küste vom Göta-Elf bis Kap Lin-
desnäs, darunter die Schlösser und Städte Marstrand, Kongs-
elf, Lödös. Ja, eine Abtheilung von zehn Schiffen fuhr nach
Bergen und brach den Hof des norwegischen Königs nieder.
Alles dies ward vor Johannis 1368 erreicht. Nur das feste
Helsingborg hielt sich bis gegen den Herbst 1369. Aber schon
im Sommer 1368 beginnt König Hakon zu unterhandeln, und
da der Krieg 1369 mit derselben Energie fortgesetzt wird,
sieht er sich genöthigt, einen Waffenstillstand zu schliessen.
Seinem Beispiel folgt der dänische Reichsrath, mit welchem
in Waldemars Abwesenheit — der König war Hülfe suchend
zu seinen fürstlichen Freunden nach Deutschland gezogen —
erst ein Waffenstillstand, dann im Mai 1370 der (später von
Waldemar ratificirte) Friede zu Stralsund geschlossen wird.
Dieser gewährt den Städten Herstellung ihrer alten Privilegien, vollen Schadensersatz, Erstattung der Kriegskosten,
räumt ihnen als Unterpfand auf 15 Jahre die schonischen
Schlösser ein und garantirt ihnen Einfluss auf die Angelegenheiten des dänischen Reichs, soweit das den Städten Zuge-
sagte von willkürlicher Aenderung im dänischen Reichsregiment gefährdet sein könnte.

Schon diese Uebersicht macht klar, dass überall im zweiten Kriege nicht von einem Führer des ganzen Unternehmens
daheim und im Felde die Rede sein kann. Abgesehen von den
fürstlichen Herren, welche den Landkrieg übernahmen, sind
es diesmal nicht die wendischen Städte allein, welche die Seeexpedition betreiben, sondern neben ihnen die preussisch-liv-
ländischen und die niederländischen, so dass die Führung sich
mehr vertheilt, als 1362. Daher werden eine ganze Reihe
von Schiffshauptleuten auf den Städtetagen namhaft gemacht,
in der Regel je ein Rathmann für das Kriegsschiff, mitunter
zwei, wie auch 1362 die Kogge von einem Rathmann commandirt wird[3]. Unter diesen verschiedenen Hauptleuten einer
Stadt war gewiss jedesmal einer der erste; der erste Hauptmann (capitaneus) Lübecks steht über allen der wendischen
Städte; und wo die andern Städte mit den wendischen coope-
riren, ist wieder ihr natürlicher Oberbefehlshaber der erste
lübische Capitän. Als solcher wird nun aber bei den Seeunternehmungen, welche für die schnelle glückliche Wendung des
Kriegs den Ausschlag gaben, in beiden Jahren Bruno Warendorp genannt, der vorher und dazwischen auch auf den
Hansetagen thätig erscheint. Er tritt erst kurz vor dem Kriege
als Rathmann auf, ist innerhalb zweier Jahre Bürgermeister
und wird unmittelbar neben viel gewiegtere und erfahrnere
lübische Rathsmitglieder, wie Jacob Pleskow, Hermann Wickede u. A., gestellt. So haben wir volles Recht, in ihm, wenn
auch nicht den alleinigen Leiter und Anordner des ganzen
Krieges, doch den vornehmsten hansischen Admiral zu erblicken. Diese seine Stellung und der Umstand, dass sich ein
grosser Theil seiner Kriegsthätigkeit um die Feste Helsingborg dreht, dass er in Schonen als Sieger stirbt, eignen ihn
ganz dazu, Johann Wittenborg gegenübergestellt zu werden.

Es ward schon erwähnt, dass wir für die Kenntnissnahme
seiner Wirksamkeit auf die chronikalische Ueberlieferung ganz
verzichten müssen, welche überall von diesem zweiten dänischen Kriege noch weniger Individuelles aufbewahrt hat, als
vom ersten. Desto reichlicher fliesst uns für die Jahre 1366

---

[3] Vgl. oben S. 192 Anm. 1.

bis 1370 das Material aus den Recessen, aus hansischen und städtischen Urkunden.

Ein Chronist, der nach der Reformation schreibende Reimar Kock, weiss allerdings von Bruno Warendorp, aber er beruft sich nicht auf schriftliche oder mündliche Ueberlieferung, sondern auf einen Leichenstein, denselben, welcher noch heute in der Marienkirche bewahrt wird.

Reimar Kock sagt: ‚Ik finde, dat up dat mal sik nicht geschuwet hebben borgermeister und borgermeister kinder, sik bruken to laten jegen de viende in Dennemark to teende, wente to Lubek in Unser leven Frouwen chore licht ein steen, dar steit upgehouwen aldus:

Anno Domini MCCCLXIX., feria III. ante festum Bartholomei, obiit in Schania dominus Bruno de Warendorp, filius domini Gotscalci proconsulis et capitaneus hujus civitatis tunc temporis in guerra regis Danorum, cujus corpus hic sepultum. Orate pro eo'.

Das heisst verdeutscht:

Im Jahre des Herrn 1369, am Dienstag vor dem Bartholomäustage (= 21. August), starb in Schonen Herr Bruno von Warendorp, Sohn des Herrn Gottschalk des Bürgermeisters und der Zeit Hauptmann unserer Stadt im Kriege mit dem Dänenkönige, dessen Leib hier begraben. Bittet für ihn.

Von Melle in seiner ausführlichen Beschreibung Lübecks verzeichnet dieselbe Grabschrift, die er schon stark verstümmelt vorfand, und ergänzt sie aus Reimar Kock. Später ward diese metallene Umschrift ganz ausgebrochen, so dass in unseren Tagen nur die leere Stelle zu sehen war.

Dieser Inschrift gemäss erklärte von Melle Bruno Warendorp, den Hauptmann, für eines Bürgermeisters Sohn. Ihm folgte Dreyer in der Einleitung zu den Lübischen Verordnungen, welcher Bruno Warendorp unter die Hauptleute der Stadt oder die sogenannten Utridervögte, die Befehlshaber der Söldner, neben Iwan Crummendyk, den Vogt Hahn u. A. stellt. In der Rathslinie dagegen nahm von Melle den Bürgermeister Bruno Warendorp mit dem Todesjahr 1373 auf, und Deecke schloss sich ihm an, Beide trennten also den Hauptmann vom Bürgermeister.

Dass dieser Letztere im Jahr 1373 gestorben sei, scheint die schon erwähnte, ins Memorial von 1318 eingetragene, älteste Rathsmatrikel, auf welche die Verzeichnisse von Melle's und Deecke's sich stützen, zu beweisen, denn sie ist ersichtlich von 1321 an eine Art Nekrologium, nach der chronologischen Reihenfolge der Todesjahre aufgezeichnet. In ihr aber wird der hier in Betracht kommende Bürgermeister Bruno Warendorp (Deecke, Rathslinie Nr. 407) nach Johann von Meteler und vor Diedrich Morneweg, welche beide 1373 starben, aufgeführt.

Nun ist jedoch einerseits diese Rathsmatrikel nicht von gleichzeitigen verschiedenen Händen, sondern bis zum Eintritt des aufständischen Raths von e i n e r im Ganzen wenig in sich abweichenden Hand des 15. Jahrhunderts eingetragen, enthält auch Irrthümer in Betreff der Todesjahre und Todestage. Andererseits fehlt gerade bei Bruno Warendorp und dem ihm unmittelbar folgenden Eberhard von Moren (oder Morman) das Todesjahr: im Original steht bei Beiden nur: obiit MCCC..., Zehner und Einer sind unausgefüllt geblieben.

Von Beiden liefert das Oberstadtbuch den urkundlichen Beweis des früheren Todes. Eberhards von Moren Grundbesitz wird schon zu Anfang 1371 auf den Namen seiner Wittwe Elisabeth und seiner Tochter, Brun Warendorps Grundstücke 1372 auf dessen Wittwe Ribburg von Wickede und ihre Kinder umgeschrieben.

Von Tylse (Elisabeth) Morman existirt ein Testament, am 25. August 1369 ausgestellt, in welchem sie verfügt: ‚Item so wil ik liggen bi hern Ewerde, dem God gnedich si'; und ebenso quittirt am 4. December 1369 ein Knappe, Jöns Deken, den Rath von Lübeck und Bruns Erben über Schuldforderungen, die er aus dem Kriege an ‚Hern Brune Warendorpe, dem God ghenedych sy', gehabt habe.

Dass die beigefügte Formel unserem ‚der selige Herr' gleichbedeutend ist, weiss jeder des Mittelalters Kundige.

Wenn nun es ausgemachte Sache ist, dass unsere Städte früher und später den Oberbefehl über ihre Flotten nie einem Andern, als den höchstgestellten Rathsmitgliedern, anvertraut haben, so durfte schon desshalb in Bruno Warendorp kein, wenn auch rathsverwandter, Hauptmann gesucht werden, sondern nur ein Mitglied des Raths. Da aber urkundlich vorliegt, dass ein Bruno Warendorp, der Bürgermeister war, auf allen Tagsatzungen dieser Kriegsjahre in Verhandlungen und Kriegsactionen unablässig beschäftigt wird, dass ferner dieser Bruno vor Ende des Jahres 1369 starb, so wird man nicht ferner aus dem Bürgermeister und dem Hauptmann zwei verschiedene Persönlichkeiten machen wollen [4]. In der That lässt sich auch dieser Bruno Warendorp von seinen Namensvettern auf das Bestimmteste trennen, und es hält nicht schwer, ihm seinen Antheil an unserer Geschichte voll und sicher zu überweisen.

Die zuverlässigste Grundlage für Entwirrung genealogischer Verhältnisse bildet immer der Grundbesitz. Wir können in der langen Reihe unserer Oberstadt- (oder Stadterbe-) Bücher (von denen uns leider das älteste fehlt) denselben bis ans Ende des 13. Jahrhunderts zurück verfolgen, für die ältere Zeit um so leichter, als sich ein verstorbener Lübecker, Dr. Hermann Schröder, der mühevollen Arbeit unterzogen hat, die sämmtlichen Besitzer eines jeden städtischen Grundstücks in den authentischen Einzeichnungen des Oberstadtbuchs fortlaufend zusammenzustellen.

Er ist denn auch der Erste gewesen, welcher die Annahme zweier Bruns, eines Hauptmanns und eines Bürgermeisters, entschieden verwarf.

Es liegt meinem gegenwärtigen Zwecke fern, eine Genealogie aller Warendorps zu liefern, welche unsere Rathslinie aufweist. Sie mögen nicht alle von einem Ahnherrn abstammen, die angesehensten von ihnen sind aber nahe verwandt, was schon die gleichen Vornamen bezeugen. Gleichzeitig sitzen im Rath zwei Gottschalk von Warendorp, von denen der ältere (Deecke Nr. 357) zur Unterscheidung in unseren städtischen Urkunden immer ‚der aus der Breitenstrasse' (er wohnte Breitenstrasse Nr. 793) genannt wird. Er hat bei seinem Tode 1346 einen Sohn Bruno hinterlassen, der jedoch

---

[1] Hans Reckemann, ein etwas älterer Zeitgenosse des Reimar Kock, fügt in der seiner Chronik einverleibten Rathslinie dem Namen des Bm. Brun Warendorp das Todesjahr 1369 bei, ebenso eine im 17. Jahrhundert angelegte Rathslinie der Stadtbibliothek.

nicht im Rathe sass, und über 1354 hinaus nicht erwähnt
wird. Der zweite Gottschalk (Deecke Nr. 387) heisst ‚Herrn
Bruns Sohn', ein Beiname, durch den die Stadtschreiber des
14. Jahrhunderts den jüngeren Rathmann vom älteren Gottschalk unterscheiden wollen, während Deecke dem jüngeren
beide Beinamen giebt und dadurch die Verwirrung nur ver-
grössert. Dieser Letztere ist also ein Sohn Herrn Bruns,
welcher 1341 gestorben (Deecke Nr. 348), wie die Matrikel
sagt, ‚lange jare borgermester was', an 40 Jahre. Diese Warendorps wohnen in der oberen Mengstrasse, der alte Brun
Nr. 10, sein Sohn Gottschalk, der bald nach des Vaters Tode
Rathmann, aber nie Bürgermeister ward, und dessen Sohn,
unser Bruno, Nr. 2.

Mit unserm Brun (Deecke Nr. 407) zugleich wird endlich
ein dritter Brun (Deecke Nr. 453) fast eben so früh als Rathmann genannt, ein Vetter, Sohn von Gottschalks Bruder Wilhelm, und Beide werden beständig in Stadtbüchern, Testamenten u. s. w. als ‚Sohn Herrn Gottschalks' und ‚Sohn Herrn [5]
Wilhelms', als ‚senior, antiquus, de olde' und ‚junior, de junge'
aus einander gehalten, wie einige Jahrzehnte früher die beiden Gottschalks.

Unser Brun dient im ersten dänischen Kriege als Führer
einer Söldnercompagnie, denn er quittirt, wie andere Hauptleute, 1362 über empfangenen Sold [6]. Noch 1365, 12. Juni
wird seiner ohne den Zusatz ‚Herr' gedacht, er war damals
also nicht Rathmann, womit in Einklang steht, dass sein Vater erst in diesem Jahre starb. Dagegen wird er im December 1366 als Rathsbevollmächtigter nach Rostock geschickt,
im folgenden Jahr, neben seinem Vetter als ‚senior' geschieden, in verschiedenen städtischen Geschäften gebraucht, unter
andern auch im Prozess mit Johann von Helle [7], und seit
dem Kriege zu vielfachen Verhandlungen und der Seeexpedition verwandt. Er tagt 1368 mit zu Grevismühlen am 27. Februar, zu Rostock am 15. März, wird hier mit Johann Sche-

---

⁵ Wilhelm war nicht Rathmann, kann auch schwerlich, nach seinem hiesigen Grundbesitz, in einem auswärtigen Rathe gesessen haben, so dass das
‚Herr' fast wie eine Auszeichnung des angesehenen Mannes erscheint.
   ⁶ Lüb. Urk.-Buch 3, Nr. 425.   ⁷ S. oben S. 179.

penstede und Gerhard von Atendorn zum Flottenführer ernannt, besiegelt im Namen der zu Kopenhagen anwesenden
Rathmannen und Hauptleute der gemeinen Städte ein Schreiben vom 14. Juni und ist am 24. Juni wieder auf dem Hansetage zu Lübeck, wie er auch am 6. October zu Stralsund,
am 8. November zu Rostock an den Tagsatzungen Theil nimmt.
Von Stralsund wird er an den Herzog von Meklenburg gesandt, um diesen, sowie seinen Sohn, den Schwedenkönig, zur
kräftigen Wiederaufnahme der Feindseligkeiten anzuspornen
und Massnahmen wegen des eroberten Schlosses Kopenhagen
zu bereden. Dass er dies alles schon als Bürgermeister
ausgeführt, ergiebt der Zusammenhang der Documente: ausdrücklich genannt wird er so in einer Soldquittung vom November dieses Jahres [8].

Man könnte nun das Bedenken hegen, dass, da zwei
Brun Warendorp neben einander im Rathe sitzen, der jüngere
der Unterhändler, der ältere der Flottenführer sei. Aber dagegen spricht, dass während der jüngere, ausdrücklich als
solcher bezeichnet, in Lübeck ein Rathsgeschäft vollzieht, ein
anderer Brun Warendorp draussen ist, so z. B. am 15. März
1368, an welchem Tage also nur der ältere, unser Brun, in
Rostock gewesen sein kann, und umgekehrt, wenn der ältere
im Felde ist, nie ein Brun als hansischer Rathsbote genannt
wird. Und so verschwindet auch der Name Brun Warendorp
mit dem Tode des älteren vollständig aus den noch lange
fortgeführten dänisch-norwegischen Verhandlungen, obschon
der jüngere Brun erst 1411 stirbt, und die übrigen neben
Brun Warendorp genannten Rathssendeboten nach wie vor
mit Gesandtschaften und aller Art Geschäften betraut werden.

Am 11. März 1369 wird in Bruns Anwesenheit zu Lübeck energische Fortführung des Kriegs beschlossen und namentlich den Hauptleuten anheim gegeben, wenn sie sich stark
genug fühlten, in Gottes Namen die Belagerung von Helsingborg weiter zu betreiben. Vor Helsingborg finden wir dann
Brun Warendorp ,den Bürgermeister' als Oberbefehlshaber des
Belagerungsgeschwaders der wendischen Städte und der Stadt

---

[8] Lüb. Urk.-Buch 3, Nr. 669.

Riga den ganzen Sommer hindurch vom 17. Mai bis in den August. Sein Mithauptmann von Lübeck ist Thomas Morkerke. Eine Menge interessanter kleiner Züge lassen sich aus erhaltenen Schreiben über diese Zeit zusammenstellen. Die städtischen Hauptleute geben den Befehlshabern der Besatzung, den norwegischen Gesandten, welche die Flotte passiren, freies Geleite zu Unterhandlungen mit den Städten, sie betreiben die Uebergabe zugleich auf kriegerischem und friedlichem Wege, mit Gewalt und mit List.

Der unerwartet lange Widerstand, welchen das Schloss leistete, hatte die Spannung auf den Hansetagen sehr gesteigert. Stündlich erwartete man die Nachricht von seiner Einnahme, wie aus den Worten des Protokolls der lübecker Versammlung vom 13. Juli hervorgeht, welche bestimmen, dass die Stadt, welche die Kunde zuerst erhielte, sofort Tag und Nacht durch es den andern Städten ansagen lassen sollte, damit eine Anzahl schon bereit gehaltener Steinmetzen nach Kopenhagen aufbräche, um dort das feste Schloss niederzubrechen, dessen Besetzung man nach der Eroberung von Helsingborg nicht mehr für nöthig hielt. Da kam ein Gerücht nach Lübeck, welches den Rath veranlasste, nähere Erkundigung bei den Hauptleuten einzuziehen. Er fragt voll Verwunderung an, wie es möglich sei, dass die Lübecker dort bei 300 Schwergewaffneten (der Kriegsmannschaft der drei Koggen à 100 Mann), wie die Rede gehe, 2200 Mann zu speisen hätten. Die klugen Hauptleute antworten darauf unterm 22. Juli, sie hätten in der That nur noch 260 Gewaffnete und speisten alles in allem (Schützen, Bedienung der Sturmmaschinen, Matrosen und Tross eingerechnet) etwa an 1100 Leute, aber sie gäben ihre Mannschaft für das Doppelte aus, um stärker im Felde zu erscheinen. Uebrigens läge ihnen der Stadt Bestes so gut am Herzen, als dem Rath, so dass sie keine unnütze Vermehrung der Kosten machen würden. Doch hofften sie, solche Worte würden keinen Proviant verzehren. Wozu das gut wäre, würde der Rath bald sehen.

Und in der That war schon den Tag vorher, am 21. Juli, unter Vermittelung Herzog Heinrichs von Meklenburg, Bruders des Schwedenkönigs, ein Vertrag zu Stande gekommen, in welchem die Befehlshaber von Helsingborg sich verpflichteten, bis zum 8. September das Schloss zu räumen. Am 14. August sind die städtischen Truppen abgezogen, um das schonische Schloss Lindholm zu belagern. Leider ist der Brief, in welchem der rigische Hauptmann Bernd Höppner dies seinem Rathe meldet, schon vom 18. August datirt, sonst erführen wir vielleicht Näheres über die Art, in welcher der Tod Brun Warendorps am 21. August erfolgte. Helsingborg wird vertragsmässig übergeben sein, denn auf dem nächsten Hansetage zu Stralsund am 21. October ist von der Einnahme der Festung nicht weiter die Rede. So muss denn Focks Vermuthung, Brun Warendorp könne beim Sturm auf Helsingborg gefallen sein, als nicht zutreffend erscheinen. Noch weniger aber kann Bartholds Behauptung bestehen, dass Brun an der Spitze von 1600 Lübeckern fiel. Ich weiss nicht einmal, woher er die Zahl genommen, die fast eine Verwechselung mit den vorhin erwähnten 1100 Mann zu sein scheint oder mit den 1500 Lübeckern, von deren täglicher Ernährung im ersten dänischen Kriege Detmar spricht.

Dass aber der gestorbene Schiffshauptmann Brun der Bürgermeister war, ergiebt noch der Umstand, dass dieser zum letzten Male als lebend am 25. August 1369 in Lübeck genannt wird, 4 Tage nach seinem Tode, dessen Kunde also damals noch nicht aus Schonen herübergekommen war. Es geschieht dies im Testament der oben gedachten Tylse Morman, welche Brun Warendorp, den Bürgermeister, dem sie ihr silbernes Glas vermacht, zu ihrem Testamentsvollstrecker ernennt. Der jüngere Brun kommt noch ein paar Mal im Jahre 1369 mit dieser Bezeichnung oder als Wilhelms Sohn vor, seit 1370 wird aber der Zusatz bei ihm wegfällig, weil die Unterscheidung nicht mehr nöthig war.

Endlich geht auch aus der Umschrift des mehrerwähnten Leichensteins nichts anderes hervor, als was die Urkunden beweisen, nur haben Reimar Kock und von Melle sie falsch gelesen. Auf dem Grabstein stand ohne Frage:

Dominus Bruno de Warendorp, filius domini Gotscalci, proconsul et capitaneus etc.

Herr Bruno von Warendorp, Sohn des Herrn Gottschalk,
Bürgermeister und Hauptmann u. s. w.

Dass die Verlesung leicht möglich war, wird Jeder zu-
geben, der da weiss, dass die Genitivendung (is) durch einen
Strich oder eine kleine Schleife am *l* bezeichnet zu werden
pflegt, und dass eine dem ähnliche Vertiefung bei dem Alter
des Grabsteins durch häufiges Betreten sich bilden konnte.
Dass man aber so, wie angegeben ist, lesen muss, dafür liegen
die zwingendsten Gründe, faktische wie logische, vor. Denn

1) war Gottschalk gar nicht Bürgermeister;
2) diente der für die damalige Zeit ungewöhnliche Zusatz
   ‚Herrn Gottschalks Sohn' nur dazu, diesen Brun von
   seinem Namensvetter zu unterscheiden;
3) wäre die Betitelung ‚Sohn des Herrn Bürgermeisters
   und städtischer Hauptmann' doch gegen alle Gesetze
   des gesunden Denkens, während ‚Herr Brun Warendorp,
   Bürgermeister und dieser Stadt Hauptmann im dänischen
   Kriege' gerade den charakteristischen Todesfall kurz und
   bündig betont.

Und fragen wir den im Bilde wohl erhaltenen Grabstein
selbst, so weist auch er uns einen Bürgermeister auf, keinen Kriegsmann. In den Stein ist eine ganze Metall - Figur
eingelegt im langen Gewande mit dem Gürtel, baarhäuptig,
mit zum Gebet an einander gefügten gehobenen unbedeckten
Händen. Schmucklos und einfach, erscheint der Leichenstein
älter, als die vom Ende des vierzehnten oder aus dem Anfange
des nächsten Jahrhunderts bei uns vorhandenen ganzen Me-
tallplatten. Des Bürgermeisters eiserner Helm und eherner
Schild hingen aber noch im vorigen Jahrhundert am Pfeiler
dem Grabe gegenüber unter der zum Singechor führenden
Treppe.

Dass man dem muthigen und gewandten Führer im glorreichen zweiten dänischen Kriege, der — gleichviel wie — sein
Leben im kräftigen Mannesalter [9] für der Stadt Ruhm eingebüsst
hatte, mit der Grabstätte eine vorzügliche Ehre erweisen wollte,
kann nicht bezwe˚ ˙ werden. Wie man Johann Wittenborg

---

[9] Sein Vetter stirbt über 40 Jahre nachher, s. oben S. 203.

in das Burgkloster verbannte, so gab man Brun Warendorp seinen Ehrenplatz neben den Bürgermeisterstühlen vor dem Hochaltar von St. Marien, obschon die Familie eine eigene Kapelle in der Kirche besass.

Weil aber dies einzige Denkmal des waldemarischen Krieges Gefahr lief, von den Füssen der achtlos darüber Wandelnden allmählich zerstört zu werden, so hat man es im vorigen Jahre von seiner alten Stelle entfernt und am Ostende des südlichen Seitenschiffs aufrecht an der Wand befestigt. Veranlassung dazu gab die Stralsunder Gedächtnissfeier. In anerkennenswerther Weise hat der Vorstand der Marienkirche bei dieser Gelegenheit die Metall-Umschrift mit der (S. 205) erwähnten Berichtigung unter Leitung des Vereins für lübische Geschichte erneuern lassen — ein Andenken zugleich an die grösste Zeit der Hanse und an die Stiftung des hansischen Geschichtsvereins in Lübeck.

III.
Tidemann Steen.

Fünf und sechzig Jahre nach dem Unfall Johann Wittenborgs im Sunde erlitt das Kriegsgeschwader der wendischen Seestädte unter dem Oberbefehl eines lübischen Bürgermeisters, des Tidemann Steen, eine abermalige, um so empfindlichere Niederlage, als sie die Einbusse einer reichbeladenen Handelsflotte zur Folge hatte. Beide Ereignisse bieten so viel Aehnliches, dass man sich schon dadurch versucht fühlt, sie neben einander zu stellen, auch wenn nicht, wie früher angedeutet ward, das jüngere besser überlieferte einen Maassstab für die Beurtheilung des älteren abzugeben verspräche. Denn über Tidemann Steen sind mehrfache gleichzeitige chronikalische Aufzeichnungen erhalten, denen wir den Tadel und die Entschuldigung der Zeitgenossen entnehmen können. Wir besitzen ausserdem die Zeugen der Thätigkeit seiner Freunde, ihre Verwendungsschreiben, und die amtlichen Aufzeichnungen über Verhandlungen in seiner Angelegenheit und über Maassnahmen des lübischen Rathes. Eine Quelle kann möglicher Weise später noch Aufschlüsse bringen, die Hanserecesse; die bis 1430 gesammelten boten nichts Wesentliches.

Zum Verständniss des Krieges, in welchen die Kämpfe des Jahres 1427 fallen, wird Folgendes genügen.

Waldemar ist nach der durch die Städte erhaltenen Züchtigung bis an seinen Tod 1375 nicht wieder zu Kräften gekommen. Aber des klugen Vaters klügere Tochter Margarethe verwirklichte den schon von jenem gehegten Plan einer Vereinigung der Kräfte des Nordens in der Union der drei Reiche zu Calmar vom Jahre 1397 — einem Gedanken, welcher bis auf unsere Tage, wie bekannt, die skandinavische Politik bewegt. Diesem grösseren Zwecke brachte sie die herkömmliche Feindseligkeit Dänemarks gegen die Hanse und die schauenburgischen Nachbarn in Holstein zum Opfer und gab die Belehnung der Letztern mit Schleswig, auf Grund der alten Erbansprüche, nach dem Aussterben der dänischen herzoglichen Linie in Schleswig zu. Aber nur zeitweilig konnten solche Gegensätze zwischen deutscher und dänischer Zunge als untergeordnet zurücktreten. Die Hanse musste sich versucht fühlen, die compacte königliche Macht des skandinavischen Nordens, die natürliche Gegnerin ihrer geschlossenen Handelseinheit, bei jeder Gelegenheit zu zerreissen, und die Holsteiner — das fühlten die Dänen — wären nicht im Stande gewesen, auch wenn sie es gewollt hätten, den germanisirenden Einfluss auf den Süden der jütischen Halbinsel zu beschränken. Dauert ja auch dieser alte Conflict bis in unsre Gegenwart fort. So begann denn schon Margarethe den Schauenburgern die gewährte Lehnsnachfolge zu bestreiten, heftiger und unverständiger nahm ihr Grossneffe und Nachfolger in den drei nordischen Reichen, Erich von Pommern, den Kampf auf, in welchem sich Kaiser Sigismund auf die Seite des Dänen stellte. Auch die Lübecker, obwohl anfänglich der 1408 vertriebene alte Rath des Königs Erich Bundesgenossenschaft zu seiner eigenen Wiedereinsetzung benutzt hatte, kehrten zu der ihnen natürlicheren antidänischen Politik zurück und unterstützten trotz des Kaisers Verbot die Schauenburger im langjährigen Kriege mit Dänemark, welcher mit dem Frieden von Wordingborg 1435 zu vollkommener Befriedigung der Holsteiner endigte.

In diesen Krieg gehört die Einzelbegebenheit mit Tidemann Steen, von welcher als einer in lebendigster Erinnerung gebliebenen die gleichzeitigen Chronisten mit so ins Einzelne gehenden Zügen erzählen, dass sich die Ereignisse mit ihren Worten am besten schildern lassen.

Nachdem der Fortsetzer des Detmar mitgetheilt hat, wie im Jahre 1426 Herzog Heinrich von Schleswig in Lübeck um Beistand gegen König Erich gebeten, und wie die Städte zuerst je einen Bürgermeister und einen Rathmann von Lübeck, Stralsund, Rostock und Wismar nach Hadersleben zur Unterhandlung mit dem Könige und Beschaffung eines gütlichen Vergleichs gesandt, da aber diese keine gute Antwort zurückbrachten, auf Kreuzerhöhungstag (Sept. 14), die Sendeboten der 4 Städte, so wie Hamburgs und Lüneburgs, beschlossen hätten dem Könige abzusagen, berichtet er, dass sie noch in diesem Jahre um Allerheiligentag mit 6000 Gewaffneten und über 100 grossen und kleinen Schiffen in See gegangen, sich bei dem weissen Ufer (witten over, nördlich von Wismar) versammelt und vergebens versucht hätten, mit dem Volk des Herzogs Gerhard, des jüngsten Bruders von Herzog Heinrich, zusammenzustossen: schon nach 14 Tagen habe sie Sturm und Frost genöthigt nach Hause zu kehren.

Aber man betrieb die Sache auch im Winter. Nach einem Bericht der hamburgischen Abgesandten, Bürgermeister Heinrich Hoyer und Rathmann Bernhard Borstel, ward am Dreikönigstage 1427, abermals zu Rostock, ungesäumte Wiederaufnahme des Kriegs beschlossen. Lübeck und Hamburg sollten je 4 grosse Schiffe mit Vorcastellen ausrüsten, Stralsund 3, Rostock und Wismar je 2; dazu jede Stadt Krieger und kleine Schiffe, so viel von Nöthen, Geschütz und andre Nothdurft: alles bereit zu halten auf Mitfasten. Die Lübecker, Hamburger und Lüneburger bewilligten zudem einen reisigen Zug zu Lande, zu Hülfe den Herzogen.

Alles war vorgeschriebener Massen auf den Termin fertig. Detmars Fortsetzer erzählt nun so:

Darnach auf Mitfasten (d. h. in der Mitte der Fasten, um Lätare, im J. 1427 Ende März) versammelten die Städte wiederum ein Heer mit grossen Schiffen, zogen in die See und plünderten (schinneden) viele Eilande Dänemarks, Arröe, Laland, Möen, Bornholm, und Gidsöre (Gesor, die Südspitze von

Falster). Als sie dort viel Gut genommen, zogen sie mit
Herzog Gerd von Schleswig auf dessen Bitte vor Flensburg
und belagerten dieses zu Wasser mit demselben Volk und
Schiffen, Herzog Heinrich von Schleswig aber belagerte es zu
Lande mit viel Fussvolk und Reiterei. Solches geschah in den
Kreuztagen vor der Himmelfahrt unsers Herrn (d. h. Ausgang
Mai). Hauptleute des Schlosses aber waren Bischof Gerd von
Wensysel und Ritter Martin Jonsen. Diese geberdeten sich
mit ihrem Volke, als ob sie die Sache nichts anginge. Da
einigten sich Herren und Städte dahin, dass sie vor Freitag
nach Himmelfahrt (30. Mai) nicht stürmen wollten, denn in-
zwischen sollten die nöthigen Belagerungsmaschinen ankommen.
Dagegen handelte aber Herr Johann Kletze, der hamburger
Hauptmann, und gab seinen Söldnern am Himmelfahrtabend
(Mai 28, also zwei Tage vor dem verabredeten Termin) eine
Tonne Biers, damit sie Feuerpfeile in das Schloss schössen;
wie man sagte, that er es deshalb, weil ihn verdross, dass so
viel Volks müssig liegen solle. Als nun die Söldner die Tonne
ausgetrunken und das ganze Lager, ausser den Wachen, schlief,
nahmen sie Feuerpfeile, schossen in das Schloss und riefen
laut vor des Herzogs Heinrich Zelt, die Bürger der Städte
hätten schon das Schloss erstiegen. Der Herzog voll Schreck
fuhr aus dem Schlaf und hielt es sich für eine ewige Schande,
wenn die Bürger das Schloss in seiner Abwesenheit gewönnen.
So zog er seinen Panzer an und lief zum Schloss, ohne zu be-
achten, ob ihm einer folge, nahm selbst eine Sturmleiter und
stieg auf den Zaun (spyltun, Pallisadenzaun), welchen die
Feinde zum Schutz der Gräben um den Berg gemacht hatten.
Er meinte, es wären schon viele da hinein gestiegen. Dies
sah Ritter Heinrich von Ahlefeldt und rief: ‚O ehrbarer (erlauchter) Herr von Holstein, was macht ihr da? Tretet wieder herunter, eure Verwundung brächte uns allen grosse Be-
trübniss'. Das hörte ein Däne in den Pallisaden und durchstach
den Herzog mit einer Lanze. Als der Herzog die schwere
Verwundung fühlte, rief er seinen Begleitern zu: ‚Bringt mich
in mein Zelt, ich bin matt'. Da merkten sie, dass er tod-
wund war und legten ihn auf die Leiter, auf der er stand. Unterwegs aber fiel er von der Leiter und that sich so weh, dass

er alsbald danach im Zelt starb. Sein Tod erregte bei dem eignen wie dem städtischen Kriegsvolk grosse Klage, denn er war noch nicht 30 Jahr alt, von trefflichen Gaben und Tugenden. Man begrub ihn bei seinem Vater zu Itzehoe. Den Kriegsoberbefehl aber übernahm sein älterer Bruder Adolf, der letzte Herzog aus dem schauenburgischen Hause.

Dieser bat die städtischen Hauptleute ihn nicht darum zu verlassen, dass sein Bruder gestorben sei, worin sie offenbar eine Erledigung ihres Auftrages fanden. Aber, sagt der Chronist, sie erfüllten sein Begehren nicht, denn den Hauptleuten von Lübeck, Herrn Johann Bere und Herrn Berthold Roland, so wie den hamburger Herren Johann Kletze und Simon von Utrecht, schien dies nicht von Nutzen, und so wanden sie die Segel auf und zogen heim, die andern Städte aber folgten dem Beispiel.

Den Bürgern daheim waren sie nicht willkommen trotz der Entschuldigung, welche man nach der, damals durchgängigen, gesetzlichen Auffassung des Wortlauts der Verträge, die mit dem Herzog Heinrich, nicht mit Adolf, geschlossen waren, unter günstigeren Umständen wohl nicht beanstandet haben würde. Die Hamburger zunächst hielten sich Herrn Kletze gegenüber an seinen Ungehorsam wider den gemeinsamen Feldlagerbeschluss, wodurch Herzog Heinrichs Tod verursacht war, witterten Verrath dahinter, setzten ihn in die Büttelei und torquirten ihn darauf, ‚icht (ob) dar jemande an deme rade weren, de eme dat geheten hedden'. Er ~⌐uue aber auf Niemand bekennen.

Das war der erste misslungene Feldzug dieses verhängnissvollen Kriegsjahres. Ich habe ihn nach dem Berichte mitgetheilt, der für Hamburgs Schuld der ungünstigste ist: in den mehr hamburgisch gefärbten Aufzeichnungen sollen die Lübecker allein den raschen Abzug beschlossen haben. Von der zweiten Schlappe, bei der Lübeck und insbesondere Tidemann Steen in den Vordergrund tritt, will ich ebenso nach der diesem ungünstigsten Auffassung berichten. Nicht, als ob ich glaubte, dass diese gerade immer die wahrhaftigste sei, aber bei den notorischen Fehlgriffen, bei der offenbaren Verschuldung einzelner Heerführer, mag diese nun in der Untaug-

lichkeit der Person selbst oder in dem Mangel des Zusammen-
wirkens zu suchen sein, erwecken die beschönigenden Berichte
der einzelnen Stadtschreiber natürlich am ersten Zweifel. Dann
aber wird man aus den Worten der Chronisten selber am unmittelbarsten den Widerhall der Missstimmung und lauten Anklage der Zeitgenossen vernehmen und so den Eindruck erhalten, dass damals etwas faul war, nicht nur im Staate Dänemark, sondern auch im hansischen Staate — Zwist unter den
städtischen Bundesgenossen, Zwist zwischen Rath und Gemeinde, ja in den Räthen der Einzelstädte selber.

Der unter dem Namen Rufus bekannte Chronist, ein anderer Fortsetzer des Detmar, erzählt (in fast wörtlicher Uebereinstimmung mit einem durch den Brand des J. 1842 zerstör-
ten hamburgischen Berichte) von den Kriegsereignissen des
Sommers 1427 weiter:

Desselben Jahres um Marien Magdalenen (nach Andern
war das feindliche Zusammentreffen mit den Dänen am Marien Magdalenen Abend, 21. Juli) wollten die sechs Städte sich
abermals gegen den König von Dänemark versuchen und versammelten in grossen Haupt- und andern kleinen Schiffen,
Sniggen und Barsen über 8000 Mann, wohl mit Waffen, Geschütz und allem Geräth versehen, das zum Kriegsbedarf gehört. Als die Schiffe völlig gut verproviantirt waren, schickte
eine jede Stadt ihre Hauptleute zum Commando über das
Volk auf ihre Schiffe. Der Oberanführer hiess Herr Tidemann Steen, lübischer Rathmann, dem aus Vollmacht aller
Städte die übrigen Schiffsführer untergeben wurden. Und dass
er desto fleissiger und getreulicher die Flotte beschütze und
der Städte Feinde desto mannhafter aufsuche und verfolge, so
ernannte der Rath von Lübeck ihn zum Bürgermeister und
empfahl ihm im Namen aller Städte ernstlich die ganze Flotte,
mit der er in den Oeresund segeln und unter keiner Bedingung denselben räumen sollte, bevor die baiische Flotte, die
aus der Baye (einem kleinen Hafenplatz in der Bretagne[10],
südlich von Nantes) in geschlossenem Zuge unter Kriegsgeleite
ansegelnden Handelsfahrer der Ostseestädte, durchpassirt wä-

---

[10] Hirsch, Handels- und Gewerbsgesch. Danzigs S. 91.

ren. Alle andern Schiffsführer sollten ihm unweigerlich gehorchen. Mit günstigem Winde segelten sie in den Oeresund. Gott vom Himmel hatte besonders auf die Flotte Acht, verlieh ihnen Wetter und Wind und gab die Feinde in ihre Hände. Sie waren ihrer so mächtig, dass, wenn sie anders wollten, ihnen keiner der Feinde hätte entgehen müssen. So gross Heil und Frommen hatten an dem Tage durch Gottes Gnade die Städte in ihrer Hand, dass ihre Gewalt überall furchtbar geworden, ihr Ruhm und ihre Ehre über alle Lande gewachsen wären, aber da das Heil und der Segen nicht benutzt ward (men do dat heilsame gudt gehindert wart) — von wem und wie, das möge Gott richten — folgte nothwendig so grosses Unheil, Schande, Schaden und Vernichtung der Städte daraus, dass sie es in manchen Jahren nicht verwanden.

Als die Städte den Sund erreicht, schaueten sie vor Kopenhagen ihre Feinde in stolzen Schiffen vor sich. Die städtischen Schiffe aber waren sehr hoch über dem Wasserspiegel und zum Kampf gut gebaut, sie erschienen neben den dänischen wie Kirchen neben Kapellen (also ene kerke vor ener klus). Beide Flotten glänzten auch in der Sonne wie zwei Berge von klarem Silber. Als die Dänen die Städte ankommen sahen, ward ihr Herz streitbegierig (ere herte dat was strides gheer). Sie zogen die Segel auf und liessen gegen den Feind wenden. Als das der Bürgermeister von Hamburg, Herr Heine Hoyer geheissen, sah, näherte er sich rasch den Lübeckern und sprach: ‚Die Feinde kommen uns unter die Augen. Was heisst ihr uns thun?' Da sagte der Oberadmiral, Herr Tidemann Steen: ‚Wir wollen in Gottes Namen an sie!' Da machten sich alle kampfbereit, und längs der ganzen Schiffslinie feuerte jeder die Seinen an. Die Hamburger erlitten den ersten Angriff, sie wehrten sich als kühne Helden und erschlugen viele Dänen. Viel dänische Schiffe umringten sie und brachten sie in grosse Bedrängniss. Die andern Städte sahen das wohl, aber Niemand wollte ihnen zum Entsatz herbeieilen. So wurden sie zuletzt überwältigt und von den Dänen erschlagen oder gefangen, unter den Gefangenen war der Bürgermeister Herr Hoyer.

Auch den lübischen Hauptmann lief eine grosse Barse

an. Darin waren Fürsten, Ritter und viele Adlige, deren Ge-
fangennahme dem Kampf rasch ein Ende gemacht haben würde
(de deme orloge den hals woll gebroken hadden, were dat se
gevangen hadden worden). Aber als Beide im Begriff waren
auf einander zu treffen, fürchtete sich das grosse Schiff (die
lübecker Kogge) vor dem kleinen (der dänischen Barse), wich
seitwärts aus und liess die Barse vorüberschiessen. Wahrscheinlich geschah dies aus ehrerbietiger Unterordnung, dass
die Knechte vor den Herren wichen (id schude lichte van
tucht, dat de knechte den heren weken). Als die Hauptleute
der anderen städtischen Schiffe, denen ja befohlen war, nur
zu thun, was sie den lübischen Admiral thun sähen, diesen
weichen sahen, wichen sie auch ehrerbietig aus und liessen die
Barse in Frieden. Aber all diese Ehrerbietung und solche
Verschonung dünkte einem andern lübischen Schiffsführer, Goswin Grul, in dessen Schiffe sich der Rathmann Johann Bere
mit den Seinen befand, nicht rühmlich (erlik, d. i. ehrenreich).
Er fuhr unter die Feinde und hiess die Seinen sich wehren;
sie aber schlugen als stolze Degen lange mit den Dänen, be-
mächtigten sich zuletzt des Schiffes und nahmen alles gefangen. Desgleichen legte ein anderer lübischer Schiffer, Walter
Bischof, an ein gross schwedisch Schiff an (Erich war ja auch
König von Schweden): auch dies ward genommen [11]. Von den
andern Hauptleuten wollten wenige an die Feinde, sondern sie
meinten: ‚Weit ab vom Schuss wäre der beste Panzer (vere
af were en gud plate)'.

Als dieser schmachvolle Streit unter so grosser Versäumniss bestanden war, räumte bald darauf Herr Tidemann Steen
den Sund ohne alle zwingende Ursach oder drohende Gefahr,
ehe die baiische Flotte ankam, gegen das ausdrückliche Gebot seines Rathes und der übrigen Städte. Kaum aber war
er morgens aus dem Sunde herausgesegelt, so traf am selben
Tage (kaum drei Stunden später, sagt ein anderer Chronist)
die Handelsflotte im Sunde ein in der sicheren Erwartung,

---

[11] Für eine damals heimgebrachte Trophäe gilt eine noch jetzt im nördlichen Seitenschiffe der Marienkirche hangende Fahne, geziert mit dem Wappen
der drei Königreiche, den Schutzheiligen Maria und Jacob und dem pommerschen Greif.

dass sie, wie ihnen brieflich gemeldet war, von der städtischen Kriegsflotte das Geleite erhalten würden. Der König liess die Handelsflotte sofort angreifen, sie ward trotz tapferer Gegenwehr zersprengt, 46 (nach Andern über 30) reichbeladene Schiffe genommen, deren Werth nach einer Notiz Dreyers auf 400,000 Mark angegeben wird, was, unangesehen die viel geringeren Waarenpreise, nur dem Münzwerth nach, heute einer Summe von über $1^1/_2$ Mill. Mark oder 600,000 Thalern gleichkommen würde.

Als Tidemann Steen und die anderen Hauptleute hiervon Kunde erhielten, wurden sie sehr betrübt und segelten wieder nach Deutschland, wo sie zu St. Peterstag in der Erndte, d. i. zu Petri Kettenfeier, am 1. Aug., eintrafen.

An Unser Frauen Tag der Krautweihe, d. i. Mariä Himmelfahrt, 15. Aug. d. J. (oder, nach einer zu andern Zeugnissen besser stimmenden Nachricht, zu Unserer Frauen Kerzweihe, das wäre Lichtmess, 2. Febr. des folgenden Jahres 1428), wurden die Sendboten der sechs verbundenen Städte nach Lübeck berufen, um eine gemeinsame Untersuchung über den missglückten Feldzug zu halten (dat se dar mochten vorvaren, wo de vordervede reyse was togegan). Auch die schleswigholsteinischen Fürsten erschienen dort und baten um ferneren Beistand, bis sie ihren Streit mit Dänemark zu Ende gefochten hätten, welcher Beistand ihnen zugesagt ward.

Als die Fürsten ihren Endzweck erreicht hatten, erhoben die Hamburger schwere Klagen gegen den Oberanführer Tidemann Steen, der ihre Hauptleute, Bürger und Söldner von den Dänen habe schlagen und fangen lassen, während es seine Schuldigkeit gewesen wäre, sie mit seinen Leuten zu retten, oder falls er ihnen nicht selber habe zu Hülfe eilen können, von den andern Städten ihnen Entsatz zu senden. Die Klage nahmen sofort die lübischen Bürger auf und sprachen auf dem Rathhause, wo man verhandelte, zu ihren Rathsherren so: ‚Liebe Herren von Lübeck, wir fragen euch, ob Herr Tidemann Steen auf euer Geheiss und mit eurer Erlaubniss vor Ankunft der baiischen Flotte aus dem Sunde gesegelt ist'. Ihnen antwortete Namens des Rathes der Bürgermeister Herr Heinrich Rapesulver: ‚Er hat es ohne unsere Vollmacht und

Erlaubniss gethan, wir hatten es ihm ernstlich verboten'. Da
sprachen die Bürger zu Herr Tidemann Steen: ‚Herr Tidemann, hat Jemand von uns, die mit euch im Sunde waren,
anders gehandelt, als ihr ihn hiesset?' Herr Steen antwortete: ‚Was in Betreff eures Fortsegelns aus dem Sunde vor
Ankunft der baiischen Flotte geschehn ist, das ist auf mein
Geheiss geschehn. Das that ich selber auch in bester Absicht (umme des besten willen) und im Einverständniss mit
den anderen Hauptleuten'. Da wandten sich die Bürger wieder
an den Rath und sagten: ‚Wir fordern hierfür unser Recht
gegen Herr Tidemann, weil er gegen euer Gebot gehandelt
und uns dadurch in unersetzlichen Schaden, unsere Freunde
von Leben und Gut gebracht hat. Dies Recht begehren wir
von Stund an von euch, bevor wir uns trennen'. Als der
Rath den Ernst der Bürger sah, fürchtete er einen Auflauf
und Verdruss, und da die Bürger den Antrag, dass es Herrn
Tidemann erlaubt sein möge Bürgen zu stellen, abwiesen,
musste Herr Tidemann in den Thurm (des keysers slote)
gehen, wo er über drei Jahr als Gefangener sass.

So weit die Chronik. Der Schade, den die Städte durch
diesen zweiten, viel grösseren Unfall erlitten hatten, war nicht
nur für die Privatleute, wie man vor dem lübischen Rathe
sich äusserte, ein unersetzlicher, er kostete nicht bloss den
einzelnen Gemeinden viel — wie denn die hamburger Gefangenen 1432 mit 10,000 Mark (= 16,000 Thalern heutigen
Geldes) ausgelöst werden mussten — auch die Ehre der Hanse
litt dabei je länger je mehr. Eine im nächsten Jahre 1428
beschlossene noch grössere Ausrüstung von angeblich 260
Schiffen und 12000 Mann, bestimmt die dänische Flotte im
Hafen von Kopenhagen zu vernichten und die Ausfahrt des
Hafens durch versenkte Schiffe zu sperren, erreichte dies Resultat nicht. 1429 erschienen sogar die Dänen an der deutschen Küste und waren nahe daran, die Stralsunder zu über-
rumpeln, in deren Hafen sie eindrangen, bei einem zweiten
Versuch jedoch vollständig abgeschlagen wurden. Schon 1430
aber schlossen Rostock und Stralsund gesondert Frieden, die
anderen Städte 1432 Waffenstillstand und nach 3 Jahren den
Frieden von Wordingborg, welcher die Ansprüche der Holstei-

ner auf Schleswig anerkannte, den Hansen aber nur Bestätigung der alten Privilegien, keinen Ersatz für die mannigfachen Kriegsverluste brachte.

Wenn der Glanz des hansischen Namens durch den Vorfall mit Tidemann Steen verdunkelt ward, so musste ganz besonders Lübeck der Vorwurf der Feigheit und Feldflüchtigkeit treffen. Wie sehr das im Munde der Leute umging, und wie bleibend sich das Ereigniss dem Gedächtnisse eingeprägt hat, das sehen wir auch aus einem Spottvers, der, 1427 durch einen Nebenumstand oder durch die gelegentliche Bemerkung eines am Kampfe Betheiligten hervorgerufen, bis ins nächste Jahrhundert hinein den Spitznamen für die Lübecker ‚Badequast‘ hergegeben hat. Der Natur der Sache nach finden wir anfänglich diesen Spott auf Lübeck nur in ausserlübischen Berichten, namentlich bei den besonders erbitterten Hamburgern, erst 100 Jahre später eignen die Lübecker sich den Ekelnamen an und dienen mit gleicher Münze.

Eine dem Jahre 1427 ihrer Abfassungszeit nach nahe stehende, von Hamburg auch sonst sichtlich influirte Chronik, die der ‚Nordelvischen Sassen‘, knüpft an den Vorfall dieses Jahres und die Waffenthat des Bürgermeisters Hoyer vor Kopenhagen Folgendes an: ‚De borgemester van Lubeke, her Tidemann Sten, en man von blodem sinne, bewisede dar sine vorretnisse unde stak ut den badequast unde helt darbi unde dede den Hamborgeren altes nene hulpe, de sik wereden wente in den doet. Men sik sulven to schanden sprak he: Were di nu, du kone man, were di nu, du starke Heine von Hamborch!‘ Dann wird erzählt, wie die Hamburger, ohne Hülfe gelassen, sich endlich ergeben mussten. ‚De Lubeschen myt eren schepen segelden wedder to hus unde vorloren nicht enen man. Se quemen to hus myt schanden unde myt laster, alse se ok to Vlensborch hadden gedan. Er hon unde vorwit (Vorwurf) lut to ewigen tiden aldus:

‚Hamborch, du bist erenvast!

De van Lubeke voren den badequast‘.

Gleich darauf wird verglichen, wie die Hamburger den Johann Kletze schwer gestraft, die Lübecker Tidemann Steen glimpflicher behandelt hätten: ‚De Lubeschen beleveden den

badequast, se leten eren vorreder sitten unde leven, unde ho-
weden nemande af'. Und endlich, als im Jahre 1431 in diesem Kriege Flensburg unter Lübecks Beistand eingenommen
wird, sagt der Chronist: ‚De Lubeschen kregen wedder ganz-
liken de kronen des laves, se hadden sik sere wol bewised.
Hirumme dat vorwit der badequeste dat wart ᵇ⎯⎯⎯ under de
vote treden'.

Lappenberg hat lange Jahre die Erklärung festhalten wollen, Badequast sei hier eine Badeschürze, was ja aber gar
keinen Sinn giebt. Allerdings kann der Laubbüschel beim
Baden eben so gut als Verdeckung der Scham dienen, wie
zum Peitschen, im ersten Fall ist er eine Art Schurz, im zweiten ein Badebesen, wie er noch im Dampfbade Anwendung
findet und den Leuten im Mittelalter aus den damals so häu-
figen Badstuben hinlänglich geläufig war[12]. Für einen Besen
hat sich denn auch Lappenberg schliesslich entschieden, erklärt aber, meines Erachtens wieder nicht glücklich, dass der
Schiffsbesen das verabredete Signal zur Rückkehr gewesen sei,
oder dass die Lübecker den Besen zum Zeichen ihrer unkrie-
gerischen Absichten statt der Flagge aufgezogen hätten. Schwerlich haben sie das gethan, noch wird es richtig sein, wie eine
andere hamburger Chronik aus späterer Zeit vernünftelnd meint,
dass man sich an dem Aufstecken eines Badequasts als Freund
habe erkennen wollen. Vielmehr, wenn wirklich ein Besen
auf dem lübecker Admiral damals zur Sicht gekommen, ist
es Zufall gewesen, dass, als die Lübecker sich davon machten, der Schiffsbesen die Stelle einnahm, wo sonst die Fahne
steckt; oder man wies höhnend auf den Besen, der hinten am
Schiffe seine Stelle hatte, und forderte auf, diesen anstatt der
vielleicht verlorenen Fahne an die Fahnenstange zu binden.
Denn das Fahnentuch war nicht fest, sondern ward beim
Kriegsauszug erst angebunden. Es mochte auch ein stehender Witz beim Schiffsvolk sein, da der Besen zum Stäupen
gebraucht wurde, mit dem unehrenhaftesten Theile des Leibes in Berührung kam u. dgl. m. Vielleicht auch spielt der
Witz auf den Gegensatz des schneidigen Schwertes und der

---

[12] Eine Abbildung, wiederholt aus einem Lübecker Kalender v. 1519, s.
Gernet, Mittheilungen aus der älteren Medicinalgesch. Hamburgs.

Besenruthe an, deren Handhabung den Lübeckern bequemer
scheint. Jedenfalls ist es schwer, einem solchen gelegentlichen
und darnach sehr elastisch sich ausdehnenden Spitznamen
ganz auf die Spur zu kommen. Die Lübecker aber, so viel
steht fest, wurden seitdem ‚Badequast'[13] genannt, wie die
Wismeraner ‚Hans von der Wismer', die Holländer ‚Hasen-
kop'. So heisst es in einem früher von mir veröffentlichten
Spottgedicht, um die lübischen Rüstungen für Christian II. von
Dänemark 1532 verächtlich zu machen:

De badequast is in deme bade;

worauf die Lübecker antworteten:

De badequast wert ju werlik wol raken.

Und einige Jahre früher verhöhnt ein rigaer Schiffer nach
Reimar Kocks Erzählung die Lübecker damit, dass er sein
Schiff mit Quästen besteckt. Der Chronist Reckemann aber erzählt zu userm Ereigniss: ‚1427 dar kregen de Lubeschen
den badequast'.

Ueber die Stimmung der geschädigten lübischen Kaufleute,
der erzürnten Bundesgenossen haben uns die Chroniken ge-
nügend unterrichtet. Wie verhielt sich aber der lübische Rath
zu der Sache?

Zuvörderst muss vorausgeschickt werden, dass der Rath
von 1427 nicht mehr den einheitlichen Charakter hatte, wie
zur Zeit Johann Wittenborgs. Immer heftigere Bewegungen
waren auch durch die lübische Bürgerschaft gegangen und
hatten, anfangs unterdrückt, im Jahre 1408, wie bekannt, zur
Austreibung des alten Raths geführt. Derselbe ward durch
kaiserliche Commissare zwar 1416 zurückgebracht, schloss aber
eine Art von Compromiss, indem er 5 Mitglieder des neuen
Raths unter sich aufnahm und zur Ergänzung neben zwei Mitgliedern der Junkercompagnie 5 Kaufleute wählte.

Zu den aus dem neuen Rath herübergenommenen, später
in die Junkercompagnie eintretenden, Mitgliedern gehört Tidemann Steen.

Er ist kein geborener Lübecker. Der Herzog Otto von

[13] Der Ausdruck ist bis in die Magdeburger Chronik gedrungen. ‚1426
wart gegrepen Herr Hinrich Hoyger van den Denen, mit den badequesten
bestellet van Lubeke'. Chron. d. dtsch. Städte 7, S. 405.

Braunschweig und Lüneburg nennt ihn seinen Unterthan:
‚Wente de genante her Tidemann unse undersate gheboren is
unde vormyddelst velen unserer erbaren undersaten gheistlik
unde werltlik hochliken besibbet unde bevrundet'. Darum finden wir die Städte Lüneburg, Braunschweig, Göttingen als
Vermittlerinnen in seiner Angelegenheit. In seinem Nachlasse
sind Renten in Lüneburg und Landgut bei Hildesheim. Er
ist Kaufmann, Schonenfahrer und Aeltermann des Collegs derselben 1409. Daher das Interesse für den Heringshandel, welches er in einem diplomatischen Schreiben von Kopenhagen
aus beiläufig kundgiebt: ‚Anders wete wi juw sunderkes nicht
to scrivende, wen dat hir en scra (magerer) market is van
hering, unde wy vormoden uns, de hir en voder hering to
kope hedde, dat gulde wol 16 arnensche gulden 5¹/₂ dratore'.
Er muss wohlhabend gewesen sein, denn der König Erich selber ist sein Schuldener, und eine letztwillige Verfügung für
das Heilige-Geist-Hospital lautet auf 1500 Mark. Neben vielen
angesehenen Freunden, welche er ausserhalb Lübecks hat, ist
sein Anhang in Lübeck gross. Seiner Tochter Taleke (Adelheid) Mann ist der reiche Hinrich Dives, dem unter Anderm
das Dorf Israelsdorf gehört. Heinrichs Bruder, Berthold, Propst
des lübischen Stifts, nimmt sich der Sache Tiedemanns an,
und der Bischof Johann Scheele, Kaiser Sigismunds Commissar
auf der baseler Kirchenversammlung, verwendet sich für ihn.
Diese seine Stellung und hervorragende persönliche Eigenschaf-
ten haben ihn alsbald in den neuen Rath gebracht, in dem er
schon 1409 Bürgermeister genannt wird. Detmars Fortsetzer
führt ihn unter den acht fähigsten (snedighesten) Rathsmitgliedern auf, welche an König Ruprecht gesandt wurden, um
den neuen Rath vor dem Hofgericht zu Heidelberg zu vertheidigen. In ähnlicher Weise leitet er die Verhandlungen desselben mit dem alten Rath und den Hansestädten zu Lüneburg 1412 und wird vom neuen Rath zu Geschäften bei der
Königin Margarethe, später vom alten bei König Erich gebraucht.

    Das alles spricht für eine grosse Gewandtheit, die er be-
sessen haben muss, aber er scheint auch von einer gewissen
Schlauheit nicht frei gewesen zu sein, welche ein Licht auf die

Art seiner schliesslichen Behandlung zu werfen geeignet ist.
Von Heidelberg zurückgekehrt, verschweigt er der Stadt den
ergangenen Achtspruch, er kauft zu eigenem Vortheil das con-
fiscirte Haus des Bürgermeisters Jordan Plescow, und als die
Wiederherstellung erfolgt, führt er nicht nur mit Eler Stange,
wie früher in Lüneburg, die Verhandlungen mit dem alten
Rathe, sondern reitet mit den kaiserlichen Commissaren in der
Stadt umher, Ruhe zu gebieten, und schliesst mit den neuen
Gebietern, welche ihn in ihre Mitte nehmen, ab, während Eler
Stange ins Gefängniss wandern muss.

Wenn nun der wieder eingesetzte Rath Herrn Tidemann,
seit dieser ihm angehörte, auch viel zu verdanken hatte, so
wird man doch nicht glauben, dass seine Gegner ihm darum
alles Frühere vergassen, noch weniger aber wird man sie für
geneigt halten dürfen, ihn bei einem Vorfalle zu schonen, der,
mochte Tidemann Steen dabei grössere oder geringere Schuld
treffen, ganz dazu gemacht war, die mühsam errungene Einigung der wendischen Städte, den Frieden zwischen Räthen und
Gemeinen wieder zu vernichten. In der That sehen wir in
allen wendischen Städten die Zustände von 1408 wiederkehren.
Sechziger-Ausschüsse werden gebildet, Johann Cletze in Hamburg wird hingerichtet, Rostock, Wismar treiben ihren Rath
aus. Lübeck hielt dem Sturm Stand, und so mag immerhin
der Rath selber nicht gewillt gewesen sein, abermals das
schlimme Beispiel der Hinrichtung eines seiner Bürgermeister
zu geben, ja die Parteigenossen Tidemanns mögen seine völlige
Entlastung von der Schuld angestrebt haben. Im Ganzen und
Grossen aber macht das Benehmen des Raths nicht den Eindruck eines persönlichen Wohlwollens gegen den Bezichtigten:
trotz des wiederholten Drängens seiner mächtigen Freunde,
trotz des Einschreitens des Kaisers Sigismund giebt der Rath
nur schrittweise und sichtlich gezwungen nach bis zu Tidemanns gänzlicher Freilassung, ohne ihn wieder in seine Mitte
aufzunehmen. Dabei mag der Umstand mitgewirkt haben, dass
nach dem ersten Unfall vor Flensburg man für die neue Expedition gerade in Herrn Tidemann Steen einen anderen, wie
man meinte, erprobteren Führer wählte, der nun doch Lübecks
Obercommando erst recht gründlich in Verruf gebracht hatte,

Auf die Anklage der Hamburger, deren der Chronist gedenkt, war Herr Tidemann in das schwerste Gefängniss gelegt, geschlossen und an den Füssen mit Ketten gebunden. Die Hamburger hatten zudem von Lübeck das Versprechen mitgebracht, über Herr Steen solle in der ersten vollen Woche der Fasten, in der letzten Woche des Februar, ein Richterspruch gefällt werden. Sie beschweren sich in einem späteren Schreiben, das sei nicht gehalten, und drohen namens ihrer Bürger, die Theilnahme am neuen Feldzuge des Jahres 1428 zu versagen, so lange Herr Tidemann nicht gerichtet sei. Inzwischen hatte der Rath sich aber an den Steen wegen seiner Herkunft befreundeten Rath der Stadt Lüneburg gewandt, und mit Einschickung von Tidemanns Aussagen, um ein Gutachten gebeten. Lüneburg geht die Räthe von Braunschweig und Göttingen darum an und übersendet unterm 27. Februar zwei schiedsrichterliche Erklärungen vom 13. und 25. Februar, welche alle für Tidemann sprechenden Umstände aufzählen und zu dem Schlusse kommen, dass ihn wegen seiner Räumung des Sundes keine Schuld treffe, deshalb dürfe der Rath keine Tortur und überhaupt kein hochnothpeinliches Gericht eintreten lassen und müsse ihn gegen die anschuldigenden Kaufleute in Schutz nehmen.

Die Hauptgründe, die sie anführen, sind: Den Hamburgern habe Tidemann Steen nicht zu Hülfe kommen können, weil die dänische Uebermacht ihm zu gross gewesen, er hätte zwar 36 Schiffe gehabt, aber grosse und kleine, der König 33 grosse. Nachdem die Hamburger (welchen er nach andern Angaben, weil sie sich festgefahren und sein grosses Schiff zu unbeweglich gewesen, nicht rechtzeitig zueilen konnte) geschlagen seien, hätte er das Wohl des Ganzen ins Auge fassen müssen, nicht neuen Verlust dazu verursachen, zumal die Schiffe von Stralsund noch nicht zu ihm gestossen wären. Er hätte befürchten müssen, dass die Dänen, die der Sieg kühner gemacht, den Stralsundern entgegenführen und sie auch vernichteten. Ausserdem habe er nicht nur die Durchfahrt der baiischen Flotte durch den Sund, sondern auch die der Weichselflotte, der Preussen, die von der Ostsee kamen, schützen sollen — ein Umstand, welcher sich auch in den Chroniken findet. Darum habe er nach gehaltenem Kriegsrath mit den andern Hauptleuten beschlossen, die Weichselflotte als die kostbarere und die Stralsunder zu schützen und, falls der König sie angriffe, ihn zu schlagen. Der baiischen Flotte habe er aber durch einen Boten, dem 100 Mark lübisch versprochen seien, von dem Geschehenen Nachricht gegeben. Ausserdem betont das Gutachten, dass Tidemann Steen zwar Befehl erhalten habe, im Sunde zu bleiben, aber ein solcher zu Haus gegebener Befehl erleide nach Umständen Veränderung, und es sei von jeher Brauch gewesen, stillschweigends dabei den Zusatz zu machen: ,falls nicht andere Umstände davon abriethen' oder dgl. Endlich diene Herr Tidemann der Stadt nicht um Geld und Sold, sondern mit Einsetzung seines Lebens und seiner Person für das gemeine Beste ohne allen Entgelt. Wenn er also nach bestem Gewissen gehandelt, könne man ihn für die Folgen, die nicht von ihm abgehangen, in solcher Weise nicht verantwortlich machen.

Was die Hamburger u. A. darauf erwidert, wissen wir nicht: aber sie machen den Feldzug mit. Des Rathes Ansicht liegt zunächst darin vor, dass er Tidemann Steen nicht auf die Folter bringen, vielmehr, unter sicherer Verbürgung, zu Michaelis 1428 aus den Eisen nehmen lässt, mit denen er bis dahin geschlossen war. Im nächsten Jahre zu Marien-Magdalenen wird er aus dem schlimmsten Thurm in das ritterliche Gefängniss, den neuen Thurm bei dem Marstall, den sogenannten Junkerthurm, gebracht. Ob auf beides Beschlüsse der Hansetage Einfluss geübt haben, liegt nicht vor. Schon der lüneburger Brief spricht aber von einer demnächstigen Tagfahrt in Lüneburg selber, wo die Sache verhandelt werden solle, und auch die gleich zu erwähnenden Schreiben von Tidemanns fürstlichen Freunden aus dem J. 1434 machen dem Rath Vorwürfe, dass er Tidemann Steen noch seines Bürgerrechtes beraube, obwohl die Hansestädte ihn davon freigesprochen, Leib, Ehre und Gut verwirkt zu haben. Jedenfalls hat der lübecker Rath sich noch im J. 1430 gegen den bei seiner Anwesenheit in Lübeck persönliche Bitte einlegenden Herzog Otto von Braunschweig dahin entschuldigt, er könne in der Sache nicht ohne die andern betheiligten Städte vorgehen.

Der Herzog schreibt ihm am 10. Juni 1430 nochmals eindringlich, bittet, dem Tidemann doch wenigstens das Gefängniss
zum Hausarrest zu erleichtern und mit ihm unabhängig von
den Andern zu handeln, da er ja in der Stadt Lübeck, und
keiner andern, Gefängniss sässe, ihr Gefangener wäre[14]. Ent-
schiedener war für Tidemann Steen ein grösserer Herr eingetreten, Kaiser Sigismund, an den man sich beschwerend gewandt hatte, und der von Schintau her an der ungarischen
Grenze ein Mandat an die Stadt Braunschweig vom 1. Mai
1430 richtete des Inhalts, bei Strafe von 100 Mk. löthigen
Goldes innerhalb 14 Tagen nach Empfang desselben Rath und
Bürger von Lübeck aufzufordern, Herrn Tidemann Steen, den
sie ohne Ursach und Schuld über Jahr und Tag im Gefängniss
gehalten, desselben zu entlassen. Dies Mandat haben die
Braunschweiger am 13. Juli betreffenden Orts insinuirt. Die
Lübecker aber haben dem Befehl nicht unverzüglich Folge geleistet, haben auch weder damals noch überhaupt Herrn Steen
zu vollen Ehren in seinen Stand wieder eingesetzt, wie gefordert ward. Aber sie lassen ihn, wie das Nieder-Stadtbuch

---

[14] In den hans. Geschichtsbl. Jahrg. 1873, S. 147 giebt Mantels folgende
Berichtigung:

Veranlassung das Schreiben Herzogs Otto von Braunschweig, welches keine
Jahreszahl trägt, in das Jahr 1430 zu setzen, gab der Umstand, ,dass in dem
Briefe zwar einer unbequemen Haft des Tid. Steen, aber nicht des harten Ge-
fängnisses Erwähnung geschieht, in welchem bis zum Juli 1429 der Bürgermeister gehalten ward. Der Herzog musste also spätestens im Juni 1430
geschrieben haben, denn Martini desselben Jahres ward sein Wunsch, des
Bürgermeisters Haft in dessen Wohnung verlegt zu sehen, erfüllt. Zum Jahr
1430 schien auch die Anwesenheit des Herzogs in Lübeck, deren im Briefe
Erwähnung geschieht, zu stimmen, denn nach lübischen Chronisten (Grautoff,
2, S. 58 und S. 576) zog Herzog Otto damals mit der Herzogin Katharina von
Meklenburg vor Rostock.

Ein Schreiben des Raths von Lübeck an Otto, welches Dr. von der Ropp
im Staatsarchiv zu Hannover gefunden hat, datirt 1428 Juni 14, erweist sich
jedoch als die Antwort auf den erwähnten Brief des Herzogs, und somit ist
auch dieser in das Jahr 1428 auf den 12. Juni zu setzen. Lübeck erwidert
dem Herzoge unter Hinweis auf dasjenige, was man ihm sowohl bei seiner
Anwesenheit in Lübeck persönlich als auch durch seinen Kaplan Hinrich Schu-
ler in Betreff Tidemann Steens gesagt habe, dass es zur Zeit keine andere
Antwort geben könne, um seinetwillen aber gern thun wolle, wes wii hern
Tydemanne mit eren und mit redelicheid to gude keren mogen'.

und auch unser Chronist Korner mittheilt, zu Martini 1430 in
‚borgetucht' d. h. auf Verbürgung in sein Haus gehen. Die
einheimischen Freunde haben sich dabei mannigfach bemüht,
namentlich der Propst Berthold Dives. Tidemann Steen hat
im Sinne der Zeit auch steif gegengehalten und sich vorzüglich dawider gesperrt, jetzt und später einen besonderen feierlichen Eid ‚mit utgestreckeden armen unde upgerichteden vin-
geren stavedes edes to den hilghen', wie die Formel lautet,
zu schwören: sein Rathseid sollte genügen. Der Rath aber
konnte diesen nicht wohl gelten lassen, da er Steen überall
nicht mehr als sein Mitglied ansah. Es ist recht charakteristisch zu sehen, wie darum hin und her gefeilscht, ein Con-
cept nach dem andern entworfen, durchcorrigirt und verwor-
fen wird, und auch diese Formalien theilt der Rath nach den
Aufschriften der Concepte den Bürgern mit. So hat denn
Tidemann Steen ferner versucht, freiere Bewegung im Hausarrest zu erhalten. Sie sollten ihm erlauben ‚to ghande ute
mynem huse bynnen Lubeke und ok to ridende edder varende, wor unde wanne my des nod is unde bequem umme
myn werf, bynnen ener dachreyse'. Er sieht sich also nach
der Möglichkeit um, sein Geschäft in Person zu betreiben.
Der Rath will ihm nur gestatten, aus seinem Hause zu gehen
‚in de kerken unde anders, dar eme dat bequeme is, in der
stad Lubeke': aus der Stadt und Landwehr soll er aber
nur mit Erlaubniss gehen dürfen. Ob ein solcher Zwischen-
vertrag zu Stande kam,   ss dahin stehn: das Nieder-Stadtbuch enthält ihn nicht.

Von gleichzeitigen Chronisten erzählt nur der niedersächsische Korner: ‚und to deme lesten wart he vrig gegeven'.
Das geschah abermals auf Anstoss von aussen. Der Herzog
Adolf von Jülich, Graf Gerhard von Cleve und der Erzbischof
von Cöln dringen in drei äusserlich fast gleichlautenden, also
nach einem Muster verfassten, Schreiben vom 19., 20. und
25. Mai 1434, in Folge bei ihnen eingelegter Fürbitte von
Tidemanns Freunden, auf die endliche Freilassung des Mannes
aus der häuslichen Haft. Einige Tage darauf schreibt der
gerade von Italien und Sigismunds Kaiserkrönung zurückge-
kehrte Kanzler Schlick in andern Angelegenheiten an die Stadt,

dankt für verehrtes Pelzwerk und meldet: beim Kaiser sei von
Tidemann Steen wieder die Rede gewesen, und er (der Kanzler) habe bisher nur gehindert, sonst würden schon schwere
Pönalmandate ergangen sein. Sie möchten ihn doch der Haft
frei machen und das Seine geniessen lassen. Am 1. Decbr.
dieses Jahres schwur denn endlich Tidemann Steen Urfehde [15],
versprach, weder öffentlich noch heimlich gegen der Stadt
Bestes handeln zu wollen, und erklärte sich damit einverstan-
den, dass der Rath ihn nicht wieder in seinen Rathsstuhl auf-
nehme, weil der Stadt Lübeck daraus Schaden und Ansprache
erwachsen könnten, für die jetzt, da er vom Rathe ausgeschlossen war, Tidemann Steen allein aufzukommen hatte.

Diesen Ansprüchen der lübischen, hamburgischen und anderer durch den Verlust der Schiffe betroffenen Kaufleute
kann aber nach der freisprechenden Erklärung der Hansestädte eben so wenig Folge gegeben sein, wie bei Johann Wittenborg. Unsere Stadtbücher wissen nichts von Entschädigungen. Im Gegentheil, unangefochten trifft Tidemann Steen
am 16. September 1441 seine früher erwähnte Verfügung, nach
welcher von 1500 ℔ ewige Renten zu stiften sind, um aus
ihnen täglich 80 Halbpfennigswecken unter die bettlägerigen
Kranken des Heiligen-Geist-Spitals zu vertheilen. Er muss
selbst damals bettlägerig gewesen sein, zwei Rathsmitglieder
begaben sich zur Beglaubigung in sein Haus. Am 4. März
1442 ist er schon verstorben, denn damals sendet sein Sohn
Conrad den Remmerd Ulenhot aus, um seinen Bruder Henning
in Island zu suchen, mit welchem er ein Jahr später das vä-
terliche Gut theilt, gleichfalls unangefochten.

Tidemann Steens Vertheidigung versuchte im vorigen Jahrhundert Dreyer in Gadebusch's Pommerschen Sammlungen; die
im Nieder-Stadtbuch enthaltenen Einzelheiten über Steens Gefängniss hat in dem so eben erschienenen zweiten Theil seiner
Lübeckischen Zustände Rath Pauli zusammengestellt. Auf
Beide darf ich meine Leser wohl verweisen, da ich diesen
Aufsatz möglichst wenig mit Anmerkungen beschweren wollte.

---

[15] Mitgelober: Berthold und Hinrich Dives, Hinr. Vledermann, deren
Siegel anhangen, sowie das des Tidemann Steen (ein Steinbockshaupt).

Im Uebrigen stützen sich die nicht anders begründeten Daten auf die Lübeckischen Chroniken und bei Wittenborg und Warendorp auf das Lübecker Urkundenbuch und die Hanserecesse.

Nachtrag.

Ich habe mich bisher vergebens bemüht, der allmählichen Entwickelung der Sage von Wittenborgs Verrath auf die Spur zu kommen. Deecke selbst bezeichnet die Gestalt, in welcher er die Sage mittheilt, als mündlicher Ueberlieferung entlehnt. Die Chronisten zweiten Ranges, aus denen er sonst seine Geschichten nimmt, enthalten nur wenig Einzelnes mehr, als ihre Vorgänger.

So bemerkt Rehbein, der sich übrigens an Krantz und Kock anschliesst, in einem NB.: In der alten Wendischen Cronica steht, das W. dem Könige hab etwas hofiret, sed non praesumitur; was sich offenbar auf die deutsche Version des Chronicon Sclavicum (ed. Laspeyres, S. 132) bezieht: Her Johan Wittenborch — wart ghekoppet doer etlyke vorrederie, de se eme toleden, Woldemaro deme koninghe van Dennemarken to willen unde tom besten.

Ein Chronist des vorigen Jahrhunderts, Schultze, erzählt wie die früheren. Später ist aber von ihm oder einem Anderen nachträglich den Worten der Handschrift: ‚Da W. dann nach Urtheil und Recht decolliret ward' beigefügt: ‚Anno 1367, den sechsten Tag nach Lichtmessen, auf dem Markte, und der Stein, auf welchem die Decollation geschehen, von vielen noch will gewiesen werden. Doch wird er nicht mehr attendiret, weil dieses Andenken Untergang die Zeit gleich alles auflösen wird'.

Wie Schultze diese Worte ohne viel Besinnen dem vorher in das Jahr 1363 versetzten Ereigniss anschliesst, so theilt sein Vorgänger, Detlev Dreyer, die Hinrichtung zweimal mit, 1363 und 1367, 6. Tag nach Lichtmessen. Er fügt hinzu: Und ist solches Schwerd noch heutiges Tages aus Curiosität auf dem lübischen Zeughause zu sehen.

Die Copie der Hinrichtung, wohl von dem Bilde im Zeughause genommen, hat Rehbein seiner handschriftlichen Chronik einverleibt. Sie stellt die West- und Nordseite des Markt-
viereckes dar, natürlich mit freier Phantasie, denn es münden
zwei ziemlich breite Strassen auf den Markt, aber doch immerhin mit Anschluss an ältere Vorstellungen. Vor der offenen Halle des Rathhauses sitzen die beiden Gerichtsherren.
Auf einem tischartigen Gerüst, zu dem eine hölzerne Stiege
führt, kniet Wittenborg, die Hände auf einen Block, um den
Sand aufgeschüttet ist, gefaltet, im langen Mantel, den Hals
entblösst; sein Barett liegt am Boden. Der Henker, mit der
leeren Scheide umgürtet, holt mit dem entblössten Schwerte
zum Hiebe aus. Hinter dem Gerüst Mannschaft, mit Helle-
barden, Spiessen, Büchsen und Schwertern bewaffnet, vor demselben Bürger in verschiedenem Costüm, auch Frauen, zwei
Mann als Wachtposten daneben.

Die Erfindung der Sage, dass alljährlich ein hochweiser
Rath sich an Wittenborgs schreckliches Ende habe erinnern
müssen, erklärt sich aus sechs silbernen Gefässen, welche 1538
zum Gebrauche des Raths angefertigt wurden. Man bestritt
die Ausgabe mit dem Ertrage einer Geldbusse, die den aufständischen Einwohnern Bornholms während der Verpfändung
dieser Insel an Lübeck auferlegt war. Es waren nach Becker
(Geschichte d. St. Lübeck 2, S. 113) und von Melle (Gründ-
liche Nachricht S. 388) 2 Kannen und 4 Pokale, von denen
jene die Aufschriften führten:

> Dat Bornholm sin heren vorsaket,
> Heft mi to sulckem krose ghemaket.
>
> Hedde sick Bornholm bedacht na framen,
> Were ick hir her nicht ghekamen.

Die Pokale aber:

> Bornholm heft mi gegeven
> Lubeck der guden stad,
> Wer truw bestendig bleven,
> Hed it nen noet gehad.

Wol doerlick breckt, moeth wislick bothen.
Gehorsam (?) heft gemaeckt,
Dat Bornholm mi heft thorichten mothen
Tho Lubeck dem erbaren radth.

Van Bornholm bin ick hir bracht,
Dat maket untruw unbedacht.

Hedde Bornholm recht doen varen (?),
Disses raetstuls hed ick entbaren.

Alle Gefässe trugen die Jahreszahl 1538 und die Buchstaben I. G., was Schnobel (zu Melle a. a. O.) auf den regierenden Bürgermeister Joachim Gerken deutet[16].

Wären wir so glücklich gewesen, dies Rathssilber durch
schwere Zeiten hindurch uns zu erhalten, wie die Lüneburger,
— ein Glück, welches die jetzigen Herren von Lüneburg in
sehr zweideutiger Weise gewürdigt haben — so wären wir
vielleicht im Stande, aus irgend einem zufälligen Schmuck der
Becher die Entstehung der Sage noch augenscheinlicher ab-
zuleiten.

---

[16] S. Wehrmann, Silbergeräth des Raths von Lübeck in Hans. Geschsbl.
Jahrg. 1878, S. 181.

VI.

Der im Jahre 1367 zu Köln beschlossene zweite hanseatische Pfundzoll.

(1862.)

Die folgende Zusammenstellung ist das Ergebniss einer Durchsicht von circa 1900 Quittungen, welche während des grossen Krieges der Hansa mit den Königen Waldemar Atterdag von Dänemark und Hakon Magnusson von Norwegen über den zur Deckung der Kriegskosten von Schiffen und Ladungen der Städter erhobenen Zoll (das Pfundgeld) in den Jahren 1368 bis 1371 ausgestellt worden sind. Beschlossener Maassen hat man sie nach Lübeck gebracht, und hier fand sich vor einigen Jahren ein kleinerer Theil derselben wieder an. Diese Scheine geben nicht nur interessante Aufschlüsse über die praktische Ausführung der von den Seestädten beliebten Handelsauflage, sondern sie ergänzen und vervollständigen auch in vieler Hinsicht die Bestimmungen der Recesse (hanseatischen Protokolle) über den Pfundzoll, abgesehen davon, dass mancherlei Personalien, handelsgeschichtliche Notizen u. dgl. darin vorkommen, und dass die Siegel der Quittungen von historischer Bedeutung sind. Die Letzteren wurden daher auch schon im dritten und vierten Hefte der 'Siegel des Mittelalters aus den Archiven der Stadt Lübeck' besprochen und theilweise abgebildet.

Die Zollscheine enthalten also ein urkundliches Material der für die Hansa wichtigsten Jahre, das jedoch nur im Auszug veröffentlicht werden konnte. Mit demselben eine kurze Besprechung des zweiten Pfundzolls zu verbinden, erschien um so natürlicher, als ohne Zurückgehen auf die kölner Bestimmungen sich gar nicht einmal verständlich aus den Quittungen hätte berichten lassen. Andrerseits finden sich im hiesigen Archive keine weiteren Zollzettel, und von auswärts her wird die jetzt vorbereitete Ausgabe der hanseatischen Recesse höchstens einige ergänzende Beschlüsse oder vollständigere Abrechnungen über das Pfundgeld liefern. So fehlt es

dem hier behandelten Stoffe auch an der relativen Vollstän-
digkeit nicht.

Ganz ohne geschichtlichen Hintergrund durfte meine etwas dürre Mittheilung wohl nicht bleiben, schon darum nicht,
weil die Tragweite der statistischen Notizen hie und da dem
Blick eröffnet werden musste. Wenn ich nun dazu an einigen
Stellen mich nicht der schon bekannten Urkunden, sondern
der Briefe eines auch von Lappenberg[1] angeführten Copiarius bedient habe, welcher für die aus Lübeck gesandten
Schreiben 1366 angelegt, aber nur wenige Jahre fortgesetzt
ward, so hat mich dabei nicht der Wunsch geleitet, Neues
und Unbekanntes zu liefern. Vielmehr wollte ich einen Eindruck geben von dem doppelten Geist jener Zeiten, dem knappen, kurzen, schlagfertigen, der sich in ihren Handlungen, dem
breiten, langwierigen, hinausschiebenden, der sich in den Verhandlungen zeigt. So haben sie auch zwei Schreibstile: den
einen kennzeichnen die Protokolle und die kurzen Daten der
Zollquittungen, den andern finden wir im Copiarius wieder.
Die darin verzeichneten Briefe der Stadt an Papst, Kaiser
und Fürsten beschweren sich in einer so de- und wehmüthi-
gen Weise über König Waldemar und entschuldigen die nothwendig gewordene Abwehr seiner Uebergriffe in so bescheide-
nen und wohlgesetzten Ausdrücken, dass man versucht sein
könnte, die Briefe für unecht zu halten, wenn man die kurz-
gefassten Beschlüsse und das unmittelbare Dreinschlagen der
Städte damit vergleicht. Aber die klugen Städter standen
auch hier auf der Höhe ihrer Zeit und wussten den damals
in den Schriftstücken der römisch-canonisch gebildeten Ge-
heimschreiber, zumal der kaiserlichen Kanzlei, landläufigen
Wortschwall so geschickt handhaben zu lassen, wie sie andrerseits ihr kerniges Niederdeutsch am rechten Ort gebrauchten
und das Schwert selbst zu führen verstanden. Sie dienten
am Ende dem Kaiser Karl IV. in seiner eigenen Münze, denn
er hatte für sie eben auch nur — Worte.

Uebrigens darf man nicht ausser Acht lassen, dass die
Städte zwar praktisch ihre Stellung zu Kaiser und Reich rich-

---

[1] Urk.Gesch. 2, S. 592 Anm. 1.

tig fassten, d. h. vollständig begriffen, dass sie selber sich ihrer Haut wehren müssten; dass sie aber dennoch, wie ihre ganze Zeit, eine viel zu hohe Vorstellung von der heiligen Würde eines römischen Kaisers und von der Macht eines Beherrschers von Deutschland hatten, um nicht doch in dem Anlehnen an Kaiser und Reich, selbst wenn beide nichts für sie thaten, eine Stütze zu sehen. Auch auf diesen Gesichtspunkt werden uns die Pfundgeldquittungen zurückführen.

König Waldemar von Dänemark hatte den am Clemensabend (22. November) 1365 mit den Seestädten der deutschen Hansa beschworenen und verbrieften Frieden [2] so schlecht gehalten, dass, wie die Lübecker an Papst Urban V. schreiben, der Kaufmann des Ostens, Westens, Südens und Nordens gegen einen so masslosen König laut aufschreien musste [3] wegen seiner unausgesetzten Plünderungen, Einkerkerungen, Beschatzungen, Ermordungen und sonstigen Uebelthaten [4]. Dem Kaiser Karl IV. erklären sie geradezu, der Dänenkönig gehe darauf aus, ihre Stadt seinen und des Reiches Händen zu entfremden, und arbeite nicht nur auf ihre, sondern auch andrer Seestädte und des gemeinen Kaufmanns Vernichtung hin [5]. Zur Abwehr solcher nicht länger zu tragenden Kränkung hätten sie und andere wendische Städte einen Verbund gemacht mit dem König Albrecht von Schweden, den Herzögen von Meklenburg, den Grafen von Holstein und jütischen Rittern und Knappen, sowie mit den Städten Preussens, Seelands, Hollands und der Zuidersee gegen König Waldemar und seine Helfershelfer. Wenn daraus unter Gottes gnädiger Zulassung zur Vertheidigung ihres guten Rechts Thaten würden, möchte der allerhuldreichste Kaiser das nicht übel nehmen [6].

---

[2] Hanserecesse I, 1, Nr. 370.

[3] Lüb. U.B. 3, Nr. 648 S. 694: mercator orientalis, occidentalis, australis et septentrionalis jam boant contra regem tam enormem.

[4] privationes, captivationes, vinculationes, incarcerationes, detalliationes, strages, homicidia et innumera mala.

[5] Lüb. U.B. 3, Nr. 649 S. 695: nititur vestram civitatem Lubicensem — a manibus vestris et imperii alienare, laborans non solum ad nostram, verum ad aliarum civitatum maritimarum ac communis mercatoris deperditionem.

[6] Si igitur, divina permittente gracia — pro nostra et justicie nostre de-

So schreiben die Lübecker 1368 am Gregoriustag (12. März)
an Papst und Kaiser. In demselben Sinne haben sie schon
zu Lichtmess (2. Februar) beim Markgrafen Otto von Brandenburg sich beschwert, und ähnliche Briefe sind laut dem
Copiarius an 25 weltliche und 6 geistliche Herren abgegangen,
unter denen die Könige von Polen und England, der Herzog
von Glogau, der Pfalzgraf bei Rhein, die Erzbischöfe von Trier,
Köln und Mainz die entferntesten sind[7].

Die Boten des Königs, Hartwich Hummersbüttel und Rig-
mann von Lanken, hatten eben zu Lichtmess noch einmal den
Weg gütlicher Ausgleichung mit den Städten versuchen wollen und eine neue Tagfahrt, wie solche acht Tage nach Mariä
Himmelfahrt (22. August) im vorigen Jahre zu Falsterbo vergebens beschickt war, von Seiten Waldemars vorgeschlagen.
Weil aber von Schadensersatz, von Besserung der geschmälerten Privilegien nicht mit einem Wort die Rede war, so
lehnten die Städte ab, und als die Boten erwiederten, der
König müsse das Papst, Kaiser, Herren, Fürsten und Freunden klagen, entgegneten sie entrüstet, auch sie müssten das
Herren, Fürsten und Freunden klagen, ja sie würden nicht
dabei stehen bleiben. Der König nehme ihnen Schiffe und
Gut binnen Friede und Sicherheit: Gleiches erwiedern wäre
die beste Abwehr[8].

Und das waren keine blossen Drohworte mehr. Nach lan-
ger diplomatischer Arbeit, nach unendlichen Tagfahrten war
es ihnen gelungen, den Osten und Westen an einander zu
ketten; in Köln waren schon vor drei Monaten (vom 11. bis
19. November 1367) wichtige Beschlüsse über den gegen Waldemar gemeinsam zu führenden Krieg gefasst, die nun mit
aller Rührigkeit ins Werk gesetzt wurden.

Der wichtigste war ohne Frage der über die Deckung der

---

fensione quid fecerimus, vestra — mansueta serenitas non velit pro egro ac-
ceptare.

   [7] Lüb. U.B. 3, Nr. 637; Hanserecesse I, 1, Nr. 431.

   [8] Hanserecesse I, 1, Nr. 427 § 9: unde segghet dar meer to, de koning
de nympt uns unse schepe unde unse gut bynnen vrede unde velicheit unde
bynnen ener ghuden sone; werit dat we dar wat wedder umme deden, dar
wolde wy uns bewaret hebben.

Kriegskosten, über den Pfundzoll. Die Maassregel, durch eine verhältnissmässig geringe Belastung des Handels die Gelder für den kriegführenden Kaufmann zu beschaffen, war schon im ersten Kriege gegen den Dänenkönig 1361 beschlossen und mit Erfolg ausgeführt worden. Bei der grösseren Bundesgenossenschaft des Jahres 1367 musste der Ertrag des Pfundgeldes ein um so reichlicherer sein.

Die Hauptbestimmungen über dasselbe wurden sofort zu Köln festgesetzt, erhielten aber später manche nähere Erklärungen und Erweiterungen, welche hier gleich mit eingefügt werden sollen.

Zur Tragung der Kriegskosten, so heisst es[9], soll ein jeder Kaufmann aus den verbündeten Städten von seinen Waaren Pfundgeld geben — von jedem Pfund Groten Werth einen Groten, daher der Name — auch von baarem Gelde, das verschifft wird[10]. Desgleichen sollen die Schiffer vom Werth ihrer Schiffe halbes Pfundgeld zahlen, dagegen von ihrer Kaufmannswaare und ihren Vorräthen, so weit sie nicht zur Nahrung der Schiffsleute dienen, ganzes Pfundgeld gleich einem Kaufmann[11]. Und, wie dieser von Baarsendungen, muss der Schiffer, wenn er Passagiere hat, vom Fährgelde (naulum), nach Zollquittungen von Danzig und Wismar, die Zollabgabe leisten. Den aufgegebenen Werth soll Jeder beschwören. Das Pfundgeld soll Ausfuhrzoll sein in den Städten, welche am kölner Bündniss Theil nehmen; segelt ein Schiff aus Orten, wo kein Pfundgeld erhoben wird, z. B. aus England und Flandern, so wird das Pfundgeld in dem verbündeten Hafen, in welchem der Schiffer löscht, als Eingangszoll bezahlt. Ueber die Bezahlung hat er sich mit seiner Zollquittung auszuweisen, die den gezahlten Zoll, Waaren, Menge derselben und Zeit der Zahlung angeben muss. Wer also aus England oder Flandern kommt und nach Hamburg segelt, bezahlt hier Pfundgeld; wer aber von der Ostsee kommt und nach der Süder- oder Westsee will, braucht in Hamburg nicht zu zahlen, wofern er den Beweis beibringt, dass er den Ausgangszoll bezahlt hat.

---

[9] Ebend. I, 1, Nr. 413 S. 374.   [10] Ebend. I, 1, Nr. 489 § 9.

[11] Ebend. I, 1, Nr. 413 S. 374. Noch schärfer gefasst 1368 Jun. 24, ebend. I, 1, Nr. 469 § 1.

Und wer, von Westen kommend, weiter will nach Osten, hat
auch in Hamburg den Pfundzoll nicht zu entrichten, sondern
erst da, wo er in den Hafen seiner Bestimmung einläuft.
Wollen die Flamländer und Engländer, natürlich in bundesge-
nössischen Häfen, Pfundgeld geben, so mag man ihnen Güter
verladen, abkaufen und verkaufen; wo nicht, ist der Handel
mit ihnen verboten, und so soll man es mit Allen halten,
die nicht im Bunde sind, bis sie andern Sinnes werden[12].
Herren, Fürsten, Ritter, Knappen und Geistliche haben von
dem, was zu ihrer Nothdurft verschifft wird, kein Pfundgeld zu bezahlen, aber wohl von Kaufwaare gleich dem Kaufmann[13]. Auch auf Schonen soll der Zoll entrichtet werden,
und die dortigen Vögte sollen mit Beirath der hansischen
Admirale diejenigen beordern, welche das Pfundgeld zu erheben haben. Für die dort auszustellenden Briefe (Quittungen)
soll man zwei Siegel halten von gleichem Zeichen, eins zu
Skanör, eins zu Falsterbo, denn nur an diesen Orten soll man
den Hering einsalzen. Wer sich gegen das letztere Gebot
vergeht, soll all sein Gut nach lübischem Recht verlieren, ein
Drittheil an die Stadt, deren Bürger er ist, das andere Drittheil an die Stadt, darin er angehalten wird, das letzte an
diejenigen, welche ihn anhalten[14]. Zur bessern Ueberwachung
Schonens, wird später bestimmt (am 10. August 1368), dass
die Lübecker und Wismeraner einen Rathmann und einen
Stadtschreiber nach Skanör, die Stralsunder aber einen Rathmann und einen Stadtschreiber nach Falsterbo schicken sollen,
und wenn es in Frieden und Freundschaft sich machen lässt,
soll der eine Rathmann mit seinem Schreiber in Skanör, der
andre mit dem seinen in Falsterbo bleiben; geht das aber
nicht, dann der eine Schreiber in Falsterbo und beide Rath-

---

[12] Ebend. I, 1, Nr. 469 §. 2. England und Flandern enthielten sich der
Betheiligung am Kriege und an den durch denselben hervorgerufenen Handels-
verboten und wurden deshalb fortwährend im Auge behalten. In Schonen
mussten sie Pfundgeld bezahlen an einen niederländischen Vogt. Ebend. I, 1,
Nr. 512. Das Selbstsalzen und der längere Aufenthalt auf Schonen ward ihnen
verboten. I, 1, Nr. 510 § 11 sub. 11; 522 § 7. Den deutschen Kaufleuten
in Brügge ward die neue Pfundgeldanordnung schon Anfang 1368 mitgetheilt.
Nr. 428.

[13] Ebend. I, 1, Nr. 469 § 5.   [14] Ebend. I, 1, Nr. 469 § 7.

männer mit dem andern in Skanör. Jeder Rathmann soll ausser dem Schreiber zwei Diener bei sich haben und seine Kosten vom Pfundgeld decken[15]. Diese besonders hingesandten Rathmänner besorgten aber nur für die wendischen Städte die Zollerhebung, und zwar, wie es scheint, neben den einzelnen Vögten derselben auf ihren Witten, und vorzüglich von denjenigen Freunden und Gästen, die keine eignen Witten auf Schonen hatten. Die Preussen und die von der Zuidersee sollten darum gleichfalls Leute beordern zur Erhebung des Pfundgeldes[16], nicht sowohl von den Angehörigen der Städte, die Vögte hatten — denn dazu konnten ihre schonischen Vögte dienen —, als vielmehr von denjenigen ihrer Landsleute, welche ohne Witten zu besitzen, Schonen besuchten, so wie von Engländern, Flamländern u. a. Wahrscheinlich erwies sich diese Anordnung als zu weitläufig und unpraktisch. Deshalb ward am 13. Juli 1369 bestimmt, jeder städtische Vogt solle das Pfundgeld auf seiner Witte erheben, von denjenigen aber, welche keine Vögte hätten oder nicht im Verbund wären, sollten es die Personen einfordern, welche durch die gesammten städtischen Vögte auf Schonen dazu bestellt würden, sowohl in Skanör als in Falsterbo, gleichviel ob von der Aus- oder Einfuhr[17]. Diesen Bestimmungen entsprechend finden wir denn auch 1368 den lübecker Rathmann Johann Lange und den rostocker Rathmann Gerwin Wilde gemeinsam mit der Einsammlung des Pfundzolls in Schonen beschäftigt, weshalb sie auch Zöllner genannt werden[18]. Sie erstatten nach ihrer Rückkehr am 8. November 1368 den zu Rostock versammelten wendischen Städten, welche allein dieses Geld unter sich theilen, Rechenschaft[19]. Desgleichen liefert der Vogt von Campen, Goswin Ludekensen, von Engländern, Flamländern und Brabantern eingesammeltes Pfundgeld auf einem grösseren Städtetag am 21. October des nächsten Jahres ab[20]. Und als i. J. 1370 die Campener und Preussen ihre Stadtschreiber nicht mehr in Schonen lassen können oder wollen, beabsichtigen sie anfänglich den ihnen zukommenden An-

---

[15] Ebend. I. 1. Nr. 475 §§ 5. 8.
[16] Ebend. I. 1, Nr. 475 § 7.
[17] Ebend. 1. 1. Nr. 495 § 5
[18] Ebend. I. 1, Nr. 485 §§ 2, 1.
[19] Ebend. I. 1. Nr. 486
[20] Ebend. I. 1. Nr. 512 S 473.

theil am Pfundgelde gleich von dort mitzunehmen und lassen
sich nur durch das von sämmtlichen hanseatischen Vertretern
gegebene Versprechen davon abhalten, dass Johann Lange und
der Rathmann Thidemann Crudener von Stralsund, welche
schon in den früheren Jahren dem Zollgeschäft vorgestanden,
zur Ueberwachung desselben fortwährend persönlich in Schonen
bleiben sollen. Dafür verbürgen sich die lübischen Rathmänner Jacob Plescow und Hermann Osenbrugge und vermelden
von Stralsund aus diesen Beschluss dem Rathe von Lübeck,
mit der Bitte, Johann Lange dahin zu instruiren[21].

Die bisher angeführten Beschlüsse über die Erhebung des
Pfundzolls bezwecken alle eine möglichst gleichmässige und
weitgreifende Beschatzung des Handels. Die städtischen Genossen, welche der Auflage zu entschlüpfen suchen, werden
zur Strafe gezogen[22], die sonst zur Hansa haltenden Deutschen und Ausländer, welche die Gelegenheit benutzen möchten, ohne Pfundgeld billiger Handel zu treiben, werden aufs
schärfste überwacht, und so weit die Gewalt des Bundes reicht,
vom Verkehr ausgeschlossen. Darum auch in Schonen die
strengste Controle und entsprechende Verbote, anderswo, als
in Skanör und Falsterbo, oder gar sonst an der schwedischen
und dänischen Küste oder auf offener See Heringe zu salzen,
an solche Orte Tonnen und Salz zu führen u. dgl. m.

Es war selbstverständlich, dass nur die wirklichen Verbündeten Pfundgeld aufnehmen sollten. Darum wird die Erhebung desselben den Kielern verboten, welche, als Genossen
des früheren Krieges, durch Stettin, Köln und Lübeck aufgefordert waren, dem neuen Bunde beizutreten, aber sich nicht
nur nicht anschlossen, sondern sogar den Verkehr mit den
Dänen fortsetzten, so dass man Ausfuhrverbote gegen sie, wie
gegen die Feinde, erliess, die erst im Juli 1369 wieder aufgehoben wurden[23]. Auch Hamburg, dessen Boten in Köln

---

[21] Das betreffende Schreiben ist Hanserecesse I, 2 Nr. 122 dem Jahre
1376 zugewiesen.

[22] So 1368, als sechs Schiffer, ein Stralsunder, ein Lübecker und vier
Niederländer, ohne Zoll zu geben und ohne Erlaubniss von Schonen fortge-
segelt sind. Ebend. I, 1, Nr. 485 § 1.

[23] Ebend. I, 1, Nr. 427 § 13; 436 § 1; 469 § 16; 479 § 17; 489 § 17;
495 § 6.

nicht mitgetagt hatten, und das theils in noch fortlaufenden Misshelligkeiten über die Abrechnung des ersten Pfundzolls, theils in der Besorgniss, dass bei einem allgemeinen Angriff auf Dänemark, wobei die hansische Flotte vorzüglich im Sunde und in der Ostsee weilen würde, die Elbe von den Dänen gefährdet werden könnte, einen Grund suchte, sich am Kampfe nicht zu betheiligen und mit Stade und Bremen eine Sonderstellung zu nehmen, ward erst gestattet Pfundgeld zu erheben, als es förmlich in das Bündniss sich hatte aufnehmen lassen [24]. Den Bremern aber erlaubte man die Einsammlung des Pfundzolls ohne sofortige Verpflichtung zur Heeresfolge nur deshalb, weil durch frühere Verhansung, schwere Zwiste zwischen Patriziern und Zünften und mehrfaches Eingreifen in dieselben von Seiten des Erzbischofs und andrer fürstlichen Nachbarn der Wohlstand der Stadt stark gelitten hatte [25]. Und als der Rath der pommerschen Stadt Golnow sich einfallen lässt, auch Scheine über empfangenes Pfundgeld auszustellen, ohne feste Leistungen versprochen zu haben, gebieten die Seestädte, trotz der Bescheinigung daheim geleisteter Zahlung den Golnowern Pfundzoll abzunehmen, bis auf weiteren Beschluss [26].

Die Pfundgelderhebung wird also als ein Recht der Verbündeten angesehen, das ihnen ohne die zukommende Pflichtleistung, d. i. die Stellung der Schiffe und Gewappneten, zu denen sie sich anheischig gemacht haben, nicht unverkürzt gelassen werden soll. In diesem Sinne geben auch die städtischen Sendboten am 21. October 1369 zu Protokoll, dass sie sich gegen solche Säumige das nachträgliche Rechtsverfahren vorbehalten [27].

Erlegt wird der Zoll aber nur in den Seestädten, und

---

[24] Ebend I, 1, Nr. 421 § 12; 427 § 12; 434; 436 § 5; 469 § 18; 479 § 15.

[25] Ebend. I, 1, Nr. 479 § 16.   [26] Ebend. I, 1, Nr. 474 § 6.

[27] Ebend. I, 1, Nr. 510 § 10: Vortmer de stede, de den vullen thal eres volkes nycht ut ghehat hebben ymme here, alse se ghesettet synd, unde ero vulle pundghelt upgheboret hebben, jeghen se hebben syk de anderen stede bewaret, dat se unversumet wesen willen, oft se de dar umme schuldyghen willen, dat se nicht also stark unde also tydyghen dar ghewesen hebben, alse yd em tho borde.

nur von der Ein- oder Ausfuhr zur See, nicht von Landzufuhr.
Es bedurften zunächst die Seestädte des Geldes, um ihre See-
kriegskosten zu decken. Ob auch die vielen verbündeten Binnenstädte sich durch Geldopfer am Kriege betheiligt haben,
darüber liegt in den Protokollen nichts vor. Jedenfalls bedurfte es einer dem Pfundgeld ähnlichen Auflage für sie schon
deshalb nicht, weil eine Besteuerung des Seehandels eine in-
directe Beschatzung der Landstädte einschloss, denn sie hatten ja natürlich den Zollaufschlag auf von ihnen versandte,
wie aus den Seehäfen bezogene Waaren auch zu tragen.

Der Ertrag des Pfundgeldes soll die Kriegskosten
decken, deshalb muss die Theilung desselben nach Massgabe
der Kriegsleistungen geschehen. Zu dem Endzwecke wird
gleich anfangs in Köln bestimmt, die Erheber des Zolls sollten ihn zur Ablieferung an die gemeinen Städte, welche Kriegsschiffe ausgerüstet hätten, aufbewahren. Bei der nächsten auf
Johannis 1368 nach Lübeck angesetzten Tagfahrt sollen Geld und
Quittungen abgeliefert und jenes nach Kopfzahl der gestellten
Contingente unter die Städte vertheilt werden[28]. Als man in
Lübeck zusammenkam, fehlte wohl vielseitig die ,volle Rechenschaft', und so ward der Termin auf die Michaelisoctave hin-
ausgeschoben[29], an welcher wirklich die erste Abrechnung
Statt fand[30]. Weil hier von den wendischen Städten nur ein
kleiner Theil des in Schonen gesammelten Zolles abgeliefert
werden konnte, so ward über diesen nach Rückkehr der oben
schon genannten Rathmänner Lange und Wilde noch besonders
am 8. November zu Rostock abgerechnet[31]. Eine abermalige
Vertheilung hielt man am 11. März 1369 zu Lübeck[32] und
eine Generalabrechnung für dieses zweite Jahr wieder zu Stralsund am Tage Ursulä[33].

Das Pfundgeld sollte zu keinem Nebenzwecke verwandt
werden, sondern nur der Absicht dienen, um deren willen es
ins Leben geruf___ war. Deshalb sollen die dabei unterlaufen-

---

28 Ebend. I, 1, Nr. 413 S. 375.   29 Ebend. I, 1, Nr. 469 § 3.
30 Ebend. 1, 1, Nr. 484; vgl. S. 430.
31 Ebend. I, 1, Nr. 486.
32 Ebend. I, 1, Nr. 490; vgl. S. 445.
33 Ebend. 1, 1, Nr. 512; vgl. S. 467.

den städtischen Ausgaben nicht mit dem Ertrag desselben gedeckt werden, auch die Schreibekosten und Sporteln für die von den Stadtschreibern auszustellenden Quittungen soll jede Commune selbst bestreiten [34]. Dagegen werden die Unkosten der von Allen insgesammt zur Einsammlung des Zolles nach Schonen gesandten Rathmänner und Stadtschreiber vor der Vertheilung abgezogen [35], und in ähnlicher Weise deckt man nach gemeinsamem Beschluss Auslagen, welche aus der Kriegsführung erwachsen, für versenkte Schiffe [36], Reisekosten, Auslösungen u. dgl. [37]. Ja die Lübecker leihen auch von dem Gelde an ihren Bundesgenossen, Herzog Albrecht von Meklenburg [38].

Man hatte zuerst die Dauer der Massregel auf ein Jahr festgesetzt, von Fastnacht (22. Februar) 1368 bis Fastnacht (13. Februar) 1369, sich aber eine Verlängerung, wenn sie dienlich, vorbehalten [39]. Demgemäss dehnte man am 6. October 1368 den Termin bis Ostern (14. April) 1370 aus und hielt diesen Zeitpunkt auch später auf der stralsunder Tagfahrt vom 21. October 1369 für die Erhebung des Pfundzolls in der bisherigen Weise bei [40]. Nach Ostern 1370 soll ein Jeder ihn in seiner Stadt und auf Schonen von seinen Bürgern zu eigenem Gebrauch forterheben, desgleichen zu allgemeiner Vertheilung, wie bisher, von Fremden und Nichtverbündeten [41]. Er soll also von Bundesgenossen nur in ihrer Stadt, nicht in den verbündeten Städten gefordert werden. Darum wird auch den Gothländern am 1. Mai 1370 zu Stralsund erlaubt, bei sich Pfundgeld zu erheben, um dadurch von der Bezahlung an andern Orten befreit zu sein [42]. Auf eben diesem Tage wird als äusserster Termin des Pfundgeldes Michaelis 1371 hingestellt, zu welcher Zeit über das von den

[34] Ebend. I, 1, Nr. 440 A § 4; 469 § 20.
[35] S. oben S. 239 Anm. 15.
[36] Hauserecesse I, 1, Nr. 469 §§ 4, 23; 484 S. 439, 440.
[37] Ebend. I, 1, Nr. 510 §§ 8, 9.
[38] Ebend. I, 1, Nr. 490, 512.
[39] Ebend. I, 1, Nr. 413 S. 375.
[40] Ebend. I, 1, Nr. 479 § 9; vgl. § 3 und Nr. 469 § 19.
[41] Ebend. I, 1, Nr. 510 § 11 sub 7.
[42] Ebend. I, 1, Nr. 522 § 16.

Fremden, mit Ausnahme der Dänen — denn mit ihnen befand
man sich dem vollen Friedensabschluss nahe — entrichtete
Pfundgeld Rechenschaft abgelegt werden soll[43]. Von der Ausführung dieses Beschlusses geben uns die nur bis 1370 rei-
chenden gedruckten Recesse keine Nachricht[44]. Die Hamburger und Bremer, als in Schonen nicht betheiligt, haben demnach mit der gegenseitigen Abrechnung in Zukunft nichts zu
thun; auch die Dordrechter und Amsterdammer nicht, entweder weil sie sich schon früher an die gemeinsame Einsammlung der Niederländer auf Schonen nicht angeschlossen haben,
oder sich nicht länger damit befassen wollen[45]. Die Letzteren
hatten sogar über den auf ihren eigenen schonischen Witten
entrichteten Pfundzoll ungenügende Rechnung abgelegt, denn
die Dordrechter lieferten von dort am Tage Ursulä (21. October) 1369 gar nichts, die Amsterdammer nur 8 ℔ 5½ ß ab[46],
weshalb man beiden Städten ihren Antheil am Pfundgelde erst
auf das Versprechen ihres Gesandten zustellte, dass sie ihre
Vögte zu baldiger Rechenschaft antreiben wollten[47], was die
Dordrechter auch schriftlich am 30. Juli 1370 zusagten[48].
Ueberhaupt scheinen die Niederländer und selbst die Preussen
mit dem Aufhören des zwingenden Kriegsdranges nur die Un-
bequemlichkeit weiterer derartiger Maassregeln auf Schonen empfunden zu haben[49], und so wird auch in den einzelnen Städten die Erhebung des Pfundzolles allmählich eingeschlafen
sein[50].

Es war aber der zu entrichtende Zoll in Köln für Waaren auf einen Groten vom Pfunde bestimmt, für Schiffe
auf einen halben Groten. Da nun das flämische Pfund 20 Schillinge hat à 12 Groten, so bezahlen die Kaufleute nach nieder-

---

[43] Ebend. I, 1, Nr. 522 § 3.

[44] S. jetzt ebend. I, 2, Nr. 18 § 15.

[45] So verstehe ich den Satz des Recesses (ebend. I, 1, Nr. 522 § 17):
Vortmer en wart nu uppe desse tiid (1370 Mai 1) neen puntgheld gerekend
van den (van) Hamborch unde Bremen, van Dordrecht unde van Amsterledamme.

[46] Ebend. I, 1, Nr. 512 S. 473.   [47] Ebend. I, 1, Nr. 522 § 18.

[48] Ebend. I, 3, Nr. 309 zu 1371.

[49] S. oben S. 240 Anm. 21.

[50] Der Pfundzoll wurde 1371 Okt. 27 aufgehoben. Hanserecesse I, 2,
Nr. 18 § 1.

ländischem Münzfuss $\frac{1}{240}$ des Werthes der Waaren, $\frac{1}{180}$ des Werthes der Schiffe, oder, nach unserer Weise zu reden, von Waaren $\frac{5}{12}\frac{0}{0}$, von Schiffen $\frac{5}{24}\frac{0}{0}$ — gewiss ein geringer Zoll!

Deshalb ward auch mehrmals die Erhöhung des Pfundgelds zur Sprache gebracht, es zeigt sich aber nirgends, dass dem Antrag Folge gegeben ist [51]. Auch die Quittungen weisen nichts der Art nach.

Für die Städte, in denen man nach Marken rechnete, stellt sich das Pfundgeld sogar noch niedriger heraus, am niedrigsten für die preussische Mark.

Die kölner Beschlüsse lauten nämlich weiter: man soll von 6 ₤ lübisch 4 ℔ lübisch zahlen, von 9 ₤ sundisch 6 ℔ sundisch, von 12 ₤ Vinkenogen 8 Vinkenogen, also (1 ₤ à 16 ß à 12 ℔ oder 12 Vinkenogen) $\frac{1}{288}$ oder $\frac{25}{72}\frac{0}{0}$. Von 4 ₤ preussisch 8 ℔ preussisch, was, da die preussische Mark zu 60 ß à 12 ℔ berechnet ward [52], nur $\frac{1}{360}$, also nur $\frac{5}{18}\frac{0}{0}$, d. i. noch nicht einmal $\frac{1}{3}\frac{0}{0}$, ergiebt, während bei Berechnung in niederländischer Münze $\frac{1}{12}$, nach oesterschem Münzfuss $\frac{1}{12}$ mehr, als $\frac{1}{3}\frac{0}{0}$, bezahlt wird.

Die natürlichste Erklärung für diese Ungleichheit bleibt immer die, dass man glaubte, der niederländische Handel könne leichter einen etwas höheren Aufschlag ertragen, als der östliche. Sollten Waaren, die aus Westen stammten, beispielsweise aus Lübeck ausgeführt werden, so waren sie ja ohnehin schon dadurch, dass sie aus der zweiten oder dritten Hand kamen, theurer, als am Einkaufsplatz.

In dem Berechnungssatz, welchen die kölner Bestimmung für die verschiedenen Münzsorten aufstellt, sollen offenbar 1 Pfund, 6 Mark, 9 Mark u. s. w. gleiche Werthsummen sein. Und wirklich rechnet man damals auch 6 ₤ lübisch = 9 ₤ sundisch = 12 ₤ Vinkenogen = 4 ₤ preussisch; und gewöhnlich zwar 1 Pfd. Groten = 5 ₤ lübisch, aber bei Verausgebung in Ostseestädten werden auch 6 ₤ lübisch dafür in Rechnung gebracht [53].

---

[51] Ebend. I, 1, Nr. 469 § 19; 479 § 4.

[52] Vossberg, Gesch. d. preuss. Münzen S. 79.

[53] 48 Pfd. Grote sind 288 ₤ Lübisch, Hanserecesse I, 1, Nr. 469 § 4;

Nun liegt es nahe, wenn die Werthsummen gleich sind, auch den gleichen Procentsatz herausbringen zu wollen. Wie man aber auch die Sache dreht, und das Geheimniss des verschiedenen Bruches etwa hinter der verschiedenen Ausmünzung der Geldsorten aus der Mark fein oder dgl. sucht, — immer heisst es: von 6 ₤ lübisch 4 ₰, von 4 ₤ preussisch 8 ₰, und das kann doch nie etwas Anderes, als $\frac{1}{288}$ und $\frac{1}{360}$, ergeben. Die Pfundgeldquittungen aber bestätigen diesen Procentsatz. Und dass es ein verschiedener sein sollte, beweist auch indirect der Umstand, dass, wofern man von der Mark lübisch $\frac{1}{240}$ zahlen wollte, wie vom Pfund Groten, man ja nur die Bestimmung so fassen durfte: von 5 ₤ lübisch (was ohnehin der gewöhnlichen Schätzung des flämischen Pfundes gleich kam) 4 ₰, d. i. $\frac{1}{240}$; oder falls lübisch und preussisch gleichgestellt werden sollten: von 4 ₤ preussisch 10 ₰ preussisch, was auch $\frac{1}{288}$ ergeben hätte.

Wir werden also bei der obigen Erklärung als der natürlichsten verbleiben müssen.

So weit die Bestimmungen und Aufschlüsse, welche die hanseatischen Protokolle über das Pfundgeld geben. Die erhaltenen Quittungen liefern dazu reichliche Belege und mannichfaltige Ergänzungen. Nur die Fälle, in welchen die Quittungen das Angeführte in eigenthümlicher Weise bestätigen, so wie neue Wahrnehmungen, die sich aus ihnen darbieten, sollen hier zusammengestellt werden, wobei ihre äussere Fassung und Anderes Platz finden wird.

Es sind noch 1912 Zollzettel vorhanden, von welchen zunächst nach den Orten ihrer Ausstellung eine Uebersicht folgt, mit Angabe der Ausstellungszeit, auch des Datums, wo dieses von Belang ist.

I. Niederländische Städte:

Kampen . . .	1368 April 18—1370 April 4	9 Stück
Dordrecht . .	1369 Juni 6	1 „
		10 Stück.

Nr. 484 S. 440. Ein ander Mal werden 8 Pfd. Grote mit 42½ ₤, also das Pfund mit 5 ₤ 5 ß Lübisch bezahlt, ebend. I, 1, Nr. 469 § 23.

II. Wendische Städte:

Hamburg .	. 1368 Oct. 22	—1370 Dcbr. 29	311	Stück
Lübeck .	. 1368 . . .	—1370 Aug. 6	14	„
Wismar .	. 1368 März 21	—1370 Mai 19	309	„
Rostock .	. 1368 . . .	—1370 Mai 11	50	„
Stralsund .	1368 . . .	—1370 März 26	67	„
Greifswalde .	1369		5	„
Stettin .	. 1368 . . .	—1370 Juni 4 .	101	„
Golnow .	. 1368 Juni $^{26}/_{30}$	—October 19 .	7	„
Neu-Stargard	1368 . . .	—1371 Juni 3 .	62	„
Colberg .	. 1368 . . .	—1369 . . .	2	„

928 Stück.

III. Preussische und livländische Städte:

Danzig .	. 1368 — 1370 September 6 .	. 223	Stück
Elbing .	. 1368 — 1370 Juni 10 . . .	74	„
Braunsberg .	1368 — 1369	5	„
Königsberg .	1368 — 1370 Juli 23 . . .	38	„
Windau .	. 1368 — 1369	5	„
Riga .	. . 1368 — 1369	47	„
Pernau .	. 1368 — 1370 März 7 . . .	11	„
Reval .	. . 1368 — 1370 Juli 12 . . .	68	„

471   „

IV. Die schwedisch-dänische Küste:

Wisby .	. 1370 Juni 9 — Juli 25 . .	2 Stück
Calmar .	. 1368 Juni 22 — August 4 . .	5 „
Skanör und Falsterbo		
Vögte der wendischen Städte	.467	„
Vögte der preussischen Städte	14	„
Vogt von Amsterdam	3	„
Unbestimmte Vögte	6	„
Zöllner der Seestädte in Malmö	5	„
Hauptmann derselben in Kopenhagen . . .	1	„

503   „

1912 Stück.

Wo die Jahre 1368—1370 beigefügt worden, finden sich Quittungen aus allen drei Jahren. Das Datum ist nur in so weit notirt, als es erheblich scheint. Daher für 1368 bei ein paar der frühesten Quittungen, die vorhanden sind. Dagegen ist 1370 überall der letzte Zollschein bemerkt, wenn es auch möglicher Weise noch viele spätere gegeben hat, die verloren sind. Wie aus Neu-Stargard, so haben sich auch aus Schonen Quittungen des Jahres 1371 vorgefunden, wie noch genauer angegeben werden soll.

Schon die chronologische Reihe der Pfundgeldzettel dient den Protokollbestimmungen zum Beleg. Die Hamburger stellen ihren ersten Schein am 22. October aus, nachdem sie am 6. desselben Monats vollständig unter die Verbündeten aufgenommen sind[54]. Calmar's Zollscheine vom 22. Juni bis zum 4. August bestätigen, dass der dortige Rath dem Befehl der Hanseaten von demselben 6. October nachgekommen ist, hinfort keinen Pfundzoll zu erheben[55]. Dagegen beweisen die wisbyschen Quittungen, dass die Gothländer von der ertheilten Erlaubniss Gebrauch gemacht haben[56]. Und wenn von Golnow die erste Quittung binnen der Octave Johannis (26. bis 30. Juni) ausgestellt ist, so begreift man, wie auf dem Tage zu Rostock am 25. Juli, aber noch nicht zu Lübeck am 24. Juni das Verfahren der Golnower zur Sprache kommen konnte, worauf der schon angeführte Beschluss gegen sie erfolgte[57]. Nach dem Datum der Quittungen haben sie sich zwar nicht sogleich gefügt, aber im nächsten Jahr doch keinen Zoll bei sich eingenommen.

Freilich werden wir gewiss nicht übersehen dürfen, dass nur mit Vorsicht aus den vorhandenen Quittungen Schlüsse zu ziehen sind. Denn dass nur ein kleiner Theil von ihnen noch vorräthig ist, ergiebt sich auf den ersten Blick. Schon das einzige Beispiel Lübeck's lehrt es. Schwach vertreten sind namentlich die niederländischen Gemeinwesen, von denen Amsterdam, Zierikzee, Briel, Zütphen, Harderwyk, Elburg, Staveren laut den hanseatischen Recessen Pfundgeld eingenommen haben, ohne dass eine einzige ihrer Quittungen sich erhalten hat[58]. Ob Deventer, welches unter den Rechnung ablegenden Städten nicht aufgezählt wird, aber an allen Friedensschlüssen Theil nimmt und seit dem 13. Juli 1369 auf den gemeinsamen

[54] Hanserecesse I, 1, Nr. 479 § 15.
[55] Ebend. I, 1, Nr. 479 § 30.   [56] Ebend. I, 1, Nr. 522 § 16.
[57] Ebend. I, 1, Nr. 474 § 6.
[58] Ebend. I, 1, Nr. 484 S. 440; 490; 512 S. 473.

Versammlungen regelmässig mittagt [59], den Zoll erhob oder nicht, lassen die Quittungen unaufgeklärt. Es fehlen ferner alle Zollscheine von Bremen. Dagegen sind solche von sämmtlichen Städten des wendischen Drittels vorhanden. Und wenn in den Quittungen Anclam so wenig, wie Kiel, vorkommt, so darf man voraussetzen, dass auch jener Stadt verboten war, Pfundgeld zu nehmen, weil sie sich nur mit geringer Verpflichtung an den grossen Kriegsbund angeschlossen hatte, was auch aus der Art und Weise hervorgeht, in der ihrer in den Recessen gedacht wird [60]. Die Identität endlich der in den Recessen und Quittungen aufgeführten Deutschordens-Städte ist schwerer zu ermitteln, weil die preussischen in den Abrechnungen immer zusammengefasst, die livländischen nur einmal [61] gesondert aufgeführt sind. Von dem an der letztern Stelle genannten Lemsal finden sich keine Bescheinigungen, dagegen kommt in den Quittungen Windau hinzu. Ueber Dorpat, dessen Boten seit dem 6. October 1368 auf den Hansatagen erscheinen [62], lässt sich weder aus den Abrechnungen, noch aus den Zollscheinen constatiren, ob es Pfundgeld bei sich erhoben hat. Unter den preussischen Städten vermissen wir besonders augenfällig Culm und Thorn, zwei Vorkämpferinnen des ganzen Bundes. Möglich, dass Beider Ausgangszoll in Danzig bezahlt ward: bei Thorn wenigstens fehlt es an einem später anzuführenden Beweise nicht.

Unter die eigentlichen Pfundgeldquittungen gemischt fand sich eine Menge von Ausschreiben und Certifikaten aller Art, welche theils unmittelbar mit der Erhebung des Pfundgeldes zusammenhängen, theils durch die Ausfuhrverbote dieser Jahre hervorgerufen worden sind. Da sie die ganze Geschäftigkeit jener Zeit nach dieser Seite hin charakterisiren, habe ich eine Auswahl unter Anl. A. beigefügt. Die meisten bedürfen keiner weitern Erläuterung. Auch die Ausfuhrverbote dienten zur Controlirung der Pfundgeldserhebung, waren aber eine

schon von frühester Zeit her angewandte hanseatische Gewalt-
maassregel. Wie schon ein Jahrhundert vorher Norwegens
König Erich Priesterfeind durch Abschneiden der Zufuhr an
Getraide, Malz und Bier von den Seestädten zur Nachgiebig-
keit genöthigt ward, so haben sich ähnliche Vorfälle mit jedem
Kriege der Hanseaten wiederholt. Auch während des Krieges
von 1368—1370 ist alle Ausfuhr von Kriegsmaterial und Lebensmitteln zu den Feinden und deren entschiedenen Bundesgenossen oder vermuthlichen Helfershelfern verboten, und an
dem Beispiele Kiel's ist schon dargelegt, wie eifersüchtig die
Haltung eines lauen Bundesgenossen überwacht ward. Wer
nun von den gefüllten Stapelplätzen der Hanseaten Eisen,
Stahl, Salz, Korn, Hopfen u. dgl. beziehen wollte, musste einen
Brief seines Landesherrn, des Rathes seiner Stadt oder einer
sonstigen Behörde bringen, dass das Verlangte für seinen oder
seiner Mitbürger Bedarf sei, und bei der Ausfuhr Bürgen stellen, welche erst auf ein zweites die richtige Ankunft der
Waare bezeugendes Schreiben ihrer Bürgschaft enthoben wurden. Solche Bescheinigungen finden sich aus Lübeck's näherer
und fernerer Nachbarschaft, aus Möln, Eutin, Neustadt, Hei-
ligenhafen, Oldenburg, Lütjenburg, Kiel, Eckernförde, Flensburg, Rendsburg, Eiderstädt, Lunden, Meldorf, Plön, Oldesloe,
Hamburg, Wismar, Bremen. Alle genannten Orte beziehen
auf Licenz ihren Bedarf von Lübeck, und von hier aus geht
z. B. der Stahl nicht nur nach Bremen, sondern auch über
Hamburg nach England, wie es in einem der Ausfuhrgesuche
heisst.

Aber zurück zu den Pfundgeldquittungen.

Die Art ihrer Abfassung war schon in Köln ungefähr bestimmt [63]. Genauer noch ward zu Johannis 1368 das Formu-
lar festgestellt. Die Briefe sollen lauten [64]: Allen denjenigen,
welche diesen Brief sehen oder lesen hören, thun kund wir
Rathmänner u. s. w., dass N. N. sein Pfundgeld von solcherlei
und so viel Gütern, nämlich 10 ß (oder wie viel es gewesen)

---

[63] Ebend. I, 1, Nr. 413 S. 375.

[64] Ebend. I, 1, Nr. 470: Universis etc. Nos consules etc. recognoscimus
protestantes, quod N. suam pecuniam libralem de talibus et tot bonis, videlicet 10 solidos, vel tantum quantum fuerit, nobis persolvit expedite. Datum etc.

uns prompt bezahlt hat. Gegeben u. s. w. Diesem Grundschema schliessen sich die Scheine an, bald knapper, bald breiter. Unter Anl. B. sind einige verschieden abgefasste Quittungen zusammengestellt. Manche enthalten nur das Attest der Bezahlung, bei andern wird das gezahlte Pfundgeld, Werth und Menge der Waaren, Name des Schiffers, Werth des Schiffes hinzugefügt. Viele führen die Waaren einzeln auf, andere fassen sie zusammen. Oft, wenn der Schiffer namhaft gemacht ist, werden die Befrachter nicht genannt. Nur der kleinste Theil ist von solcher Genauigkeit in allen Einzelangaben, wie wir im Interesse der Erforschung damaliger Verhältnisse es wünschen müssen. Und selbst in den genauesten Scheinen fehlen uns die arithmetischen Maass- und Grössenverhältnisse, die Bezeichnung der Waarensorten und Anderes, was uns allein erst eine rechte Grundlage für die Vergleichung mit heutigem Verkehr liefern würde.

Fast alle Quittungen fügen den Zusatz bei, dass das Pfundgeld nach Uebereinkunft der Seestädte (civitates maritimae, auch stagnales) und unter eidlicher Versicherung des Schiffers oder Kaufmanns (sub praestitis juramentis) gezahlt sei. Das Pfundgeld wird meistens mit diesem seinem Namen, lateinisch pecunia libralis, talentalis, auch pundgeldum, librales, talentales, talentalia, nur einige Male als punttol oder theoloneum bezeichnet.

In Hamburg waren, wie bei der ersten Festsetzung des Pfundgeldes schon ausgesprochen ward, vorzüglich die niederländischen Waaren zur Einfuhr zu verzollen. Für solche nach Lübeck bestimmten Güter, welche, an Hamburger adressirt, zu Lande weiter gingen, ward nun mitunter der Zoll erst in Lübeck bezahlt, und dann zur Sicherheit der Werth desselben in Hamburg deponirt. Darum heisst es in einzelnen hamburger Zollscheinen: N. N. posuit pignus, oder noch bestimmter: Hermannus Schele, noster concivis, posuit pignus ex parte Johannis Basthorst, civis Lubicensis; Johannes de Stelle p. p. pro Bertoldo de Holthusen, cive Lubicensi.

Aehnlich ward wohl bei Einfuhr für hamburger Rechnung in Lübeck verfahren, wie aus einem bei den Quittungen liegenden undatirten Briefe des hamburger Raths an die lübecker

Rathmänner Heinrich van Lo und Albert Travenman gefolgert
werden könnte. In demselben wird bescheinigt, dass die von
einem Kaufmannsdiener des hamburger Rathsherrn Johann Ale-
veld gekauften Güter dem Letztern ohne Societät oder Antheil
eines Auswärtigen oder Gastes gehören, und wird deshalb gebeten, den lübecker Bürger Johann Vischer, der für den Zoll
in Betreff gedachter Güter gut gesagt, der Bürgschaft zu entlassen. Offenbar stammt der Brief aus den Jahren, wo man
in den einzelnen Städten nur noch von den Fremden Pfundgeld erhob.

Geschrieben sind die Quittungen zum grössern Theil auf
Papier, nur aus einigen Orten, darunter Hamburg, alle auf
Pergament. Gewiss darf man hieraus auf zunehmende Billig-
keit des Papiers schliessen, so dass Pergament der kostspieli-
gere Stoff war, wie denn z. B. die hamburger Scheine äusserst
schmal und winzig sind.

Die Aussteller in den Städten sind die Rathmänner, in
Campen Schöffen und Rathmänner. Besiegelt werden die Scheine
zur Urkunde mit der Städte Siegel. Nur eine hamburger
Quittung vom Jahr 1369 (Kiliani) Juli 8 scheint mit dem Siegel
eines Beamten beglaubigt, welches rund, einen sechsmal längs
gestreiften Schild mit schräg rechts darüber liegendem Bal-
ken zeigt. Die Umschrift lautet: S'. Bernardi Vateschilt. Das
Siegel kann also für ein sogenanntes redendes gelten. Ueber
die Persönlichkeit des Siegelnden [65] giebt der Schein keine Auskunft, denn es heisst in ihm, wie in allen andern: Wir Rathmänner von Hamburg u. s. w., mit dem Schluss: unter unserm
Secret.

An den Siegeln der Städte machen wir aber die interessante Beobachtung, dass die ganze Einrichtung des Pfundgeldes vielen der kriegführenden Gemeinen wichtig genug vorgekommen ist, um nicht bloss für ihre schonischen Vögte nach
Vorschrift der Protokolle, sondern auch zum Gebrauch der
Rathsschreiber in den heimischen Städten eigene Stempel für
die Pfundgeldquittungen anfertigen zu lassen. Die Gründe dafür waren zunächst praktischer Natur. Gewiss musste in Ham-

---

[65] Er kommt 1358 Letare als Gläubiger im Niederstadtbuche vor.

burg, Lübeck, Wismar, Stralsund, Danzig u. s. w. zur Zeit des lebhaftesten Verkehrs ein eigener Stadtschreiber vorwiegend mit diesem Geschäftszweig beauftragt werden und natürlich auch sein Siegel immer zur Hand haben. Dazu kam, dass die grossen Stadtsiegel, selbst die minder umfänglichen Geheimsiegel für so kleine Zettel zu unförmlich waren. Und überhaupt gehörte es zur damaligen Mode, kleinere Stempel sich anzuschaffen, wie auch die Fürstensiegel beweisen. Abgesehen von all diesen äussern Gründen hat aber das Pfundgeld seine eigene Siegelgeschichte, denn wenn auch manche der damals geschnittenen Stempel später noch zu sonstigen Zwecken in Gebrauch blieben, so haben doch andere nur für die Pfundzollquittungen gedient. Natürlich beschränken sich die hier gemachten Beobachtungen auf das lübeckische Archiv, und bedürfen von anderer Seite her der Ergänzung und Berichtigung.

Nicht alle städtischen Behörden haben sich für das Pfundgeld ein neues Siegel angeschafft, andere haben es erst im Laufe der Erhebung eingeführt. So siegeln mit ihrem gewöhnlichen früher und später vorkommenden Geheimsiegel (Secretum) die Rostocker, Greifswalder, Stettiner, Elbinger, Braunsberger, Pernauer. Desgleichen brauchten ihre herkömmlichen Secrete Wismar 1368 und 1369, Danzig vom 19. April bis zum 9. Juni 1368, Königsberg 1368 und 1369, Wisby in seiner früheren Quittung vom 9. Juni 1370. Gleicher Weise können die Secrete, deren sich Campen, Neu-Stargard, Golnow, Windau, Riga, Reval, überall bedienen, Calmar in den frühern Quittungen, nur für die gewöhnlichen gelten, wenn die Stempel auch in diesen Jahren gefertigt sein mögen, da Abdrücke aus älterer Zeit in unserm Archiv sich nicht vorfinden. Der bestimmte Beweis der Anfertigung in dieser Zeit liegt nur für ein zweites calmarisches Siegel vor, das am 13. Juli 1368 nostrum novum secretum iam novius desculptum et paratum genannt wird, während noch am 10. Juli mit jenem ersten gesiegelt ist; und ebenso für ein zweites königsberger Secret (sigillum nostre civitatis novum), das der Rath im Jahr 1370 zur Besiegelung der Quittungen verwendet. Ob das Pfundgeld die Anschaffung dieser Stempel mit herbeigeführt habe, kann

fraglich erscheinen: jedenfalls hat man sie später auch zu
andern Briefen nachweislich benutzt.

Dagegen ist die Verfertigung noch kleinerer Siegel, signa
genannt, unzweifelhaft zunächst durch das Bedürfniss der
Pfundgeldscheine erzeugt, ihr sonstiger Gebrauch nur für Wismar nachzuweisen und an dem Signum von Rostock, welches
seiner Arbeit nach aus derselben Zeit stammt, jedoch an den
vorhandenen Pfundgeldscheinen nicht verwendet, wohl aber
noch im 16. Jahrhundert benutzt ward [66].

Der Name Signum ist mir aus früherer Zeit nicht bekannt
geworden, er sieht aus, wie eine Durchgangsform zu dem bald
häufiger werdenden signetum, welchen Ausdruck (dat nywe
singenet onser stede) die Dordrechter für ihr neues Siegel
schon gebrauchen. Ausser ihnen beglaubigen alle Zollzettel
mit dem Signum: Hamburg, Lübeck, Stralsund und Colberg.
Die Danziger führen es seit dem 12. Juni 1368, die Wismeraner seit dem 23. August 1369, Wisby am 25. Juli 1370.
Das hamburger Siegel hat zwar abweichend von den übrigen
die Umschrift: S'. Hambvrgensium a tergo, und heisst in den
Scheinen bald sigillum, bald secretum, selten signum, ist ohne
Frage aber nach Form und Aeusserm den übrigen signa genannten Siegeln gleichzustellen.

Die Danziger nennen ihr Signum nicht bloss mehrmals
nostrum signum novum und ad haec consuetum, welchen letztern Ausdruck besonders die schonischen Vögte für ihre Pfundgeldsiegel anwenden, sondern sie haben auch in einem eigenen Schreiben bei der hanseatischen Welt den neuen Stempel
eingeführt. Dies mussten sie thun, weil er eine Neuerung
enthielt, welche der Erklärung bedurfte. Statt eines ver-
kleinerten Stadtwappens, wie die andern Signa, zeigt er nämlich die vereinigten Wappen von Thorn und Danzig, mit der
Umschrift: S'. Thorvn ::: Dantzke. Der Rath von Danzig ver-
kündigt deshalb am 16. Juni 1368 in einem mit seinem Secret
beglaubigten und zugleich auf der Vorderseite einen Abdruck
des neuen Signum aufweisenden offenen Briefe, dieses Siegel
habe er sich zu grösserer Bequemlichkeit nach Uebereinkunft

---

[66] Siegel des Mittelalters aus den Archiven der Stadt Lübeck, Heft 3 und
4, S. 22—25, 48; T. 14, 15, 21.

mit dem Rathe von Thorn zur Besiegelung der Pfundgeldquittungen machen lassen [67]. Da die Thorner seewärts Danzig
passiren mussten, so hat der danziger Rath, wie er die obige
Anzeige allein ausführte, möglicher Weise auch die ganze
Pfundgeldeinkassirung übernommen, so dass vielleicht aus diesem Grunde keine vom thorner Rathe ausgestellten Scheine
sich vorfinden [68]. Ein paar Zusätze in den danziger Zollscheinen könnten darauf gedeutet werden. So heisst es in einem:
Nauclerus Johannes Vrese, qui in mercimoniis huc portavit
$25^1/_2$ libras grossorum et tantum educit; ein ander Mal: Nauclerus iste ducit 20 lastas siliginis, et non ordeum (Gerste hatten nämlich seine Befrachter geladen und nach der vorstehen-
den Angabe verzollt), et de dicta siligine satisfactum est. Dergleichen Bemerkungen können sich aber freilich eben so gut
auf Einfuhr zur See, als Weichsel abwärts beziehen.

Wie erwähnt, geben die andern Signa die Bilder der grössern Stadtsiegel wieder, aber einige mit wesentlicher Veränderung. Lübeck weicht von seinem frühern Siegel gänzlich
ab und kennzeichnet sich im Signum als Seestadt und zugleich
entschieden als Reichsstadt.

Bei diesem wichtigen Ergebniss der Pfundgeldquittungen
dürfen wir wohl einen Augenblick länger verweilen. Bekanntlich ist das Bild unserer ältern Stadtsiegel ein Schiff, wie bei
manchen Seestädten. Als Rücksiegel zu demselben ward ein
Secret gebraucht, das den sitzenden Kaiser darstellt, und dies
Secret verwandte man auch bald ohne das Hauptsiegel zur
Beglaubigung. Im Anschluss an das Bild des Secrets zeigt
nun das sehr zierliche Signum der lübeckischen Pfundzollscheine
in perlengeschmückter ovaler Einfassung auf mit Kreuzchen
bestreuetem Grunde das tief hinabgehende Brustbild des Kaisers (offenbar den Siegeln Karl's IV. ähnlich gestaltet), etwas
links gewandt, in der Rechten das Lilienscepter, in der Linken den Reichsapfel haltend. Zu beiden Seiten des Brustbil-
des, die Umschrift (Signum Lubicensis) unterbrechend, sind
(gleichfalls Karl's Siegeln ähnlich) zwei Wappenschildlein angebracht, auf denselben rechts eine blosse horizontale Theilung, oben gegittert, links der Doppeladler.

[67] Anlage C.   [68] Vgl. oben S. 249.

Es ist dies das erste Mal, dass getheilter Schild und Doppeladler zusammen als lübecker Wappen vorkommen, welche bald nachher auf unsern öffentlichen Denkmälern erscheinen, deren charakteristische Verzierung sie fortan bis auf die Neuzeit gebildet haben. Den getheilten Schild erklärt Masch zu den ‚Siegeln des Mittelalters' für die einfache Flaggentheilung, welche vom Schiffe des alten lübecker Stadtsiegels in das Stadtwappen hinübergenommen sei. Man wird ihm hierin um so eher beistimmen können, als sich diese Neuerung auch auf einigen andern der Signa, ja sogar unabhängig von ihnen und viel früher findet und auf ein ähnliches Verfahren der Seestädte hindeutet. So hat Wismar nicht bloss sein Signum, sondern schon seine beiden Secrete (das älteste aus dem 13. Jahrhundert) als einen gespaltenen Schild gebildet, auf dessen rechter Hälfte der halbe Stierkopf dargestellt wird, während die linke viermal getheilt ist. Rostock setzt in seinem Signum den Greif, sein Stadtwappen, über eine Quertheilung. Sie alle scheinen damit nur ihre Flagge ins Siegel aufgenommen zu haben, was sich bei Rostock zuächst nicht nachweisen lässt, weshalb Masch zu der an sich unwahrscheinlichen Vermuthung greift, dass Rostock den Flüger von Lübeck entlehnte. Auch Farbenunterschied (Weiss und Roth) wird in den genannten Siegeln durch Schraffirung oder Damascirung angegeben. Die Wappen aller drei Städte haben noch heute Silber und Roth, so dass man voraussetzen kann, auch Rostock habe das Roth, welches ihm jetzt fehlt, einst in der Flagge geführt.

Es dürfte nicht ohne Interesse sein, solcher Beziehung zwischen Siegel und Flagge auch anderswo nachzuspüren, um die Kenntniss unsers ältern Seebrauches nach dieser Seite hin zu ergänzen.

Noch bemerkenswerther jedoch, als diese seestädtische Massregel, ist es, dass Lübeck auch vom Reichswappen zum ersten Male in dem Pfundgeldsiegel Gebrauch macht, dessen sich die Stadt bisher nur auf den im Namen des Kaisers geschlagenen Münzen bedient hatte. Warum nahm sie in ihr Signum nicht das alte Schiff, sondern des Kaisers Bild mit dem Doppeladler, das sie so entschieden als freie Reichsstadt dar-

stellte, wenn nicht in dem starken Bewusstsein ihrer reichs-
städtischen Macht und Unabhängigkeit? Und warum sollen
wir uns nicht, so lange keine Beweise dagegen sprechen, als
wahrscheinliche Veranlassung dieses jedenfalls doch bedeutsa-
men Schrittes das gehobene Gefühl denken, welches die lübecker Sendboten ergriff, da sie die klug ausgesonnene Vereinigung der preussischen und niederländischen Kaufmannswelt,
des slavisch-sächsischen Nordens und des rheinischen Südens
ins Werk gesetzt und nun wirklich in Köln eine Woche lang
getagt hatten? Man hat bezweifelt, ob Köln überall, von andern rheinischen Städten zu geschweigen, sich mit wirksamem
Beistande am grossen Bund betheiligt habe, und aus den vorhandenen Nachrichten lässt sich allerdings kaum mehr, als
ein moralischer Anschluss Köln's an die Sache der Hanseaten
und eine thätige Vermittlung nachweisen. Aber wir dürfen
nicht ausser Acht lassen, dass grosse Bündnisse, wo sie die
natürlichen Grenzen gewisser zusammengehöriger Landschaften überschritten, im Mittelalter selten auf etwas Andres, als
ein derartiges Zusammenhalten, hinausliefen. Jedenfalls haben
die sich einigenden Städte auf Köln's entschiedene Unterstützung
gerechnet. Am Agathentag (5. Februar) 1368 schreiben die
Lübecker den Kölnern, mit vielem Dank für die jüngste freundliche Aufnahme ihrer Rathsboten [69], dass Waldemar ihnen zwar
nochmals Abgeordnete gesandt, von Schadensersatz aber so wenig die Rede sei, dass er vielmehr ihnen seitdem wieder drei
oder vier Schiffe weggenommen habe. Sie bitten deshalb die
Kölner, den verheissenen Absagebrief (litteras diffidatorias) für
Waldemar alsbald zu schicken. Köln's wird in den Recessen
fortwährend gedacht, wenn auch als eines minder hervortre-
tenden Bundesgenossen, es wird noch am 21. October 1369
aufgefordert, sich ferner zu betheiligen [70], und den Frieden
von 1370 schliesst auch Köln mit den Dänen, mit welchen es

---

[69] Lüb. U.B. 3, Nr. 639, Hanserecesse I, 1, Nr. 430: De tam benignis
amicabilibus tractatibus et beneficiis per vos hiis diebus nostris dilectis concon-
sularibus apud vos constitutis tam hilariter et efficaciter exhibitis vestre dile-
ctioni ad infinitas assurgimus graciarum actiones.
[70] Missverständniss des § 12 von Hanserecesse I, 1, Nr. 510, der ebend.
S. 470 Anm. 1 erläutert ist.

nur durch Vermittelung seiner norddeutschen Handelsbrüder
in feindliche Berührung gekommen war[71]. Fehlte nun auch
viel daran, dass sich die ganze deutsche Handelswelt gegen
Waldemar für die bedrängten Seestädte in Wirklichkeit erhob,
so war doch die leitende und tragende Idee, dass der gemeine
Kaufmann des ganzen Reiches sich zur Abwehr der Unbilden
zusammen thun solle. Dieser Idee wird zunächst Ausdruck
gegeben, indem Lübeck das Sinnbild des Reiches, dessen Bedeutung seinen Boten noch nie so nahe getreten war, wie am
Rhein im alten heiligen Köln, auf das in Veranlassung ihrer
grossen Verbindung geschnittene neue Signum setzen lässt.

Dass etwas der Art zu Grunde liegen muss, beweist noch
schlagender der Umstand, dass für die gemeinsam anzuferti-
genden Stempel der auf Schonen ausgestellten Quittungen gleichfalls der Doppeladler verwandt wird, während die Umschriften
lauten: Signum civitatum maritimarum. Es ist das freilich
kein hanseatisches Wappen, schon deswegen nicht, weil nicht
alle schonischen Vögte diese Stempel gebrauchen, sondern nur
die Vögte der wendischen Städte, aber für diese ist es das
Verbindungszeichen, welches sie zwar von ihrem Vorort Lübeck
entnehmen, aber doch auch wohl deswegen sich beilegen, weil
es ein allgemeines Siegelbild ist, kein specielles Stadtzeichen,
ein Bild, wodurch sie sich als Angehörige des deutschen Reiches, nicht allein als Verbündete der deutschen Reichsstadt
Lübeck, dem Auslande gegenüber zu erkennen geben.

Es ist schon von Lappenberg darauf hingewiesen worden[72], dass die Hansa als Bund kein Bundeszeichen, kein ge-
meinschaftliches Siegel hatte, dass sich aber in den Wappen
der hanseatischen Comtoire zu Brügge, London und Bergen[73]

[71] Ebend. I, 1, Nr. 513, 523—30.
[72] Zeitschr. f. hamb. Gesch. 3, S. 157 fg.
[73] Das angebliche Wappen von Nowgorod muss bezweifelt werden[74].
Nach der Aehnlichkeit lübeckischer Collegienwappen weist es auf Riga. Denn
die Rigafahrer führen rechts den halben Adler, links drei Schlüssel quergelegt
unter einander.
[74] Dieser Zweifel wegen der Verschiedenheit eines noch zu erwähnenden
Wappenschildes von der von Sartorius gegebenen Abbildung wird beseitigt,
wenn man den Schild statt auf das Kontor zu Nowgorod auf das Kollegium
der Nowgorodfahrer zu Lübeck bezieht. Für die Echtheit jener Abbildung

der Doppeladler findet, bald mehr als der Reichsadler, bald mehr in der Gestalt des lübeckischen Adlers. Draussen lernten die Deutschen eher zusammenstehen, als daheim. Wenn nun die bisherigen Beweise für das Vorkommen solcher Wappen hanseatischer Faktoreien, so wie die Abbildungen derselben[75], dem Anfang der Neuzeit oder höchstens dem Ende des Mittelalters entstammen, so haben wir hier ein ältestes Vorkommen des Doppeladlers im Siegel der Deutschen auf Schonen zugleich mit der bestimmten Veranlassung, welche sie zu dem Reichsadler greifen liess. Es galt nicht mehr die Zolleinnahme einer einzelnen Stadt, sondern ihre gemeinsame Angelegenheit. Ob sie dabei an Köln einen Vorgang gehabt hatten, und ob in London zur Zeit, da die Deutschen der londoner Gildehalle vorzüglich noch durch die Kölner vertreten waren, sich schon der Adler, vielleicht der einköpfige, als Wappen gefunden, bliebe zu untersuchen. Das londoner Comtoir soll erst 1434 ein eigenes Siegel erhalten haben[76], das bei Sartorius abgebildete stammt aus späterer Zeit. Ein früheres Wappen müssen sie aber dennoch gehabt haben, das beweist die Analogie aller ähnlichen Institute. Gerade, dass der Reichsadler des londoner Comtoirs auch auf der spätern Abbildung von dem gewöhnlichen lübeckischen Reichsadler durch eine Krone um den Hals und einen Reichsapfel zwischen den Köpfen unterschieden und auf den lübeckischen getheilten Schild gebracht wird, während der Kaufmann zu Bergen seinen Wappenschild spaltet und auf die eine Hälfte den halben Doppeladler, auf die andere sein besonderes Wahrzeichen setzt, scheint dafür zu sprechen, dass wir hier den Reichsadler vorfinden, also ein älteres, nicht erst durch Lübeck hingebrachtes Bild.

---

spricht ihre Uebereinstimmung mit der Beschreibung Heinrich Mollers (Lappenberg in der Zeitschr. f. hamb. Gesch. 4, S. 335, 336, übersetzt von Mantels in der Zeitschr. f Lüb. Gesch. 2, S. 547, 548) und insbesondere mit der Zeichnung, die dem ältesten Drucke dieser Beschreibung von 1566 beigefügt ist. S. Mantels a. a. O. 2, S. 513.

[75] Zum 2. Theil der Geschichte des hanseatischen Bundes von Sartorius.

[76] S. hierüber Lappenberg in der Zeitschr. f. hamb. Gesch. 3, S. 161; Mantels in der Zeitschr. f. Lüb. Gesch. 2, S. 545 und in den Hans. Geschbl. Jahrg. 1872, S. 12, sowie auch v. d. Ropp, Hanserecesse II, 1, Nr. 383 § 15 und II, 2, Nr. 90.

Das Comtoir zu Brügge hat dagegen mit Köln nichts zu schaffen, sein Wappen ist der gespaltene Adler Lübecks[77].

In derartigen Fragen kann am Ende nur Achten auf urkundliche Beweise zu sichern Schlüssen leiten. Aus Lübeck lassen sich noch ein paar anführen. Bekannt ist, dass der Doppeladler, von einem wilden Mann im Schilde getragen, und der sitzende Kaiser sich auf den metallenen Beischlägen unsers Rathhauses finden, welche um die Zeit des waldemarischen Krieges gefertigt sind[78]. Doppeladler und getheilter Schild abwechselnd sind an der Verlängerung des Rathhauses nach dem Marktplatz zu und am Burgthor angebracht, von denen jene zum Theil noch im 14. Jahrhundert, dieses 1444 erbaut ist. Aelter noch, und, wenn nicht in ihrer jetzigen Verfassung, gewiss der Composition nach dem letzten Viertel des 14. Jahrhunderts entstammend, sind drei Wappenschilde, rautenförmig, auf Holz gemalt, welche einmal auf dem Rathhause oder an einem andern öffentlichen Orte sich befunden haben müssen[79]. Einer stellt den Doppeladler dar, gespalten, rechts Gold auf Schwarz, links Schwarz auf Gold, also umgekehrt, als das Wappen von Brügge bei Sartorius, auch der Stern auf der Brust fehlt; der zweite das Wappen der Faktorei zu Bergen, rechts den halben Doppeladler schwarz auf Gold, links den Lobben (Stockfisch) silbern goldgekrönt auf Roth; der dritte das Wappen der Deutschen von Nowgorod, den Kopf eines bärtigen Mannes (Russen), wie alle spätern Wappen des Collegs der Nowgorodfahrer in Lübeck bis auf die

---

[77] S. Lappenberg a. a. O. 3, S. 161; Mantels in der Zeitschr. f. Lüb. Gesch. 2, S. 544; Ennen in den Hans. Geschsbl. Jahrg. 1873, S. 48, wo auch eine Abbildung des Wappens.

[78] Sie stammen nach Reimer Kock bei Grautoff 2, S. 689 ff. aus dem Jahre 1452, Mantels in der Zeitschr. f. Lüb. Gesch. 2, S. 544 Anm. 6, in den Hans. Geschsbl. Jahrg. 1871, S. 8.

[79] Die betreffenden Schilde gehören nicht den Faktoreien zu Brügge, Bergen und Nowgorod an, sondern den Flander-, Bergen- und Nowgorodfahrern Lübecks. Sie befanden sich zuletzt im Werkhause des Heiligen-Geist-Hospitals und sind nicht so alt wie oben angegeben, jedoch schwerlich viel jünger, als der um 1420 angefertigte ältere Hauptaltar der Marienkirche, dessen Holzbilder die gleiche Technik zeigen. S. Mantels, Drei Wappenschilde Lübeckischer Kaufmannsgilden aus dem Anfange des fünfzehnten Jahrhunderts, Zeitschr. f. Lüb. Gesch. 3, S. 541 ff. und T. 1—3.

Neuzeit geblieben sind. In Bergen ist früher vielleicht der einköpfige Adler das Zeichen des Reiches gewesen, der zweiköpfige mit der Zunahme seines Gebrauchs erst über Lübeck eingewandert. Dafür spricht, dass auf einem Siegel, mit dem die Schuster von Bergen 1451 beglaubigen, welches aber der Form und Umschrift (S'. af sutara streit Bergvin) nach früh in das 14. Jahrhundert zu setzen ist, ein Gewappneter dargestellt wird, der eine Fahne mit einem einköpfigen Adler hält. Ein Siegel der hanseatischen Kaufleute zu Bergen von 1507 zeigt das schon beschriebene Wappen des Comtoirs, von Löwen unterstützt und von einem Engel gehalten, nur dass die Stellung der beiden Hälften die umgekehrte ist, der Lobben rechts, der Adler links [80]. Endlich siegelt das hanseatische Comtoir in Brügge 1556 mit einem Doppeladler auf einem Schilde, den zwei Löwen halten [81].

In städtischen Angelegenheiten hat Lübeck das Pfundgeldsignum nach den vorliegenden Zeugnissen nie gebraucht. Ein Signet mit dem Doppeladler und der Umschrift: Signetum civitatis Lubice, den schonischen Stempeln in der Form ähnlich, wird zum ersten Male 1470, also 100 Jahre nach dem Pfundgeld, benutzt [82]. In späteren Siegeln wird der getheilte Schild dem Adler auf die Brust gesetzt, was schon zu Anfang des 16. Jahrhunderts allgemein üblich war [83].

Aus dem Gesagten ergiebt sich, dass Lübeck in eigenen Angelegenheiten noch lange sein altes Stadtsiegel behielt, den Reichsadler aber gebrauchte, wo es im Gefühl seines reichs-

---

[80] S. Mantels in Zeitschr. f. Lüb. Gesch. 2, S. 549, 550.

[81] S. Mantels ebend. 2, S. 549.

[82] Siegel des Mittelalters 3, T. 15, 43. Ebend. Städtesiegel von Holstein und Lauenburg S. 25 sind zwei wenig ältere Abdrücke von 1466 und 1469 nachgewiesen.

[83] In der Zeitschr. f. Lüb. Gesch. 1, S. 110 heisst es:

De fan Lubeck foren Rodt und Widt,
De sulve schildt im Adeler sidt,
Dat hefft em de Keiser gegeven,
De Adeler met 2 hoveden van sich bidt.

Die früheste Erwähnung des Adlers mit dem Schilde auf der Brust findet sich 1480 im Niederstadtbuche, Mantels, Zeitschr. f. Lüb. Gesch. 2, S. 544 Anm. 7.

städtischen Ansehens auftrat. Wie dieser schon früh auf die
Münzen geprägt ward, welche die Stadt als kaiserliche (civi-
tas imperialis) schlagen liess, so schmückte sie mit ihm ihr
Rathhaus und ihre Thore, und der Adler vereinigte den deutschen Kaufmann im Auslande unter Lübecks Führung.

So erscheint mir der Reichsadler im Signum der Stadt
und der seestädtischen Vögte auf Schonen als ein Sinnbild
dessen, was damals unsere Ostseestädte und ihre thatkräftigen
Vorfechter, die Plescow, Warendorp, Swerting, Wulflam u. A.,
vertreten wollten: Abwehr nordischen Uebermuths durch gemeinsames Verbündniss aller deutschen Bürger. Dass sie möglichst nach einer solchen Vereinigung gestrebt, beweisen die
vielen Schreiben tief nach dem Innern Deutschlands hinein,
durch welche selbst den Hanseaten fernstehende Städte zur
Bewachung aller feindseligen Bewegungen der dem Waldemar
etwa befreundeten Fürsten aufgefordert werden. Es gilt ihnen
eine gemeinsame Angelegenheit des ganzen deutschen Kaufmanns.
Schreiben die Lübecker es doch nur ihrer vom Mittelpunkt
des Reiches so weit entfernten Lage zu, dass sie auf eigenen
Füssen stehen müssen, dass ihnen der Kaiser die kräftige
Hülfe nicht leistet, die sie so wohl gebrauchen könnten[84].

Kaiser Karl zog damals, im Frühling des Jahres 1368,
nicht eben zum Ruhm für das Reich, zum zweiten Male nach
Italien, von wo er erst im folgenden Sommer zurückkehrte.
Auch Lübeck war aufgefordert worden, sich am Römerzuge
zu betheiligen[85], der Rath hatte aber, mit Hinweisung auf
seine augenblickliche Bedrängniss, unter höflichstem Dank für
die grosse Ehre, die der Kaiser ihrer Kleinheit angedeihen
lassen wolle, die Theilnahme abgelehnt[86]. Das Schreiben ist

---

[84] Lüb. U.B. 3, Nr. 649 S. 696: Utinam, domine graciosissime, esset situs
noster vestre celsitudinis sedi adeo propinquus, quod ad tuendum gregem
vestrum pusillum sic desolatum possetis nobis viris armatis subvenire: bene
quidem exigeret indigencia nostra oportuna.

[85] Ist das der kaiserliche Brief, welcher am 16. März 1368 verlesen wird?
Hanserecesse I, 1, Nr. 440A § 1 und S. 398 Anm. 1.

[86] Lüb. U.B. 3, Nr. 643: Vestre celsitudinis litteras ea reverentia, qua
decuit, gratanter recepimus et ipsarum tenorem una cum relacionibus honora-
bilis et discreti viri, domini Johannis Saxonis, vestre serenitatis legati, qui tam
sollicite et prudenter vestram nobis voluntatem exposuit, intelleximus diligen-

vom vorletzten Februar datirt, ohne Jahr, aber wahrschein-
licher Weise kurz vor dem Antritt des Zuges verfasst, so
würde es unmittelbar vor dem oben erwähnten Beschwerdebrief über Waldemar vom 12. März abgesandt sein.   Dieser
Brief traf Karl noch in Prag, das er erst am Palmsonntag
(2. April) verliess.   Die Lübecker hatten eigene Rathsboten an
ihn senden wollen, aber der Drang der Umstände und die
starke Lichtung der Reihen des Rathes, welche eine pestartige
Krankheit im Jahr 1367 herbeigeführt hatte, liessen sie davon
abstehen [87].   Sie konnten ihre tüchtigen Kräfte auch besser
gebrauchen, als zu fruchtlosen Vorstellungen an des Kaisers
Hofe.   Von einer Antwort des Kaisers auf ihr dringendes
Schreiben keine Spur.   Von einer Unterstützung oder nur
schiedsrichterlich-oberherrlichen Einmischung, wie 30 Jahre
früher durch Hülfstruppen und fürstliche Commissarien Kaiser
Ludwig's des Baiern, keine Nachricht.   Erst, als Alles längst
entschieden war, am 27. Juli 1370, hat Karl sich auf Bitten
Waldemar's, der, aus seinem Reiche vor den Hanseaten flüchtig, ihm um Restituirung anlag, an norddeutsche Fürsten gewandt, die zu Gunsten des Dänen vermitteln und einschreiten

---

ter. Unde non inmerito vestre celsitudini referimus inmensas graciarum actiones, eo quod, non obstante parvipotentia et modicitate nostra, excellentissime
vestre maiestatis comitive in transitu versus Romaniam nos sociare curavistis,
quod nobis, quamvis indignis, ad honorem et profectum discernimus esse factum, sicut hactenus vestram serenitatem invenimus nobis in omnibus graciosam.
Quapropter vestram commendabilissimam et fructuosissimam in hoc facto voluntatem ferventissime pro possibilitate nostra desideraremus adimplere: sed,
proch dolor, pro presenti tot inpedimentis, tribulationibus, insidiis, et futuris
periculis vestre civitati Lubicensi et nobis inminentibus et verisimiliter evenien-
tibus, in casu quo gloriosus Deus ipsam civitatem Lubicensem de sua benigna
gracia specialiter non preservaverit, nisi nos etiam magnis laboribus et expensis, ymo cum hoc expeditorum hominum adiutorio viriliter resistamus, su-
mus involuti, quod hoc vestre celsitudini litteratorie non sufficimus ad plenum
explanare etc.

[87] Ebend. 3, Nr. 649: Necessarium eciam bene fuisset, quod — pociores
nostri consulatus ad aulam vestram imperialem legassemus, sed propter epydi-
miam et mortalitatem validam, que, heu, isto anno medietatem personarum nostri
consulatus et innumerositatem civium absorpsit, et ob premissa disturbia, quibus involvimur, eorum presencia carere non valentes, oportuit nos hec domi-
nacioni vestre magnifice in litteris reserare.

sollten[87a]. Da aber das Schwert der Hanseaten schon vermittelt hatte, musste Waldemar Frieden schliessen. Karl tröstete ihn für den Ausfall der lübecker Reichssteuer durch Anweisung auf den Zoll zu Prag und das Geschenk eines dortigen Hauses [87b].

Ein eigenthümlicher Gegensatz: Der deutsche Kaiser auf der Romfahrt, um Papst Urban V. aus der langjährigen Verbannung zu Avignon zurückzuführen und zweifelhafte Erfolge über die Visconti zu erfechten — und die norddeutschen Städte seines Reichs im siegreichen Kampfe die Könige des Nordens niederwerfend, während der Kaiser nicht die Hand dazu rührt, ja sogar für Waldemar Partei nimmt!

Ein eigenthümlicher Gegensatz, und wie wird er um so schärfer dadurch, dass die Städte, die den Kaiser in Person nicht haben sollen, ihn doch mitzugehen zwingen: der Vorort Lübeck setzt sein Brustbild auf das gerade damals zu Kriegszwecken geschnittene Siegel! Ist es nicht ein echt Stück deutscher Geschichte? Nord und Süd ziehen auseinander, aber zusammengehalten werden sie durch die gleiche Idee der Reichsangehörigkeit, deren Sinnbild, den Doppeladler, Karl möglicher Weise auf seiner Reichsfahne führte, die deutschen Kaufleute auf den Stempeln ihrer schonischen Faktoreien.

Von den schonischen Pfundgeldquittungen haben sich, wie schon angegeben, 490 zu Skanör und Falsterbo, 5 zu Malmö ausgestellte erhalten. Sie vertheilen sich nach Anzahl und Ausstellungszeit so auf die einzelnen Vögte:

Skanör und Falsterbo:

A. Vögte der wendischen Seestädte:

Johann Lange allein . . .	1368 Aug. 30—Oct. 21.	145 St.
	1369 Aug. 24—Sept. 27	44 „
Johann Lange und Gerwin		
Wilde	1368 Sept. 18—Oct 1 . .	3 „
Johann Lange und Thidem.		
Crudener	1369 Sept. 18—Oct. 11	6 „
	1370 Sept. 8—15 . . .	

198 St.

[87a] Schl.-Holst.-Lauenb. Urks. 2, S. 285.
[87b] Lüb. U.B. 3, Nr. 743; Zeitschr. f. Lüb. Gesch. 1, S. 254.

                                            Transport   198 St.
Hinrich Schonenberg . . . 1369 Aug. 23—Dec. 16 . . . . . 127 „
Hinrich Stubbekesdorf . . 1370 Aug. 27—Oct. 13 . . . . . ⎰
                          1371 Aug. 27—Sept. 23 . . . . . ⎱ 74 „
Hermann Ribe . . . . . . 1368 Aug. 29—Oct. 5 . . . . . . 18 „
Johann Grifenberg . . . . 1369 Sept. 3—Oct. 10 . . . . . . 12 „
Hinrich Schuppelenberg . 1368 Sept. 24 . . . . ⎰
                          1369 Sept. 17 . . . . ⎱ 5 „
Johann von Clene . . . . . 1369 Aug. 26—Oct. 5 . . . . .   5 „
Marquard Vorrad . . . . . 1369 Sept. 22 (in Lübeck), Oct. 9 2 „
Bertold Rike . . . . 1368 Sept. 22 . . . . 1 „
Claus Schutow . . . . . . 1370 Januar 15 (in Rostock) . . 1 „
Dominus Nicolaus auf der rostocker Witte, ohne Jahr . . 1 „
Boy von Dissowe, ohne Jahr . . . . 1 „
Vogt Thiderich . . . . . . 1368 Sept. 24 . . . . 1 „
Ungenannte Vögte . . . . 1368 oder o. J. . . . . 21 „
                                                          ─────
                                                          467 St.

B. Preussische Vögte:
Martin Raceburg . . . . . 1369 Aug. 31 [88] . . . . 4 St.
Ungenannter Vogt . . . . 1369 Sept. 12—Oct. 10 10 „
                                                ───────── 14 „

C. Unbestimmte Vögte:
Willerus von Brunsberg . 1369 Oct. 11 . . . . . . 1 St.
Johann Klottekouwe . . . 1368 Sept. 21—28 . . . 5 „
                                              ───────── 6 „

D. Vogt Jan Heinrics-   ⎰ 1368 Juli 28   ⎱
   soen von Amsterdam   ⎱ 1369 Juli 27—Aug. 8   ⎰ . . . . 3 „
                                                          ─────
                                                          490 St.

    Zöllner der Seestädte in Malmö:
Hartwich, Schreiber von Rostock . . . . 4 St.
Johann Knorre . . . . 1 „
                                                      ───── 5 „
                                                      495 St.

Aus dieser Uebersicht erhellt zunächst, in welche Zeit
der schonische Handelsverkehr fällt. Eine noch genauere Zusammenstellung würde die Lebhaftigkeit desselben einschrän-
ken auf die letzten September- und ersten Octoberwochen.
So sind z. B. von obigen 145 Scheinen Johann Lange's 42 um
den Michaelistag herum, 52 nach Lamberti, Matthäi, Mauritii

───────

[88] Nur eine Quittung ist mit Jahreszahl versehen und dem Datum sabbato
post Johannem, was, mit Berücksichtigung der Verkehrszeit auf Schonen,
Johannis Enthauptung (29. August) sein muss. Für dasselbe Fest gebraucht
dieser Vogt die Bezeichnung: dies S. Johannis, de in den kol hukede.

(17., 21., 22. September) datirt u. s. w. Auffallend ist das späte Datum der letzten Zollquittung des Hinrich Schonenberg, 16. December (Dominica post Luciae). Da auf ihr Schonen oder ein schonischer Ort nicht ausdrücklich genannt ist, so kann der Vogt sie nach seiner Rückkehr daheim ausgestellt haben, wie Claus Schutow im Januar zu Rostock, als wahrscheinlich ein strittiger Fall vorlag, und Marquard Vorrad auf seiner Hinreise nach Schonen am 22. September zu Lübeck that.

Ueber den Aufenthaltsort der Vögte in Schonen und ihre Herkunft erfahren wir Folgendes:

Zu Skanör, wo nach der Bestimmung der Hanseaten, wenn die Umstände es erforderten, zwei Rathmänner zusammen bleiben sollten, vermuthlich weil dort am meisten zu thun war, haben von Seiten der wendischen Städte Pfundgeld erhoben:

aus Lübeck der Rathmann Johann Lange allein 1368 und
    1369; mit ihm gemeinsam

aus Stralsund der Rathmann Thidemann oder Thiderich Cru-
    dener 1369 und 1370, welcher mit dem Vogt Thiderich
    vom Jahr 1368 zusammenfallen kann, und

aus Rostock 1368 der Rathmann Gerwin Wilde;
        ferner

aus Rostock der Rathmann Claus Schutow (wohl dieselbe
    Person mit dem Dominus Nicolaus auf der rostocker Witte),
    der im Winter auf 1370 zu Rostock einen Schein über
    in Skanör bezahlten Pfundzoll ausstellte, also 1369 im
    Herbst dort thätig gewesen sein wird;

aus Wismar 1369 der Rathmann Johann von Clene;

aus Stettin 1369 der Rathmann Marquard Vorrad.

Zu Falsterbo aber sassen:

von Lübeck Hinrich Stubbekesdorp 1370 und 1371 [89];

von Stralsund 1368 Hermann Ribe;

von Greifswald 1368 und 1369 der Rathmann Hinrich Schup-
    pelenberg; endlich

Johann Grifenberg und Hinrich Schonenberg 1369, deren Vater-
    stadt nicht genannt wird, von denen jener aber dem
    Namen nach für einen pommerschen Vogt gelten muss.

---

[89] Ein marscalcus dominorum oder civitatis Lubicensis des Namens wird 1373 genannt. Er wird dem gleichnamigen holsteinischen Adelsgeschlecht verwandt sein (Stubbekesdorp das heutige Stipsdorf bei Segeberg), aus dem ein Henneke 1366, ein Hinrich 1386 vorkommt. Doch führen beide im Wappen einen aufgezäumten Pferdekopf, während der Vogt eine Hausmarke im Siegel hat. S. oben S. 175 Nr. 26 Anm.

In Schonen überhaupt, ohne Angabe eines der beiden Schlösser, wird als Vogt von Colberg Bertold Rike genannt; und schliesslich ein Boy von Dissau, der nach seinem nur auf dem Siegel stehenden Namen aus der Nähe Lübecks gebürtig sein mochte und also ziemlich sicher den wendischen Städten angehören wird.

Auch für Johann Klottekouwe bezeugen der Name und das Niedersächsisch seiner Quittungen, dass er aus Ostseegegenden nach Schonen abgeordnet war; Willerus (auf dem Siegel: Willem) von Brunsberg wird, nach seiner Vaterstadt zu schliessen, ein Preusse sein.

Von den genannten Vögten gebrauchen das Signum der Seestädte und zwar in sieben verschiedenen Stempeln

I. Hinrich Schonenberg und Johann Lange, dieser sowohl allein, als mit Wilde und Crudener gemeinsam;

II. Hinrich Stubbekesdorp 1370;

III. (nur wenig von II. abweichend) derselbe 1371;

IV. Hermann Ribe, Hinrich Schuppelenberg, Bertold Riko und Vogt Thiderich;

V. Marquard Vorrad;

VI. (nur wenig von V. abweichend) Johann von Clene;

VII. Johann Grifenberg.

Mehrere Vögte benutzen dazwischen ihre eigenen Siegel, und zwar mit Wappen versehene Johann Lange und Hinrich Schuppelenberg, Hausmarken Hinrich Stubbekesdorp, Johann von Clene und Johann Grifenberg. Nur mit eigenen Siegeln, welche Hausmarken zeigen, beglaubigen Claus Schutow (der Schein des Dominus Nicolaus ist unbesiegelt), Boy von Dissowe, Johann Klottekouwe und Willerus von Brunsberg.

Preussischen Vogt in Schonen nennt sich Martin Raceburg [90] 1369. Neben ihm stellt ein zweiter Vogt von Preussen, dessen Name auf dem verdrückten Siegel nicht zu entziffern ist, in demselben Jahre Zollzettel aus. Beide haben Hausmarken.

Desgleichen führt eine Hausmarke im Siegel Jan Heinriessoen, welcher van der stede weghen van Amstelredamme' 1368 und 1369 bescheinigt, für Tuch, Leinwand u. A. Pfundgeld empfangen zu haben. Aus diesen Waaren und der Aus-

stellungszeit der Quittungen im Juli und Anfang August möchte
man folgern, dass die Scheine auf Amsterdam selbst oder einen
niederländischen Punkt als Ausfuhrort deuten. Man verzollte
ja aber auch in Schonen eingeführte Waaren, die noch kein
Pfundgeld gezahlt hatten; die schonischen Märkte standen
schon im Spätsommer offen, und es liegt weder ein denkbarer
Grund vor, dass der amsterdammer Rath die Zollquittungen
nicht selbst sollte ausgestellt haben, wie der von Kampen und
Dordrecht, noch erfahren wir, dass etwa von den Niederländern
an der Westsee zur Erhebung von Pfundgeld Vögte eingesetzt
seien [91]. Somit muss Jan Heinricssoen für einen Vogt auf der
amsterdammer Witte in Schonen gelten. Ein ähnlicher Vogt
der Dordrechter wird der Schiffer Willem Eliwoldssoen gewesen sein, der, wie von Dordrecht an die Lübecker geschrieben
wird, diesen über das schonische Pfundgeld im Einzelnen berichten soll [92]. Auch Goswin Ludekensen, Schöffe und Ab-
geordneter Kampens auf den Hansatagen, heisst Vogt von Kampen in seiner Eigenschaft als Einsammler des Pfundgelds auf
Schonen [93]. Es ward schon erwähnt, dass er eine ähnliche
überwachende Stellung für die Niederländer gehabt zu haben
scheint, wie Lange, Wilde und Crudener für die wendischen
Städte. Deshalb hat man sich das durch ihn 1369 von Engländern, Flamländern und Brabantern abgelieferte Pfundgeld
als in Schonen eingenommen zu denken [94], denn er war vorher und nachher auf den Hansatagen zu Lübeck und Stralsund [95], und dazwischen gerade während dieses Herbstes in

---

[91] Hanserecesse I, Nr. 490, 512 wird ein Vogt von Hertogenbosch genannt, von dem Pfundgeld in Lübeck eingegangen ist. Wäre das eine Spur
eines solchen Vogtes? Hertogenbosch steht mit den Hanseaten weder in den
Niederlanden noch auf Schonen in Verbindung; von Hertogenbosch' könnte
auch Zuname sein, Bezeichnung eines Mannes nach dem Ort seiner Herkunft,
das widerstreitet aber dem sonstigen Brauch der Niederländer in damaliger Zeit.
— Vgl. Sassen, Inventaris van s' Hertogenbosch S. 21 Nr. 149: Wencislaus
en Johanna v. Braband vergunnen aan de schepenen der stad s' Hert., dat zij
jarlijks eenen voogd mogen stellen op Schoonen 1362 Jul. 28.

[92] Hanserecesse I, 3, Nr. 309; s. oben S. 244 Anm. 48.

[93] Ebend. I, 2, Nr. 5; 1, Nr. 512 S. 473.

[94] Ebend. I, 1. Nr. 512 S. 473.

[95] Ebend. I, 1, Nr. 489: März 11 Lübeck; 495: Jul. 13 Lübeck; 510:
Okt. 21 Stralsund; 522: Mai 1 Stralsund.

Schonen, mit dem besondern Befehl, Unordnungen auf den Märkten zu verhüten und für die Sicherheit der Dänen während der Fangzeit zu sorgen[96]. Auf Schonen könnte man es auch beziehen, wenn der Rath von Kampen am 6. November 1370 nach Lübeck schreibt, dass er laut Uebereinkunft nicht mehr von seinen Bürgern, sondern nur von englischen, flandrischen und brabanter Kaufleuten, wie bisher, Pfundgeld erhebe[97]. Denn es ward schon darauf hingewiesen, wie die Niederländer grössere Unlust zeigten, den Pfundzoll auf Schonen weiter zu zahlen. Aber sie scheinen auch die Einsammlung des Zolls von Fremden daselbst 1370 mehr den wendischen Städten überlassen zu haben, und so gewinnt die an sich zu dem Wortlaut des Briefes passendere Erklärung grössere Wahrscheinlichkeit, dass die Kampener den in ihrer Stadt von den Fremden zu erhebenden Zoll meinen. Es war zwar gemeinsamer Beschluss, dass nach Ostern 1370 ein Jeder auch von den eigenen Bürgern, nicht nur von Fremden, in seiner Stadt Pfundgeld forterheben solle, aber die Kampener werden sich dieser Maassnahme nur in Bezug auf die Fremden angeschlossen haben, wie sie schon von vorn herein bei dem ersten Versuch, den Termin der Pfundgelderhebung zu verlängern, dissentirten[98].

Dass die Lübecker noch 1371 in Schonen Pfundgeld aufnahmen, bezeugen 10 unter Hinrich Stubbekesdorp's Scheinen mit dieser Jahreszahl. Stubbekesdorp wird ein zugleich mit der Pfundgelderhebung betrauter Hauptmann der Seestädte gewesen sein, welcher nach Falsterbo gesetzt ward, als dieses mit den andern schonischen Schlössern in den pfandweisen Besitz der Hanseaten überging. Auch ein Hauptmann der Seestädte auf dem kopenhagener Schloss hat 1369 am 23. Mai eine Pfundzollquittung ausgestellt, Johann von Hagen aus einem in unsrer Gegend mehrfach genannten adligen Geschlecht. Endlich finden sich noch fünf Zollscheine vom Jahr 1371, beglaubigt von zwei Zöllnern der Seestädte in Malmö. Vier von

96 Ebend. I, 1, Nr. 495 § 2.
97 Anlage D; Hanserecesse I, 3, Nr. 48 unter 1371.
98 Ebend I, 1, Nr. 479 § 9; vgl. oben S 239 Anm. 21, S. 244 Anm. 49.

ihnen stellt ein Geistlicher aus, Notar der Stadt Rostock, Hartwich Rugenbrugghe (nach der Umschrift des Siegels), vom 28. August bis zum 20. September, einen Johann Knorre am 17. October. In jenen wird quittirt über das von den Schiffen und Gütern der Gäste (hospites), nicht der Bürger, gezahlte Pfundgeld, in diesem bescheinigt, dass vom Schiffer und seinen Befrachtern, da sie Bürger, und keine Gäste, seien, ihr Zoll, kein Pfundgeld, bezahlt wurde [99]. Man hatte also auch nach Malmö hin, dessen Schloss die Städte seit 1368 besassen [100], Beamte gesetzt, um die Heringsausfuhr zu bewachen, nachdem schon früher darüber verhandelt war, dass die von dort Aussegelnden Certifikate beibringen sollten [101]. Diese Zöllner erhoben das Pfundgeld nach der mehrerwähnten Vereinbarung nur von Fremden, von Bürgern und Fremden aber einen Zoll, der vielleicht dem auch sonst in Schonen bezahlten Ausgangszoll [102] ähnlich war.

Auch diese malmöer Scheine zeigen, dass die wendischen Seestädte noch lange die Pfundgeldserhebung consequent fortsetzten, so weit ihre Macht reichte.

Auffallend könnte dabei erscheinen, dass sie auf ihren bekannteren Faktoreien zu Brügge, London, Bergen, Nowgorod kein Pfundgeld anordneten. Mindestens erfahren wir nichts von solchen Beschlüssen, und Quittungen daher sind nicht vorhanden. Nach Brügge meldeten sie die neue Einrichtung schon am 2. Februar 1368, aber der Widerstand des Grafen von Flandern und seiner Unterthanen, welche auch den Verkehr mit Dänemark und Norwegen nicht abbrechen wollten, wird an eine Einführung des Pfundgeldes auf der Faktorei zu Brügge nicht haben denken lassen [103]. Gleiche örtliche Hindernisse dürfen wir in London und Nowgorod voraussetzen,

---

[99] Anlage B 6, 12.

[100] Ebend. I, 1, Nr. 479 § 39. Hier und sonst in den spätern Verhandlungen wird immer der deutsche Name Ellenboghe für Malmö gebraucht. Einige Jahre früher begegnet man der Form Mellenboghe (Lüb. U.B. 3, Nr. 330). In den Quittungen nennen sich die Zöllner von Malmoghen und Malnoghe.

[101] Ebend. I, 1, Nr. 491 § 1.

[102] Lüb. U.B. 3, Nr. 663 S. 721, 722.

[103] Hanserecesse I, 1, Nr. 428, 479 § 2.

vorzüglich aber in Bergen, mit dessen König sich die Hansa
ja im Kampf befand. Hier zumal herrschte grosse Zuchtlosig-
keit und Unordnungen aller Art, dazu Geldnothstände in Folge
der unmittelbarsten Bedrückungen und häufiger Plündereien
durch König Hakon und die Seinen. Dieser Noth abzuhelfen
ward am 21. October 1369 dem deutschen Kaufmann zu Bergen auf seine Bitte [104] von den in Stralsund versammelten
hanseatischen Abgeordneten gestattet, hinfort von allen Bürgern der gemeinen Städte, die sich zu Bergen befänden oder
dahin kämen, einen Schoss zu erheben, einen Groten vom
Pfunde, also einen andern, aber specifisch bergischen, Pfundzoll [105]. Dass dieser zur Deckung eigner Schulden dienen
sollte, sagen die deutschen Kaufleute von Bergen selbst in
einem Schreiben [106] an den lübecker Rathmann Hermann
Osenbrugge, den sie, weil er in Norwegen kurz vorher Gesand-
ter gewesen war [107], persönlich kennen gelernt hatten und
darum ersuchen, bei den Städten zu vermitteln, dass ihnen
erlaubt werde, den Schoss ferner bis Johannis 1370 [108] zu erheben, da das seither Eingenommene ihre Schulden noch nicht
zur Hälfte decke. Als Geschenk für seine freundliche Bemü-
hung senden sie eine Tonne Rav mit (die eingesalzenen oder
getrockneten Flossen des Heilbutt [Pleuronectes hippoglossus],
ein Leckerbissen). Durch diesen Brief ist es über allen Zweifel erhoben, dass der in Bergen gezahlte Schoss nicht der allgemeine Pfundzoll war [109].

Ich kann die Besprechung des Pfundzolles nicht abschliessen, ohne noch kurz der Totaleinnahme zu gedenken, welche
derselbe geliefert hat. Dass über die Jahre 1368 und 1369 in
Stralsund und Lübeck Rechnung abgelegt ward, ist schon erwähnt. Für 1370 und 1371 fehlen uns bisher solche Ueber-

---

[104] Hanserecesse I, 1, Nr. 510 § 6.

[105] Ebend. I, 1, Nr. 511.

[106] Anlage F.

[107] Hanserecesse I, 1, Nr. 510 § 8.

[108] alzo langhe, alze de dach is begrepen tusschen en unde deme koninghe van Norweghen. Vgl. ebend. I, 1, Nr. 503.

[109] S. über dieses Schreiben Hanserecesse I, 1, S. 499, 500; Schäfer, Die Hansestädte u. Kg. Waldemar v. Dänemark S. 598, 599.

sichten. Bei den Quittungen lagen nur ganz unzulängliche
Reste von Verzeichnissen, die sich auf lübeckische Ausfuhr beziehen, wie der folgende Anfang eines solchen Bruchstücks ausweist: Incipiunt recepta et computationes theolonii de mercatoribus anno Domini LX nono, die beate Margarete virginis.
Johannes de Hachede de oleo valente XXXVI libras grossorum
dedit XII solidos etc. Die Quittungen aber können uns bei
ihrer Lückenhaftigkeit den Ausfall einer Generalabrechnung
nicht ersetzen. Sie geben uns jedoch einen ungefähren Maassstab für die Einnahme der letzten Jahre an die Hand. Am
6. Octbr. 1368 wurden zu
Stralsund im Ganzen abge-
liefert . . . .   5495 ℔ 11 ß — ₰ lüb. Pf. [110]
dazu für ein vor Kopenhagen
versenktes Schiff, vom Pfund-
geld verausgabt . . . .   42 „ 8 „ — „   „
desgleichen für zwei Schiffe   288 „ — „ — „   „
am 8. November zu Rostock
aus Schonen abgeliefert .   2323 „ 14 „ 6 „   „
am 21. Oct. 1369 zu Stralsund   8309 „ 9 „ 6 „   „
Einnahme vom 22. Februar
1368 bis 29. Septbr. 1369 .   16459 ℔ 11 ß — ₰ lüb. Pf.,
oder, die Mark Pfennige = 8³/₄ ℔, 144022 ℔ 4 ß nach heutigem Gelde [111].

Da dies die Einnahme von etwas über anderthalb Jahren
ist, aus dem bisher Mitgetheilten sich aber ersehen lässt, dass
nicht nur das ganze Jahr 1370 hindurch, sondern auch 1371
bis Michaelis Pfundgeld gezahlt werden sollte und gezahlt
ward, so würden wir nicht zu viel rechnen, wenn wir für die

---

[110] So muss nach den Einzelansätzen (Hans. Urk. 633) verbessert werden. Vgl. Dittmer, Geschichte des Krieges der See- oder Wendischen
Städte S. 34, woselbst die verschiedenen Posten der Rechnung aufgeführt und
mehrere Schreibfehler des Protokolls verbessert sind. — Dittmer hat S. 36:
5495 ℔ 9 ß, S. 37: 2323 ℔ 14 ß 6 ₰ und S. 44: 8309 ℔ 9 ß. Vgl. Hanserecesse I, 1, Nr. 484, 486, 512.

[111] Hinzu kommen noch, wie Fock, Rügensch-Pommersche Geschichten
3, S. 193 Anm. 1 bemerkt, die 900 ℔ Lübisch von Hamburg, Hanserecesse
I, 1, Nr. 479 § 15.

zwei Jahre dieselbe Summe noch einmal ansetzten, zumal in Anschlag gebracht werden muss, dass sich der Handel stark vermehrt haben wird, nachdem Krieg und Kriegsbesorgniss, welche, wie heute, auch damals auf den Verkehr drückten, gänzlich aufgehört hatten. Das geschah aber schon seit dem norwegischen Waffenstillstand im Sommer 1369 und den Friedensunterhandlungen mit Dänemark im November desselben Jahres. Für eine reichliche Einnahme der spätern Zeit sprechen auch die Quittungen. Von ihnen gehören eine grosse Anzahl in die Zeit nach Michaelis 1369, von den hamburgern mehr als der vierte Theil, von den danzigern und stettinern nahezu ein Drittel, der dritte Theil der wismarischen Scheine, über ein Drittel der stralsunder und lübecker, fast die Hälfte der rostocker, die stargardischen beinahe alle. Zugegeben nun auch, dass in der Erhaltung der Quittungen zu sehr der Zufall gewaltet hat, als dass sich sichere Schlüsse daraus ziehen liessen, so darf eine solche Uebereinstimmung doch mit als Beweis dienen, und das um so mehr, da schon von 1370, gewiss aber von 1371 man nur eine kleinere Anzahl Quittungen unter den in Lübeck aufbewahrten suchen darf, weil zu dieser Zeit das von den Bürgern genommene Pfundgeld nur noch die einzelnen Städte etwas anging, man also gar nicht mehr alle beglaubigenden Scheine nach Lübeck geschickt hat. Wie viel gezahltes Pfundgeld aus dem Jahre 1369 aber in der Abrechnung vom 21. October, welche bis Michaelis gehen sollte, noch nicht mit einbegriffen war, mag das Beispiel Heinrich Schonenberg's lehren, unter dessen 127 alle in das Jahr 1369 gehörenden Quittungen 44 nach Michaelis ausgestellt sind. Bringe ich also auch für die geringere Theilnahme der Preussen und Niederländer seit den Friedensaussichten etwas in Abzug, so glaube ich doch keinen Fehlschluss zu thun, wenn ich die ganze Pfundzolleinnahme nach heutigem Gelde auf zwischen 200,000 und 250,000 Mark, also auf 80—100,000 preussische Thaler ansetze.

Eine beträchtliche Summe, wenn man bedenkt, wie wenig drückend die Massregel war, durch welche der Kaufmann sie zusammenbrachte. Beträchtlich aber auch in Bezug auf das, was sich damit beschaffen liess. Denn nicht die Schiffe soll-

ten dafür erbaut werden — die besassen die einzelnen Städte —,
sondern die Ausrüstung besorgt, die Truppen besoldet und,
so weit nöthig, erhalten. Beides aber kostete damals viel weniger, als heute, und das Geld hatte einen viel grösseren
Werth. Nur ein paar Belege dafür aus jener Zeit, zum Theil
aus den Pfundgeldquittungen selbst.

Die besten Aufschlüsse über die Kriegskosten würden wir
freilich durch genaue Angaben über die Preise des Bau's und
der Ausrüstung von Orlogsschiffen erhalten. Da diese aber
fehlen, kann auch schon die Werthansetzung von Kauffahrern
zur Vergleichung dienen. Die zur Sperrung des Hafens von
Kopenhagen versenkten Schiffe wurden für 42 ℳ 8 ß lüb. Pf.
(371 ℳ 14 ß) [12] und 144 ℳ Pf. (1260 ℳ) gekauft. Der letztere
Preis weist schon auf ein grösseres Schiff hin. Es wird natürlich kein ganz neues gewesen sein, aber nur die geringere
Zahl der in den Zollzetteln zum Behuf des Pfundgeldes taxir-
ten Schiffe übersteigt die Werthangabe von 200 ℳ Pf. (1750 ℳ),
ein paar gehen bis auf das Doppelte 400 ℳ Pf. Eins wird,
wenn der Pfundzoll nicht verschrieben ist, nahezu auf 800 ℳ Pf.
(7000 ℳ) geschätzt. Und was will 7000 ℳ als Werth eines
grossen heutigen Schiffes sagen? Wie aber die grössesten damaligen Schiffe den Ostindienfahrern der Neuzeit nicht im
entferntesten gleichkamen, so nehmen die Kriegsschiffe erst
mit dem wachsenden Gebrauch des Geschützes colossalere Formen an. Und was für die Schiffe selbst galt, betraf auch die
Ausrüstung. Ein Segel, ein Anker und andere Schiffsinstru-
mente werden in Lübeck auf 50 ℳ Pf. (437½ ℳ) berechnet.

Einen Anhalt bieten auch die Preise der Lebensbedürf-
nisse:
Eine Last Waizen kostet 6½ ℳ preussisch = 9¼ ℳ lüb. =
    85 ℳ 5 ß;
eine Last Roggen in Pernau 4 ℳ rigaisch = 9 ℳ lüb. = 78 ℳ
    12 ß [13];

---

[12] Ein zwischen Lübeck und Oldesloe fahrendes Travenschiff kostet 1357
neu gebaut 40 ℳ Lübisch, Lüb. U.B 3, Nr. 288.

[13] Die rigaische Mark = 2¼ ℳ lüb. Pf. nach den Pfundgeldquittungen.
Ebenso in unserm Nieder-Stadtbuch. Pauli, Lübeckische Zustände S. 232.

in preussischen Häfen die Last 4 à 5℔ preuss. = 6 à 7½℔ lüb. = 52℔ 8ß à 65℔ 10ß;

Hafer, nach Hundert Scheffeln gemessen, zu 4 à 6℔ preuss. = 6 à 9℔ lüb. = 52½℔ à 78¾℔;

Gerste ebenso, 100 Scheffel zu 5 à 8℔ preuss. = 7½ à 12℔ lüb. = 65℔ 10ß à 105℔;

eine Tonne Leinsamen kostet 1½℔ preuss. = 2¼℔ lüb. = 19℔ 11ß;

die Last Häringe zu 12 Tonnen kostet 6 à 12℔ lüb. = 52℔ 8ß à 105℔, — in einzelnen Fällen kommt die Last bis gegen 15℔ lüb. Pf.

Eine Last wismarischen Bieres kostet 7½ à 11¼℔ lüb. = 65℔ 10ß à 98℔ 7ß;

eine Last Seehundsthran (foce) 7 Pfd. Groten = 35℔ lüb. = 306℔ 4ß;

eine Last Unschlitt (scpum) 9 Pfd. Groten = 45℔ lüb. = 393℔ 12ß [14].

Neun Kühe werden auf 30℔ rostock. Pf. geschätzt, also die Kuh noch nicht 30℔ nach userm Gelde, 40 Ochsen auf 80℔ lüb. Pf., der Ochse zu 17½℔ [15]. Pferde kommen zu sehr verschiedenen Preisen vor, aber verhältnissmässig geringen: in Schonen das Stück à 6½℔, 7½℔, 15℔ lüb. Pf., also das theuerste 131℔ 4ß; in andern gleichzeitigen Urkunden das Pferd des Dieners eines lübeckischen Rathsherren 12℔ Pf., 18 Pferde zusammen 60℔ u. s. w.

Eine noch festere Grundlage der Beurtheilung gewähren Jahrgehalte und Löhnungen. Ein Syndikus der Stadt Lübeck, eine hochgestellte Person geistlichen Standes, erhält damals 40℔ lüb. Pf. im Jahr, 350℔ heutigen Geldes. Der Utridervogt, der Hauptmann der lübeckischen Söldner, gewöhnlich ein Adliger, den doppelten Gehalt, 700℔, womit er Alles be-

---

[14] Andre Waaren können minder einen Maassstab bieten, ihr Werthansatz hat aber ein gleiches Interesse. So kostet eine Pipe Oel (aus Flandern, also wohl Baumöl) 4 Pfd. Groten, 1 Stück Wein 7 Pfd. Groten, 1 Fass Mandeln 8 Pfd. Groten, ein Fass Reis 3 à 4½ Pfd. Groten. Ein Hundert Stück gutes Kalbspergament 4℔ lüb. Pf. Ein Schiffpfund Wachs fast 26℔ lüb. Pf.

[15] 41 Ochsen und Kühe werden 1370 mit 40 Gulden bezahlt, Lüb. U.B. 3, Nr. 722, Schafe 1357 das Stück mit 4ß, ebend. 3, Nr. 287.

streiten muss, ausser Kleidung und Wohnung. Für die Letztere erhält er 10 ℔. Pf. Miethvergütung (87 ℔. 8 ß), eben so
viel für jeden Söldner, den er in seinem Brode hält[16].

Ein Ludemann Feuerschütze, welcher bei der Eroberung
des Schlosses Borgholm im ersten dänischen Kriege gedient
hatte, empfängt seine bedungene Löhnung 1363 mit 5 ℔. Silbers für sich, 160 ℔. nach unserm Gelde, und 3 ℔. Silbers für
Ansem Lemmeke, vermuthlich seinen Gehülfen. Ebenso quittirt ein Feuerschütze Sweder 1371 für sein nicht angegebenes
Dienstsalär in Helsingborg. Die Kunst, mit dem Feuergeschütz
umzugehen, war noch neu, also wird das Salär für ein ziemlich hohes gelten, das auch mindestens den Gehalt eines ganzen Kriegsjahres in sich schloss[17].

Ein gewöhnlicher Söldner von Adel, Ywan Rasdorp, quittirt 1368 dem lübeckischen Bürgermeister Bruno von Warendorp über 15 ℔. Pf., ein andrer, Marquard Ratlow, über 30 ℔.
Pf., ohne nähere Terminangaben[18].

Dagegen verpflichten sich 1362 im ersten dänischen Kriege
vier adlige Knappen, auf der Kogge der Bremer zu dienen,
selbst in voller Eisenrüstung, mit zwei Schützen im Panzer
und Eisenhut, und drei Knechten mit Brustharnisch, auf sechs
Monat (vom 27. März bis 29. September) für 40 ℔. alt bremi-
scher Währung, also 9 Mann zusammen für etwa 400 ℔.[19]

Zwanzig Jahre früher erhalten der Ritter Heinrich von
Saldern und der Knappe Beyer von Rotzing für das Dienst-
jahr 1342 im holsteinischen Landkriege mit 32 behelmten
Mannen und den dazu gehörigen Knechten 320 ℔. Silbers als
Sold (10240 ℔.), die Hauptleute 30 ℔. Silbers (960 ℔.), für zwei
grosse Pferde je 20 ℔. Silbers, für zwei kleine je 3½ ℔. Silbers.
Das ist aber Löhnung für eine ganze Compagnie, zu der eine
reichliche Zahl Berittener und Fussknechte gehörten[20]. Die
beiden Unternehmer der Söldnerbande bekommen jeder auf

---

[16] Vgl. oben S. 16, 17.   [17] Vgl. oben S. 92 Anm. 41.

[18] Auch 1362 Aug. 6 quittiren Brun Warendorp, Goswin de Cimiterio und
Arnold Lange je über 30 ℔ empfangenen Sold, Lüb. U.B. 3, Nr. 425.

[19] Brem. U.B. 3, Nr. 182.

[20] Lüb. U.B. 2. Nr. 764, 765. Ebend. Nr. 761 werden zu 24 Behelmten
36 Renner gerechnet, Nr. 767 zu 14 Behelmten 12 Renner.

sein Theil noch nicht 500℔, und es frägt sich, ob in den Summen nicht andre Unkosten mit enthalten sind. Die grössern der den Hauptleuten ersetzten Rosse sind auffallend hoch geschätzt, zu 640℔ jedes, weshalb auch die Bevollmächtigten des lübeckischen Rathes beifügen, sie hätten vergebens in Freundschaft eine Minderung dieser Summen versucht; aber selbst der hohe Werth derselben wird geringer erscheinen nach heutigem Kostenanschlag, wenn man bedenkt, dass es aus der Fremde kommende, seltene schwere Streitrosse waren, welche gepanzert mit ihrer ganzen Eisenrüstung verloren gingen. Die kleinern Pferde sind demnach auch nur auf je 112℔ taxirt.

Im Seekriege aber — und von einem solchen ist hier die Rede — war der Aufwand auch schon deshalb nicht so kostbar, weil die Anführer die eignen Rathmänner, die Boots- und Kriegsleute vielfältig die Bürger waren, welche zwar auch Sold, aber geringeren, erhielten.

Es genügt, an diesen Beispielen gezeigt zu haben, dass damals die Führung eines grossen Krieges zwar auch bald Hunderte und Tausende kosten, aber doch nicht so gewaltig schnell zu Millionen auflaufen konnte, wie jetzt. Nach zweijährigen bedeutenden Anstrengungen und schweren Verlüsten im ersten dänischen Kriege — Waldemar nahm dem Bürgermeister Johann Wittenborg am 18. Juli 1362 allein 12 der grössten Koggen mit vielen Gefangenen und Gütern — berechnen die kriegführenden wendischen Seestädte ihren Aufwand am 6. Januar 1364 auf 166,234℔ lüb. Pf., etwa 1½ Mill. Mark[21]. Der zweite dänische Krieg ward aber von vorn herein so glücklich geführt, die Hanseaten sahen sich so bald im Besitz feindlicher Schlösser und dazu gehöriger Landstrecken, deren Einkünfte die Kriegskosten decken halfen, und schliesslich haben sie im stralsunder Frieden den Feind in solcher Weise gezwungen, ihnen die auf den Krieg verwandten Summen zu ersetzen, dass wir annehmen dürfen, die durch den kölner Pfundzoll vom Jahre 1367 aufgebrachte Viertel-Million habe nicht nur in einem kleinen Theil, sondern völlig ausgereicht,

²¹ Hanserecesse I, 1, Nr. 310 § 5; vgl. S. 263.

den Zweck zu erfüllen, zu welchem die Waare des Kaufmanns beschatzt ward.

Es ist schon von Andern [22] darauf hingewiesen, welchen Einblick der Pfundzoll uns in die Bedeutung und den Umfang des lübeckischen Handels damaliger Zeit gewährt. Zu Lübeck wurden 1368 von Fastnacht bis Michaelis 1400 ℔ Pfundzoll erhoben, demnach war das 288fache an Waarenwerth allein zur See aus- (und ein-) geführt, für 403,200 ℔ lüb. Pf., nach heutigem Gelde für 3,528,000 ℔, darunter, wie Dittmer hinzusetzt, kein Speditionsgut, sondern Alles Waarenversendung für eigene Rechnung, und noch dazu in einem Kriegsjahre. Der schonische Handel Lübecks belief sich aber für das Jahr 1368 vor Michaelis, laut dem Pfundzoll-Ertrag von 180 ℔, auf 51,840 ℔ Pf. (453,600 ℔). Desgleichen gingen 1369 von Seiten Lübeck's ein von Michaelis bis Michaelis:

	an Pfundzoll:	macht Capital-Werth:	nach heutigem Gelde:
in Lübeck	1136 ℔ 8 ß Pf.	327,312 ℔ Pf.	2,863,980 ℔
in Schonen	350 „ —„ „	100,800 „ „	882,000 „
zusammen	1486 ℔ 8 ß Pf.	428,112 ℔ Pf.	3,745,980 ℔
dazu obige	1580 „ —„ „	455,040 „ „	3,981,600 „
in anderthalb Kriegs-			
jahren	3066 ℔ 8 ß Pf.	883,152 ℔ Pf.	7,727,580 ℔,

wovon 6,391,980 ℔ auf die Seeausfuhr in Lübeck selbst, 1,335,600 ℔ auf Lübeck's Handelsverkehr in Schonen kommen.

‚Lübeck ein Kaufhaus' lautet ein althanseatischer Spruch, dessen Wahrheit auch der zu Lübeck eingegangene Pfundzoll bestätigt: der Ertrag sämmtlicher preussischen Städte übersteigt ihn nur um 100 ℔ Pf. [23].

Gerade sechs Jahre waren seit der zweiten Generalabrechnung über das Pfundgeld verflossen, als Kaiser Karl IV. am 22. October 1375 mit grossem Pomp in Lübeck einzog. Ob er sich von der Stadt früheren Nöthen und deren glorreicher Abhülfe damals viel hat erzählen lassen? Dass sie durch den Sieg an Macht und Reichthum gewachsen war, sah er nur zu gut, und verglich Lübeck darum zur grossen Genugthuung des Raths mit vier seiner gepriesensten italienischen Städte. Es passt ganz zu dem höflichen Stil, welchen

---

[22] Dittmer a. a. O. S. 36 fg.   [23] Hanserecesse I, 1, Nr. 484, 512.

Kaiser und Rath seit Jahren ausgetauscht hatten, dass Karl die Bürgermeister ‚Herren' nennt, diese demüthigst einen solchen Titel ablehnen[24]. Abgesehen aber von den Consequenzen, welche Karl mitunter nicht in dem Masse aus solcher Titulatur zu ziehen gesonnen sein mochte, wie die Stadt selbst, ist dem Kaiser sein: ‚Ihr seid Herren!' doch auch aus der Seele gesprochen, unter Anderm darum, weil er hier vor der Macht des Geldes sich beugte, das er, wie wenige Herrscher seiner Zeit, zu nützen verstand, dem er so manchen Erfolg verdankte. Der Pfundzoll zumal, wenn ihm solche Massregel kund ward, musste einen so feinen Finanzer, wie Karl, mit Bewunderung erfüllen, denn an diesem offenbarte sich, was ein klug ausgesonnenes und folgerichtig durchgeführtes System aus kleinen Mitteln Grosses schaffen konnte. Die Städte wiesen auch hierin der damals noch kaum geborenen Staatswirthschaft den Weg, den sie zu wandeln hatte.

Anlagen.

A.

Certifikate und Schreiben verwandter Art.

1.

Nos consules Nove Stargardie protestamur Enghellen Berkholt, presencium ostensorom, verum concivem fore nostrum, exorantes ipsum promoveri et a thelonii exactione quitum dimitti et solutum. Datum Stargardie, a. D. M⁰CCC⁰LXX⁰, in profesto b. Martini ep. et conf. insignis, nostro sub secreto, post annum minime valiturum.

2.

Nos consules in Stetyn protestamur XIIII lastas siliginis, quas Reyncko de Cerben, presencium exhibitor, sua navi educit, Nycolao Mascow, nostro concivi, pertinere. D. nostro sub secreto a. D. M⁰CCC⁰LXIX⁰, in die Penthecostes (Mai 20).

---

[24] Detmar 1, S. 301: de keiser was do mit den borghermesteren in eneme rade der stad, dar het he se: heren. Se spreken van otmodicheit, se en weren nyne heren. Do sprak de keiser: ‚Gi sint heren' etc.

3.

Nos consules civitatis Dantzik per presentes pubplice protestamur, Paulum Sappelin nauclerum, presencium exhibitorem, ad nostram cum sua nave et fructuariis suis et bonis pervenisse civitatem. In testimonium nostrum secretum presentibus a tergo est impressum. D. a. D. M°CCCLXVIII°, feria tei   ante Ephiphaniam (Jan. 4).

4.

Noverint universi presencium inspectores, quod Johannes Ekholt, civis Lubicensis, licenciam habet a capitaneis et consulibus civitatum maritimarum navigandi versus Almaniam cum tribus lastis allecium, ubicunque sibi conpetit. In huius rei testimonium ego Symon Swert(ing) sigillum meum tergotenus inpressi.

Das Siegel des lübeckischen Rathmanns ist leider bis auf ein paar Buchstaben der Umschrift zerstört.

5.

Servicium nostrum omni tempore paratum. Gy scolen weten, den hoppen, den Hincze, unses heren greven Alves kok von Holsten, den he to Lubeke kofte, de quam anders nerghene, men to Plone, dar wart he verkoft. Dat bethuge wy mid unseme inghesegle der stat to Plone.

Consules de Plone hec (formaverunt).

Jn dorso: Honorabilibus etc. consulibus Lubicensibus etc.

6.

Sinceritate tocius obsequii et honoris previa. Noveritis, quod constituta in nostra presencia discreta matrona domina Christina, relicta Hermanni balistificis, quondam vestri concivis, retulit nobis, quod in nostram civitatem quinquaginta balistas, alias dictas knuppele, deportasset de vestra civitate, quarum partem vendidit nostris concivibus balistificibus, pro residuis vero statuit nobis fideiussorem pro eo, quod non debeant versus Daciam deduci vel quomodolibet deportari. Valete et nobis precipite confidenter. D. nostro sub secreto.

Consules civitatis Hamburgensis.

Jn dorso: Viris honorabilibus et discretis, amicis nostris dilectis, dominis consulibus civitatis Lubicensis, detur.

7.

Salutacione multum amicabili et obsequiosa premissa. Noverit vestra discrecio, quod Brand Stenvelt nobis specialis dyu ante Carnisprivium, antequam theolonium super cervisia Wisma-

riensi exsolvendum fuerat statutum, cervisiam suam Wismarien-
sem in Lubeke portabat et habebat, prout suo iuramento debet
hoc confirmare. Tamen post longa tempora dicte constitucionis
vestri theolonii dicta cervisia fuerat vobiscum arrestata. Quare
vestram exoramus amiciciam et discrecionem, quatinus nostri ser-
viminis intuitu eidem Brand Stenvelt dictam cervisiam, ut premittitur, sic arrestatam quitam et solutam remittere dignemini.
Pro hiis in omnibus quibus poterimus desideramus vobis compla-
cere. In premissis nobis gratam voluntatem exhibentes. Scriptum meo sub sigillo Thiderici de Rampen in vigilia Pasce.

Thidericus de Rampen et Thidericus Monnik.

Jn dorso: Honorabilibus et discretis viris, dominis Johanni Langhen et Constantino, consulibus in Lubeke, amicis suis
sinceris, presentetur.

*Vom Siegel, das den Brief schloss, nur ein unkenntlicher Rest erhalten. Die
Schreiber sind zwei auf den Hansatagen oft erscheinende wismarische Rathmänner.*

8.

Min denst to voren. Leve vrent, ik bidde ju denstliken,
dat gy den bref, den ik, Henneke Oldenborch, ju dede, dar ik
vul vor dan hadde vor IIƎ ber to der Wismer, dat gy den willen wedder nemen van her Johan Langhen unde senden den her
Heynen Hoyer, mynem heren, to Hamborch. Des bidde ik ju
denstliken. Jof ik mot dat ghelt noch eyns ut gheven to Hamborch. Dat wil ik gherne vordenen. Valete in Christo et michi
precipite.

Per me Henneken Oldenborch in Hamborch.

Jn dorso: Hennekino Langhen in Lubeke debentur hec.

*Siegel (Hausmarke) aufgedrückt. Der Empfänger ist nach den wismarischen
Quittungen ein Schiffer, der Schreiber des Briefes verschifft zweimal im
J. 1369 Bier von Wismar.*

B.

Pfundzollscheine.

1.

Bu satisfecit pro schuta et bonis in eadem.

Neben aufgedrückt das Signum der Seestädte Nr. VII.

2.

Nos Johannes Langhe et Tidemannus Crudener publice recognoscimus, Thidemannum de Velde de navi sua et bonis suis

iuxta concordanciam civitatum maritimarum sub iuramentis prestitis satisfecisse. Datum signo sub consueto a. D. M⁰CCC⁰LXIX⁰,
feria quinta post Dyonisii (Oct. 11).

3.

Noveritis universi, ad quos presens scriptum pervenerit, Hin-
rico Schuppelenberghe pro V lastis allecium in navi Howeschil-
des existentibus fore satisfactum. D. sub sigillo civitatum maritimarum.

4.

Ek Martin Raceborch, voghet van Prusen, bekenne in dessem breve, dat Bertol Junghe heft vul ghedan vor sin puntghelt
tzo Schone vor C marc. et XXXV marc., dar heft he vor gheven
IIII sol. lub. III den. minus. Datum in Schania a. D. M⁰C⁰C⁰C⁰LX
nono, sabbato post Johannem (Sept. 1).

5.

Ick Clawes Schutowe, en ratman tu⁰ Rozstock, bekenne openbare in dessem breve, dat Henneke Bucowe unde Claus Kremers,
borghere tu⁰ Rozstock, my hebben gheghcven ere puntgelt tu⁰
Schonöre unde hebbet vul ghedan, alzo erlyke berve lude, Henneke Bucowe vor twe leste des ghu⁰des, de se hebben tu⁰ Lu⁰-
becke, unde Claus Kremers vor neghen leste. Dat dit war is,
tu⁰ ener mereren bethughinghe hebbe ick myn inghescghel tu⁰
rugghe clevet an dessen bref. D. Rozstock, a. D. M⁰CCC⁰LXX⁰,
feria IIIᵃ post octavam Epyphanie Domini (Jan. 15).

6.

Ego Johannes wan Haghen, capitaneus castri Hafniensis, in
hiis scriptis recognosco protestando, latorem presencium, Godeki-
num Lythoy, michi pro XXXV equis satisfecisse, quos secum
habet. Scriptum Hafnie, sub. a. D. M⁰CCC⁰LX⁰IX⁰, feria quarta
Pentecostes (Mai 23), in tergo affixo proprio sub sigillo.

Mit eignem Siegel, darauf ein Wolfskopf.

7.

Ego Hermannus Rybe, advocatus ex parte civitatis Strales-
sund in Valsterbode, protestor per presentes, quod in navi Hinrici Cusel, qui satisfecit domino Johanni Langhe, consuli in Lubeke, sed isti alii fructuarii fuerunt de Sundis, et ergo sublevavi
ab eis pecunias liberales. In primo *(folgen Namen, Waare und
Pfundzoll).* D. a. D. M⁰C⁰C⁰C⁰LXVIII⁰, fer. quinta post De-

collacionem Johannis Baptiste (Aug. 31), sub signo communi civitatum maritimarum.

Der Schein beweist, dass der Vogt auf jeder schonischen Witte von seinen Landsleuten Zoll erhob. Vgl. S. 239.

8.

Nos consules Colbergenses presentibus protestamur, Hinricum Westfal, ostensorem presencium, de navi et sui fructuarii de bonis in eadem navigatis nobis talentales debite persolvisse. D. Colberg a. D. M⁰CCC⁰LXIX⁰, in vigilia Praxedis virginis, nostro sub signo (Juli 20).

9.

Nos consules Hamburgenses presentibus protestamur, quod Hinricus Bening persolvit suam pecuniam libralem in nostra civitate pro una tunna piperis et uno sacco lane et satisfecit per suum juramentum. A. D. M⁰CCC⁰LXIX⁰, in profesto sancti Barnabe apostoli (Juni 10), nostro sub sig(no).

10.

Geret van Wigen heft betaelt sijn pontgelt bi sinem ede, van sinem sceep vief groet. Item in demselven sceep heft Geret van Linne aen wijn ende aen lakenen hondert groet. In kennessen der waerheit soe hebbe wi dit bezegelt met onser stede van Dordrecht nywe singenet int jaer van negen ende tsestigen, des anderen dages na sente Bonefaes dach (Juni 6).

Untergedrückt das Signet, darauf ein Pfahl, während das grosse Stadtsiegel von Dordrecht eine Burg mit hohem Thorthurm, das Secret einen Schild mit einem Löwen zeigt.

11.

Nos consules Elbingenses protestamur, quod nauclerus Johannes Wittenborch, harum exhibitor, suam navem ad C marc. minus III marc. computavit, de qua dedit medietatem pecunie libralis, videlicet de marca unum denarium, prout hoc in concordancia continetur. Et habet in eadem XVI° modios hordei et VII tunnas pultis, que bona ad XCVI marc. sunt computata; de quibus dati sunt VI½ scot minus III denar. pecunia pro librali. De hiis, ut premittitur, sub juramentis prestitis satisfactum est juxta seriem ordinancie et tenorem, quod per appressionem nostri secreti presentibus demonstramus. D. a. D. M⁰CCC⁰LXVIII⁰, feria VI ͣ proxima ante festum Omnium Sanctorum (Oct. 27).

Dieser Schein liefert zu der S. 245, 246 gegebenen Beweisführung noch einen praktischen Beleg. Ohne Zweifel hat bei dem ungleichen Ansatz des Pfundzolls Rücksicht auf die Bequemlichkeit der Berechnung mitgewirkt. Vom Pfund

Groten 1 oder (für die Schiffe) ½ Groten, von drei lübischen Marken 2 oder 1 ℳ, von der preussischen Mark 2 oder 1 ℳ gab ungefähr einen ähnlichen Procentsatz und war zugleich rasch und leicht auszurechnen.

12.

Ego Johannes Knorre, pro nunc in Malmoghen theolonarius, recognosco et in presentibus protestor, me a Hermanno Nygeman nauclero et a suis honustariis theologium eorum recepisse, et non pecuniam liberalem, quia omnes sunt cives, et non hospites. D. Malmoghen a. D. M⁰CCC⁰LXX primo, sequenti die Galli (Oct. 17), meo proprio sub sigillo tergotenus inpresso.

Das aufgedrückte runde Siegel zeigt ein K, umgeben von einigen Blattranken; Umschrift zwischen Perlenkreisen: S'. Johannes Knorren. Abgebildet: Siegel des Mittelalters T. 5, 37.

C.

Offener Brief des Raths zu Danzig über das gemeinsam mit Thorn zum Behuf der Pfundzollscheine angefertigte neue Siegel. 1368 Juni 16.

Omnibus, ad quos presens scriptum pervenerit, cupimus fore notum. Nos cum consilio consulum Thorun sigillum novum ad sigillandum cartas pecunie libralis propter magis comodum nostre civitatis unanimiter duximus faciendum presentibus infra infixum, rogantes, quatinus ea firma, cum ad vestram presenciam pervenerint, dignemini observare. Datum Dantzik, anno Domini M⁰CCC⁰LXVIII⁰, feria sexta post Viti et Modesti.

Consules civitatis Dantzik formaverunt hec.

Das rückwärts aufgedrückte Secret (bei Vossberg, Münzen und Siegel der preussischen Städte, nicht abgebildet) hat das danziger Schiff, ohne das spätere Stadtwappen im Wimpel. Das untergedrückte Signum dagegen zeigt rechts den Thurm von Thorn, links das Stadtwappen von Danzig, zwei über einander stehende Ordenskreuze; Umschrift: ✳ S'⋮ Thorvn ⋮ ⋮ ⋮ Dantzke ⋮

D.

Schöffen und Rath von Kampen übersenden dem Rath von Lübeck die besiegelten Schreiben von Zütphen, Harderwyk und ihrer Stadt zur Weiterbeförderung, berichten, dass sie das Pfundgeld laut Uebereinkunft nicht mehr von ihren Bürgern, sondern nur von den Kaufleuten Englands, Flanderns und Brabants erheben, und bitten, Tag und Ort einer etwa mit dem König von Norwegen anzusetzenden Verhandlung ihnen rechtzeitig anzuzeigen. (1370) Nov. 6.

Omni sinceritate tocius honoris ac amicicie prelibata. Domini et amici reverendissimi, vestre laudabili honestati et miri-

fice prudencie litteras Zutphanienses, Harderwigenses et nostras
sigillatas per latorem presencium destinamus, humiliter supplicantes, quatenus dirigi easdem, quo dirigende fuerint, prout scitis,
volueritis ordinare; significantes eciam vobis, quod pecuniam libralem nullam de nostris civibus tollimus, sed tantummodo de
mercatoribus Anglie, Flandrie et Brabancie, veluti vobiscum con-
cordavimus, tollimus ita, ut prius fecimus, eandem. Preterea,
sincerissimi domini et amici, si fuerit aliqua dies placiti statuta
cum domino . . rege Norwegie observanda, ad illam nostros consulares, dummodo nobis satis mature vestris litteris significaveri-
tis diem et locum, libenter dirigemus. Altissimus vos conservet
feliciter et longeve, nobis precipientes plena fide. Datum mense
Novembris die sexta, nostro sub secreto.

Scabini et Consules civitatis Campensis.

Jn dorso: Honorabilibus, prudentibus et discretis viris et dominis
laudabilibus, . . proconsulibus et consulibus . . civitatis
Lubicensis, nostris dominis et amicis presinceris.

*Papier. Das aufgedrückt gewesene Siegel ist abgesprungen. Die gesandten
Briefe scheinen die Hans. Urk. 707 fg. (Hanserecesse I, 1, S. 493) er-
wähnten zu sein.*
Gedruckt: Lüb. U.B. 3, Nr. 740; Hanserecesse I, 3, Nr. 48 unter 1371.

E.

*Die Kaufleute der deutschen Hansa zu Bergen ersuchen den lü-
beckischen Rathmann Hermann von Osnabrück um Beförderung
und Befürwortung zweier an die Sendeboten der hanseatischen
Städte und den Rath zu Lübeck gerichteten Schreiben, in welchen sie um die Erlaubniss bitten, einen ihnen zur Deckung
ihrer Schulden zugestandenen Schoss über die gestattete Frist
hinaus erheben zu dürfen; zugleich erinnern sie für den Fall
einer Unterhandlung mit König Hakon an die Bestätigung ihrer
Privilegien (1370).*

Eynen erhaftighen unde wyzen heren, heren Hermanne van
Ozenbrugghe, eynen ratmanne tho Lu⁰beke, lat groten de kopman van Berghen, de in der Du⁰schen henze zint, mit overbo-
dighen denste nu unde tho allen tyden berede. Weten scal juwe
wysheyt, dat wy breve ghezant hebben, eynen den borghermee-
steren unde den ratmannen der menen stede, de in de henze
horet, unde den anderen den borghemesteren unde den ratluden
tho Lu⁰beke, ludende van wort tho worden, alze hir na gheschre-
ven steyt. Dat wy en oppenbaren alzo, alze ze vorgaddert weren tho deme Zunde, daer de kopman van Berghen do yeghen-

wardich was unde eren noet clagheden, daer ze em orlof gheven eyn schot tho makene under ziik, umme ere schu⁰lde tho betalene uppe eynen certen dach, war umme wy ere erafticheyt witlik doen, dat wy unze schu⁰lde bynnen deme daghe nicht de helfte kønnen betalen. Dar umme bidde wy ere wisheyt denstaftighen, dat ze uns vort an mechtich maken dat zulve schot up to bø-rende alzo langhe, alze de dach is begrepen tu⁰sschen en unde deme køninghe van Norweghen, uppe dat dat wy unze schu⁰lde møghen betalen, edder wy møten in groter schult bliven. Ok zo bidde wy ere acbaricheyt, ofte ze deghedinghen mit koninghe Haquine, dat ze uns bedencken umme unze previlegium tho con-firmerene. Van dessen vørbenømeden zaken beghere wy eyn antwarde van en uns wedder tho enbedende.

Jn dorso: Honorabili viro ac discreto, domino Hermanno de Ozen-bru⁰gghe, consuli Lubicensi, detur.

Auf einem einliegenden Zettel desselben Papiers, durch welchen auch einer der Schnitte für das Siegelband gegangen ist, steht von derselben Hand ge-schrieben:

Wy de ghemene kopman tho Berghen latet bidden, dat gy uns profitlik zin in dessen vorbenomeden zaken dorch unzes ewighen denstes willen. Unde wi zendet ju cyne tunne raves by schiphere Gherde Zeystappere, daer bidde wy ju umme, dat gy de nicht vorsmaen. Du⁰nket ju raat wezen dat menen stede breef vor zee tho brenghene, zo zee wy dat gherne, en dunckct et ok ju nyn raat wezen, zo beholdet ene by ju.

Das Hauptschreiben auf Papier war durch ein Band und drei runde Siegel, ein grösseres in der Mitte und zwei kleinere, geschlossen, wohl die dreier Aelterleute, denn sie zeigen Hausmarken; die Umschriften sind aber bis auf einen Vornamen: Hinricus so verdrückt, dass sie sich nicht entziffern lassen. Ueber das mittlere der schliessenden Siegel ist wieder ein Stück Papier und ein gewöhnlicher weisser Faden gelegt, auf den dann aber-mals ein Siegel in dunklerm Wachs gesetzt ist. Das Wappen dieses Sie-gels ist bei der Brieföffnung abgesprungen, die Umschrift aber: S'. Her-manni ⁂ de ⁂ Osenbrugghe ▪ bezeugt, dass der Empfänger des Briefes ihn mit seinem Siegel verschlossen wieder an einen Andern gesandt hat.

Gedruckt: Lüb. U.B. 3, Nr. 725; Hanserecesse I, 1, Nr. 357 a S. 500.

VII.

Kaiser Karls IV. Hoflager in Lübeck.

(1874.)

König Rudolf I. empfiehlt in einem Schreiben an Magnus von Norwegen 1274 Lübeck der ferneren freundlichen Gesinnung des nordischen Fürsten und führt als Beweggrund seiner Verwendung an, dass die Bürger der Stadt, weit vom Herzen des Reiches entfernt, des Schirmes einer Vertheidigung nothwendig bedürften [1]. Und hundert Jahre später zu einer Zeit, da die Städter sich schon daran gewöhnt hatten, widerfahrene Unbill durch eigene Thatkraft zu ahnden, und die Nöthigung zum Dareinschlagen gegen einen widerwilligen Nachbarn, König Waldemar von Dänemark, ihrem Oberherren, dem Kaiser Karl, kühl auseinandersetzten, entschlüpft ihnen doch der gelegentliche Stossseufzer: Wohnten wir nur dem Sitze Eurer Hoheit, allergnädigster Kaiser, so nahe, dass Ihr zum Schutz Eurer verlassenen kleinen Heerde mit Bewaffneten uns zu Hülfe kommen könntet; das würde unser augenblicklicher Nothstand wohl erfordern [2]!

Diese beiden Aeusserungen machen das Verhältniss Lübecks zum Reich anschaulich. An den letzten Saum desselben gerückt, ist es früh auf eigene Füsse gestellt und bleibt doch von der Bedeutung seiner Reichsangehörigkeit durchdrungen. Zu spät aufgeblüht, um noch in eine wirkliche Abhängigkeit vom Kaiser zu kommen, hat es nie eine Burg desselben in seinen Mauern gehabt und um seiner Entlegenheit willen dem Oberherrn nie zu länger dauerndem Aufenthalt gedient. Ja, nur zwei Kaiser, Friedrich Rothbart und Karl IV.,

---

[1] Lüb. U.B. I, Nr. 354: quatenus civibus antedictis ab imperii gremio longe sepositis — defensionis necessarie pretendatis umbraculum.

[2] Ebend. 3, S. 696: Utinam, domine graciosissime, esset situs noster vestre celsitudinis sedi adeo propinquus, quod ad tuendum gregem vestrum pusillum sic desolatum possetis nobis viris armatis subvenire; bene quidem exigeret indigencia nostra opportuna.

hat Lübeck durch seine Thore einziehen sehen [3]. Erklärlich
genug, dass ein so seltenes und deshalb um so mehr gefeier-
tes Ereigniss sich im Gedächtniss der Mit- und Nachwelt
dauernd festsetzte, dass um diese Glanzpunkte sich alles zu
gruppiren schien, was Lübeck an Machtvollkommenheit anderen
Städten voraus im Laufe der Jahrhunderte errang, das schon
früh die Sage bei solcher Gelegenheit den Kaiser die reichs-
und hansestädtischen Privilegien feierlich auf einmal verleihen liess.

Es kommt dazu, dass die beiden kaiserlichen Besuche ge-
wissermassen Lübecks Emporwachsen in der Geschichte ab-
grenzen. Seit Friedrich die Stadt dem Sachsenherzog Heinrich zu Händen des Reichs abnahm, entwickelte sich ihre
reichsfreie Stellung, wenn sie auch erst durch seinen Enkel,
den zweiten Friedrich, rechtlich bestimmt ward. Karl IV. aber
hatte am 23. März 1374 der Stadt das letzte und wichtigste
Hoheitsrecht, die hohe Justiz in Sachen des Landfriedens, überwiesen [4]. Sein anderthalb Jahre später erfolgender Besuch
ward von der durch ihn so hoch begnadigten Stadt mit Recht
als eine ihr erwiesene besondere Ehre betrachtet; das unver-
hoffte Ereigniss konnte, so zu sagen, einer kaiserlichen Anerkennung der jüngsten Erfolge im siegreichen dänischen Kriege
gleich geachtet werden [5].

Dennoch hiesse es auf dem einseitigen Standpunkte lübischer Chronisten verharren, wenn man annehmen wollte, Karl
selber sei durch solche Rücksicht auf Lübeck veranlasst worden, seinen Zug bis zu uns auszudehnen. Unzweifelhaft hat der
Kaiser den weitreichenden Einfluss und die finanzielle Leistungs-
fähigkeit der damals bedeutendsten norddeutschen Reichsstadt
in seine politische Berechnung mit aufgenommen, um so mehr, als
er durch den Besitz der Mark darauf gewiesen war, den Elb-
und Oderhandel zu fördern [6]. So mögen denn, wie spätere

---

[3] Als dritter verweilte in unserer Stadt vom 12. zum 13. September 1866
unser jetziger Kaiser, damals noch Schirmherr des Norddeutschen Bundes.

[4] Lüb. U.B. 4, Nr. 222.

[5] Pauli, Lüb. Zustände 2, S. 47.

[6] Ranke, Genesis des Preuss. Staats S. 58: Carl IV. wusste alle Hülfs-
quellen der allgemeinen Wohlfahrt zu würdigen.

Chronisten und neuere Geschichtsschreiber muthmassen, die
Handelsbeziehungen der Mark und ihrer Städte Tangermünde
und Frankfurt a/O. zum Hansebunde, die Hebung der Schifffahrt auf der Elbe und deren Nebenflüssen in Lübeck zur
Sprache gekommen sein, obwohl urkundlich nichts darüber
verlautet. Der eigentliche Zweck der Reise aber war ein dy-
nastischer. Wir würden dies schon aus dem bekannten Charakter des Kaisers folgern können. Deutlich tritt es in dem
Umstand hervor, dass wir im Gefolge Karls die der Mark benachbarten Fürsten finden, deren Interessen er seit Jahren in
seine Plane für die Consolidirung der neuen luxemburgischen
Hausmacht in Norddeutschland verflocht. Endlich erfahren
wir aus Karls eigenem Munde (in einem Schreiben an die dänischen Reichsstände), dass er seinen Freund Waldemar von Dänemark, denselben, für welchen er im verflossenen Kriege gegen
die deutschen Städte Partei nahm [7], habe besuchen wollen.

Karl begünstigte die Erbfolge des ihm schon lange befreundeten meklenburgischen Hauses auf den dänischen Thron [8].
Waldemar hinterliess nur Töchtersöhne. Die Verheirathung
der älteren Tochter Jngeborg mit Herzog Albrechts jüngerem
Sohne Heinrich gab den Meklenburgern nähere Anrechte, als
Olav von Norwegen, dem Sohne der jüngeren Tochter Margaretha. Auch Waldemar hatte sich für Heinrichs Sohn, den
späteren Herzog Albrecht III., erklärt. Indem Karl diesen
stützte, wahrte er das Recht eines deutschen Fürsten und trat
in seiner Eigenschaft als oberster kaiserlicher Schiedsrichter
über die dänische Thronfolge auf. Zugleich aber fand er Gelegenheit, in meklenburgisch-brandenburgischen Grenz- und
Besitzstreitfragen Albrecht für die Mark günstiger zu stimmen [9]. Das Einzelne entzieht sich um so mehr unserer Kunde,
als, wie bekannt, der Plan sich zerschlug, Olav und Margaretha in den Besitz Dänemarks kamen.

Es schien nothwendig, diesen Gesichtspunkt gleich von

[7] Vgl oben S. 263, 264.

[8] Hanserecesse 1, 2, Nr. 108—111.

[9] Ranke a. a. O.: Es hat keinen Kaiser gegeben, der die weltumfassende
Politik, wie sie die Kaiser immer ausgeübt hatten, mit dynastischen Zwecken
besser verbunden hätte, als Carl IV.

vornherein festzustellen, weil Karls ungewöhnlich weit abschwei-
fender Zug so allein verständlich wird, zumal die Nachrichten
über ihn spärlich fliessen, ja selbst die Reiseroute sich nur
in den allgemeinsten Zügen feststellen lässt. Diese wollen wir
zunächst verfolgen. Der Empfang Karls in Lübeck bleibt besser
der Schlussbetrachtung überlassen, welche zugleich auf den
Zusammenhang und die allmähliche Entwickelung der einheimischen Ueberlieferung eingehen wird.

Karl brach im Spätsommer 1375 von Prag auf. Ende
August sehen wir ihn in die Streitigkeiten um das Bisthum
Mainz eingreifen, dessen Besitz Adolf aus dem Hause Nassau
gegen Ludwig, einen geborenen Markgrafen von Meissen, Karls
Erwählten, auch in Thüringen mit Glück behauptete. Aus
dem Lager vor Erfurt, in welcher Stadt die Markgrafen von
Meissen und die Landgrafen von Thüringen den Bischof Adolf
belagerten, schreibt Karl am 29. August, dann zieht er mit
vor das nordwestwärts gegen Langensalza hin gelegene Schloss
Tonna, den Grafen von Gleichen, welche Adolf unterstützten,
von den Meissenern zu Lehen gegeben, und vermittelt hier
am 6. September einen Waffenstillstand zwischen den Parteien [10]. Nach der Chronik von Meissen war ausser der Kaiserin auch Karls Sohn Wenzel vor Erfurt, den wir auf der
weiteren Reise nicht in seiner Begleitung antreffen. Lange hat
der Kaiser sich in Thüringen nicht aufgehalten, denn schon
am 10. September schreibt er aus Kolditz im Meissnischen,
an der Zwickauer Mulde zwischen Grimma und Rochlitz, zu
Gunsten des Erzbischofes Friedrich, der gegen seine aufständische Stadt Köln beim Kaiser Hülfe gesucht hatte und als
dessen fernerer Reisebegleiter diese Vermittelung wiederholt
in Anspruch nahm [11]. Am Ende des Monats (27. und 29. September) hält sich Karl in Prenzlau auf, im äussersten Norden
der Mark unweit der Grenze Pommerns, dessen Herzog Bo-
leslav zu Stettin der Vater der Kaiserin Elisabeth war [12].
Von hier geht es westlich längs der meklenburger Grenze,

---

[10] Lentz, Magdeb. Historie S. 534; Gudenus, Cod. Dipl. 3, S. 520.
[11] Lacomblet, Urkundenb. f. d. Gesch. des Niederrheins 3, Nr. 772.
[12] Riedel, Cod. dipl. Brand. I, 13, S. 266; Lünig, Reichsarchiv 13, S. 501.

am 4. October ist der Kaiser in Templin [13], eine Woche später in Lenzen, von wo er sofort nordwärts gerade auf Lübeck zu gezogen sein muss. Denn schon am 13. October belehnt er den Bischof von Ratzeburg Heinrich (von Wittorp) in dessen Residenz Schönberg, drei kleine Meilen östlich von Lübeck [14]. Erst acht Tage später zieht Karl in Lübeck ein.

Die Reise des Kaisers geht verhältnissmässig so rasch vor sich, dass man versucht ist zu glauben, Karl habe schon beim Aufbruch aus Böhmen ein fernes Ziel im Auge gehabt. Die Abschwenkung nach Thüringen erscheint dabei als zufällige Episode und in so auffallend kurzer Zeit abgemacht, dass man an Karls Anwesenheit vor Erfurt und Tonna zweifeln könnte, wenn nicht die urkundlichen Beweise seiner dortigen Wirksamkeit vorlägen [15]. Ja, es bleibt jedenfalls räthselhaft, dass er den Weg von Tonna nach Kolditz, welche in gerader Richtung über zwanzig Meilen aus einander liegen, in vier Tagen zurückgelegt hat [16].

Da wir bei dem Mangel an Nachrichten über Karls Reise darauf gewiesen sind, auch den geringfügigsten Umstand in Betracht zu ziehen, so soll wenigstens nicht unerwähnt bleiben, dass der Erzbischof von Köln, welcher von Kolditz aus

---

[13] (Zobel,) Verzeichniss oberlaus. Urkunden I, S. 96.

[14] Or. im Archive zu Neustrelitz, mitgetheilt von Dr. Fischer. Der Inhalt lässt keinen Zweifel an der Anwesenheit des Kaisers aufkommen, welcher aus Schönberg, III idus Octobris, erklärt, dass er den persönlich vor ihm erschienenen Bischof, nach Ablegung des Lehnseides, mit herkömmlichen Bräuchen als Reichsfürsten belehnt habe. Die Urkunde ist signirt: per dominum imperatorem Conradus de Gysenheim. Demnach sind die bei Lünig, Reichsarchiv 16, S. 512 und 515 und Lacomblet 3, Nr. 773 gedruckten, zu Lenzen für den Erzbischof von Köln ausgestellten, Confirmationsurkunden (alle drei datirt II idus Oct., also 14. October; vgl. Lacomblet 3, S. 667 Anm. 2) nicht mehr von Karl persönlich, sondern von dem zurückgebliebenen zweiten Kanzler im Auftrag ausgefertigt. Dazu stimmt auch die Unterschrift bei Lünig a. a. O. S. 525: de mandato domini imperatoris Nicolaus Cameracensis prep.

[15] Auch die lübische Chronik zeigt Kenntniss davon, verlegt aber die Belagerung von Erfurt ins J. 1376: Grautoff, Lüb. Chron. I, S. 303.

[16] Im Widerspruch mit allen bisher bekannten Daten steht ein Schreiben Karls an Breslau über Ausbesserung seines dortigen Hauses, datirt: Prag, 3. Sept. (Montag vor Mariä Geburt) 1375. Or. im Rathsarchive zu Breslau nach Mittheilung von Dr. K. Palm.

den Kaiser begleitete, schon im Juli, während er noch am
Rheine war, zu Lübeck das beträchtliche Anlehen von 5000
Goldgulden machte, dessen grössere Hälfte die Darsow, bei
denen der Kaiser Quartier nimmt, hergeschossen haben [17].
Dies Zusammentreffen mag blosser Zufall sein, die Geldanleihe
in Lübeck, durch kölnische Handelsverbindungen vermittelt,
mag anderen Bedürfnissen des Erzbischofs, nicht der Reise
mit dem Kaiser gegolten haben. Leicht möglich aber, dass
sich hier eine Spur früherer Verabredung des Erzbischofs mit
dem Kaiser verbirgt [18].

Mit der bisherigen Schnelligkeit des kaiserlichen Zuges
lässt sich das achttägige Zögern in Lübecks unmittelbarer Nähe
nicht wohl anders vereinigen, als wenn man für dieses eine
besondere Ursache annimmt. Wir werden uns also schwerlich
bei dem Bericht des Albert Krantz [19] beruhigen, der Kaiser
habe sich durch des Bischofs aufheiternde Munterkeit und sein
freundlich Gesicht so lange in Schönberg festhalten lassen,
zumal wenn wir an den Zug der Reisigen denken, deren grosse
Zahl in der reichen Stadt besser zu versorgen war. Die Angabe der Chronik von Meissen, dass Karl mit einem Heer von
vielen Tausenden vor Erfurt gezogen sei, mag übertrieben sein,
und jedenfalls hat er diese Kriegsschaar auf der weiteren Fahrt
nicht mitgenommen. Dennoch lässt schon das zahlreiche fürstliche Gefolge einen starken Tross voraussetzen. Und eben dieser
Tross wird die Besorgniss der Stadt erregt haben, welche
ohnedies vielleicht über die Absicht des Kaisers mangelhaft
unterrichtet oder durch die ansehnliche Begleitung der Fürsten zweifelhaft geworden war. Es ist der damaligen Zeit-
lage durchaus entsprechend, dass man über den Einlass einer

---

[17] Aufzeichnung des Nieder-Stadtbuchs v. J. 1375 Juli 25 (Jacobi), gedr.
b. Pauli a. a. O. S. 62. Am 12. und 14. Juli ist der E. B. noch in Bonn:
Lacomblet a. a. O. Nr. 769 ff.

[18] Beachtenswerth ist auch, dass zwei Kurfürsten und der Neffe eines
dritten den Kaiser nach Lübeck begleiten, welcher somit nicht nur im Prunk
der Reichsumgebung auftrat, sondern gewiss nebenher Reichspläne betrieben
haben wird, z. B. die Königswahl Wenzels. Ueber die lange vorbedachten
Einleitungen zu dieser vgl. Hans Jenkner, Ueber d. Wahl K. Wenzels, Berlin 1873.

[19] Metropolis lib. X cap. 9.

solchen der Stadt unter Umständen die höchste Gefahr dro-
henden fürstlichen Schaar und zugleich — über die Formalien des kaiserlichen Einzuges unterhandelte, und dazu waren
Bischof Heinrich v. Ratzeburg und etwa der lübische Bischof
Bertram (Cremon, aus einer meklenburgischen Adelsfamilie),
sowie die Fürsten von Meklenburg, die geeignetsten Vermittler. Nur ein des vierzehnten Jahrhunderts Unkundiger wird
darin einen Mangel an Ergebenheit gegen des Kaisers Majestät erblicken oder sich über den scheinbaren Gegensatz des
stattlichen Empfangs verwundern. Die Herren von Lübeck
wussten ganz genau, was sie dem Kaiser schuldig waren, und
was sie abzuwehren hatten. Begreiflicher Weise berichten die
geistlichen Chronisten der Stadt hiervon nichts.

Mit Karl zogen in Lübeck ein oder trafen dort zusammen
seine Gemahlin Elisabeth von Pommern, sein Neffe Markgraf
Jodocus (Jost) von Mähren, sein Schwiegersohn *Markgraf
Otto von Brandenburg, Erzbischof Friedrich von Köln (Graf
von Saarwerden), die Bischöfe Heinrich von Ratzeburg, Heinrich von Oesel, Bertram ven Lübeck, Johann erwählter Bischof
von Meissen, die Herzöge Albrecht von Sachsen-Wittenberg
und Lüneburg, Albrecht und Ernst von Braunschweig-Gruben-
hagen, *Albrecht von Meklenburg und seine Söhne Magnus
und Heinrich, Markgraf *Wilhelm von Meissen, die Grafen
Heinrich und *Nicolaus von Holstein, *Günther von Ruppin[20].
Von seinem Hofstaat werden u. A. genannt die Kanzler Propst
Nicolaus von Cambray und Konrad von Geisenheim, später
Bischof von Lübeck, und der Hofmeister Hinco von Waldstein.

Dass Karl am 20. October, einem Sonnabend, dem Vorabend des Ursulentages oder des Festes der elftausend Jungfrauen, in Lübeck eintritt, steht urkundlich fest, nicht nur
durch das Datum zweier an diesem Tage für den Erzbischof
von Köln vom Kaiser aus Lübeck erlassenen Schreiben, sondern auch durch den ungewöhnlichen Zusatz: Gegeben in unserer festlichen Reichsstadt Lübeck, der sich doch nur auf
die Einzugsfeierlichkeit deuten lässt[21]. Mindestens tragen

[20] Die von den Chroniken nicht Genannten erscheinen als Zeugen in den
betr. Urkunden, die mit einem * Bezeichneten führt nur Korner an.

[21] Datum in sollempni nostra imperiali civitate Lubicensi — tertia de-

alle andern aus Lübeck ausgegangenen Briefe dieses Beiwort
nicht. Es sind mir deren fünf bekannt geworden: vom 22. Verbot der St. Georgen-Rittergesellschaft [22], vom 24. (Mittwoch
nach St. Severin) Reichsachtvollstreckung gegen Köln [23], vom
26. Bestätigung der Privilegien des Bischofs Heinrich von
Ratzeburg [24], vom 29. an Augsburg [25], vom 30. Aufnahme
zweier Herren von Tisenhusen in die Rechte der kaiserlichen
Hofdienerschaft [26].

Aus allen diesen Urkunden ergiebt sich nichts über damals vorgekommene Verhandlungen, welche Lübeck, die um-
liegenden Länder oder des Kaisers Vorhaben betreffen. Der
gleichzeitige Chronist berichtet nur über den Einzug und statt-
gehabte Festlichkeiten. Die einzige Notiz der Stadtbücher
ward schon angeführt [27]. Kämmereibücher von Lübeck fehlen
aus dieser Zeit [28], ein um so schmerzlicherer Verlust, als die
gleichzeitigen Kämmereirechnungen von Hamburg uns ahnen
lassen, wie viel auch den knappsten Aufzeichnungen über Ausgaben der Stadt während dieser Tage zu entnehmen gewesen
wäre. So erfahren wir durch die Kämmereirechnungen von
Hamburg, dass die beiden Rathmänner Bertram Horborch und
Heinrich Hoyer den Kaiser in Lübeck begrüssten, dass ein
Bote des Kaisers nach Hamburg kam, dass der Kanzler Konrad von Geisenheim dort war, beschenkt und frei gehalten
wurde [29].

Wenn dem Letzteren zehn Goldgulden ausgezahlt wurden,
eine für die damalige Zeit beträchtliche Summe, so fühlt man
sich versucht, darin die Vergütung für ein der Stadt wichti-
ges Geschäft oder die Bezahlung für irgend eine Thätigkeit

---

cima (XIII) Kal. Novembris haben, nach Mittheilung von Dr. Hegert in Düsseldorf, die zwei Originale von Lacomblet 3, Nr. 774 und das Or. von Nr. 775.

[22] Or. im Geh. Staatsarchive zu Berlin, mitgetheilt von Dr. Friedländer
und Dr. Harless.

[23] Lünig a. a. O. 13, S. 349.

[24] In Neustrelitz, gedr. Schröder, Papist. Mecklenburg 2, S. 1479.

[25] Ungedruckt. Mittheilung von Prof. Dr. Huber in Innsbruck.

[26] Bunge, Liv.-Esth- und Curländ. Urkundenb. 3, Nr. 1102.

[27] Vgl. S. 294 Anm. 17.

[28] Zeitschr. d. V. f. Lüb. Gesch. 3, S. 396 ff.

[29] Koppmann, Kämmereirechnungen I, S. 215, 221 ff.

der kaiserlichen Kanzlei zu sehen. Nun berichten spätere
Chronisten, zuerst der s. g. Priester der bremer Diöcese, welcher 1448 schrieb, nach ihm Alb. Krantz, Reimar Kock u. A.,
dass die Hamburger in Lübeck vom Kaiser begehrt hätten,
aus der holsteinischen Hoheit entlassen und, wie Lübeck, unmittelbar unter das Reich gestellt zu werden. Graf Heinrich
von Holstein aber habe, unterstützt vom Herzog Heinrich von
Meklenburg, der dem Kaiser besonders lieb gewesen, dagegen
Widerspruch erhoben und angeführt, die Hamburger seien
seine Unterthanen und Landesangehörige. Worauf der Kaiser
das Urtheil gefällt habe, die Hamburger sollten unter Holsteins Herrschaft bleiben. Da hätten die Hamburger den Roland, das Zeichen ihrer Freiheit, umgestürzt [30]. Dies Letztere, der Umsturz des Roland, wird freilich durch die Kämmereirechnungen widerlegt, da nach ihnen nicht bloss 1375,
sondern auch in den folgenden Jahren 1376, 1377, 1381, 1383,
1385 der Roland bemalt, 1389 geweisst und mit neuem Schild
und Fuss versehen ward [31]. Auch findet sich kein derartiger
kaiserlicher Machtspruch aus Lübeck vom October 1375, und
was die Hamburger beim Kaiser suchten, kann nicht die förmliche Ertheilung der Reichsfreiheit gewesen sein. Dagegen
liegt es nahe, zumal wenn man die obige Kämmereiausgabe
berücksichtigt, anzunehmen, dass die Hamburger des Kaisers
Vermittelung in ihrem bereits zwölf Jahre andauernden Streit
mit Holstein über die Grenzen beiderseitiger Gerechtsame an-
riefen. Schon 1363 hatte Karl hierfür den Herzog Albrecht
von Meklenburg zum Schiedsrichter ernannt. Die Verhandlungen sind uns aufbewahrt und ein Vertrag des nächsten
Jahres mit Graf Adolf [32]. Abermals kam der Zwist zur Sprache
1368, wo hamburger Gesandte zu Karl nach Tangermünde
giengen. Auch aus diesem Jahre existirt ein Vertrag mit Graf

---

[30] Chronicon Holtzatiae auct. presb. Bremensi v. Lappenberg in Schl.-Holst.-
Lauenb. Quellensamml. I, S. 82 ff.; M. G. SS. 21, S. 279 ff.

[31] Koppmann a. a. O. S. 223, 240, 256, 324, 367, 412, 470.

[32] Tratziger's Chronica der Stadt Hamburg v. Lappenberg S. 90 ff., Schl.-
Holst.-Lauenb. Urkundensamml. 2. Nr. 201, 205.

Otto von Holstein [33]. Es darf aber Niemand wundern, dass
auch damals die Sache nicht erledigt ward. Diese Competenzstreitigkeiten lagen in der Zeit, es war nicht leicht, die Ansprüche der zu voller Unabhängigkeit heranwachsenden Stadt
und die dynastischen Gelüste des eisernen Heinrich zu vereinigen. Kaiser Karl hat unzweifelhaft, wie im Kriege der
Städte auf Waldemars, so jetzt auf der Grafen Seite gestanden. Am 30. October 1377 gebietet er Bürgermeistern und
Rath von Hamburg, den Grafen als ihren Erbherren zu gehorchen, und ermahnt die Bürger, ihre Oberen dazu anzu-
weisen [34]. Im J. 1375 hatte er noch den besonderen Grund,
sich den Holsteinern gefällig zu erweisen, dass ihre beider-
seitige dänische Politik damals Hand in Hand gieng. Ungefähr einen Monat vor König Waldemars Tode war der her-
zogliche Mannsstamm des dänischen Königshauses ausgestorben,
und die Holsteiner machten ihr Erbrecht auf Schleswig geltend,
mit dem sie 1386 endlich belehnt wurden. Karl unterstützte
sie bei der Besitznahme, wie eine Bestätigung des zu Gottorp
von den Grafen angelegten Zolles beweist, ausgefertigt zu Wismar am 31. October 1375 [35]. Der Chronist wird also darin
Recht haben, dass auch auf dem lübecker Hoftage das Verhältniss zu Hamburg zur Sprache gekommen ist. Nach Chro-
nistenart fast er aber alles in einen Machtspruch des Kaisers
zusammen. Die beiden kaiserlichen Erlasse vom October 1375
und 1377 haben dazu vielleicht die chronologische Veranlassung gegeben.

Eines zweiten kaiserlichen Urtheils in Sachen Holsteins
erwähnt der lübecker Chronist zum J. 1392. Er erzählt, in
diesem Jahre, am Montag nach Oculi (18. März), habe Graf
Claus von Holstein die Unsitte der Blutrache bei den Bauern
abgeschafft. Schon Kaiser Karl hätte, da er in Lübeck war,
erklärt, dass dies geradezu Mord sei, und den Brauch zu un-
terlassen befohlen. Aber es habe damals nicht durchgeführt

---

[33] Tratziger S. 92; Koppmann a. a. O. S. 99; Abdruck der d. Transit-Ver-
kehr zw. Lüb. u. Hamb. betr. Urkunden (1838) Nr. 61.

[34] Schl.-Holst.-Lauenb. Urk.-S. 2, Nr. 255.

[35] Ebend. 2, Nr. 239.

werden können [36]. Die Worte der Chronik nöthigen nicht unbedingt dazu, einen feierlichen Machtspruch des Kaisers anzunehmen, so dass das Fehlen jedes urkundlichen Beweises kein Grund sein kann, an der Wahrheit des Erzählten zu zweifeln. Wir lernen daraus wieder eine neue Seite von Karls weitumfassender Thätigkeit kennen [37].

Der Kaiser hat Lübeck wohl schon am 30. October wieder verlassen, da er am 31. aus Wismar schreibt. Die meklenburger Fürsten werden ihm das Geleit in ihre Stadt gegeben haben. Seine Einholung daselbst erzählt ein Augenzeuge, der wismarische Rathsschreiber Hinrich von Balse [38], wie folgt: Im J. 1375, am Abend Aller Heiligen, weilte in unserer Stadt mit seiner Gemahlin und mehreren anderen Fürsten der ruhmreiche und unbesiegte Herr, Karl IV., römischer Kaiser. Ihn holten meine Herren, die Rathmänner, mit Ehrfurcht und grosser Pracht hier ein und erwiesen ihm grosse Ehrerbietung in allem, was ihm von Nöthen war, alles und jedes bezahlend und ihn gänzlich freihaltend [39], so dass er meinen Herren, wie das Gerücht verlautet, grösseren Dank sagte, als den Herren Rathmännern von Lübeck, wo er auch vorher sich aufhielt. Am anderen Tage geleiteten ihn meine vorerwähnten Herren ehrfurchtsvoll wieder weit aus der Stadt. Dadurch verdienten sie sich keine geringe Danksagung [40].

Karl ist von Wismar gerade südlich durch das Bisthum Schwerin [41] wieder auf Lenzen gezogen, wo er am 3. und 4. Nov. verweilte [42], am 6. schreibt er aus Pritzwalk in der

[36] Grautoff a. a. O. S. 358: (Dit) was recht mord, also id keiser Karolus openbare sprak to Lubeke, do he dar was, unde bad unde bod, dat se de morderie scolden vorlaten. Des doch to der tyd nicht scheen kunde.

[37] Beschränkt wird die Blutrache schon 1255: Hamb. U B. I, Nr. 592.

[38] Hanserecesse I, 2, Nr. 117, 120; Hans. Geschsbl. Jahrgang 1872, S. 160 ff; Schröder, Papist. Mecklenburg I, S. 1011. Nach Mittheilung von Dr. Crull kommt Heinrich v. Balse schon 1373 als Notar zu Wismar vor. — S. jetzt Crull, Die Chronik Heinrichs von Balsee, Stadtschreibers zu Wismar (Mekl. Jahrbb. 43,) S. 169 ff.

[39] omnia et singula quitando et penitus disbrigando (ein Stich auf Lübeck?).

[40] Schröder a. a. O. 2, S. 1482.

[41] Der Bischof Friedrich von Bülow war am 11. September gestorben. Sein Nachfolger ward erst im November oder December gewählt.

[42] Solothurner Wochenbl. 1830, S. 376; Lüb. U.B. 4, Nr. 272. Durch das

Priegnitz. Von dort wendete er sich südostwärts über Berlin, Frankfurt a./O. und Fürstenberg durch die Lausitz nach Böhmen zurück[43]. Zum Weihnachtsfest ist er schon nach Prag heimgekehrt, aber kurz darnach aufs Neue ins Reich aufgebrochen gen Nürnberg[44].

Der Aufenthalt des Kaisers in Lübeck fällt mit Waldemars Tode zusammen, welcher am 24. October zu Gurre auf Seeland, etwa eine Meile südwestlich von Elsenör, erfolgte[45]. Die Kunde kann Karl nicht mehr in Lübeck erhalten haben, denn hansische Gesandte, die am 1. November von Schonen nach Kopenhagen herüberkamen, wussten, wie ihr Bericht ausweist, noch nichts davon. Dieselben waren einen Monat früher schon einmal auf Seeland, in Gurre selbst, gewesen, dort aber wegen der schweren Erkrankung des Königs (am Podagra) nicht vorgelassen worden[46]. Karl hatte sich also in Lübeck hinreichend von Waldemars Zustande unterrichten können, um den Gedanken an eine Zusammenkunft mit ihm fallen zu lassen. Die Todesnachricht aber wird den Kaiser wohl erst in Pritzwalk ereilt haben. Von hier nämlich erlässt er am 6. November das schon erwähnte Schreiben an die dänischen Reichsstände, welches die einzige authentische Kundgebung seines Reisezwecks enthält[47].

Karl drückt den Ständen, welche er des heiligen römischen Reichs Getreue nennt, sein Bedauern mit folgenden Worten aus: Den traurigen Todesfall, durch welchen unser weiland erlauchter Bruder Waldemar, König von Dänemark, wie wir

---

letztere Sshreiben empfiehlt K. seinen Hofdiener Heinr. Kürschner, Bürger von Bamberg, zur Ausführung seiner Aufträge nach Lübeck. Derselbe empfängt im Frühjahr darauf 100 Goldgulden gegen Anweisung auf Venedig. Später wird er als Hofrichter Wenzels in Nürnberg genannt. Ebend. Nr. 287, 333.

[43] Riedel a. a. O. I, 4, S. 69; I, 19, S. 262 und I, 12, S. 421.

[44] K. ist am 22. December in Prag (Lünig, Cod. Ital. dipl. S. 1479), am 4. Januar in Karlsbad (Pelzel, Gesch. Karls d. Vierten, Urk.B. 2, Nr. 321), am 16. in Elbogen (Lüb. U.B. 4, Nr. 282). Dagegen gehören Pelzel a. a. O. Nr. 280 u. 283 ins J. 1374.

[45] Suhm, Historie af Danmark 13, S. 750.

[46] Hanserecesse I, 2, Nr. 105.

[47] Or. in zwei Ausfertigungen im Haupt-Archive zu Schwerin, mitgetheilt von Dr. Wigger. Auch in Kopenhagen: Suhm a. a. O. 14, S. 7, welcher aber fälschlich Wismar als Ausstellungsort angiebt.

aus glaubwürdigem Bericht erfahren haben, jüngst leider nach
des Höchsten Willen der Natur den schuldigen Zoll bezahlt
hat, empfinden wir mit um so tieferem Herzenskummer, als
wir und er, wie bekannt lange Zeit hindurch in brüderlichen
Liebeserweisungen aufrichtig verknüpft waren. Denn es hoffte
des Kaisers Majestät, denselben König in langdauernder Leibes-
gesundheit für unserer beiderseitigen Länder und Völker staat-
liches Wohl, Vortheil und Nutzen frohen Blickes zu sehen,
und deshalb hauptsächlich haben wir in jene unsere dem Königreich Dänemark benachbarte Gegenden jüngst unsere Schritte
gerichtet, eine Hoffnung, welche uns der erbarmungslose Tod
genommen hat auf Befehl dessen, der seine Seele mit der
ewigen Krone zu beglücken vermag.

Der Kaiser ermahnt sodann die Stände eindringlich, von
Waldemars beiden Enkeln nicht den Sohn der jüngeren Tochter, sondern Albrecht von Meklenburg, den Sohn der älteren
Tochter Ingeborg, und keinen Andern, zu ihrem und des Reiches Dänemark König wirklich anzunehmen. Denn, fährt er
fort, nicht nur um der Zuneigung willen, mit welcher wir den
weiland König Waldemar, so lange er unter den Lebenden
weilte, im Herzen gehegt haben, sondern auch nach der Schuldigkeit, welche uns als römischen Kaiser verpflichtet, auf jedes
Einzelnen Wohl zu sehen und für seine Schadloshaltung zu
sorgen, zur Wahrung des Rechts des genannten erlauchten
Albrecht, des Sohnes der älteren vorerwähnten Tochter, am
Reiche Dänemark, das ihm kraft Erbfolge gehört, wollen wir
ihm getreulich beistehen und für die Ehre, Vertheidigung und
den Nutzen gedachten Reiches ihm allen möglichen Vorschub
und Begünstigung angedeihen lassen.

Im gleichen Sinne gebietet Karl der Stadt Lübeck am
16. Jan. 1376[48], der Königin von Norwegen und ihrem Sohne
keinen Beistand zu leisten und Herzog Albrecht von Meklenburg am Königreich Dänemark nicht zu hindern. Der Kaiser
befiehlt damit nicht die Unterstützung des Letzteren, was, wie
Koppmann[49] bemerkt, den Schluss zulässt, ihm sei die Ab-
geneigtheit der Stadt gegen seinen Plan bekannt gewesen. In
der That zeigen sich die Städte der norwegischen Candidatur

[48] Lüb. U.B. 4, Nr. 282   [49] Hanserecesse I, 2, S. 120.

günstiger und überlassen nach wiederholten Verhandlungen
Margarethen und ihrem Sohne den dänischen Königsthron gegen die Bestätigung ihrer Privilegien und die Anerkennung
des Friedens von Stralsund, welchen Waldemar nie völlig ra-
tificirt hatte[50]. Die Vereinigung der Kronen von Schweden
und Dänemark in der Hand eines Fürstenhauses, welches zugleich als angesehenste Territorialmacht im Süden des balti-
schen Meeres die wendischen Städte umschloss, brachte diesen
die grössere Gefahr. Etwaigen Uebergriffen Margarethens aber
liess sich durch Unterstützung der Meklenburger in Schweden,
der Holsteiner in Schleswig[51] begegnen.

An den natürlichen Gegensätzen städtischer und fürstlicher Politik scheiterte Karls Plan, nicht minder an dem
ebenso natürlichen Widerspruche der Dänen gegen die Uebermacht eines deutschen Fürstenhauses im Norden und gegen
die Einmischung des Kaisers. Wir wissen nicht, dass Karl
weitere Schritte zu Gunsten der Meklenburger gethan habe.
Er war in der nächsten Zeit von für ihn wichtigeren Reichs-
sachen in Anspruch genommen, namentlich von der Königswahl seines Sohnes Wenzel.

So erfolglos für des Kaisers Politik aber auch der Zug
nach Lübeck gewesen war, für die Stadt blieb sein elftägiges
Hoflager daselbst ein bedeutungsvolles Ereigniss, dessen Eindruck die einheimische Ueberlieferung bis in die Neuzeit hinein bewahrt hat. Wie in Wismar, geht diese Ueberlieferung
auf den Bericht eines Augenzeugen zurück, der sich freilich
fast nur auf die Einzugsfeier beschränkt, von derselben aber
nicht eine dürre Notiz, wie der wismarische Rathsschreiber,
sondern ein anschauliches, farbenreiches Bild giebt. Der Kaiser, so heisst es, kam am Tage nach Ursulä (22. October) mit
der Kaiserin und dem Erzbischofe von Köln in grossem Glanz
nach Lübeck. Er lag dort ungefähr zehn Tage, bei ihm waren
der Markgraf von Mähren, Herzog Albrecht von Lüneburg,
der hier sein Gut empfieng[52], und viele andere Herren von

---

[50] Vgl. Lüb. U.B. Bd. 4 und Hanserecesse I, Bd. 2.

[51] Vgl. S. 298.

[52] Das Herzogthum Lüneburg, auf welches Albrecht von Sachsen-Wittenberg nach dem Aussterben des Mannsstamms der Lüneburger, als Sohn einer

Ländern und Städten, so wie unzähliges fremdes Volk. Als der Kaiser vor Lübeck ankam, giengen er und sie in die St. Gertrud-Kapelle[53] und legten dort ihr kaiserliches Gewand an. Die Procession der Welt- und Klostergeistlichkeit, Männer und Frauen, kam ihnen entgegen. Die in der Procession getragenen Reliquien küssten beide mit Innigkeit. Sie bestiegen dann je ein grosses Pferd, das des Kaisers ward von zwei Bürgermeistern, das der Kaiserin von zwei Rathmännern geführt, je vier Junker trugen die Baldachine, unter denen sie ritten. Dem Kaiser voraus ritt ein Rathmann mit den Schlüsseln der Stadt auf einer Stange und der Herzog von Lüneburg mit seiner Reichsinsignie[54], der Kaiserin der Erzbischof von Köln mit dem Reichsapfel. Zwischen dem äussern und innern Thore standen die geschmückten Frauen der Stadt. So war der Zug formirt. Man zog durch die ganze Länge der Stadt (Burg- und Breitestrasse) nach dem Dom, wo man sang: Siehe, es ist gekommen der Herrscher, der Herr, und das Reich ist in seiner Hand und die Macht und die Herrschaft; und dann: Gott, gieb dein Gericht dem Könige[55]. Darnach zogen sie die Königsstrasse entlang in ihre Herberge oberhalb des St. Johannisklosters[56]. — Da ruheten Trommeln und Pfeifen nimmer. Die Nacht war so licht wie der Tag durch aus allen Häusern gehängte Laternen[57]. Als der Kaiser damals mit den Bürgermeistern in einer Raths-

---

lüneburgischen Prinzessin, Anspruch erhob und darin von Karl IV. unterstützt ward.

[53] Die Rathskapelle vor dem Burgthor (vgl. unten S. 327—40), auf welches die Strasse von Schönberg her zuführt. S. oben S. 293.

[54] Dem Reichsschwerte, welches Albrecht in Vertretung seines Oheims Wenzel, des Kurfürsten von Sachsen, führte.

[55] So in richtiger Trennung Rufus und Korner, denn es sind zwei Gesänge, der Introitus des Epiphaniasfestes und Ps. 72, 1. Die Rathshandschr. des Detmar lässt das etc. zwischen den verkürzten Anführungen weg, so dass dort steht: Ecce advenit deus judicium tuum.

[56] An der Nordostecke der Königs- und Johannisstrasse, jetzt Wirthschaftslocal ‚zum deutschen Kaiser', wo wir 1871 und 1872 unsere hansischen Gäste begrüssten.

[57] Strassenbeleuchtung gab es natürlich noch nicht. Die nächtliche Erhellung der Strassen bei Anwesenheit einer grösseren Anzahl von Gästen war eine übliche Vorsichtsmassregel.

sitzung war, nannte er sie Herren, wie schon öfters in Lübeck und früher in Nürnberg, und als sie das demüthig ablehnten, bekräftigte er es und wies auf die Register der kaiserlichen Kanzlei hin, aus denen hervorgehe, dass Lübeck zu den fünf Städten (ausser Lübeck Rom, Venedig, Pisa und Florenz) gehöre, welchen von Kaisern und kaiserlichem Rathe der Name Herren gewährt sei und die Theilnahme an des Kaisers Rath, sobald sie sich an dem Orte, da er gehalten werde, befänden.

So erzählt Detmar[58], welcher zehn Jahre nach dem Einzuge schrieb und, da er schon 1368 als Lesemeister des lübischen Franziskanerklosters genannt wird[59], ein Zeitgenosse des Ereignisses war, von dem er berichtet. Man sollte ihn also billig für den alleinigen Urheber der chronikalischen Ueberlieferung halten. Doch gestattet dies die Vergleichung mit den nächstfolgenden Chroniken nicht[60].

Von ihnen giebt die unter dem Namen des Rufus bisher bekannte, zugleich eine Fortsetzung Detmars, den Text des Lesemeisters wörtlich wieder, mit ein paar kleinen Zusätzen und einer abweichenden Stelle. Jene erweisen sich zwar als charakteristisch, sind aber nicht so erheblich, dass aus ihnen auf eine zweite schriftliche Vorlage sich schliessen liesse.

Rufus bezeichnet das vom Herzog Albrecht empfangene Gut als Fahnenlehn, bemerkt, der Kaiser habe sein Gewand angelegt wie ein Bischof und macht den die Schlüssel vortragenden Rathmann als Hermann Lange namhaft. Bedenkt man, dass der Letztere Detmars Gönner und Auftraggeber war[61], so möchte man vermuthen, dass die Auslassung dieser Zusätze in der für den Rath gefertigten Abschrift Detmars einer blossen Fahrlässigkeit zuzuschreiben sei, zumal auch

---

[58] Grautoff a. a. O. S. 300 ff.

[59] Test. des Joh. Crispin: Item fratri Detmaro, lectori fratrum minorum, do 3 florenos Lubicenses.

[60] Zum Verständniss des Folgenden sind in der Beilage die beiden ältesten Kornerrecensionen (1. 2) für sich, und der Text des Rufus nach der frühesten Handschrift mit den zwei späteren Kornerhandschriften (3. 4) und der niedersächsischen Uebersetzung der jüngsten (5) zusammengestellt. — Ueber Rufus und Korner vgl. Hans. Geschbl. Jahrg. 1871, S. 82 ff.

[61] Grautoff a. a. O. S. 3. — Test. d. Herm. Lange 1386: Item fratri Detmaro ad sanctam Katherinam do 5 marcas Lubicenses.

sonst die Rathshandschrift allerlei nachträgliche Correcturen und Zeichen gelegentlicher Unsorgfalt enthält[62]. Möglich ist aber auch, dass die beiden ersten Zusätze subjectiver Art sind, der Name des Rathmanns aus mündlicher Ueberlieferung stammt.

Auch die abweichende Lesart wird auf ähnlichen Ursprung zurückzuführen sein. Sie findet sich von alter Hand in Detmars Rathshandschrift hineingetragen, und umgekehrt ist im Text des Rufus das entscheidende Wort (jummer) uncorrigirt geblieben. Während nämlich Detmar ursprünglich erzählt, von dem Augenblicke an, da der Kaiser sich in die Herberge begeben habe, hätte man immer Pfeifen oder Trommeln gehört, besagt die andere Lesart, nimmer hätte man Pfeifen oder Trommeln, sondern nur Gottesdienst gehört. Zu dem ganzen Verlauf der Darstellung passt das Erstere besser. Der Erzähler geleitet den Kaiser auf seinem Einzuge bis in die ihm bestimmte Wohnung. Dann schliesst er so ab: Von da an hörte die Musik und Lustbarkeit (vgl. Korner 2 an dieser Stelle) nicht auf, die Nacht ward zum Tage, der Kaiser erwies der Stadt die höchsten Ehren. Die andere Lesart liesse sich doch nur darauf beziehen, dass Karl, in seine Herberge eingekehrt, einen stillen Gottesdienst gehalten habe, eine beiläufige Bemerkung über die bekannte Frömmigkeit des Kaisers, wie sie schon Detmar in seinem ursprünglichen Manuscripte beigefügt oder einer der geistlichen Abschreiber hineincorrigirt haben kann.

Während also Rufus dem Detmar gleichlautend ist, muss Korner, bei naher Berührung mit Detmar, für die vier Redactionen seiner Chronica novella einen anderen Vorgänger ausser Detmar benutzt haben. Das beweisen am schlagendsten die genaueren Angaben, welche er über des Kaisers Begleitung macht. Seine Quelle wird eine officielle Aufzeichnung gewesen sein, etwa eines Rathsschreibers, wie die Notiz von Wismar[63]. Sie wird in der äusseren Form ungefähr den beiden ersten Relationen Korners gleichgekommen sein, doch hat Korner sie

---

[62] Vgl. S. 303 Anm. 55.

[63] Solche finden sich über ähnliche Besuche erlauchter Gäste in Lübeck aus den Jahren 1462 u. 1478, abgedruckt in Michelsen, Archiv 3. S. 315 ff.

vielleicht schon in getrübter Fassung benutzt. Auch Detmar kann sie nicht unbekannt geblieben sein, da er ja im Auftrage des Rathes schrieb. Nimmt man an, dass Beide, Korner und Detmar, aus ihr schöpften, so erklärt sich die Annäherung auch der beiden ersten Kornerrelationen an Detmar. Dieser liess von den Personalien nach Willkür aus, fügte dagegen der Beschreibung aus eigenem Gedächtniss bei. Detmars ganzen Text hat dann wieder Korner nach seiner compilirenden Art in die dritte und vierte Recension seiner Chronik verarbeitet.

Dass die Vorlage lateinisch war, scheint das von Detmar falsch angegebene Einzugsdatum zu beweisen, 22. statt 20. October. Wenigstens weiss ich mir den Irrthum nicht anders zu erklären, als aus einem Lesefehler. Die Abkürzung für pridie ward vertauscht mit der für postridie und so aus dem Vorabend des Tages der elftausend Jungfrauen der Tag nach demselben.

Korner schreibt mit gewohnter Flüchtigkeit in 1, 2 (und 5): in die, macht also aus dem 22. den 21. October. In 3 und 4 aber, wo er Detmar benutzt, heisst es: sequenti die, also auch 22. October[64]. Eine gleiche Ungenauigkeit herrscht bei ihm in der Angabe des Jahrs. In 1 und 2 wird der Einzug 1374 untergebracht, in den übrigen Ausgaben 1376. Doch ist es nicht unmöglich, dass die Versetzung in das Jahr 1374 schon s mündlicher Ueberlieferung stammt. In diesem Jahre verh Karl, wie erwähnt, an Lübeck die hohe Justiz[65]. Das musste er nach Volksmeinung natürlich bei seiner Anwesenheit in Lübeck persönlich gethan haben, und so würde es sehr gut zu einander passen, dass gerade die zwei ersten Recensionen Korners, welche den Kaiser aus Dankbarkeit für die Aufnahme die Stadt mit grossen Privilegien beschenken lassen, die Angelegenheit in das Jahr 1374 setzen.

Korner ist hier, wie an so vielen Stellen seiner Chronik, der Vermittler der einheimischen Sage. Wie der Priester der bremer Diöcese den andauernden Streit der holsteiner Grafen mit Hamburg durch einen Schiedsspruch Karls in Lübeck

---

[64] Spätere Chronisten machen wieder aus dem Severustag (22. Oct.) einen Severinstag (23. Oct.).
[65] Vgl. S. 290 Anm. 4.

schlichten lässt, so hat nach volksthümlicher Anschauung Karl
auf einmal der Stadt Lübeck ihre sämmtlichen Privilegien ertheilt, sie zur ersten Reichsstadt gemacht und ihrem Rath
die Rechte des Ritter- und Herrenstandes gewährt.

Dass Karl die Aeusserung über den Titel Herren, der den
Rathmännern gebühre, wirklich gethan hat, kann nicht bezweifelt werden. Sie stimmt ganz zu den Anschauungen der
Zeit[66]. Wie er zufällig dazu kam, erzählt Detmar am glaub-
würdigsten. In der Aufzeichnung des Rathsschreibers aber
mag die ehrenvolle Erklärung mit dem Dank des Kaisers in
Verbindung gesetzt worden sein, wie in Wismar. Korner, welcher in 3, 4 und 5 beide Darstellungen zusammenschmolz,
machte sich die Sache zurecht und liess den Kaiser mit Detmars Worten seinen Dank gleich nach der ersten Einkehr in
die Herberge aussprechen.

Was Korner über die in der Stadt gehaltenen Festlichkeiten und Turniere mittheilt, bedarf keiner weiteren Beglaubigung. Schon Detmar deutet es an[67], und wie sollte man
sich eine so glänzende Fürstenversammlung überall ohne die
üblichen Lustbarkeiten denken? Dass auch Patricier am Turnier Theil nahmen, steht nach der Ehrenstellung, welche Karl
den Rathsbürtigen anwies[68], für mich ausser Frage[69].

Die Fürsten, welche Korner in Karls Begleitung aufführt,
werden, so weit sie nicht bei Detmar sich finden, als Zeugen
in den kaiserlichen Urkunden genannt. Nur vier hat Korner
allein: Herzog Albrecht von Meklenburg, Markgraf Wilhelm
von Meissen, Graf Nicolaus von Holstein und Graf Günther
von Ruppin. Für die Anwesenheit auch dieser zeugen ihre
persönlichen Beziehungen zur Reise des Kaisers, welcher z. B.
durch die Grafschaft Ruppin hin- und zurückzog. Wie sollte
Korner auch dazu gekommen sein, den Namen eines Grafen

---

[66] Vgl. Hans. Geschbl. Jahrg. 1871, S. 109 (oben S. 179) u. Lüb. U.B. 3,
S. 633.

[67] Vgl. S. 305.

[68] Vgl S. 296 Anm. 26 das Privilegium, welches Karl gerade in Lübeck
den Herren von Tisenhusen gab, einem mit den rathsbürtigen Familien vielfach verschwägerten Adelsgeschlechte, welches in und um Lübeck begütert
war und zur Zirkelgesellschaft gehörte.

[69] Anders Wehrmann: Hans. Geschbl. Jahrg 1872, S. 122, 124.

von Ruppin oder Markgrafen von Meissen einzuschwärzen, besonders da er sich über die ganze Reise des Kaisers ebenso wenig unterrichtet zeigt [70], wie Detmar?

Auch die Familie, in deren Hause der Kaiser Aufnahme fand, nennt Korner zuerst, die von Darsow (Dartzow, Dassow). Gerhard Darsow, der Besitzer, war Mitglied des Raths. Die Identität des Hauses steht durch die Oberstadtbücher fest. Spätere Chronisten verfehlen nicht, den jeweiligen anderen Hausbesitzer ihrer Erzählung einzufügen. Die ältere Ueberlieferung nennt nur das Haus, in dem der Kaiser wohnte. Erst im 16. Jahrhundert wird erzählt, dass die Kaiserin in dem gegenüberliegenden Hause an der Nordwestecke der Johannis- und Königsstrasse Quartier gefunden habe, und dass beide Häuser durch einen bedeckten Gang oberhalb der Strasse verbunden worden seien [71]. Eine derartige Ueberbrückung, vielleicht von den vorspringenden Erkern der Häuser aus, war bei der verhältnissmässig geringen Breite der Strasse damals nichts Ungewöhnliches. Der Zustand der Strassen machte einen Verbindungsweg nöthig, welcher, wenn er sauber bleiben sollte, nicht zu ebener Erde sein konnte. Auch kann es nicht auffallen, dass der frühere officielle Bericht dergleichen Nebendinge nicht erwähnt.

Die beiden betreffenden Häuser zählen noch jetzt zu den geräumigsten älteren Gebäuden. Sie sind Eckhäuser, haben zwei Giebel, was gelegentlich im Oberstadtbuch als auszeichnend für ein vornehmes Haus angeführt wird. Die Hintergiebel des der Kaiserin angewiesenen Hauses gehören zu den ältesten der Stadt. Dieses Haus besass 1375 der Rathmann Gottfried Travelmann, welcher es als Mitgift mit seiner Frau Hildegund, Tochter des Rathmanns Wenemar von Essen, Wittwe des Rathmanns Arnold Pleskow, erhalten hatte.

Einen Namen hat Korner falsch überliefert, vielleicht

---

[70] Auch Korner versetzt die Belagerung von Erfurt in das J. 1376. Vgl. S. 293 Anm. 15.

[71] Alb. Krantz, Saxonia X, 1: Imperator in hospitium magnifice apparatum deducitur, in acie ejus vici, quo descenditur ex transverso ad monasterium sancti Johannis, factoque transitu sublimi supra plateam in domum oppositam excepere quam poterant magnifice imperatoriam majestatem.

weil er ihn nach seiner Vermuthung hineinsetzte, den Namen des ältesten Bürgermeisters Jacob Pleskow. Dieser stand um dieselbe Zeit an der Spitze der früher erwähnten hansischen Gesandtschaft und verweilte bis in den November in Dänemark[72]. Den richtigen Namen giebt der Chronist Rehbein: Johann Perseval, denn dieser und Pleskow werden vorzugsweise in jenen Jahren als die geschäftsführenden Bürgermeister genannt.

Schon Korner erwähnt der (begreiflicher Weise) grossen Kosten, welche der Stadt aus des Kaisers Bewirthung erwachsen seien[73]. Detmar erzählt zum Jahr 1376, dass der Rath um des Bedürfnisses und Nutzens der Stadt willen den Schoss habe erhöhen müssen. Dass dies Bedürfniss im October des Jahrs 1375 bedeutend vermehrt sei, liegt auf der Hand, und so ist es wohl gerechtfertigt, wenn die späteren Chronisten die aus der beabsichtigten Auflage erwachsene erste Spannung zwischen Rath und Gemeine mit des Kaisers Besuch in Verbindung setzen, zumal dieser doch vorzüglich den Patriciern Glanz und Ehre eingetragen hatte.

Hiemit können wir die Uebersicht der beglaubigten Nachrichten von Karls Besuch abschliessen. Neues fügen die folgenden Chroniken nicht hinzu. Nur bei Alb. Krantz findet sich noch die Notiz, dass Herzog Albrecht von Sachsen an seines Vaters (soll heissen: seines Onkels, des Kurfürsten) Statt dem Kaiser das Schwert vorgetragen habe.

Dagegen tritt später die volksthümliche Darstellung immer mehr in den Vordergrund, ohne dass jedoch die Ansätze der Sage, die sich schon bei Korner finden, weitere Schösslinge treiben. Nur eine neue Sage überliefert Reckemann. Er erzählt:

Do de keyser 10 dage hadde to Lubeck gewesen, toch he van dar to deme Molendoer ut, welk doer de raet dem keyser ton eren leet tomuren. Averst de rechte orsake was, dat se redelike orsake hadden den dam unde dat doer ein ander wegen to leggen umme der papen willen vam dome.

[72] Vgl. S. 300 Anm. 46.

[73] Korner 2: beneficiis — sibi per cives impensis; 3 u. 4: in magnis (gravibus) civitatis expensis. Vgl. übrigens die wismarische Notiz S. 299.

De wolden den olden molendam vor enen vorbidden unde dar-
umme ok den tollen hebben; derhalven de raet vele unlust
mit den papen rede gehat hadde: also quemen se eme vor.

Dass wir hier eine Sage haben, ergiebt schon der Umstand, dass auch sonst Erzählungen von vermauerten Ausgän-
gen, durch die ein werther Gast fortgezogen ist, existiren.
Von zugemauerten Thoren kenne ich freilich nur eine Erzählung aus Oppeln, wo das Nicolaithor hinter der Leiche des
Herzogs Nicolaus geschlossen sein soll. Die factischen Verhältnisse liegen aber so, dass 1375 ein altes Mühlenthor weder
zu Karls Ehren noch den Pfaffen zum Trotz geschlossen sein
kann.

Karl zunächst zog nicht südwärts aus dem Mühlenthor,
sondern aus demselben Nordthor, durch das er gekommen war,
dem Burgthor. Denn sein Zug gieng nach Wismar, wohin er
aus dem Mühlenthor nur auf meilenweitem Umwege über Ratzeburg hätte gelangen können. Das Thor aber, welches südwärts aus der Stadt führte, also das alte Mühlenthor, hat am
alten Mühlendamm neben dem Dome so lange gelegen, als
nur dieser eine Damm über die Waknitz existirte. Seit der
zweite, der neue Mühlendamm, vollendet war — und das geschah schon 1231 — ist die Mühlenstrasse Thorstrasse geworden,
die naturgemäss über den neuen Damm zum jetzigen Mühlenthor führte. Der alte Mühlendamm hörte auf Verkehrsstrasse
zu sein, der Rath wird sofort, schon um des Conflicts mit dem
Capitel willen, dafür gesorgt haben, dass hier nur sorglich
überwachte Ausgangspförtchen blieben. Von einem rechtlichen
Anspruch des Capitels auf den Damm kann vollends nicht die
Rede sein, denn die Mühlen, einst kaiserlich, gehörten längst
der Stadt; und der Rath reservirte sich die Hoheit über die
öffentlichen Verkehrsstrassen, wenn auch das Areal hier bi-
schöflich war, schon deshalb, weil die Stellung des Bischofs
zur Stadt oft eine feindliche wurde. Natürlich ist das nicht
ohne vielfachen Competenzstreit abgegangen, und von solchem
Streit giebt die Sage einen Nachklang, vielleicht darin historisch, dass das Capitel allerlei Beschwerden bei Karl erhob.

Der von der Localsage als zugemauertes Thor bezeich-
nete Ort liegt jetzt als Casematte in der früheren Wallbastion,

der sogenannten Kaiserbastion. Bevor die Wallanlagen im
Süden der Stadt entstanden, muss hier, auch nachdem der
alte Mühlendamm aufgehört hatte Verkehrsweg zu sein, zum
Schutz des Stadteingangs ein Thorzwinger gelegen haben, der
Kaiserthurm. Vielleicht hat der Name die Entstehung der Sage
veranlasst. Wie lebendig aber diese blieb, geht daraus hervor, dass ein Chronicant des ausgehenden 17. Jahrhunderts,
Detlev Dreyer, der Mittheilung von Reckemanns Worten zur
Beglaubigung beifügt, man könne am jetzigen innern Mühlenthor (dem erst in unserem Jahrhundert abgebrochenen sogenannten Bienenkorbe am Ende des Dammes) noch das kaiserliche Handzeichen sehen.

Auch an anderen localen Zeugnissen des kaiserlichen Be-
suches fehlte es nicht. Der Einzug war auf dem langen Hause
oben im Rathsgebäude abgebildet, wie Kirchring und Möller
1678 noch angeben[74]. Das Bild des Kaisers aber bewahrte
man in dem Hause, das er bewohnt hatte, von wo es neuerdings in die Alterthumssammlung der Gemeinnützigen Gesellschaft übergegangen ist.

Es stellt den Kaiser in einem grossen Thronsessel sitzend
dar, zu jeder Seite je ein altes Fenster mit in Blei gefassten
Scheiben. Vor der Rücklehne befindet sich ein dunkler Tep-
pich, an den Seitenrändern mit abwechselnd schwarzen rothen
gelben, wie gedrehten, Schnüren eingefasst. Der Kaiser trägt
ein aus Blassgrau ins Bräunliche spielendes, mit Verzierungen
durchwirktes Gewand, darüber einen gelben, ähnlich durch-
wirkten, inwendig rothen, mit Perlen und Edelsteinen am Saum
besetzten Mantel, der unten pelzverbrämt ist, an den Füssen
gelbe Schuhe. Oben wird der Mantel durch eine Agraffe zusammengehalten. Oberhalb der Brust schaut unter dem Mantel
eine doppelte Kette hervor, über die Brust laufen gekreuzte
Bänder zum Gürtel. Er hat langes Haar, langen Schnurrbart
und auf beide Seiten der Agraffe vertheilten Vollbart. Er trägt
eine goldene edelsteinbesetzte Krone mit Bügeln, statt des
Scepters ein langes Schwert mit goldenem Griff, auf dem linken
Knie hält er den Reichsapfel.

---

[74] Compendium hist. Lubecensis S. 39.

Die Unterschrift lautet:

Anno Dni. 1376 ipso die Severi Dn. (halb ausgelöscht) Carolus quartus imperator invictissimus decem diebus hac in domo hospitatus est.

Das Bild ist auf Leinwand gemalt und stammt frühestens aus dem Ende des 17. Jahrhunderts. Möglicherweise ist es dasselbe, welches Conrad von Höveln 1666 anführt[75], obwohl die Unterschrift, von ihm deutsch angegeben, etwas abweicht. Jedenfalls aber bezeugt die alterthümliche Haltung desselben, welche der Darstellung Karls auf seinen Siegeln nachgebildet ist und den geistlichen Charakter eines Kaiserbildes, z. B. in den gekreuzten Bändern, bewahrt[76], dass wir an ihm die Copie eines älteren gewiss in demselben Hause befindlich gewesenen Gemäldes besitzen.

Die Neuzeit hat bis jetzt nichts gethan, um Karls Andenken in der Erinnerung der rasch lebenden und rasch vergessenden jüngeren Generation Lübecks festzuhalten. Und doch verdient Karl IV., wie man auch über seinen persönlichen Charakter urtheilen mag, vor anderen Kaisern des 14. Jahrhunderts, nicht vergessen zu werden. Denn er vertritt im ausgehenden Mittelalter mit aller Zähigkeit den Gedanken einer Wiedererrichtung kaiserlicher Macht auf dem Grunde der Territorialgewalt, für Lübeck aber kennzeichnet sein Besuch die Zeit des höchsten Glanzes der Stadt.

---

[75] Der Stadt Lübeck Glaub- und Besähewürdige Herrligkeit S. 32.

[76] Vgl. Rufus: also en byschop.

Beilage.

Korners Nachrichten über Karls IV. Anwesenheit in Lübeck.

1. Die ältestesten Korner-Handschriften.

1. Ausgabe von 1416.

(Cod. Guelferb. fol. 180 b. sq.)

Karolus imperator cum imperatrice venerunt Lubeke in die 11000 virginum. In cujus quoque comitiva erant archiepiscopus Coloniensis, dux Saxonie, dux Magnopolensis, marchio Brandeburgensis et plures alii barones et milites, nobilesque matrone et virgines. Hii omnes honorifice et sollempniter fuerunt recepti. Antiquiores namque proconsules civitatis Lubicensis pedestres duxerunt equos imperatoris et imperatricis, in manibus frena tenentes. Meliores et diciores juvenes et mercatores civitatis, vestibus omnino similibus ad hoc factis induti, equestres obviam dominis processerunt. Mulieres quoque et virgines, festivalibus vestimentis amicte, in introitu portarum stantes, letibus (!) vultibus principes receperunt, totusque clerus, vexillis et crucibus obviantes, cum benedictionibus dulcedinis adventantes dominos excipientes conduxerunt. Imperator ergo, tanti honoris non immemor nec ingratus beneficiis in hac urbe Lubicensi perceptis, proconsules et consules ejus honoris vocabulo nominans dominosque appellans pluribus vicibus, ipsos et civitatem eisdem privilegiis dotavit et decoravit, quibus sollempniores imperii civitates, puta Roma, Venecie, Pisa et Florencia, do-

2. Ausgabe von 1420.

(Cod. Gedan. fol. 187 b.)

Karolus imperator cum imperatrice venit Lubeke in die 11000 virginum. In cujus comitiva erant archiepiscopus Coloniensis Fredericus et dux Saxonie, dux Magnopolensis Albertus et Otto marchio Brandenburgensis ac plures alii barones et milites.

Omnes hii honorifice sunt recepti a civibus, antiquioribus proconsulibus frena equorum imperatoris et imperatricis tenentibus et in civitatem introducentibus.

Fuit autem magna solempnitas peracta in predicta civitate propter dominorum presenciam in exercitacionibus militariis (!) tam per nobiles et milites quam per domicellos civitatis.

Imperator autem, non ingratus beneficiis variis sibi per cives et civissas impensis, predictam civitatem libertatibus et privilegiis solempnibus decoravit, concedens generose consulatui jura militaria ac recipiens in consulatu predicto existentes et omnes eorum successores in consiliarios suos et familiares imperii. Instituitque dictam civitatem esse et fore ca-

1. Ausgabe von 1416.
(*Cod. Guelferb. fol.* 180 *b sq.*)

tate existunt, cum hoc eciam eorum antiqua privilegia et libertates in omnibus roborans et confirmans.

Detmar (Rufus).

II. Die späteren Korner-Korner.

3. Ausgabe von 1423.

(*Cod. Hafn. A fol.* 81 *d sq.*)

In deme jare 1375 in deme negesten daghe der elvendusent meghede do quam de keyser Karolus to Lubeke myt der keyserynnen unde myt deme byschope van Kolne myt groter ere. He lach dar bynnen wol teyn daghe.

Ok weren by em aldar

de markgreve vau Mereren, hertoghe Albrecht van Luneborch, de syn gud van deme keyser in vanleen untfynk.

Ok quemen dar vele heren van landen unde van steden unde vromdes volkes sunder tal.

Do de keyser myt syner vrowen quam vor de stad, do ghink he mit er in de cappellen sunte Ghertrudis, do toch he an myt er syn keyserlike wede also en byschop. Em quam enjeghen de processio der papen unde gheistliker lude, vrouwen unde man. Dat hilghedom, dat me droch in der processien, dat kussede he unde se myt groter ynnicheit.

(*Cod. Linkop. fol.* 270.)

Hoc eodem anno sequenti die 11000 virginum Karolus imperator venit Lubeke cum uxore sua et receptus est a civibus cum maximo honore et solempnitate.

In ipsius comitiva extiterunt hii principes, puta Fredericus Coloniensis archiepiscopus, Albertus dux Magnopolensis, Albertus dux Luneburgensis, qui protunc ab imperatore infeodatus est in ducatum Luneburgensem,

marchiones Moravie, comites Holtsacie et Otto marchio Brandenburgensis pluresque alii barones, milites et nobiles.

Mansit autem dictus imperator in urbe per 10 dies in magnis civitatis expensis.   Cumque urbem ingredi deberet, primo capellam sancte Ghertrudis intrans una cum consorte sua iuibi se induerunt imperialibus indumentis et decorabant se fastu regio. Quibus adornatis impositi sunt caballis magnis et ducti sunt sub papilionibus alternatim in civitatem.

2. Ausgabe von 1420.

(Cod. Gedan. fol. 187 *b.)*

pud (!) omnium civitatum ad sacrum Romanum imperium perti-
nencium.

Handschriften und Detmar.

Korner.

4. Ausgabe von 1435.

(Cod. Lub. 2, *fol.* 164 *b* (165 *b*) *sq.* =
Cod. Luneb. ap. Eccard p. 1124 *sq.*)

Karolus imperator sequenti die
11000 virginum venit in urbem
Lubicensem cum uxore sua et
multis principibus et receptus est
a clero et civibus in gloria et
solempnitate maxima secundum
cronicam Lubicensem.

In ipsius autem comitiva extiterunt hii principes: Fredericus
archiepiscopus Coloniensis, Albertus dux Magnopolensis, Albertus
Luneburgensis, qui tunc infeodatus est ab imperatore de du-
catu Luneburgensi, Otto marchio
Brandeburgensis, Wilhelmus marchio Misnensis, Jodocus marchio
Moravie, Henricus et Nicolaus
comites Holtzatorum, Guntherus
comes de Rupin et plures alii
barones, milites et militares.

Mansit autem dictus imperator
per 10 dies in Lubeke in gravibus expensis urbis prediete.
Cumque civitatem ingredi deberet, primo cappellam beate Gertrudis intrans una cum consorte
sua imperatrice ibidem se induerunt imperialibus ornamentis,
fastu regio se decorantes. Quibus
dispositis ad ingressum urbis ascen-
derunt equos magnos et fortes et

5. Ausgabe von 1438.

(Cod. Hanov. fol. 187 *b sq.*)

Dessen sulven jares in der hilgen
elven dusent meghede daghe do
quam keyser Karolus to Lubeke
mit siner vrowen unde velen vorsten unde wart dar entfangen
mit groter ere unde werdicheit
van der gantzen papheit unde
den leyen, beide vrowen unde man.

In desses keysers schare weren
desse vorsten: De ertzebisschop
van Kolne Frederik, hertich Albrecht van Mykelenborg, hertich
Albrecht van Luneborg, deme
do de keyser vorleende dat her-
tichdom to Luneborg, markgreve
Otto van Brandenborg, markgreve Wilhelm van Mysen, markgreve Just van Merreren, de
greven Hinrik unde Clawes van
Holsten, greve Gunther van Rupin unde vele banrosse, riddere
unde eddele lude.

Desse keyser lach 10 dage to
Lubeke unde dat koste der stad
untellik gud. Do de keyser in
de stad wolde riden, do ghink
he ersten mit siner vrowen in
sunte Ghertrudes cappellen vor
deme borchdore beleghen unde
makeden sik dar ynne to na keyserlike gewathe staed unde syringe.
Do se toghemaket weren, do seten
se beyde wedder up ere rosse,

Detmar (Rufus.)

Korner.

3. Ausgabe von 1423.

Dar mede setteden se sik malk
uppe ere ros.

Syn ros ledden twe borghermei-
stere

Frenum quidem   imperatoris duo burgimagistri manibus
tenebant, ex utroque latere equi
gradientes,   et frenum imperatricis duo consules.

unde ere twe radlude,
veer junegheren droghen syn paulun unde andere veere ere,

Quatuor vero domicelli papilionem cujuslibet deferebant,

dar se under reden.

    Vor em reth en ratman, her
Hermen Langhe,
unde vorede up eme stakene de
slotele der staddoren,

                sub cujus
umbra quilibet incedebat.

    Porro ante imperatorem unus
equitabat consul urbis,
deferens claves civitatis in pertica pendentes in signum subjectionis imperialis majestatis. Post
quem immediate ibat Albertus
dux   Luneburgensis,

dar neghest de hertoghe van Luneborch myt syme tekene.

        et illum sequebatur Otto
marchio Brandenburgensis, sceptrum regium in manibus gerens,
deinde imperator.

    Vor der keyserynnen reth de
bischop van Colne
myt deme ghuldene appele.

Ante imperatricem vero Frideri-
cus archiepiscopus   incedebat
cum pomo aureo, quem immediate ipsa comitabatur.

Korner.

4. Ausgabe von 1435.

introducti sunt in urbem alternatim sub papilionibus.

Frenum autem caballi imperatoris duo burgimagistri manibus tenebant, ex utroque latere equi gradientes pedestres, ambulatorem vero imperatricis freno regebant duo consulares; et quatuor domicelli civitatis papilionem cujuslibet deferebant — quilibet tam de consularibus quam de domicellis vel auro aut argento insignitus copiose secundum status et condicionis sue exigenciam — sub cujus umbra incedentes urbem sunt ingressi.

Porro ante imperatorem unus equo insidebat consul civitatis predicte, deferens claves ejusdem civitatis in pertica in signum subjectionis imperialis majestatis. Post quem immediate ibat Albertus dux Saxonie et de Luneburg, ensem imperialem deferens, et post illum Otto marchio de Brandeburg, sceptrum regium in manibus gerens. Post hos imperator immediate processit.

Ante imperatricem vero Fredericus archiepiscopus Coloniensis incedebat cum pomo aureo, quem ipsa immediate sequebatur. Ceteri vero principes et nobiles imperatricem immediate sequebantur quilibet secundum gradum et nobilitatem suam.

5. Ausgabe von 1438.

unde do reden se to der stad in under telten kostliken ghetziret, de men vorede boven eren hoveden.

Twe borghermeister ghingen uppe beyden siden des keysers in erem herliken ghewate unde heelden des rosses tom in erer hant, overst der keyserinnen telder regereden so ok twe raatmanne, unde veer juncheren van der stad, de ere kostliken gesmutte (?), droghen des heren paulun ofte telte unde veer der konyughinnen, unde beide de ract unde ok de junchere hadden sik kostliken mit golde unde sulvere to der stad ere ghemaket.

Vor deme keysere reth eyn ratman unde vorede der stad slotele unde zeghele vor eme to enem teken des horsames unde underdanicheit des (!) keyserliken wolt. Dar negest to hant reth hertich Albrecht van Sassen unde vorede dat swert des keysers also des rikes marschalk, dar bi reth markgreve Otto van Brandenborg des rikes kemerer unde vorede dat schepptrum. Na dessen vorsten volgede de keyser to hant.

Dar negest voer der keyserynnen reet de ertzebiscop Frederik van Kolne unde vorede an siner hant den ghuldene appel, unde to hant volgede eme de keyserinne. Na der keyserynnen volgeden de anderen vorsten unde greven eyn yslik na synem grade [unde] stades unde eddels.

Detmar (Rufus.)

De vrouwen der stad stunden tuschen beyden doren,

wol ghetziret myt eren besten clederen.
Aldus was de processio forme re.

Alsus treckeden se langhest de stad an dem doem.

Dar sank me: Ecce advenit etc.

Deus, judicium tuum regi da.

Do al desse hoveringhe was geschen, to treckeden se langhest de konynkstraten boven sunte Johannisstraten[a] an ere herberghe vore bereet. Dar weren se ro-

Korner.

3. Ausgabe von 1423.

Ingredientibus igitur eis ad primam urbis valvam stabant ex utraque parte vie regie mulieres et virgines meliores tocius civitatis, ornate culcioribus indumentis, ad recipiendum imperatorem et suam uxorem.

Processio quoque solempnis cleri tocius et religiosorum cum reliquiis et cruce dominica imperatorie obviam venit majestati et jocundum ejus adventum reverenter excepit. Qua recepcione facta et cruce ab imperatore et imperatrice deosculata processio cleri precessit et totam urbem pertransiens cum sequola regii exercitus in majorem ecclesiam usque pervenit. Ubi omnes existentes (!) clerus solempniter cecinit: Ecce advenit dominator etc.

et Deus, judicium etc.

Quo cantico expleto imperator cum suis plateam regiam transiens ad hospicium sibi preparatum perrexit, quod erat in cornu platee beati Johannis.

---

[a] *Hafn. und die übrigen Rufushdschr.*: Jostesstraten.

Korner.

4. Ausgabe von 1435.

Ingredientibus ergo eis primam urbis valvam stabant ex utraque parte vie regie mulieres pociores tocius civitatis et virgines, ornate culcioribus indumentis, ad recipiendum imperatorem et suam uxorem preparate.

Processio insuper solempnis tocius cleri et religiosorum cum reliquiis et cruce dominica imperatorie obviam venit majestati et jocundum ejus adventum reverenter excepit. Qua recepcione facta et cruce ab imperatore et ejus consorte deosculata processio cleri precessit et totam urbem pertransiens cum sequela regii exercitus in majorem ecclesiam usque pervenit. Ubi omnes existentes clerus solempniter cecinit: Ecce advenit dominator dominus, et regnum in manu ejus et potestas et imperium; et versum: Deus judicium tuum regi da etc.

Quo cantico expleto imperator cum suis plateam regiam transiens ad hospicium sibi paratum perrexit, quod erat in cornu platee beati Johannis, ubi postea morabantur domicelli Darsowen dicti.

5. Ausgabe von 1438.

Do de keyser do in dat erste dor reth, do stunden to beyden syden des weges de oppersten vrouwen der stad ghetziret mit eren voderden klederen uppe dat kostellikeste mit smide.

Dar quam do vor dat ander dor deme keyser under ogen biscop Bertram mit der processien der gantzen papheit unde de gheistliken lude, unde de biscop brochte dat cruce Christi vor den keyser. Do de hoghe vorste dat ghekusset hadde mit groter ynnicheit unde ok sin vrowe, do ghink de processio vor her der papheit dorch de stad wente in den dom, unde des keysers erbare schar volghede der processien na. Do de keyser an den dom quam, do hof an de papheit den erbaren lovesank: Ecce advenit dominator dominus, et regnum in manu ejus et potestas et imperium, dat ludet so an deme dudeschen: Sich, uns is gekommen de herschopper unde de here, unde dat rike is an siner hant unde de walt unde dat ghebode. Den sank singhet de kerke in der misse der hilghen drier koninghe van deme hemmelschen keysere Christo.

Do de sank ute was, do ret de keyser de koningkstraten entlank wente vor der Darsouwen hus, dat de ord was uppe sunte Johannis straten, dar sin herberge do bereit was. Do weren

Detmar (Rufus).

wich, me horde dar wol godes-
denst, nummer[b] pipen edder bunghen. Des nachtes weren de luchten bernende uth allen husen,
unde was so licht in der nacht
also in deme daghe.

De keyser vorbenomet was do
sulves myt den borghermesteren
der stad an eme rade,
dar heet he se heren.
Se spreken van othmodicheit, se
ne weren nene heren. Aldus hadde
he se vaken heten in der stad to
Lubeke unde in vorjaren to No-
renberghe.
Do sprak de keyser: Gy synt
heren. De olden registra der
keysere wysen uth, dat Lubeke
is en der viff stede, den van
keiseren[c] unde erme rade is de
name der herschop gegeven (, dat
se mogen gan in des kaisers raat,
wor se sin dar de keiser is)[d].

Dat is
Rome, Venedye, Pisa, Florencie,
unde Lubeke is de vifte.

Korner.

3. Ausgabe von 1423.

Nox autem quelibet pro tempore
sue mansionis in civitate in
diem vertebatur pre multitudine lucernarum de qualibet domo
urbis pendencium. Stanti-
bus igitur proconsulibus et consulibus civitatis in presencia imperatoris dixit Karolus: Grates sint vobis dominis
urbis istius de solempni et honorabili nostri et nostre consortis recepcione.
Cui burgimagister humiliter
respondens ait: Serenissime princeps, nolite nos nuncupare dominos, sed vestre majestatis immeritos servitores et famulos.
Cui imperator: Registra antiqua imperatorum continent urbem
hanc unam esse de quinque civitatibus principalioribus imperii
et concilium civitatis vestre fore
de consilio imperatoris, valens
exire et intrare dictum imperiale
consilium ubique et semper absque licencia, prout ceteri jurati
consiliarii ejusdem facere consueverunt. Merito igitur domini
dicendi estis et nuncupandi ex
hujusmodi privilegio de singulari
favore per regiam (!) majestatem
vobis indulto.
Civitates autem predicte 5 sunt
Roma, Venecia, Florencia, Pysa
et Lubica, id est Lubicensis urbs.

---

b *Dieselben:* jummer. *Lüb. Handschr. des Detmar:* Dar weren (ze) rowich,
nummer (hord me) pipen edder bunghen (, mer godesdenest). *Das Eingeklam-
merte ist von alter Hand übergeschrieben, das Letzte an den Rand gesetzt. Hamb.
Detm. hat dies falsch eingesetzt und verlesen:* Dar weren se rowich in er godes-

Korner.

4. Ausgabe von 1435.

Nox autem quelibet pro tempore mansionis imperatoris in urbe predicta in diem clarum vertebatur pre multitudine ˬlucernarum de qualibet domo civitatis dependencium. Stantibus ergo proconsulibus et consularibus urbis supradicte in presencia imperatoris, dixit Karolus: Grates sint vobis dominis urbis nostre de solempni nostri et nostre consortis recepcione.

Cui senior burgimagister, Jacobus Plescowe dictus, humiliter respondit: Serenissime princeps, nolite nos nuncupare dominos, sed vestre majestatis immeritos servitores et famulos.

Cui respondit rex (!): Registra antiqua imperatorum continent urbem hanc unam esse de quinque civitatibus principalioribus imperii et consulares urbis vestre esse de juratis et consiliaribus imperatoris, exire et intrare valentes ipsius consilium ubique et semper absque licencia petita, prout ceteri jurati ejusdem facere consueverunt. Merito ergo domini dicendi estis ex hujusmodi privilegio de singulari favore ab imperiali majestati vobis indulto. Civitates autem predicte sunt Roma, Venecia, Florencia, Pysa, Lubica.

5. Ausgabe von 1438.

uthe allen huses (!) der stad, de wile de keyser to Lubeke was, des nachtes luchten ghehenget, unde van der luchten schyne wart de nacht so licht unde clar, eft id mestich dach were. Also do de raet van der stad stunt vor deme keysere in syner herberghe, do sprak Karolus: Dank hebben de heren unser stad van Lubeke umme de erbaren entfanginge unser unde alle der unsen. Do antworde de oldeste borgermeister, Jacob Plescowe ghenomet, unde sede: Erwerdige forste, nomet uns nicht heren, sunder juwer keyserliken walt knechte unde dener.

Do sprak de keyser: De olden leydeboke spreken unde crouiken, dat Lubeke is eyn van den uppersten steden des rikes, unde dat juwes ratmannes sint van deme sworen rade des keysers unde mogen in unde uth gan to allen tiden, wur des rikes raet vorsammelt is, also don de anderen sworen des rikes rades. Dar umme sint gi bildichliken heren ghenomet van des sundergen gnadenrikes privilegies wegen, dar juwe stad dat rike mede beghiftet heft.

Desse vorroreden vif stede sint Rome, Venedie, Florencie, Pise unde Lubeke.

denst, nummer horde men p. eder b. *Die Melle'sche Handschrift liest:* het an ere godesdenste, *übrigens gleich.*

c *So Lub. Detm.* — *Alle Rufushdschr.:* de van deme keysere.

d *Fehlt in allen Rufushdschr.*

Korner.

3. Ausgabe von 1423.

Fuit insuper in dicta civitate Lubicensi protunc magna solempnitas peracta propter principum presenciam in exerciciis militaribus et choreis tam per nobiles et militares quam per domicellos civitatis, et deducti sunt dies illi in leticia magna et jocunditate.

Korner.

4. Ausgabe von 1435.	5. Ausgabe von 1438.
Fuit autem in predicta civitate Lubicensi protunc magna solempnitas peracta propter principum presenciam in exerciciis militaribus tam per nobiles et militares quam per domicellos urbis, et deducti sunt dies illi in leticia magna et jocunditate mirabili.	Uppe desse sulven tiid was to Lubeke grot haveringe in torneyende unde spelen unde steken unde danszende unde anderer ovinghe des hoves, unde de 10 dage worden togebrocht in groter vroude unde lust der werlde.

VIII.

Die Reliquien der Rathskapelle zu St. Gertrud in Lübeck.

(1873.)

Die folgenden beiden Episoden bilden eigentlich einen Beitrag zu Lübecks kirchlichen Zuständen im vierzehnten Jahrhundert. Sie sind aber nach verschiedenen Seiten hin mit hansischen Erlebnissen und allgemeinen Ereignissen verknüpft und
dürften darum nicht ungeeignet sein, als ein Stück Culturge-
schichte in diesen Blättern Platz zu finden, zumal in ihnen der
Charakter des patriarchalischen Familienlebens einer hansischen
Stadt so recht unbefangen sich abspiegelt. Wie der hansische
Rathmann seine und der Bürger Handelsinteressen neben den
Aufträgen der Stadt und des Bundes wahrnahm [1], so benutzte
der Rath von Lübeck seine weitgreifenden Verbindungen, um
auch sein und der Stadt Seelenheil vorkommenden Falles zu
besorgen. Dass sie dabei in den werkheiligen Ansichten ihrer
Zeit befangen sind, werden wir ihnen nicht zu hoch anrechnen
dürfen: hielt doch damals der gelehrt-gebildete Karl IV. förmliche Rundreisen, um Reliquien gegen Verleihung kaiserlicher
Gnaden sich schenken zu lassen oder auch eigenhändig zu nehmen [2]. Freilich wird uns Ort und Gelegenheit von selbst dazu
bringen, mit ganz entgegengesetzten Zeiterscheinungen eine Pa-
rallele zu ziehen.

Im Spätsommer des Jahres 1375 ging eine schon seit zwei
Jahren beredete hansische Gesandtschaft nach Flandern. Der
Wiederausbruch des Krieges zwischen Frankreich und England,
der wachsende französische Einfluss in Flandern, dessen Erb-
gräfin sich mit dem Königssohn Philipp, dem ersten Herzog
des neuburgundischen Hauses, wieder vermählt hatte, verlangte
Abhülfe mancherlei ,ghebrekes dat deme copmanne in den jeghen anligghende was' [3]. Wie viel die Gesandten zu Brügge

[1] Hans. Geschichtsblätter Jahrg. 1871, S. 145 (oben S. 220).

[2] Pelzel, Gesch. Karls IV. S. 369 ff. u. a.

[3] Hanserecesse I, 2, S. 102.

in dieser Beziehung ausgerichtet haben, wird uns nicht überliefert [4]. Schon im nächsten Jahre klagt der deutsche Kaufmann über neue Kränkung hansischer Freiheiten [5], und in den sich mehrenden Wirren mit Flandern ist unter Andern der eine der Abgeordneten von 1375, Herr Simon Swerting, Bürgermeister von Lübeck und während seiner 25jährigen Rathssässigkeit (1363—88) vielfach zu auswärtigen Geschäften gebraucht, 12 Jahre später nochmals dahin gesandt worden [6].

Mit dem lübischen Bürgermeister gieng der Bürgermeister Hartwig Beteke von Elbing als Bevollmächtigter der preussischen Städte und ihres Hochmeisters Winrich von Kniprode. Sie hatten Auftrag, auf Verlangen auch nach London hinüberzufahren, um den Klagen des dortigen Kaufmanns über eine Kriegssteuer, mit der man sie belastet hatte, und andere Beinträchtigungen ihrer Freiheiten abzuhelfen. Ueber die Erledigung dieses Commissoriums sind wir in manchen Einzelheiten unterrichtet, die am besten mit dem Wortlaut der gewechselten Briefe mitgetheilt werden. Sie liefern ein anschauliches Bild von der Gemüthlichkeit des damaligen Verkehrs. Die Kaufleute von London schreiben nach Brügge:

„Lieben Freunde. Wollt wissen, dass wir euren Brief wohl verstanden haben, dass euch nämlich die gemeinen Städte, welche zu Lübeck auf S. Johanns des Täufers Tag, der letzthin war, versammelt waren, ausgesandt haben wegen der Gebrechen des gemeinen Kaufmanns in Flandern; und auch, wie ihr uns geschrieben habt, dass euch die gemeinen Städte auch beauftragt (belastet) haben, falls der Kaufmann von Deutschland, der nach England handelt (dey Enghelant hantiren), euer begehrte, auf des Kaufmanns Kosten herüberzukommen umme dat ghebrek, dat dey kopman van Almanien in Enghelant in vortiiden den ghemeinen steden bi haren breiven ghescreven unde gheclaghet hebben. Hir op es dey kopman des beraden, unde bidden unde begeren, dat gi wellen hir over komen op des kopmans kost van Almanien de Enghelant hantiren, unde danken den ghemeinen steden, dat sey an unse ghebrek ghedaght hebben. Vort welt weten, dat dey coningh van Enghe-

---

[4] Ebend. I, 2, S. 112.   [5] Ebend. I, 2, S. 129.
[6] Ebend. I, 2, Nr. 342.

lant unde sin raet nicht hir vorgaderen en sollen umme der
sterfte willen, dat en si 14 daghe na sunte Michaele (sich
um der Pest willen nicht vor 14 T. nach M. versammeln werden). Moghe gi bin disser vorghescrevenen tiit jue sake so
sateghen (genugthun, vollenden) in Vlanderen, dat gi op dey
tiit hir over komen moghten, des were dey kopman begerende.
Wante wert sake dat (denn falls) gi op dese vorgescrevene
tiit hir nicht en quemen noch komen en moghten, so dat des
koninghes raet ghescheden were, so en solde de raet nicht weder vorgaderen, dat en were 14 daghe na kerstmisse (Weih-
nacht), wante wii ons des dughten, dat ghene (keine) sake
gheenden en kunnen, dat en si dat des koninghes raet ghe-
menlike (insgesammt) vorgadert si. Hir umme so bidde wii
ju, dat gi uns mit dem eirsten willen weder scriven, op wat
tiit dat gi hir over komen moghen, dat wii uns dar enkeghen
vorsein moghen. Vort welt weten, dat deme copman gud unde
nutte dughte, wert sake dat gi ghene breive en hedden van
credencien sprekende an unsen heren den koningh unde an sinen
raet, dat gi dan daer juen guden raet op hedden, dat ju dey
worden, wante wii meinen, dat uns dey grotelich in steden
(zu Statten) solden stan. Och so dunket uns gud sin, er gi
over komen, dat gi laten werven van deme koninghe en save
condut (sauf-conduit) vri tho komende ende tho varende sunder letten (Hinderniss). Vort so dughte uns gud wesen, umme
des willen dat gi de sprake van desen lande nicht en kunnen,
noch ok neiman van uns, dey de sake vor des koninghes rade
so wol vortrekken (verhandeln) en kunde, alse es wol noet were:
dar umme bidde wii ende begeren, dat gi ju wellen dar vorsein umme enen wisen taleman (Sprachmann, Dolmetscher), dey
wol fransos kunne spreken, alle sake to vortrekende, alst (wie
es) noet es. Unde ist dat ghiis begherende siit, so wellen unse
ghesellen, de to Brughe sint, ju wol hir tho helpen. Lebt wohl,
es erhalte euch der, dessen Amt das Erhalten ist. Geschrieben zu London am 24. August durch den Aldermann und die
andern Kaufleute der deutschen Hanse, die zu London sind'[7].

Im Originalbriefe steht freilich: geschrieben am 24. April.
Da aber die Gesandtschaft erst am 24. Juni 1375 in Lübeck

<hr>

[7] Lüb. U B. 4. Nr. 251; Hanserecesse I, 2, Nr. 100.

beschlossen ward, da die beiden Rathmänner sich um diese Zeit dort befanden, und Simon Swerting noch den 17. Juli daheim war, desgleichen der folgende Brief auf das Schreiben der Kaufleute Bezug nimmt, so bleibt wohl nichts anderes übrig, als mit Koppmann ‚August' zu verbessern [8].

Die beiden Bürgermeister antworten am 5. September:

‚Unsern freundlichen Gruss zuvor. Wetet, leven vrunde, dat wy juwen bref wol vornomen hebben, dar gy uns inne screven hebben also: dat wy to ju over komen willen na dat gy begherende sint, unde sunderlinge gherne segen, kunde wyt (wir es) vort bringen, dat wy 14 daghe na sinte Michels dach over quemen, dar wy gherne use macht to don willen, unde hopent, oft God wel, wol vort te bringen op de vorscrevene tyt, oft uns anders neyne notsaken weddervaren, wan wy noch weten (als die noch vorliegenden). Hir umme so bidde wy ju, dat gy uns werven save condut van deme edelen mogenden koninge van Engelant, also gys gheramet (ihr es angesetzt) hebben, dat uns dat jo werde to Brucge binnen den achte dagen na Michaelis edder er. Ok so hebbe wy sproken met den ghesellen, de Engelant hantiren unde de nu to Brucge sin, alse dat wy na erem rade willen vorsien wesen van eynen wisen taleman, de wol fransoys konne spreken, alle saken to vortreckene, also uns des not is. Ok so wetet, dat wy gude credencie met uns ghebracht hebben an den koning van Engelant sprekende, alse von den ghemeynen steden unde van deme meister van Prussen, unde hebben ok wedder screven to Lubeke um eyne credencie an de stat van Londen van der ghemeynen stede wegen; unde kan uns de to mate komen (noch treffen), so bringe wy de mede. Unde ok so beghere wy, dat gy uns vorseyn um eyne gude herberge unde des uns not darinne is, up unse ghemak darin to hebbene met unser selscap unde met unsen perden, wente wy loven (glauben) wol by 12 perde, de uns tohoren, mede over to bringene. God si met ju. Screven under unsen ingesegele op den middeweken vor unser vrowen dach nativitatis by uns Symon Zwerting unde Hartwig Beteken [9].

---

[8] Lüb. U.B. 4, Nr. 259; Hanserecesse I, 2, S. 99, 112.

[9] Lüb. U.B. 4, Nr. 265; Hanserecesse I, 2, Nr. 101.

Der Geleitsbrief ward nach dem noch im Tower vorhandenen Zeugnisse am 24. September auf ein halbes Jahr ausgestellt[10], so dass die hansischen Rathsboten zur festgesetzten Zeit in London eingetroffen sein werden. Vom Erfolg ihrer Sendung zeugt die abermalige Bestätigung der hansischen Privilegien, welche am 23. November ausgefertigt ward. Am 7. December sind die Herren noch in London, am 18. und 21. December in Brügge, so dass sie schon vor Ablauf des Monats nach Lübeck heimgekehrt sein können[11], falls sie nicht Geschäft oder die Gastfreundschaft der Deutschen noch am Kaufhofe zurückhielt. Die Letzteren antworten ihnen am 14. Mai des nächsten Jahres auf ein Schreiben, in dem jene von Lübeck aus über den fortgesetzten Stand der Verhandlungen berichtet haben, mit aller Erkenntlichkeit. ‚Des wy ju nicht to vullen bedanken moghen van dissen punten unde ok van anderen hir vore, dat uns leyt is, wy en hedden ju vrentliker unde gudliker ghehandelt, wan wy dan hebben'[12].

Noch grösseren Dank erntete der Bürgermeister Simon Swerting aber in Lübeck, denn er hatte seine diplomatische Sendung zugleich benutzt, um im Auftrage des Raths der Stadt ein vielbeneidetes Heilthum mit den daran geknüpften geistlichen Segnungen zu erwerben.

Der Rath besass nämlich seit einigen Jahren auf einem Aussenkirchhofe unmittelbar am Burgthor eine der heiligen Gertrud, der Herbergerin der elenden Gäste (Fremden) und Pilgrimme, und dem Märtyrer Thomas Becket, Erzbischof von Canterbury (ermordet 1170), geweihete Kapelle, welche sammt dem Kirchhofe mit einem um eben die Zeit hinter dem Heiligengeistspital in der grossen Gröpelgrube errichteten Gasthause, einer Fremdenherberge, in Verbindung zu setzen ist. Das Letztere hat bis in die neuere Zeit bestanden, von der Kapelle zeugt nur noch der jetzige Gertrudenkirchhof, auch Armensünderkirchhof genannt, weil man dort unter Andern die Missethäter zu begraben pflegte. Die Kapelle, in unsern Chroniken rühmend erwähnt als Kaiserkapelle, seit Karl IV. nach

[10] Lüb. U.B. 4, Nr. 268. [11] Vgl. weiter unten.
[12] Lüb. U.B. 4, Nr. 297; Hanserecesse I, 2, Nr. 118. Vgl. Koppmann ebend. 2, S. 112.

Anlegung des kaiserlichen Ornats mit seiner Gemahlin von dort
aus den feierlichen Einzug in die Stadt hielt, ward 1534 von
einem bilderstürmerischen Haufen unter Anführung eines gewissen Hans Rullingshausen zerstört, später aber wieder zum
Gottesdienst eingerichtet. Bis 1622 ward dieser vom Prediger der Burgkirche alle Dienstage gehalten, dann aber die Kapelle abgebrochen und der Kirchhof weiter hinaus an seine
jetzige Stelle verlegt. Das Fundament des Gebäudes ist vor
der Veränderung der äussersten Festungswerke des Burgthors
am Anfang des vorigen Jahrhunderts noch sichtbar gewesen.

Die Anlage des Aussenkirchhofes hängt mit dem schwarzen Tode von 1350 zusammen und ist nicht minder ein Aus-
fluss der Liebeswerkthätigkeit als eine gesundheitspolizeiliche
Massregel. Zu Kiel wird damals ein solcher eingerichtet mit
einer Kapelle, die dem Fabian und Sebastian, dem Bekenner
Antonius und der Jungfrau Gertrud geweiht wird, und als Grund
angegeben, dass man die Todten, zumal in dieser Pestzeit,
nicht schicklich auf den städtischen Gottesackern begraben
könne [13]. So vermacht denn auch in Lübeck 1350 am 17. August
Thideke Bodenwerder 12 ß für den Fall, dass es zur Errichtung eines Gertrudenkirchhofs komme [14]. Das Gertrudengast-
haus wird 1362 genannt. 1371 vermacht Hermann van Sode
an den h. Thomas vor dem Burgthor 5 ℔, ,unde dar to hebbe
ik maken laten Herman Wenchusen sunte Thomases bilde und
sunte Katharinen bilde; de bilde scolen myne vormundere (Testamentsvollstrecker) losen (bezahlen) und scolen de sunte Tho-
mase offeren in myner selen heyl'.

Als einer Rathsstiftung wird der Kapelle aber erst 1373
gedacht, in welchem Jahre der Bischof Bertram einen Vertrag
genehmigte, den der Rath über Erbauung einer Kapelle auf
dem Armenkirchhofe vor dem Nordstadtthor innerhalb der Pa-
rochialgrenzen der Jacobikirche, über Errichtung eines Altars
daselbst zu Ehren der Heiligen Thomas von Canterbury und
Gertrud, über Dotirung der Vicarie und das dem Rath zu

---

[13] Westphalen, Monumenta inedita 4, S. 3283 f. — In Hamburg wurde
ebenfalls 1350 ein Gertrudenkirchhof zu demselben Zwecke angelegt: s. Koppmann, in Ztschr. f. Hamb. Gesch. 6, S. 244—54.

[14] Lüb. U.B. 2, S. 900.

reservirende Patronat mit den hier die geistlichen Rechte aus-
übenden Decan und Capitel geschlossen hatte[15]. Der Rath
suchte nun sofort für seinen Altar den nach dem Glauben des
Mittelalters nöthigen unmittelbaren Zusammenhang mit dem
betreffenden Heiligen zu gewinnen und bediente sich dabei der
erwünschten persönlichen Verwendung.

Was die hansischen Boten nach Hause brachten, lesen wir
in den noch vorhandenen, mit kunstvoll gravirten Siegeln der
Aussteller geschmückten Beglaubigungs- und Indulgenzbriefen
der hohen englischen Prälaten, des Bischofs Johann von Here-
ford, am 6. December, der Bischöfe Thomas von Durham und
Johann von Lincoln, am 7. December zu London datirt, des
Erzbischofs Simon von Canterbury, gegeben zu Brügge am
18. December, und des Erzbischofs Pileus von Ravenna, päpstlichen Legaten für Frankreich und England, ebendaselbst am
21. December 1375[16]. Auf demüthige und unterthänige Bitte
der ehrwürdigen Herren Simon Swerting und Hartwig Beteke —
heisst es in diesen Schreiben — der Sendeboten des edlen
geistlichen Bruders, des Ordensmeisters Hinrich (so setzt der
Schreiber für den ihm unbekannten Vornamen Winrich) Kniprode, und der Rathmänner der wendischen Städte und der
Städte Preussens, Livlands und von der Südersee, habe der
erlauchte Fürst Edward, König von England und Frankreich,
in Anbetracht des hohen Adels und der hervorragenden Ver-
dienste der Herren Absender und in Erwägung der lobwerthen
Rechtschaffenheit und des umsichtigen Eifers der Gesandten
selber ihnen einige ehrwürdige Reliquien überlassen, nämlich
ein Knochentheilchen vom h. Märtyrer Thomas, von unschätz-
barer Kraft und Tugend, ein Stück des Kleides, das der Heilige unmittelbar am Leibe getragen habe, da er als Märtyrer
litt, und ein durch Berührung seiner Hand ergrüntes Kraut,
als er mitten im Winter (am 29. December) für die Kirche
Gottes den Schwertern der Gottlosen mildiglich erlegen sei.
Die Echtheit der Reliquien wird bescheinigt und für alle Christ-
gläubigen, welche den Bau oder die Erhaltung der Kapelle zu

---

[15] Ebend. 4, Nr. 198.   [16] Ebend. 4, Nr. 275 ff.

Ehren des Heiligen fördern werden, der herkömmliche Ablass von 40 Tagen bewilligt [17].

Sollten die Herren im Besitze so kostbarer Gaben und Documente ihre Heimreise nicht beschleunigt haben? Der Todestag und die Gedächtnissfeier des Märtyrers, der ihnen schon als Stadtbuchstermin bekannte 29. December, nahete heran. Jedenfalls aber wird es im Laufe der nächsten Monate dem Orte, wo Kaiser Karl und seine Gemahlin durch inniges Küssen der Heiligthümer dem Volke erst vor Kurzem ein erlauchtes Beispiel der Frömmigkeit gegeben hatten [18], an Zulauf aus der Stadt nicht gefehlt haben. In einem undatirten Schreiben dankt der Rath insbesondere für die übersandten Reliquien, welche mit geziemender Ehrfurcht feierlich entgegengenommen seien [19]. Wenn wir etwa Zweifel hegen wollten an der Gläubigkeit der Briefsteller, so müsste uns der Ton des Briefes vom Gegentheil überzeugen. Mit der grössten Unbefangenheit gehen sie unmittelbar nach dem obigen Dank auf Geschäftliches über, die Beantwortung der Beschwerden eines Engländers Richard Tutesham über Gewaltthätigkeiten, von Lübeckern und Friesen aus Kampen verübt.

Und doch wehte damals über England schon der Hauch freierer religiöser Anschauung. Ein Jahrzehent später dichtete Geoffrey Chaucer seine Canterbury-Erzählungen, welche ihren Namen davon führen, dass der Dichter, mit andern Pilgern im Heroldsrock zu Southwark auf der Wallfahrt zum heiligen Thomas zusammengetroffen, jeden eine Geschichte erzählen lässt. Was er von Reliquien hält, und welch ein Handel mit dem Ablass getrieben wurde, steht in der Erzählung des Ablasskrämers zu lesen, von dem es in der Einleitung heisst:

> Aus eines alten Bettbezuges Reste
> Macht' er den Schleier, den Maria trug.
> Ein Stück auch zeigt' er von dem Segeltuch,
> Womit St. Petrus auf dem Meere ging,
> Bis Christus ihn in seinem Arm empfing.

---

[17] So auch in dem oben erwähnten Fall der Stiftung der Kapelle zu Kiel. Vgl. S. 332.

[18] Grautoff, Lüb. Chroniken I, S. 300.

[19] Lüb. U.B. 4, Nr. 281.

Er hatt' ein Kreuz von Tomback voll von Steinen,
In einem Glase Knochen auch von Schweinen[20].

Mag man mit hohen Herrschaften anfangs eine Ausnahme gemacht und ihnen echte Reliquien überlassen haben — wie denn,
als Heinrich VIII. den Schrein des heiligen Thomas 1538 zer-
schlagen liess, die Gebeine offenbar unvollständig waren[21] —,
seit seiner Canonisation (1173) waren bereits 200 Jahre verflossen, und die häufige Nachfrage wird um der Schonung des
heiligen Leibes willen einen frommen Betrug geboten haben.

Unsere Hanseaten aber werden achtlos an Chaucer vorübergegangen sein, der seit dem 8. Juni 1374 Oberzollaufseher
im Hafen von London war[22]. Auch den Vorkämpfer religiöser Freiheit, John Wiclif, können sie zu Brügge gesehen haben,
wo er den 1374 zugleich über den Frieden mit Frankreich und
über die Beschwerden des Parlaments gegen die Kirche von
päpstlichen Legaten eröffneten Conferenzen als königlicher Commissar beiwohnte[23]. Von der Fortdauer dieser Conferenzen
am Ende des Jahres 1375 zeugt die Anwesenheit des Erzbischofs Simon von Canterbury und des Legaten im December
zu Brügge[24], auch Wiclif scheint nicht vor 1376 nach England zurückgekehrt zu sein[25].

In Lübeck aber verharrte man beim alten Glauben: der
Rath sah sich 20 Jahre später nach noch wunderlicheren Heil-
thümern um, auf welche Chaucers Verse in vollem Maasse angewandt werden können. Nichts Geringeres verschrieb er für
seine Kapelle als ein halbes der unschuldigen Kindlein, die
Herodes hatte morden lassen. Der Leichnam ward auf der
Insel Murano zu Venedig erworben, wo ein Stapelplatz für
solche heilige vom Orient importirte Waare gewesen sein mag.
Für die gläubige Verehrung desselben am Kreuzerfindungstage

<hr>

[20] Chaucer's Canterbury-Geschichten übers. v. Hertzberg, Vers 696 ff.

[21] Stanley, hist. Memorials of Canterbury, von Prof. R. Pauli mir freundlich mitgetheilt.

[22] Canterbury-Gesch. von Hertzberg S. 29.

[23] Pauli, Gesch. von England 4, S. 486.

[24] Vgl. oben S. 333.

[25] We have no evidence that W. left Bruges at an earlier period. Vau-
ghan, Life of Wycliffe 1, S. 345.

(3. Mai) und während der Octave des Festes, nebst entsprechenden Geldopfern an die Kapelle, ward vom Papst ein völliger Schuld- und Busserlass bestimmt nach dem Muster der grossen Indulgenz, welche weiland Papst Alexander III. für seine Aufnahme in Venedig der Marcuskirche zum Himmelfahrtsfeste gewährt hatte [26]. Die Mittelsmänner und Theilhaber der geistlichen Segnung waren diesesmal die privilegirten Ablasskrämer, die Dominikaner zur Burg. Unsere Franziskanerchronik berichtet darüber zum J. 1394:

In deme sulven jare in den feste des hilgen cruces vor Michaelis (14. September) do hadden de predikerbroder to der borch en scone capittel, dar gode ere schach an missen unde an predicat. Ok hadde dar de provincial, mester Diderik Colle, gebracht anderhalf kint van Meran to Venedien van den hilgen kinderen, de Herodes leth doden. Dit hillichdom vorwarf de sulve provincial mit des raades breven van Lubeke van deme hertogen van Venedie, de mit siner bullen sende dat deme raade van Lubeke. Dit entfengen de vorbenomeden brodere mit hochtliker (festlicher) procession: dat hele kint quam tor borch, dat halve to sunte Gertrude vor der stad [27].

Diese Nachricht bestätigen, erweitern und verbessern drei noch vorhandene Schreiben, mit den entsprechenden Bleibullen beglaubigt [28]. In dem ersten vom 26. November 1395, welches auf die unter gleichem Datum erfolgte (nicht mehr vorhandene) eigentliche Indulgenzverleihung Bezug nimmt, ermächtigt Papst Gregor IX. die Beichtiger unter den Dominikanern zur Ertheilung der Absolution an alle, welche, die gedachte Indulgenz am Kreuzerfindungstage und innerhalb dessen Octave nachsuchend, ihre Sünden bekennen. In dem zweiten vom 4. Februar 1396 benachrichtigt der Doge von Venedig, Antonio Venieri, den Rath auf dessen durch den Dominikanerprovincial von Sachsen, den Professor der Theologie Diedrich, vorgebrachtes Ersuchen über die geschichtliche Veranlassung der seinem Vorgänger, dem Dogen Sebastian Ziani, von Papst Alexander III. ertheilten Ehren und Gnaden, namentlich der

---

[26] Weshalb die Indulgenz auf Kreuzerfindung verlegt ward, ist nicht ersichtlich.

[27] Grautoff a. a. O. 1, S. 364.   [28] Lüb. U.B. 4, Nr. 633 ff.

erwähnten grossen Indulgenz für San Marco. Mit dem dritten Schreiben vom 1. März 1396 übersendet derselbe die gemalte Darstellung der Geschichte, durch welche genannte Indulgenz in der Dogenkapelle zu S. Marco (in capella nostra beati Marci) erworben ward, bezeichnet als Ueberbringer des Gemäldes den Predigermönch Johann von Cöln, da Diedrich die Vollendung desselben nicht habe abwarten können, und berichtet, dass der Maler bezahlt sei.

Diese Schreiben nöthigen uns zunächst, die Feier, von welcher der Chronist spricht, in das Jahr 1396 und vom Fest der Kreuzerhöhung (14. September) auf den Tag der Kreuzerfindung (3. Mai) zu versetzen [29], zu welcher Zeit der Provincial gerade in Lübeck eingetroffen sein wird. Dann aber liefern sie uns einen Beitrag zum üppigen Fortwuchern mittelalterlicher Legende, wie wir ihn uns nicht besser hätten wünschen können.

Es ist bekannt, wie Rom mit allen Künsten die Obermacht der Kirche über die höchste weltliche Gewalt zu stützen suchte. Als Kaiser Lothar von Papst Anaklet das Eigengut der Gräfin Mathilde zu Lehen genommen hatte, machte man daraus eine Belehnung mit der Kaiserkrone und besang sie in lateinischen Hexametern, welche unter ein entsprechendes Bild im Lateran gesetzt wurden. Solches Gemälde und Unterschrift missfielen dem Kaiser Friedrich Rothbart, sagt sein Geschichtschreiber [30], und er liess sich vom Papst Hadrian geloben, dass Beides fortgeschafft werden solle, damit nicht ein so erlogenes Ding (vana res) den höchsten Männern des Erdkreises zu Zank und Zwist Stoff bieten könne. Aber gerade an Friedrichs Person sollte sich die Lüge weiterspinnen. Seine Aussöhnung mit Alexander III. zu Venedig musste die Gelegenheit bieten. Ein dichter Wald von Sagen ist hier aufgesprossen, der seine Schösslinge in Chroniken, Gedicht und Bild bis in die Neuzeit Italiens hinein getrieben hat. Der Papst, vor Friedrich aus Venedig flüchtig, verbirgt sich, wird durch ein Mirakel aufgefunden, die Venetianer siegen über des Kai-

---

[29] S. Koppmann in Hans. Geschbl. 1872, S. 157 Anm. 5.

[30] Gesta Friderici imperatoris 3, Kap. 10: Ottonis episcopi Frisingensis opera ex recensione Rogeri Wilmans 2, S. 175; M. G. SS. 20, S. 421 ff.

sers Flotte am Himmelfahrtstage, erhalten dafür die erwähnte
Indulgenz, der Kaiser kommt demüthig in die Lagunenstadt,
der Papst setzt ihm den Fuss auf den Nacken, begnadigt ihn,
und im Triumph führt der Doge den Statthalter Gottes auf
seinen Sitz nach Rom zurück, wo er mit hohen fürstlichen
Ehren, vor allem mit dem Geschenk des Ringes zur jährlichen
Vermählung mit dem adriatischen Meere begnadet wird. Es
mag genügen, darauf zu verweisen, dass die letztgenannte Sitte
älter ist; das Uebrige lässt sich durch gleichzeitige Zeugnisse
leicht widerlegen. Der Papst war im März und April 17 Tage
in Venedig, verliess es zum Zweck der Unterhandlungen in
Ferrara, kehrte am 11. Mai 1177 nach Venedig zurück, während die gefälschte Indulgenzbulle vom 10. Mai aus Venedig
datirt ist, u. s. w. Im Laufe der Zeit lebten die Darstellungen von des Kaisers Demüthigung durch den Papst zu Rom
im Lateran, zu Siena, Alexanders Geburtsstätte, und vornehmlich zu Venedig wieder auf, und die lateinischen Verse liessen
auch nicht auf sich warten.

Indem der Doge Venieri dem andächtigen Rath von Lübeck diese Geschichten mittheilt, lässt er die, übrigens in italienischen Chronisten mehrfach überlieferten, Verse in seinen
Brief einfliessen, deren Holperigkeit die nachfolgende Ver-
deutschung veranschaulichen mag:

Im eintausend einhundert und sieben und siebzigsten Jahre
    Ward von glänzender Gunst Gaben Venedig erhellt.
Denn die Gnade verlieh der Kirche des heiligen Marcus
    Alexander der Papst — dritter des Namens er war —:
Wer dorthin am Tage der Himmelfahrt des Erlösers
    Sich reumüthig genaht, wahrer Bekenner der Schuld,
Während des ganzen Verlaufs von einer Vesper zur andern [31],
    Reingewaschen von Schuld sei er, die Busse getilgt.
Wiederum, bereut er im ganzen Bereich der Octave,
    Wird für ein Siebtel der Schuld gleiche Erlösung gewährt.
Viele Gnaden zudem und viele Regalien gab er
    Noch dem Herzog und schmückt reichlich mit Ehren sein Haupt [32].

---

[31] D. h. vom Vorabend des Himmelfahrtstages bis zum Abend desselben.
[32] Wörtlich: mit Sach- und Dienstverleihungen (rebus et officiis).

Denn als Flüchtling versteckt ward er in Venedig erkundet,
Ging dem Könige Roms völlig versöhnt aus der Stadt.

Der Rath hat sich aber ‚das Gemälde von der Geschichte'
ausgebeten, denn geschenkt wird der Doge es nicht haben,
da er schreibt, dass dem Maler die schuldige Bezahlung geleistet sei (pro qua fecimus solutionem debitam pictori). Schade,
dass es nicht erhalten ist; es wäre jedenfalls ein sehenswerthe-
res Culturstück, als die Gegenstände, deren Zerstörung zu
St. Gertrud bei der oben erwähnten Katastrophe von 1534
Fritz Grawert, der katholische Rathsverwandte, beklagt: Wor
de luchten, de boldeke (Decken) und lichte gebleven synt, dat
mogen de hovetlude weten, de kerkenbrekers, dat se God mote
wedder bedröwen, de so mennigen mynschen so ser bedröwet
hebben [33].
   Ob es die Auffindung des Papstes, die Demüthigung des
Kaisers oder die Seeschlacht dargestellt habe, lässt sich ohne
urkundliche Nachforschung in Venedig nicht sagen. Die ältesten bildlichen Darstellungen nicht minder als die werthvol-
leren Ausschmückungen des Dogenpalastes von Giovanni Bel-
lini, Tizian u. A. sind zerstört, der später gemalte, noch heute
sichtbare, reiche Cyklus, der auf des Papstes und Kaisers Verweilen in Venedig Bezug nimmt und in dem Setzen des Fus-
ses auf des Kaisers Nacken gipfelt, lässt keine Vergleichung
zu. — Oder sollen wir das Original in der Kapelle zu San
Marco suchen?
   Ein humoristischer Zug, wie dergleichen so oft die Gegensätze in der Geschichte bieten, liegt darin, dass der Rath von
Lübeck bei seiner zunehmenden gebietenden Magnificenz offenbar ein Vergnügen darin gefunden hat, mit dem Dogen der
Republik Venedig ein so seltenes Stück gemein zu haben, und
dass er dazu arglos eine Episode der Verherrlichung des Papstes auf Kosten des Kaisers wählte, desselben Papstes Alexander, welcher der Rathskapelle in Folge seiner Canonisirung
von 1173 auch zu den Reliquien des h. Thomas verholfen hatte.
Ueber den Letzteren scheint jedoch mit der Zeit die Ver-

---

[33] v. Melle's (handschriftliche) ausführliche Beschreibung von Lübeck S. 451.

ehrung der unschuldigen Kindlein das Uebergewicht bekommen zu haben, denn in einem Ablassbriefe des päpstlichen Nuntius Raimundus von 1503 für die Gertrudenkapelle, welcher zugleich den Fortschritt der Werkheiligkeit kennzeichnet, werden 100 Tage Erlass gewährt für andere fromme Handlungen und für Alle, welche an Fest- und Sonntagen vor den Reliquien der unschuldigen Kindlein und denen einiger anderer Heiligen, die an verschiedenen Bildern und Plätzen genannter Kapelle aufgestellt sind, mit innigem Herzenserguss beten.

IX.

Aus dem

Memorial oder Geheim-Buche
des
Lübecker Krämers Hinrich Dunkelgud.

(1866.)

Vor wenigen Wochen kamen in dem Hause des Herrn J. Franck, am frühern Koberg, jetzigen Kauf- oder Kuhberg belegen, bei der Neueinrichtung der Vorderzimmer im ersten Stock, alte Wandmalereien zu Tage, welche, wie zerstört sie auch waren, so dass, leider, die Hoffnung auf Erhaltung derselben von vorn herein aufgegeben werden musste, doch einen unmittelbaren Einblick in Patrizierzimmer vergangener Jahrhunderte gewährten, um so erwünschter, als in Privathäusern Derartiges uns höchst selten, selbst aus viel späterer Zeit, aufbewahrt ist. Es war nichts Geringeres, was dem 22 Fuss langen, $14\frac{1}{2}$ Fuss breiten und $12\frac{1}{2}$ Fuss hohen Gemache zur Verzierung gedient hatte, als eine fortlaufende Darstellung der heiligen Geschichte, auf die Kalkwand selber und, wo diese durch Holzstender unterbrochen war, auf einen dünnen Kalküberzug gemalt. Die Arbeit war die eines tüchtigen Malermeisters, die Gruppirung und die Motive der Wandmalereien aber wiesen auf gute Vorbilder der Kunst hin. Rechts am Fenster hat die Composition begonnen; da hier aber jetzt eine, wie die Beschaffenheit des Pfostens noch zu beweisen scheint, später durchgebrochene Thür sich befindet, so hat sich vom ersten Bilde (wahrscheinlich der Verkündigung) nichts erhalten. Es folgten die Anbetung der Hirten, die Anbetung der Könige, die Taufe Christi, dann an derselben Wand die alte Thür. Auf der Rückwand sah man nichts mehr, dagegen auf der linken Zimmerwand noch Spuren von Farben und Buchstaben, so dass dort ohne Frage ähnliche Abbildungen aus der Lebensgeschichte des Herrn gewesen sind. Unter den Bildern standen drei- oder vierzeilige Unterschriften, niedersächsisch, ob gereimt oder Prosa, war nicht zu entziffern; doch ist das Letztere eher der Fall gewesen, da mit dem Namen ‚Matth.‘ eine Bibelstelle angeführt zu sein schien. Die Höhe der Bilder bis

zur Decke beträgt $3^1/_2$ Fuss, die verbleibenden 9 Fuss sind
offenbar mit Holz bekleidet gewesen, desgleichen die Decke
von Holz und entsprechend verziert.   Wir erhalten so ein Ge-
mach im Kleinen, wie etwa noch heute der Dielenraum des
Hauses der Schiffergesellschaft sich darstellt.   Dazu ein mit
bunten Ziegeln ausgelegter Estrich, kleine in Blei gefasste
Fensterscheiben, mit Wappen und Heiligen farbig verziert —
und wir haben ein norddeutsches Zimmerchen, wie auf den
Bildern der Augsburger und Nürnberger Maler das Stübchen
der Jungfrau in süddeutschem Zeitgeschmack erscheint: eng,
bescheiden, häuslich, sinnig-fromm, und Alles aus einem Gusse.
Natürlich ist das kein Zimmer eines gewöhnlichen Bürgerhau-
ses gewesen, sondern deutet auf grössere Wohlhabenheit der
Bewohner hin.   Das fragliche Haus aber, im 14. Jahrhundert
schon ‚dat hoghe hus' genannt, im 15. mit dem Zusatze
‚mit twen geveln', hat immer ansehnlichen und vornehmen
Geschlechtern gehört.   Wiederholt sind Mitglieder des Raths
die Besitzer, 1456 der jüngere Hinrich Constin, der es von
einem weiland Baumeister der Stadt, Nicolaus Peck, kauft;
nach Constin der jüngere Hermann Darsow, welcher 1517 stirbt.
Dass die oben geschilderte Ausschmückung in des Letztern
Zeit fällt, geht aus manchen Anzeichen hervor.   Der Stil der
Bilder gehört noch der einfachen Schule des 15. Jahrhunderts
an, während die Säulen, welche die einzelnen Darstellungen
scheiden, nach unten sich ausbauchend, an Albrecht Dürer's
Zeit erinnern.   Ebenso war die Schrift wenig geschnörkelt, wie
sie sich im 15. Jahrhundert noch zeigt, wogegen die Initialen
schon mehr zum Anfang des 16. Jahrhunderts passten.   Ueberall aber kann eine solche halb kirchliche Verzierung eines
Privatgemaches nicht lange nach der Reformation vorgenom-
men sein, da diese auf derartige bildliche Darstellungen eher
hemmend einwirkte, und bald darauf auch in unsern Kirchen
die alten naiven Bilder durch den von den protestantischen
Geistlichen vorwiegend begünstigten steifen akademischen Ma-
lerstil verdrängt werden, welchen bei uns besonders die in
Grau gemalten Werke des Niederländers de Lavalle vertreten.
Stammte die Ausschmückung des Zimmers auch nur aus der
Zeit um die Mitte des 16. Jahrhunderts, so würde in ihr nicht

dieser rein kirchliche Ton vorherrschen, mehr Weltliches, Allegorisches beigemischt sein. Zudem würde das Zimmer dann schwerlich im Haupthause, eher im Flügel liegen, dessen Ausbau damals überall beginnt. Dass der sonst fast nur Bodenraum und wenige Schlafkammern enthaltende erste Stock dazu benutzt ward, zeugt gleichfalls für die Wohlhabenheit des Besitzers.

Wir sehen uns also durch dies Zimmer in die Zeit des auslaufenden 15., des beginnenden 16. Jahrhunderts versetzt, in diejenige Periode, in welcher das deutsche Bürgerthum auf der Höhe seiner Entwickelung stand, zwar unter den vielen üppigen Schösslingen, die es trieb, manchen Auswuchs hatte, in der Fülle seiner Blüthen vielfachen Keim des Verderbens, reichen Samen für die beginnenden politischen, religiösen, sittlichen Conflicte trug, die den Anbruch einer neuen Zeit bezeichnen, und daneben schon hie und da die deutlichen Spuren der Ueberreife zeigte, dennoch aber und gerade deshalb das in sich vollendete und nach allen Seiten abgeschlossene Bild einer zu völliger Entfaltung aller Kräfte in Einer Richtung gediehenen Culturstufe gewährt.

Eben dieser Periode entstammen die auf den folgenden Blättern mitgetheilten Auszüge aus dem Memorial eines minder hoch gestellten, in kleinern Verhältnissen lebenden Lübecker Bürgers. Auch sie liefern dem, der zwischen den Zeilen zu lesen vermag, ein anschauliches Zeitbild: eng, bescheiden, häuslich, sinnig-fromm und aus Einem Gusse. Und wie das Gegenbild zu dem in schlichter Gläubigkeit verzierten Patriziergemache in unsern Chroniken erscheint, welche von der Kraft und männlichen Tüchtigkeit des Junkers erzählen, der, in solcher Umgebung aufgewachsen, zum einsichtigen Rathmann, zum gewandten Unterhändler auf den Tagfahrten, zum muthigen Führer hansischer Flotten erstarkte: so fehlt es auch den folgenden Mittheilungen nicht an Ausblicken auf die umgebende Aussenwelt. Auch sie lehren, was Bürgerfleiss und Bürgerbeharrlichkeit zunächst für sich, dann für das Gemeinwesen, für die Verbindungen der Stadt mit dem Auslande, für die Alle umfassende Kirche zu schaffen vermochte. Von der Frömmigkeit getrieben zieht der pilgernde Bürger weit

nach Süden und versäumt die nahe liegenden Handelsbeziehungen der Reise nicht, emsig sammelt er sich ein Capital
und versorgt, wo die Seinen dessen nicht bedürfen, reichlich
Klöster und Kirchen, die noch nach Jahrhunderten davon zeugen sollen, was ein gemeinsames Streben vermag.

So tritt uns aus den Rechnungen und kurzen Notizen des
bürgerlichen Geschäftsbuches die Schreibstube des Krämers und
in ihr ein Bild seiner Zeit nicht minder klar entgegen, als in
dem sinnig geordneten Gemache des Patriziers: dies Zeitbild
sollten die gegebenen Auszüge veranschaulichen. Sie vermögen
das besser, wenn der alte Schreiber selbst redend eingeführt
wird, als wenn viel von ihm die Rede ist. Es sind daher die
seine Person betreffenden Aufzeichnungen zusammengestellt,
wie sie zu einander gehören, doch auch das Zufällige ist dabei
oft in der Verbindung gelassen, in der es sich im Buche fand.
Die wenigen eingeschobenen Erläuterungen sollen das Verständniss erleichtern. Schon aus den mitgetheilten Notizen wird
klar werden, welch mannigfaltiges Material das Buch für Waa-
rennamen, Waarenpreise und Handelsgeschichtliches aller Art
enthält. Doch lässt sich dieser Gewinn aus demselben nur
mehr in Verbindung mit anderm geschichtlichen Stoffe ziehen.
Für sich allein kennzeichnet es uns in einem schlichten Bür-
gersmann alle die Tugenden und, wenn man will, auch die
Fehler, durch welche die städtischen Gemeinwesen im Mittelalter gross wuchsen, und um dieses Verdienstes willen erschien
mir das Buch, trotz der kleinen Welt, in der es sich bewegt,
nicht unwürdig, um mit einem Hinweis auf die hanseatische
Zeit, die unser Stolz ist, ein neu gewähltes Mitglied unsers
Senats zu begrüssen[1].

Die in Rede stehende Handschrift gehört dem für die
Stadtbibliothek erworbenen Nachlasse des Professor D e e c k e
an. Schon dieser hat sie selbst ganz copirt und mit einem
sorgfältig ausgearbeiteten Register versehen. Sie fand sich
bei von der Krämer-Compagnie verwalteten Testamenten vor
und ist wahrscheinlich zugleich mit den die Stiftung in Marienwold betreffenden Urkunden, nach dem Aussterben der Fa-

---

[1] Diese Arbeit wurde dem neuerwählten Herrn Senator Heinrich Gustav Plitt
am 8. Jan. 1866 im Namen des Catharineums als Gratulationsschrift überreicht.

milie des Hinr. Dunkelgud, seiner eigenen Bestimmung gemäss
gl. F 2), in den Besitz der Krämer gelangt.

Die Handschrift ist ein Band in klein Folio, 234 vom
Schreiber selbst paginirte Blätter starken Papiers enthaltend,
mit dem Wasserzeichen eines Stierkopfes, zwischen dessen Hör-
nern eine Stange und darauf ein Stern. Gebunden ist sie in
braunes Leder mit Ueberschlag und Schnippe, die in eine
Schnalle fasst. Hinten ist sie mit starkem Segelgarn und auf
Rücken und Umschlag mit weissen Lederstreifen zugleich ge-
heftet und derb verziert. Der vordere Umschlag trägt in rother
und in schwarzer Farbe die Signatur: F. Damit wird das
Buch, in welchem man nach den darin angeführten Personalien und namentlich nach den wiederholten Testament-Entwür-
fen ein Geheimbuch des Prinzipals erkennt, als sechstes Ge-
schäftsbuch bezeichnet. Dem entsprechend finden sich im Buche
auch Verweisungen auf fünf andere Bücher A—E, von welchen
Buch C das schwarze Buch genannt wird. Vermuthlich sind
also die drei übrigen in Bezug genommenen Bücher, das im
Pergament-Umschlage, das weisse ‚alle Tage gebrauchte', und
das rothe Register-Buch, gleichfalls nicht von Buch A, B, D
oder E verschieden. Jedoch lässt sich weder dies noch der
verschiedene Charakter der einzelnen Geschäftsbücher aus den
vorgefundenen (unter A zusammengestellten) Hinweisen ermitteln. Schon diese Zahl der im Geschäft geführten Bücher,
welche alle gleichzeitig vorkommen, wird uns lehren, dass das
vorliegende nur über einen Theil des Betriebes Aufschluss giebt,
und wir nach ihm nicht den ganzen Umfang ermessen dürfen.
Wir erfahren zudem nur von nordischen Handelsbeziehungen
nach Schweden, Bergen, Reval, Danzig: von flandrischen fast
allein bei Gelegenheit der Reise nach Galizien. Und doch sind
der aus Westen kommenden Waaren im Buche gar verschie-
denartige genannt.

Auch sonst müssen wir uns Hinr. Dunkelgud's Kramge-
schäft nicht so klein vorstellen, als dem an grosse Zahlenrei-
hen gewöhnten modernen Sinn vielleicht bei einzelnen Posten
dünken möchte. Abgesehen vom Werthunterschiede des Geldes selbst, bedeuten kleine Summen doch unendlich viel mehr
zu einer Zeit, wo der Eintritt in die Compagnie 6 ß. und Bür-

ger werden 2 ℔ 4 ℈ kostete (C 5), ein Ochse 5 ℔ galt (C 2),
ein Bauernhof für 165 ℔ überlassen ward (E 4, 5) u. s. w.

Das Buch ist nur zum Theil mit Anzeichnungen gefüllt
und zwar anfänglich vorwärts fol. 1—48 mit Unterbrechungen
(f. 37 ist ausgerissen), dann rückwärts f. 234—193. Veranlassung zu dieser wunderlichen Ordnung hat offenbar gegeben,
dass rückwärts zuerst die gedachten Testament-Entwürfe stehen, später ist auch Anderes gefolgt. Mit Ausnahme fremder
Einzeichnungen, die als Quittung dienen (vgl. D 6—8, 10), ist
Alles von derselben Hand geschrieben, die nach den Jahren
verschieden und namentlich in den letzten Aufzeichnungen
minder fest und sicher erscheint. Dass die Reihefolge eine
sehr bunte ist, ergiebt ein Blick auf die beigefügten Folios unserer Auszüge, ursprünglich aber hat der Schreiber die Vertheilung nach verschiedenen Rubriken über das Buch einrich-
ten wollen, was die ersten Einschriften deutlich kund thun,
die auch sorgfältiger verfasst und geschrieben sind, wie wenn
Jemand mit Bedacht sich ein Buch anlegt. Oft ist die Seite
mitten durchgebrochen und so die gegenüber stehende Hälfte
gleich für die Abrechnung reservirt und später benutzt. An-
gefangen ist das Buch bei Gelegenheit der Wallfahrt nach
S. Jago di Compostella in Galizien, für welche nicht gerade
nach persönlichen Gründen zu suchen ist, da sie häufig Statt
fand und für das künftige Mitglied der Krämer-Compagnie sich
schon aus der Beziehung der Leichnams-Brüderschaft der Krämer zu unserer dem ältern Apostel Jacobus gewidmeten Jacobi-
Kirche erklärt (F 2). Auf Lichtmess (2. Febr.) 1479 (B 1, 3)
wird die Reise angetreten, und an demselben Tage im Namen
der heiligen Dreifaltigkeit das Buch angehoben, in dem über
jeder Seite: ‚Jesus Maria Amen' geschrieben steht. Wie der
Schreiber sein Testament macht und überhaupt sein Haus bestellt, so verzeichnet er auch Geschäfts- und Zahlungs-Ver-
hältnisse, die bis zum Jahre 1474 hinauf gehen und grösstentheils von gleichzeitiger Handschrift sind. Aus den vorkommenden Namen erhellt, dass Hinr. Dunkelgud nicht bloss zur
Familie seines zukünftigen Schwiegervaters Hans Meyer, sondern auch zu andern Lübeckern, zum Theil seinen spätern
Nachbarn, in enger Beziehung gestanden und mehrere Jahre

in Lübeck als Gast (Nichtbürger) gewohnt hat. Da er in der Nähe Lübeck's geboren sein muss — denn seine Verwandten leben in Timmendorf, Offendorf, Ratekau, Hubbersdorf, er vermacht den Kirchen zu Ratekau, Süsel, Gleschendorf Legate —, so wird er vom Lande hereingekommen sein[2] und, wie so mancher wohlhabende Lübecker bis auf den heutigen Tag, in der Stadt sein Glück gemacht haben. Er hat bei irgend einem Krämer, vielleicht bei seinem eigenen Schwiegervater, das Geschäft erlernt, dieser hat ihn unterrichten lassen, und so ist er vom Lehrjungen zum Geschäfts-Theilnehmer, später zum Inhaber desselben erwachsen, gerade wie er selbst seine Lehrjungen, Peter Kegeben, den Neffen eines befreundeten Tideke Kegeben, von dessen Bruderkindern er Vormund ist, und Hans Blank, als Jungen aufzieht, in die Schule schickt und später durch sie und mit ihnen gemeinsame Geschäfte in Danzig, Stockholm und Reval betreibt. Peter Kegeben wird nachher Bürger in Danzig genannt.

Ganz deutlich erkennt man seine zukünftige verwandtschaftliche Stellung zu Hans Meyer schon aus seinem Testament, in welchem Vater und Tochter (Kunneke d. i. Kunigunde) zu Testaments-Vollstreckern mit eingesetzt werden (B 3 vgl. C 1). Ueber Hamburg und Flandern ist, wie es scheint, die Hin- und Herreise gegangen, auch Hannover wird berührt: im Juli war er wieder daheim (B 9), im October war die Hochzeit, für welche, so wenig üppig uns die Brautköste erscheinen will, doch Wette (Polizeistrafe) gegeben werden musste (C 6), vielleicht wegen Ueberschreitung der vorgeschriebenen Zahl der Gäste. Gleichzeitig wird er Bürger, zahlt Abgaben, wird Mitglied der Compagnie, giebt ihr die übliche Köste, tritt sammt seiner Frau in die Leichnams-Brüderschaft und richtet sich einen eigenen Kirchensitz im Stuhl der Krämer zu Petri ein. Sein Schwiegervater übergiebt ihm mit der verheiratheten Tochter Haus und Kram, behält sich aber die Mitbenutzung und sein Altentheil vor. Dem einzigen Sohne, auch Hans genannt, soll nach eingetretener Mündigkeit eine von den beiden Buden am Markte hinter dem Kaak zufallen, die zweite Tochter, Gret-

---

[2] Der Name findet sich noch im Travemünder Winkel; vgl. auch das Lüb. Adressbuch.

chen, wird auf Leibrenten gesetzt. Sie ist vor 1489 gestorben
(D 9), der Vater vor 1487 (D 6). Hans Meyer der Jüngere
wird 1489 mündig erklärt, verkauft aber schon im nächsten
Winter seinem Schwager die Bude und behält sich nur eine
jährliche Leibrente vor, die mit seinem Tode verfällt (D 10).
Das wird vorläufig im Nieder-Stadtbuch als zu Recht bestehend verzeichnet, da Hans Meyer, gerade wegfertig (d. h. reise-
fertig), wie dort geschrieben steht, die Zuschrift nicht sogleich
beschaffen kann, welche deshalb erst im October erfolgt (D 11).
Vielleicht hat ihn damals sein Schwager nach Marienwold in
Angelegenheit seiner spätern Stiftung geschickt (D 12) — denn
dass er dort habe ins Kloster gehen sollen, erhellt weder aus
unserm Buche noch aus den Stadtbüchern —, vielleicht versuchte er sich zuerst in Geschäften draussen, zu denen ihn
sein Schwager jedenfalls gebraucht hat. Aus den letzten Notizen über ihn lässt sich jedoch auf ein ungeregeltes Leben
schliessen — er macht Schulden, wird verwundet — und so
ist nach 1492 nicht mehr von ihm die Rede. Hinrich Dunkelgud aber hatte schon 1480 zu den beiden Buden die dritte
benachbarte erworben und alle drei zu Einem Hause vereinigt
(die noch heute so genannte Glocke, das Mertelmeyersche Haus
Nr. 266 am Markt). Hier war das eigentliche Krämerquartier,
und wenn sonst wohl die einzelnen Buden zu Verkaufslokalen
noch halbirt wurden, nach dem Markt und Kohlmarkt hin, so
war der Besitz von drei Buden gewiss ein stattlicher. Er
schlägt ihn auf 3000 ℔ an, als er ihn in ähnlicher Weise, wie
er dazu gekommen war, seinem Schwiegersohn Claus Lange
übergiebt (D 15). Dazu kaufte er 1489 von der Wittwe Clärchen von Rehna oder Clärchen Krämers, wie sie im Ober-
Stadtbuche heisst, eine Bude, das Heringhaus genannt, an der
Holstenbrücke unmittelbar vor dem Thore belegen und jedenfalls zum Betrieb der Heringsbereitung dienend, welche er nach
20 Jahren für 300 Goldgulden oder 450 ℔ wieder veräusserte.
Dass er auch sonst baares Geld verwenden konnte, beweisen
die auf Ruppersdorf vorgeschossenen Summen, die er zuerst
an Gottfried Pleskow, ohne Frage ein Mitglied der Patrizier-
familie, auszahlt. Noch 1509 besass er den Hof, wie aus einer
Stelle seines Testaments (E 7) klar wird, welche aber 1517

bei der Erneuerung desselben durchstrichen ist. Mehr, als alles Andere, aber zeugen für sein Vermögen seine Stiftungen, besonders die im Brigittenkloster Marienwold vor Mölln. Unablässig hat er sich mit ihnen beschäftigt, und schon von 1484 an begonnen, sein Testament aufzusetzen, wiederholt umzuschreiben und sein Haus zu bestellen. Er hinterliess keinen Sohn, konnte der ältesten Tochter Anna‾ (1499 verheirathet) und ihrem Manne Haus und Geschäft übergeben und sah ihre beiden unverheiratheten Schwestern Gese und Elisabeth wahrscheinlich im Hause des Schwagers versorgt. Sein Wunsch, dass eine von ihnen ins Kloster Marienwold sich begebe (F 3), scheint nicht erfüllt zu sein. Zwischen 1507 und 1509 ist die Frau gestorben (F 5, 6). 1512 steht das Haus am Markt auf Claus Lange im Ober-Stadtbuch umgeschrieben, 1509 hat H. Dunkelgud sein letztes Testament gemacht, welches er 1517 erneuerte. Ein späteres Jahr findet sich im Buche nicht, die letzte Aufzeichnung ist vom 12. Novbr. 1517 (D 14). Nach Dinte und mehr unsichern Schriftzügen stammt aus derselben Zeit die Zusammenstellung dessen, was er auf seine älteste Tochter verwandt hat (D 15), deren einzelne Posten zum Theil unausgefüllt geblieben sind.

Auszüge aus dem Memorial.

A.

Geschäftsbücher.

1. **Memorial** (Buch F). — (fol. 1ª) Anno Domino 1479, up Lychtmyssen (2. Febr.), wart anhaven dit boek in deme namen der hilgen Drefaldycheit amen.

2. **Buch A.** — (f. 47ª) 1479. Nach Abrechnungen mit seinem Schwiegervater Hans Meyer führt der Schreiber fort: Item, wes ik Hanseken Meyer (seinem Schwager) dan hebbe, steyt int bok A fol. 69.

3. **Buch B.** — (f. 212ᵇ, 211ª) 1483. Nach Abrechnungen über die Verwaltung der Gelder für die Bruderkinder von Tideke Kegeben: Jnt bok B fol. 125.

4. **Buch C.** — (f. 9ª) a. Anno 1479, des ersten Donredages na Wynachten (30. Dec.), do rekende ik myt Andrewes Schulten

up Hans Mouwers kamer, so dat he my do blef [3] 155 $^1/_2$ ℔., also sin egen hantschryft utwyset in myn s w a r t e bok.

(f. 14ᵃ) b. 1481. Auslagen für Peter Kegeben's, seines Lehrburschen, Erziehung und erster Vorschuss in eine Handels - Societät mit demselben zu Geschäften auf Stockholm: Item desse wedderlegginge steit in myn s w a r t e bok int 7. blad vore. — Gegenüber: Anno 1482, up s. Bertolomey (24. Aug.), do sende my Peter Kegeben by Hans Dinxsteden (Schiffer) 1 fat osemundes, dar wart van beholdens geldes (nach Abzug der Kosten) 6 ℔ 12 ß. Item dyt wart ummescreven int s w a r t e bok.

(f. 17ᵃ) c. 1482. Aehnliche Berechnung mit Claus Kruse: Item dyt steyt in myn s w a r t e bok screfen.

(f. 28ᵇ) d. 1506. Desgleichen mit Hans Blank: Int bok C fol. 118.

(f. 33ᵇ) e. Anno Domino 1503, des Mandages vor aller Appostel dach (10. Jul.), do rekende ik myt Hinryk Pawels, do blef he my 2 last bers, de ik em schepede na Bergen, unde he entfink se. De last stot (stand = kam zu stehen) 14 ℔. Mer he klagede, dat it nycht en duchte (taugte). Summa 28 ℔, ungelt (Unkosten) 6 ß. — Item noch is (schuldet) [3] he my up nye 1 L℔ un 1 mark℔ wasses, 3 ℔ 3 $^1/_2$ ß; noch vor koken 3 $^1/_2$ ℔.; noch vor hennyp (Hanf) 14 ß. Summa 7 $^1/_2$ ℔ 18 ℀, ane dat ber. Summa in al 36 ℔ an (= minus) 6 ℀. — Item so hebbe ik noch tosprake to em up dat gut, dat he van my hadde, also int s w a r t e bok steyt m y t d e m C fol. 182. — Item et gut is betalt, mer myn part gewin hebbe ik nicht entfangen. Sal ik schaden lyden up it her, so behort my ok jo gewyn up dat ander gut, ik vorlecht hebbe, also vor schreven wol utwyset int bok mit C fol. 182. — Anno Domino 1508, in de 4. weken na Paschen (15.—20. Mai), rekende ik myt Hinryk Pawels, do blef he my 1 tunne sparden (Sprott) [4]. It solde mer hebben weset: dat gaf ik em toe etc. — (f. 34ᵃ) Item he secht, Hinryk Pawels heft up dat arge ber betalt 9 $^1/_2$ ℔, unde des en wet ik nycht enkede (genau); he secht, it is Brünsten (einem andern nordischen Handelsfreunde) wol wytlik etc.

(f. 35ᵇ, 36) f. 1509 — 14. Bei der Abrechnung über den Verkauf des Heringhauses: Bok C.

5.   Buch D. — (f. 28ᵇ) Um 1500: Item Bartolt Burmester fol. 37 int bok D. — Kommt einmal auf derselben Seite als ein Mittelsmann vor.

6.   Buch E. — (f. 22ᵇ) Anno Domino 1486, up s. Dyo-

---

[3] bliven = schuldich bliven, sin = schuldich sin, s. Nied. Jahrbuch 3, S. 68 Anm. 3; S. 69.

[4] sparden, sporden, Spurten, sind nicht Sprotte, sondern bestimmte minderwerthige Stücke vom Stockfisch, Mnd. Wb. 4, S. 339.

nysy (9. Oct.), do schepede ik Hinr. Kylenberch unde Merten Petersen in schipper Ture up erer beyder eventure 1 last kersdrank (Kirschtrank), stot 30 ℔, unde ½ tunne 20 ß, ungelt 8 ß to to makende unde dregen unde binden. Item noch van sagen (leichter Taffet)[5] 8 ℔; noch 1 sintener olg (Centner Oel) unde 2 ℔ to 6½ ℔, is 6½ ℔ 22 ℥, noch vor et holt 3 ß. Nicht mer up desse syde scryven umme der hantschryft willen. Item ok int bok E fol. 136.

7. Pergament-Buch. — (f. 9ᵇ) a. Anno 1479, up Lychtmissen, do toleverde ik Tyle Mensen in Gerken boden under der Kulschen 8½ tunnen lasses to vorkopende to mynem besten, unde des horet Tyle Busman to in Holme (Stockholm). Ik hebbe it ungelt dar vor utgeven, it steit in myn parmynttes bok. — Gegenüber: Item hyr up entfink ik wedder 3 tunnen lasses. Noch schepede he my in Kersten van Emeke 1 last travensoltes, de entfink ik up 4 tunnen lasses, unde sal em 1 rinsgen (Goldgulden) togeven. It solt gelt red (baar) gelt 18½ ℔. Item entfangen 1 dossyn budel, is ½ ℔.

Darunter querüber: Item gaf ik Tylen den rinschen gulden vor dem Holsten dore, do de Lubeschen heren (Rathsherren) van Munster qwemen (von einer Tagfahrt zwischen den wendischen Seestädten und den holländischen Städten).

(f. 16ᵇ) b. 1482. Abrechnung mit Hans Havenborch: Item noch is my Havenborch mer schuldich, also in mynem anderen boke steyt myt dem perme(n)tes ummeslage, dar siut alle dink klar. Item dyt is nu voran schreven in dyt sulve bok vort int 3. blat, beyde ut dessem boke unde ok ut den anderen, altohop in dit bok.

8. Weisses Buch. — (f. 11ᵃ) a. 1479. Abrechnung mit seinem Oheim Peter Schutte: Item dyt steit int witte bok, des ik alle dage bruke.

(f. 14ᵃ) b. 1479. Abrechnung mit dem Goldschmiede Hans Help: Dat steit in dat witte boek screven.

9. Rothes Register-Buch. — (f. 6ᵃ) 1478. Abrechnung mit Hans David zu Hubbersdorf: Dyt steit int rode roygysterbok schreven.

B.

Wallfahrt nach S. Jago di Compostella.

(f. 8ᵇ) 1. Anno 1479, up Lychtmyssen, also ik van Lubeke reyse na deme guden heren sunte Jacob, late ik stan up

---

⁵ Saye, feines Wollenzeug; s. Schedel, Waaren-Lexikon 2 (1797), S. 439.

Mantels, Beiträge. 23

mynes werdes salo in myner kisten unde kontor (Schreibtisch)
my tobehorende up 70 rinsche gulden bilde an louwent (Leine-
wand) gemalet, unde dar inne myne kleder unde myne boeke (Geschäftsbücher). Noch late ik dar ene klene kiste, dar inne aller-
ley eventur ruch unde rap (allerlei Geräth) [6]. — Gegenüber: Item
entfink ik wedder de kisten unde it ander in al.

Item so neme ik mede 1 suben (Schaube) myt sabele (Zobel) foder. Vorkope ik en nicht to Hamborch, so bevele ik ene
Gosswin van dem Mor (in Hamburg). — Gegenüber: Item dessen
suben heft Clawes Werneken to Brugge to mynem besten, he
steit my 40 ℔ lub. Später: Item schryft Claus Werneken in sinem breve, dat he den suben heft vorkoft vor 4 ℔ groten und
8 ß groten (= 30 ℔ 13 ß).

2. Dies geschah erst 1482, laut folgendem in dem Buche-
einliegenden Briefe, mit der Aufschrift·

Dem ersamen Hinr. Dunckelgut to Lubeke sal desse breff.

Jesus Maria.

Minen wilgen denst tovorn. Hinrik, ersame gude vrunt.
Ik hebbe dinen breff wol untfangen unde vorstan, de gescreven
is up unses Heren Hemmelvart (16. Mai), dar du in scrivest, dat
ik dy scriven sal, wo unse dinck stat tussen dy unde my. Aldus so hebbe ik dat bock nicht hir, also van dinen dingen, unde
ik vormode my, ik wil dar kamen ut dessen mark (Markt). Aldus mostu to vreden sin so lange, dat ik dar by kame, so wil
ik dy, wil Got, dar gut beschet aff don. Item ok, so du scrivest also van dem suben, den ik van dy hebbe, den hebbe ik
vorkopen laten in dem Brugschen mark, unde wart gegeven vor
4 ℔ 8 ß. Ik en konde dar nicht mer aff krigen. De men
(d. i. der Makeler) hadde 1 ß vor sinen arbeit, aldus kumpt he
ut vor 4 ℔ 7 ß. Item, so du scrivest, dat ik dy scriven sal,
wat de olie (Oel) tegen (gegen) den winter doen wil, desz en
kan ik dy nicht scriven. Men (aber) de vette ware slaet aff
(fällt), also botter unde talluch (Talg), men de olie holt noch
stede (hält noch festen Preis). De kremersz koften nu, also in
de weke vor Pinxsten, vor 5 ℔ 12 ß (= 39 ℔ 3 ß) de pipe.
Dat wasz geldes noch, mer (aber) ik sinne (denke), dit jar sal
he redeliken by gelde (ordentlich im Werth) bliven. Dar en sal
nen grot affslach aff kamen. He wert my nu gelaten to leveren
vor 5 ℔ 10 ß. Dat en isz noch nen grot kop. Nicht mer, men
ik bevele dy Gade. Gescreven to Amdorpe (Antwerpen), desz
Mandages na des Hilgen Lichames dag (10. Juni), anno 82.

Claus Werneke.

(f. 11ᵇ) 3. Jesus Maria amen.

Anno Domino 1479, up Lychtmyssen: In deme namen der

---

[6] Sonst: rup unde rap, allerlei durcheinander, Mnd. Wb. 3, S. 533.

hilgen Drefaldycheyt unde sunte Annen myt al erme slechte so
make ik Hinrik Dunkelgut myn testemente unde reyse na deme
groten heren sunte Jacob. Got vorlene beholden (wohlbehaltene)
reise. Item, eft (falls) my Got esschende worde, unde myner to
kort worde, dat ik nicht wedder qweme, so kese ik to vormunder desse nascreven: Int erste myn wert (Hauswirth) Clawes van
Calven, unde Hans Meyer, den kremer, unde sine dochter Kunneken, unde Peter Schutten to Tramunde, unde Tytken, tolner
vor dem Holsten dore, unde bin begerende, dat se vorfullen, also
ik hyr na schrivende werde. Folgen die Legate: zu Wegen und
Stegen 5 ℔; in die Kirchen Ratekau 20 ℔, Süsel 10 ℔, Gleschendorf 5 ℔; St. Annenchor zu Stockholm zu bauen 12 ℔;
nach Marienwold 10 ℔; Vaterschwester 20 ℔; Lütge Dunkelgud's,
seines Vetters, Kindern und Hinr. Dunkelgud's Kindern zu Timmendorf je 30 ℔; Claus Emeke's Kindern und seiner Frau Anne
(später in Dummersdorf) 20 ℔; den andern Kindern, Hornemann's
Kindern, seiner Vaterschwester Kindern 30 ℔; Hans Degener's
Kindern zu Stockholm 30 ℔, eft ik er fadergut wes to unrecht
noten (genossen) hadde, dat se et wedder krigen. [In einem
spätern Testament-Entwurf von 1487 heisst es: Noch Hans Degener's Kindern to Holm in dem swarten (Dominikaner-) kloster
16 ℔, efte ik eres fadergut wes noten hebbe, dar ik nicht fel
vor dan hebbe. 1492: Item so wroget (quält) my myn conzen-
sege (Gewissen), dat ik H. Degener noch wol bin (schuldig bin)
16 ℔.] Tyle Busmann und Frau 20 ℔; seiner Halbschwester
Kindern 30 ℔; (f. 12ª) Clawes Werneke de hasenfelle,
de ik to Bruge sende (vgl. unten 4); Hans Mouwer, seinem
Wirth Claus von Calven und Hans Meyer's Tochter (seiner Ver-
lobten; vgl. C 1) je 20 ℔; Peter Schutte und Tytke Sluter (wohl
derselbe, welcher oben Zöllner heisst) je 10 ℔. — Item so geve
ik vort myner leven moder al, wes ik mer nalate van gude, also
myne boke wol utwysen, unde begere van juw vormunderen, dat
gy er jo nene not (lyden) laten. Beholdet it testamente by juw,
dewile dat se levet, dat se jo nene not en lyde. Unde weret
sake, dat erer to kort worde unde myner ok (dass wir beide
stürben), so bevele ik juw vorschreven vormunderen, dat gy
dyt so holden, alse ik juw to love (glaube), unde keret et in
de hende der armen frunt unde ander arme lude unde in Gades huse etc. Hyr mede bevele ik my der hilghen Drefaldycheyt
unde der hochlaveden juncfrouwen Marien unde sunte Annen myt
alle ere slechte unde deme groten heren sunte Jacob. De hebbe
unser wolt (der habe unser Gewalt, d. i. in dessen Schutz begebe
ich mich und die Meinen).

   (f. 7ª) 4. Anno 1479, up Lychtmyssen, do dede ik Clawes
Werneken 1 fat, dar 12 tymmer hasenfelle, stan my 21 ℔. Dyt

fat schal my Clawes vorstan, wente (bis) dat ik wedder van sunte Jacob kome. Wert myner to kort, so geve ik it Claweso to testemente. Noch heft he vorkoft enen suben to mynen besten, de was mit sabeln fodert, dar heft he van maket 4 ℔ grot unde 8 ß grot. Vgl. oben 1, 2. — Gegenüber: Anno 1479, vor Pinxsten (30. Mai), alse ik to Brugge was, entfink ik van Clawes Werneken 1 dekke, steit 12 ß gr. (= 4 ℳ 3 ß); noch 1 dossyn kussenblade (Decken; vgl. C 2)[7], steit 12 ß gr.; noch 1 wegendekke, steit 6 ß gr.; noch 1 par hasen (Strumpfhosen).

(f. 7ᵇ) 5. Anno 1479, up s. Agaten (5. Febr.) vorkoft unde borget Goedert van Hovelen 10 tymmer hermelen, it tymmer vor 6½ ℳ, is 65 ℳ. — Gegenüber: Item hyr up entfangen 16 ℳ. Item entfangen van Willem van der Heyde to Brugge 7 ℔ grot (= 49 ℳ).

(f. 10ᵇ) 6. Anno 1479, up sunte Applonyen (9. Febr.), do vorkofte ik unde borgede Cort Meteler, der Luneborgeschen (Sohn? Mann?), en malde tafelen, up louwent malet, vor 18½ ℳ; noch lende ik eme 2 ongersce gulden (ungarische Goldgulden), is 3 ℳ. — Gegenüber: Anno 1479, up s. Dyonyse (9. Oct.), entfangen van Cort Meteler 10 ℳ; noch hebbe ik van em 1 klen kontor, so gut alse 3 ℳ; entfangen 1 ewangyllenboek vor 8 ℳ.

(f. 10ᵃ) 7. Anno 1479, up Mytvasten (18. März), lende ik schipper Matties Werner tor Slus (Sluis in Flandern, Hafen von Brügge) 4 ℔ grot. Desse 4 ℔ gr. de sal en geselle entfangen to mynem besten to Revel, de het (Name fehlt). Junge Mouwer vorschref it my an em. — Gegenüber: Anno 1480, des Sondages vor Pinxsten (14. Mai), do schref my over de junge Hans Mouwer van Revel an den olden Hans Mouwer. De sal my geven van 4 ℔ gr., de he entfink, de junge Mouwer, van Mattys Werner, sal my olde Mouwer geven 20½ rinscen gulden unde 20 ℒ lub.

(f. 7ᵇ) 8. Anno 1479, up s. Margreten (12. Jul.), borgede ik Hans Havenborge 1 sagens hod (Hut von Saye) vor 1½ ℳ. Anno 80, in der Fasten (Fastnacht = 15. Febr.), gaf ik Havenborge 4 ℳ. — Gegenüber: Item entfangen van Havenborg 5 wolffe (Wolfspelze) efte 4, ik wet nicht enkede (dies später durchgestrichen), vor 5 ℳ.

(f. 2ᵃ) 9. Anno 1479, up s. Marien Maddalenen avent (21. Jul.), gaf ik Claus van Calven van Hinr. Witten wegen 50 ℳ lub. unde let em dar to schriven by Dyrik Lof 50 ℳ lub., summa is 100 ℳ, dat ik Claus van Calven gaf van Witten wegen. Noch is my Hinr. Witte, dat he entfink van Wilm van der Heyde 7 ℔ grot,

---

[7] Nach einer Mittheilung Dr. Crulls in Wismar denkt derselbe an abgepasste Stücke von Geweben oder Leder. Lüb. U.B. 3, Nr. 509 nennt: 24 cussinos persutos et 12 cussinos sedium et unum vinsterlaken.

it punt 7 ℔ lub., is 49 ℔. Vgl. oben 5. — Gegenüber: Item
hyr up entfangen van Pawel Buntmaker 20 rinsche gulden. Item
entfink van Hinr. Witten, do ik to Brugge was (Lücke; vgl.
unten 11). Anno 79, up s. Mychele, entfink ik van Hans Mouwer 12 ℔ grot, it ℔ vor 7 ℔. Noch sende my Hinr. Witte
van Brugge 1 pyppe olleges, stot 4 ℔, 3 ß gr. Darunter querüber: Item dyt is dot rekent, mer (nur) dat ik it noch clare
make. Desgleichen: Item gaf ik Hans van Dalen van Hinr. Witten wegen 15 ℔.

(f. 2^b) 10. Anno 1479, up. s. Lucien (13. Dec.), do rekende
ik myt Hans Sledorn, do blef he my 66 dossin beretken (Barette),
it dossin vor 17 ß, is summa 70 ℔ 2 ß. Noch is my Hans
2 tymmer werkes (Pelzwerk), de my breken (gebrechen, fehlen):
dar solde hebben wesen 250 tymmer. De 2 tymmer sette ik up
2 ℔, de blyft he my. Noch dede ik em 4 brune Leydesce (Tuche),
it stuck 17½ ℔ 4 ß; noch 2 grone Leydesche, it stuck vor
17½ ℔, is de laken 106 ℔.

Anno 1479, up. s. Jacob (25. Jul.), dede ik Sledorn 2 Rys-
selsche laken, stoden 16½ ℔ grot, is 115½ ℔; noch 1 fin menget
Brugges 53 ℔, im part 27 ℔ 3 ß; noch 2 Stendelske (aus Sten-
dal), stan 6½ ℔; noch 10 westerlendesche (westphälisch-rheini-
sche?), it stuk 6 ℔. Noch 1 dosin flemescher hode (Hüte) 6 ℔.
Noch 144 ℔ komen (Kümmel), it hundert ℔ 10 ℔, is 14 ℔
6 ß 4 ℔. Noch 4 bilde (fabrikartig gearbeitete Bilder; vgl.
oben 1, 6) 4½ ℔; noch Havenborch 1 bilde; noch de kok to Len-
ten hus 1 bilde. Noch van den 2 faten (Fässern) ungelt 20 ß.
Noch 1 bonit dobbelt (doppelter Hut) 9 ß. Noch rest he my
van dem gelde, dat ik em lende to Brugge unde up dem
wege 15 ℔ gr. 17 ß, is 106 ℔ 14 ß. Noch van Nannynges
wegen ½ rinschen. Noch 10 bilde 4 ℔. — Gegenüber: Item
hyr up entfangen van Hans Sledorn 248 tymmer werkes vor
300 ℔. Noch enen suben (Schaube) vor 40 ℔. Item entfangen
up de Leydeschen 100 ℔ by Hans van Alen. Item entf. 5 wolfe,
horen Hans Havenborge toe (vgl. oben 8). Item lende my Sledorn by Dyrik Lof 50 ℔, de krech Clawes van Calven (vgl. oben
9). Item entfink ik wedder van em van dem gelde, ik em lende,
4½ ℔ gr. 3½ ß. Noch to Hannofer unde hyr entwissehen
dede he my 3½ ℔ lub. 2½ ß. Noch gaf he up de bilde 1 rinsgen. — Quer darunter: Item dit boven schreven is dot rekent
int dit jegen screven.

(f. 5^a) 11. Anno 1479, up s. Bertolmey (24. Aug.), do
schref my Hinr. Witte over by Hans Mouwer 12 ℔ grot, it ℔
7 ℔ lub. Noch sende my Hinr. Witte 1 pype bomolges (Baumöl).
Vgl. oben 9. — Gegenüber: Item hyr up entfangen van Hans
Mouwer, dat he Godert van Hovelen gaf, 31 ℔. Noch gaf my
de junge 40 ℔.

C.

Verheirathung.   Niederlassung als Bürger in Lübeck.

(f. 10ᵃ) **1.** Anno Domino 1479, up L y c h t m y s s e n (2. Febr.),
do gaf ik Hans Roekelosen 7 ℔ lub. Dar schal he my wedder
vor geven, w e n i k e n w y f n e m e, 11 ℔ lub. [8]. He entfink
van Bertelt Rikman van myner wegen 6 ℔ 4 ß, unde ik gaf
em 12 ß.

(f. 47ᵃ) **2.** Anno Domino 1479, d e s S o n d a g e s v o r s.
S y m e n u n d e J u d e n (24. Oct.), do gaf my Hans Meyer s i n
d o c h t e r K u n n e k e n t o d e r e e. Item do blef my Hans
Meyer schuldych, dat ik vor em utlede: Int erste 1 brun Mechghelsk laken vor 40 ℔, dar kledede he mede syne beyden dochter. Item noch ½ rot Mechghelsk 20 ℔. Noch Hans Meyer
sulven 5½ ele brun Leydes (Leidener Tuch) to hoeyken unde
kogelen (Mantel und Kappe), de ele vor 13 ß, is 4 ℔ 7½ ß;
noch to dem kogeltympen (Zipfel) ½ ele Leydesch, 6½ ß. Noch
sinem knechte 8 ele Brugges vor 4 ℔ 7 wyt. Noch vor 1 seter
(Baumwollenzeug) [9] 1½ ℔. Noch vor 12 rotlaesch (rothgefärbtes
Leder) under de kussen 2 ℔ 4 ß. Noch vor 1 dossin kussenblade
(Kissendecken für 12 Kissen) 13 ß grot, it ℔ gr. 7 ℔, is 4½ ℔
1 ß. Summa 77 ℔ 7 ß 4 ℈ (richtiger: 77 ℔ 5 ß 4 ℈, da
ein Wittpfennig, wie er auch sonst in unserm Buche berechnet
wird, = 4 ℈ ist, also 7 Witten == 2 ß 4 ℈).

Item noch gaf ik den schafferen, dat se utlecht hadden to der
kost (für das Hochzeitmahl): 3 tunnen Hamborger bers 6½ ℔
2 ß. Noch vor win 6 ℔ 2 ß. Noch vor 1 ossen 5 ℔. Noch
vor 2 boetlinge (Hammel) 3 ℔ 1 ß. Noch vor 16 ℔ mandelen
to 16 ℈, is 21 ß 4 ℈. Noch 10 ℔ rossynen 6½ ß 2 ℈. Noch
vor soffran 12 ß. Noch den spelluden 3 ℔ 6 ℈. Noch vor melk
8 wyt. Noch vor rugge unde fote (Wurstfleisch) 1 ℔ 1 ℈. Noch
vor dermen (auch zu Würsten) 5 ß. Noch vor beker (Becher)
1 ß. Nochsals emente (Gewürz) 10 ß. Noch vor sukker 11½ ß.
Noch dem koke 20 ß. Summa 30 ℔ 11 ß 1 ℈ (richtiger: 30 ℔
10 ß 9 ℈, da 8 Witten = 2 ß 8 ℈ sind).

Item noch is Hans Meyer myner moder lent gelt 20 ℔. Noch
kofte ik em en Molhuses (aus Mühlhausen in Thüringen) laken,
er ik Kunneken krech, 5½ ℔. Noch kofte ik em 126 ℔ pep-
perkomen (Pfefferkümmel, römischer Kümmel), dat 100 10 ℔, is
12½ ℔ 20 ℈. Noch borde se (lieh Kunneke) van Davyte (Hans
David zu Hubbersdorf) 6 ℔. Noch kofte ik Gretke Meyer 15 ele

---

[8] Hans Roekelosen wettet also mit Dunkelgud, der im Begriff ist sich auf
die Wallfahrt zu begeben und sein Testament macht (B 1, 3), mit 11 ℔ gegen
geliehene 7 ℔, dass derselbe sich nicht verheirathen werde.
[9] Schetterleinen oder Schechter, gesteifte Leinwand, s. Hans. Geschsbl.
1874 S. 163, 164.

Leydes vor 15 ℔, dar entfink up 6 ℔. Item summa dit bavenschreven tohope 161 ℔ 4 ß 1 ₰. (Mit Berücksichtigung der beiden obigen Summirungen, nur 161 ℔ 1 ß 9 ₰.) Item, wes ik Hanseken (u. s. w. vgl. oben A 2).

(f. 13 b) **3.** Anno 1479, des Sondages vor s. Symen Jüden, do makede my Hans Büssouwe myne brutkleder. Do behelt he by sik 2 marten (Marderfelle), de my horden, so gut alse 1½ ℔. Noch behelt he 8 menken [10] unde ½ (? das timmer menken von 40 Stück wird an andrer Stelle auf 12 ℔ berechnet). Noch heft he van my 1 foder van wolfen unde van fillefras (Vielfrass. Vgl. B 8). Noch heft (he) van my 38 felle swedesk unde helsink unde gankwerk (unbestimmtes schwedisches Pelzwerk) tohope (durch einander). Noch heft he van my 12 junge befer (Biberfelle) gebetet (?). — Gegenüber: Item makede he Kunneken 1 bremelse (Verbrämung) vor eren brunen hoeyken 2¼ ℔. Noch 3 par strumpe 3 ß. Noch gegert (gegerbt) 1 tymmer werkes 4 ß. Noch 1 borstdok (Brusttuch) 1 ß. Noch vodert mynen grawen suben 12 ß. Noch 1 par mouwen (Aermel) Kunneken 4 ß. Noch 1 wolffes deke 12 ß; noch vor ledder to der deken 6 ß; noch ½ wolff to der deke 6 ß. Noch vor 1 hanschen to foderen 1 ß.

(f. 14 a) **4.** Anno 1479, up s. Symen unde Jüden, do makede my Hans Help to myner brutlacht an golde unde an sulver, dat ik em dar moste vor geven 20 ℔ 6 ß. Noch makede he my 6 fochtych stene unde 1 mosschele (in Silber gefasste Steinchen und Pilgermuschel als Zierrat am Rosenkranz), wogen 1½ lot 1½ qwentin. — Gegenüber: Item hyr up betalde ik em 11 lot unde 1 qwentin sulvers. Noch dede ik em 2 lot sulvers. Noch betalde ik em 11 ℔ lub. — Querüber: Anno 81, acht dage vor Pinxsten (3. Juni), do rekende ik myt Hans Help alle dink dot, do blef he my 5½ ℔. Dat steit in dat witte bok screven (vgl. A 8 b).

(f. 1 a) **5.** Anno Domino 1479 do gaf ik in den kram in de kümpenye 6 ℔. — Int sulve jar gaf ik her Hermen (Ludeke?) Beren unde her Johan Witinkhof 2 ℔ unde 4 ₰, dat ik borger wart.

6. Int sulve jar moste ik geven to wedde vor myne brutlageskost her Tydeman Eefinkhusen unde her Dyrik Basedouwen 2½ ℔ 4½ ß.

7. Int sulve jar gaf ik des hilgen lychammes broderschop (zu S. Jacobi) vor Kunneken unde my 1 rinschen gulden, des Sondages na s. Merten (14. Nov.).

Auf dem vordern innern Umschlage steht: **8.** Anno Domino 1480, up den Sondach to Mytfasten (12. März), do schen-

10 menke, minke, neundrd. mänk, ottermänk, Nörz. Schiller, Zum Thier- und Kräuterbuche d. meckl. Volkes 1, S. 6; Mnd Wb. 3. S. 40; Hanserecesse 1, 5, S 319 Anm. 16.

kede ik unde Jacob Kalfeswinkel in unser kumpenye unde
geven malk (jeder) to ungelde 4½ ß. Up den sulven dach kore
wy wedder Fikke van dem Felde unde Hans Yllinges, der Tyll-
schen man.

9. Anno 1480, des Donredages vor Palmen (23. März),
do was ik unde Hans Meyer up dat hus (Rathhaus) unde geven
to schote 21 ß lub.

(f. 1ª) 10. Anno 1480, des anderen Sonnafens na
Mytfasten (18. März), do kofte ik unde Hans Kabel dat rum
buten vor Unser Leven Frouwen kappelle to sunte Peter utterst an de mure int westen, unde en jewelk van uns gaf
em 2 ♃, so dat he krech 4 ♃, de werkmester, geheten Albert
Meyer. Unde wy leten den stol sulven buwen, unde he koste
uns to buwende 10 ♃ to hope.

D.

Familienverhältnisse. Grundbesitz in der Stadt.

1. (Niederstadtbuch Anno 1480, Jubilate [23. Apr.],
f. 140ᵇ). Hans Meyer, borger to Lubeke, mit sinen frunden unde
siner dochter Kunneken manne, Hinrike Dünkelguden, vor deme
ersamen rade to Lubeke irschinende, heft aldar vorgebracht unde
getoget ene vorrameden (bestimmte) scrift unde cedelen, begerende
de aldar horen to lesende, so de na belevinge des rades gelesen
ward, ludende van worden to worden, so hir na bescreven steit:
In Godes namen amen. Item bekenne ik Hans Meyer, borger to
Lubeke, dat ik mit minen frunden bin ens geworden, dat ik mine
dochter Kunneken Hinrike Dünkelgude tor ee geve, unde dele erst
myn gud mit minen kinderen. Int erste geve ik mineme sone
Hanse Meyer dat ene hus, uppe deme markede bii der Grasho-
veschen huse unde deme kake to Lubeke belegen, unde dar to
de helfte des ingedomes, alse van kannen, gropen, ketelen unde
vaten etc., doch butenbescheden alle sulverwerk, smyde, kledere
unde klenade. Item so schal desulve myn sone Hans dit genande
hus nicht besitten, er dat he kome to sinen mundigen jaren, unde
so lange schal id Hinrik unde Kunneke besitten mit my. Weret
ok sake dat my God esschende worde er der tyd, so scholen desulven Hinrik unde Kunneke sodane hus allikewol (gleichwohl)
besitten beth to der tyd, dat myn sone Hans ergenant to sinen
mundigen jaren kome. Item geve ik miner dochter Greteken uthe
mineme gude veerhundert mark lub., dar schalmen er erfrente
mede maken. Unde weret sake dat den erbenanden Hinrike unde
Kunneken desulven Greteken bii sik to beholdende gelevede, so
mogen se de 400 mark ok beholden, unde geven er dar vor de
rente, edder holden se dar vor in kost unde geven er dar vor,
wes se behovet (wessen sie bedarf), unde des mogen se mit der

frunde rade under malkanderen to vreden werden. Willen se des-
seme ok so nicht doen, so schalme er de rente anleggen, dar se
wis (sicher) zii. Item geve ik miner dochter Kunneken unde Hinrike dat ander hus, by deme ergenanden huse belegen, quiit unde
frig, mit siner tobehoringe, dar to de anderen helfte des ergenanden ingedomes. Unde dar to geve ik en minen kraem mit soda-
neme beschede, dat ik des sulven wil mede brukende wesen, na
alse vor, to guder wiise. Ift (falls) my des ok gelevede, dat ik
uthe (f. 141ª) deme krame uppe hundert mark to eneme nodpen-
ninge nemen wolde, des wil ik mechtich wesen, unde Hinrik unde
Kunneke scholen des to vreden zin. Unde wanner my God eschende
werd, so scholen Hinrik unde Kunneke mineme sone Hanse van
minem nalatenen gude viifftich mark lub. geven, dar mede schal
desulve myn sone Hinrike ifte (oder) Kunneken umme myn nala-
tene gud nicht meer anlangen edder rechtgank noch ede to donde
maken. Unde mit dessen vorsechten giften unde gaven begere
unde wil ik dat mine kindere dar mede scholen to vrede unde
gude frunde under malkanderen wesen. Weret ok sake dat myn
sone Hans ersecht (vorher genannt) dat genande hus sulven nicht
besitten wolde, so scholde dat nemant besitten, men de ergenanden Hinrik unde Kunneke, unde dat vor enen mogeliken penningk,
dar id gud vor were. Hir sint an unde over gewest Clawes van
Calven, Bertelt Kickman, Hermen Tilingk, Tymmeke Zuzelman
unde Cord Reise. Scriptum van bevele des rades am Dinxedage
vor Paschen (28. März), anno 1480.

Jo(hannes) B(racht), notarius, subscripsit.

(f. 25ᵇ) 2. A. D. 1480 do let my Hans Meyer, mynes
wyfes vader, toschryven dat hus, dat he my mede gaf
mit syner dochter Konneken, belegen recht achter dem kake.

(f. 1ª) 3. A. D. 1480, des Mandages vor s. Johans
siner bort (19. Jun.), do kofte ik in dem namen Gades van
Albert Jacobsen dat hus negest my, by dem kake, vor
540 ₤ lub., unde moste der dochter geven, de Spikherink heft,
10 ₤ lub. Wen ik dyt gelt utgeven hebbe, so hort my dat hus
to, qwit unde fryg: dat heft he my lavet. Dar was an unde aver
Hans Havenborch unde sin dochter Grete Spikheringes unde er
gast Hinrik Gerko unde Gotke Spikherink.

4. A. D. 1480, up s. Maryen Maddelenen avent (21.Jul.),
gaf ik Albert Jacobsen in syner dochter hus, Spikherinschen hus,
110 ₤, unde gaf em des Mandages dar na (24. Jul.) 30 ₤.
Item aldus beholt Albert Jacobsen wyf Metke in dyt vorscreven
hus 20 ₤ geldes (Renten), unde de scholen nycht angan, er dat
me schryft 1481, up s. Mychele: so geit er rente an, unde sal
nicht ut, er men schryft 1482, up s. Mychele, so sal se de ersten
rente boren, vorschreven 20 ₤. (Folgt die Rentenzahlung bis
1489 und (f. 23ᵇ) bis 1497. Dann heisst es:)

(f. 23ᵇ) 5. Anno 98, van dyt jar dat gaf ik Tylman (Zuname fehlt) unde Dyryk Rostüsscher, unde let it em schryven up
de wessel by Hinr. Greveraden, unde let em schryven 400 ℔. ho-
vetstols (Capital) unde 25 ℔. rente (von 1¼ Jahr), unde bin er
nu nycht mer schuldych, anno 99, des Dinxdages vor Lychtmyssen (29. Jan.). Item dyt hus is nu Gades unde myn
unde myner frunde, unde nene rente inne.

(f. 21ᵇ) 6. A. D. 1487, up s. Jacob avent (24. Jul.),
do rekende ik (Hans Meyer d. Jüngere) myt mynem swager Hynrik Dunkelghut, do blef ik em schuldych, dat ik
van em entfangen hebbe went an dessen dach, 111 ℔. lub. Noch
entfen(k) ik van Hynr., mynem swager, 24 ℔.

7. Anno Domino 1489, des Dinxdages vor Paschen
(14. Apr.), do hadde ik Hans Meyer myne formünder to hope,
also by namen Cort Reyse unde Tylynk, Süselman unde Hynr.
Dünckelgüde. Item do rekende yk myt en, so dat ik do entfangen
hebbe (van) Hynr. Dünckelgüde an reden (baarem) gelde, unde
dat he vor my betalt heft went en dessen dach, unde ik to der
noge entfangen hebbe und wol to freden byn, 223 ℔. Dyt bekenne ik myt myner hantschryft.

8. Anno 89, des Donnerdages vor s. Margreten
(9. Jul.), en(t)fen(k) ik noch van myneme swager Hynr. Dunckel-
gude 30 ℔. Item noch bekenne yk myt myner hantscryft, dat
yk entfangen van mynem swager 24 ℔, des Mydwekens vor
s. Mychelles (23. Sept.) 89.

(f. 24ᵇ) 9. Anno Domino 1489, up s. Barbaren dach
(4. Dec.), do was ik myt mynem swager Hans Meyer unde myt
sinen formunderen, also by namen Hermen Tylink, Tymmeke Su-
selman unde Cort Reyse, vor dem rade to Lubeke, unde do wart
Hans Meyer dar mundych gemaket. Item unde dosulvest
do wart dar gelesen, alse dar steyt schreven in der stat boke, wes
my Hans Meyer mede lavede myt siner dochter Konneken, unde
vort, wor mede ik scholde scheden wesen van sinen sone Hans
Meyer unde siner dochter Gretken Meyers na sinem dode. Item
na inholdinge der stat boke, alse dar do behort wart unde lesen
wart, so hadde ik unde H. T. unde T. S. unde C. R. mynem swager H. M. fol dan na inholdinge des bokes unde na wyllen sines
selegen vaders, des he uns dar do tostoet (zugestand) vor dem
sytten(den) stol des rades, unde dankede uns. — Item vort an stoet
he uns ok toe, dat wy em hadden rekenschop dan, wes em
boren mochte van siner selygen suster Gretken, also
dat he hadde bort van uns, wes em anfalk (anfällig) was unde
boren mochte van sinen selygen fader unde syner selygen suster
Gretken, to enen fullenkomen ende, unde dar nycht mer up to
sakende efte to manende, noch myt gestelkem rechte efte werle-
ken. Item hyr up dede he uns sine hant unde vorlet uns qwyt,

leddich unde loes. Unde dyt steyt schreven in der stat bok van
befel des rades, *Jubilate, in dem blade* 140 (ist ausgestrichen [vgl.
oben D 1] und statt dessen geschrieben:) a. 89, Andree apostoli,
in dem blade (Das betr. Niederstadtb., in dem die Mündigkeits-
erklärung und Quitirung der Vormünder geschrieben steht, ist
nicht foliirt).

(f. 26ᵇ) **10.** A. D. 1490, up Lychtmyssen (2. Febr.),
bekenne ik Hans Meyer myt myner hantscryft, dat ik hebbe vorkoft mynem swager Hynr. Dunkelgude dat hus, dat
my myn selyghe vader gaf, unde bekenne, dat yk entfangen
hebbe van Hynr. Dunkelgude 332 ℳ lub. van des huses weghen
unde van dem, dat my anfallyk was van mynes selygen vaders
wegen unde myner selygen suster wegen (u. s. w.). Item so be-
holde ik in dem huse des jares 20 ℳ lyffrente to mynem lyve,
unde nycht uttolosende, aver myne jarlyke lyfrente to borende.

(f. 25ᵇ) **11.** A. 1490, des Donredages vor s. Dyonysy (7. Oct.), do vorlet my Hans Meyer, myner werdynnen
broder, dat hus belegen negest Jacob Kalfeswinkel, up dem markede. Dyt steyt my toschrefen in der stat boeke li. 9 Petri
fol 61. Item steyt it ok schreven int dat ander stat bok up der
schryvereye up dem kerkhove (Niederstadtb.), dat Bassenbrugge
vorsteyt up desse tyt (Joh. Bersenbrugge, Stadtschr. seit 2. Mai
1478), a. 90, Conversionis s. Pauly (25. Jan.).

(f. 27ᵃ) **12.** A. D. 1490, des Donredages vor s. Dyonysy,
do gaf ik Hans Meyer 10 ℳ lub. up deme rathuse to Lubeke.
Dat was de erste boringe van der rente, de he myt my heft int
hus. Item noch gaf ik vor em ut 8½ ß deme schryver Reyne-
rus. Item gaf ik vor em ut to s. Byrgeten (Brigittenkloster zu
Marienwold) vor kost, de he en schuldych blef, do he
van dar toch. Item noch gaf ik Suselmanschen wedder 7½ ß,
de se em dan hadde. Item noch is he my 22 ß, de he upbort
heft van der krogerseen to Maryenwolde. Item noch gaf
ik mester Tonnyges, de en helde, do he steken was, 3 ℳ.
Item noch vor sardok (starkes Zeug, halb Leinen, halb Wolle)[11]
2½ elen, 6½ ß 2 ₰. Item noch to dem ladebreve (Gildebrief)
4 ß. Item 3 ele foderdok 3 ß. Item van Erk Lünt 1 ele swart
Leydesch unde 1 ele westerlindesch 22 ß. Item gaf ik Hans
Meyer 2 ℳ 6½ ß, up Guden Donredach (31. März) a. 91, van
dem halven jare. Summa dyt bovenschreven, sunder de kost to
s. Byrgeten unrekent, dat ander is 20 ℳ. (In ähnlicher Weise
wird ihm seine Leibrente bis Michaelis 1493 vorausgezahlt, wo-
rüber er zuletzt quitirt 1492 Sept. 1.)

(f. 25ᵇ) **13.** A. D. 1489 do kofte ik van Klarken van
Rene unde van eren vormunderen, by namen Hermen Husheren

---

¹¹ Vgl. Hans. Geschsbl. 1874, S. 160, 161.

unde Wilm Sonken, Hans Schroder, unde ok myt fulbort eres
sones, mester Johan van Reyne, dat herinkhüs vor dem
Holstendore, unde se letent my schryven in der stat bock.
Item ok steyt my dyt herinkhüs toschreven in dat gardenbok, dat
de weddeheren in bewaringe hebben, unde ik mot dar van geven
to wortins alle jar 4½ ₓ. Item ik gaf her Jasper Lange unde
her Johan Kerkringe myne ersten wortins anne 90, up s. Ap-
plongen (9. Febr.).

(f. 35ᵇ) 14. A. D. 1509, up s. Mychele, do vorkofte
ik Hinr. Lycherdes dat herinkhüs, negest der Holsten-
brügge vor dem Holstendore, vor 300 rinsche gülden
van foller wycht, also nu gankbar synt, unde he schal dar to dem
rade van Lubeke al jar geven den worttins. Item hir up heft
he my geven ene hantschryft unde lavet to gevende nü to Paschen negest komende hundert mark ret (baar), unde up s. Mychele dar negest fochtych mark. Item de 200 gulden wyl he my
vorrenten, alle jar 15 ₓ, so langhe, dat he se utloset in enen
summen, unde secht my eft mynen erfen en half jar toforne toe.
(Folgen die einzelnen Zahlungen der 150 ₓ und der Rente bis
1517, 12. Nov., wobei auf Buch C verwiesen wird. Vgl. oben
A 4 f.)

(f. 223ᵇ) 15. A. dusent Vᶜ myn en (1499) do gaf ik
Clawes Langen myne dochter Anneke to der ee, unde
gaf em mede ret gelt 500 ₓ. Item noch to kleden, unde dat
dar to hort, so gut (Summe fehlt). It. noch dat hus 1 jar to bruken, is ok boven 100 ₓ myt welker kost. It. noch 1 jar kost
unde holt unde kalen [is] myt sinem folke, is ok 100 ₓ. It. de
halfe kost (Hochzeitsmahl) de kostede ok boven 25 ₓ do kost,
unde win, de dar drunken wart to der kost, stot (kam zu stehen;
Summe fehlt). It. noch hebbe ik fodder (fürder) togefen in dem
huskoepe toe 400 ₓ; he kofte it my af vor 2200 ₓ, unde ik
hebbe(t) em laten vor 1800, unde it stot my wol 3000 ₓ It.
des (so auch) lavede (versprach) ik em de gropen unde de kannen, alse de qwarterplanken, de me dagelkes (täglich) bruket,
unde nycht, dat dar hanget, des me dagelkes nycht en bruket, etc.:
dat sal Lysebet hebben for sik. It. noch kostede my dat bedde
myt syner tobehorynge (fehlt). It. noch vor küssen to dem bedde
(fehlt). It. noch küssen up stole unde benke (fehlt). It. noch
lende ik en schon benklaken, dat stot (fehlt).

E.

Pfandbesitz in Ruppersdorf.

(f. 18ᵇ) 1. A. D. 1481, up s. Applonyen (9. Febr.),
do gaf ik Gerke Plesskouwen 60 ₓ lub. an ungerseen golde

unde guden rinschen gulden. Item dyt gelt gaf ik eme van
Marqwart Elvers wegen unde Sanneken siner hus-
frouwen wegen, dar loseden se Pleskouwen mede ut dem
hove to Ruberstorpe des jars 4 ℔ rente. — It. vor desse
vorschreven 60 ℔ let my Marq. Elvers unde Sanneke wedder toschryven den hoeff to Ruberstorpe, des jars 4 ℔ rente dar inne
to hebbende. It. hyr gaf my de bysschop van Lubeke up synen
besegelden breff, bysschop Albert Krummedyk, myt synem segel
unde Marq. Elvers syn segel. Item hyr was an unde over her
Johan Berman unde Gotke Pleskouwe, unde ik Hinr. Dunkelgut,
Eggert Kroger unde Albert Morink, unde Marq. Elvers unde sin
husfrouwe Sanneke, de weren dar by, do ik dyt gelt utgaf to Lubeke up des bysschoppes have. — It. de erste rente schal ik
entfangen up Lychtmyssen, wen me schryft 1482.

2. A. D. 1497, des Sonnafendes vor s. Mateus
(16. Sept.), do rekende ik myt Marq. Elvers unde syner husfrouwe Sanneken, so dat se my vornoget hebben de rente, de ik
in ereme hove to Ruberstorp hat 15 jar lank van dem jar 81
went int jar 96, unde dat jar 96 gaf he sine leste rente. —
It. so gink Marqwart Gerdes up den hof to Ruberstorpe
in dem jar 97, un in dem sulven 97. jare gink sin rente an, so
dat he schal vorrenten dat 97. jar unde is sin erste rentejare, dat
he vorrentet van dem hove, Got geve, myt leve. — It. ik hadde
in dem have 60 ℔, dar gaf my Marq. Elvers alle jar af 4 ℔ to
rente. It. so hebbe ik nu vornoget Marq. Gerdes to den 60 ℔
40 ℔, de ik gaf Marq. Elver van syner wegen: so hebbe ik nu
in den hove 100 ℔ lub.

(f. 29ᵇ) 3. A. D. 1497, up s. Peter, alse he vorhoget
wart (22. Febr.), do dede ik Marq. Gerdes up den hoff to Ruberstorp 100 ℔ lub. in guden lübeschen unde ungersehen gulden, gut van golde unde vol van wychte. It., wen he efte syne
na kamelynge sodane gelt wyllen utlosen van dem vorschreven
hoeve, so scholen see sodane vorschreven golt wedder utlosen
unde geven ut, unde nycht erger, wen dyt is, also nu de gulden
sint, de ere wycht holden 1 qwentin kolsch wycht. It. so schal
he, eft we den hof besyt, geven alle jar 6 ℔ lub. to rente van
dessen vorschreven hundert marken, unde wen me schryft na
Cristus bort 1498, up. s. Mychele, so behort my de erste rente
vor dat jar 97, alse de hovetbreff wol utwyset etc.

4. A. 1503, na s. Se... (fehlt), do rekende ik myt Marq.
Gerdes to Ratkouwe in Marq. Elfers hus in jegenwardycheyt her
Gert Alfes, eres kerkheren, unde mer framer lude, de ik alle
hir nycht nomen en kan, doch was dar by Marq. Elfers, Merten
Donre, myn son Claus Lange, Heyne Kedink tor Premsen (Trems),
Hans Dankmer (rect.: *Dankwer* vgl. unten 5, 6), Claus Donre,
Hanenkrat. — It. in jegenwardycheyt desser vorschreven vramen

lüde rekende ik Hinryk Dunkelgud myt Marq. Gerdes, de nu besyt den hof to Ruberstorp by dem see belegen to Ratkouwe, so
dat dar de vorschreven M. G. my schuldych was van vorseten
(aufgelaufener) rente unde tostot (zugestand) 24 ℳ lub. unde (fehlt).
Item noch so sede ik uttogevende vor em, den sulven vorschr.
M. G., 41 ℳ lub., de hebbe ik tosecht Marq. Elfers to Ratkouwe
unde betalt van syner wegen. It. vor dyt bovenschreven gelt
s a l i k a n n a m e n d e n h o f myt al syner tobehorenghe, in al,
nycht butenbescheden, in felde, akker, weyde, wysch, holt, stok
unde sten, also en Marq. Elfers unde ander lude vor beseten hebben, sunder jenyghe arghelyst eft hulperede, so dat de bysschop
sin jarlykes pacht krycht van dem, de den hof besyt, also beno-
men 8 ℳ.

(f. 30ᵃ) 5. A. D. 1504, up (fehlt), v o r k o f t e i k d e n
h o f t o R u b e r s t o r p e H a n s D a n k w e r, mynem naber, v o r 165 ℳ,
de ik nu in dem have hebbe. Des schal he my dar van betalen
nu negest komen to s. Merten 32½ ℳ, unde denne na komende
up s. Merten 32½ ℳ, unde schal my dyt gelt al jar vorrenten
unde geven my al jar van 100 ℳ 6 ℳ: dat is up de vorschr.
165 ℳ 10 ℳ myn 2 ß. (Im J. 1505 werden ihm bis Ostern 30 ℳ
bezahlt, die er aber später zurückzahlt.)

6. A. D. 1506, d e s D o n r e d a g h e s v o r M a r y e n b o r t
(3. Sept.), do was ik to Ratkouwe in Marq. Elvers hus unde
was to degedynge (Verhandlung) mit Hans Dankwer unde s y n e m
s o n H i n r. D a n k w e r, so dat H i n r. D a n k w e r s a l w e d d e r
v a n d e m h a v e f a r e n u p s. P e t e r s d a c h u p d e F a s t e
(22. Febr.). It. so wart dar degedynget, dat ik sal geven Hinr.
Dankwer, vor dat he bouwet hedde in dem have, 4 ℳ. It. noch
geven den mes ut to foren 5 ℳ. It. noch vor plogent 6 ℳ. It.
noch gaf ik tor hure, to hulpe dat he dem bysschope geven hadde,
4 ℳ. Summa 19 ℳ. It. des schal my Hinrik wedder geven, dar
for dat he up have wont heft, 6 ℳ. It. dyt wart so degedynget
vormyddelst her Marqwart Maken, des bysschoppes vaget, unde
Marq. Elfers unde Hans Joden unde Claus Langen, up myne syde.
It. up syne syde weren Claus Donre, Marq. Greleberch unde Klaus
Hanenkrat, Schutte, der domheren vaget. It. gaf ik Hinr. Dankwer in mynem huse 13 ℳ. It. noch heft my de hof kostet myt
der saet, de ik dar seygede, unde ander ungelt, myt fore unde
kost, in al 19 ℳ. It. noch vor dekkent up dem hus unde schüne
unde vor dore by dem herde unde vor alle terynge, ik dar up
dan hebbe, 9 ℳ 10 ß.

(f. 225ᵃ) 7. (Im Test. v. J. 1509, 11. Nov., heisst es, später durchstrichen, wie auch in einem frühern Entwurfe v. 1507:)
Item noch gheve ik den armen junckfrouwen to Plone to Maryen
tyde (einem regelmässigen Gottesdienste zu Ehren der Jgfr. Maria)
to hulpe 100 ℳ, de de sint in mynen hove bi dem Ratkouwer

see, gheheten Ruberstorp, dat (se) al Got vor my bydden unde
vor myn slechte unde vor alle lovyghe (gläubige) zele.

F.

Stiftung in Marienwold und letztwillige Verfügungen.

(f. 193ᵃ) 1. A. D. 1496 do let ik maken to s. Byrgeten, vor Mollen belegen, umme den kerkhof en krüsedracht
(Kreuztragung) myt dem rychte (Kreuzigung), dat kostede my
44 ℔ 6½ ß. It. stoet (kostete) dat Marienbilde in der sunnen
(Heiligenschein?) up dem kerkhave 14 ℔, anno 1509. It. dat
krusefixk up der juncfrouwen kor myt Maryen unde s. Johan,
stot 15 ℔. It. noch en krüse up der juncfrouwen altar 3 ℔.
Item noch let ik müren 1 altar an der broder schrank, stot my
myt dem sparkalke unde sten unde to müren 3½ ℔. It. darup
1 sneden tafel, alse Marye in den tempel wart offert (dargebracht),
stot myt dem wygende, dat se de bisschop wyggede unde dat altar, boven 100 ℔. It. let ik et umme beschranken (mit Schranken
versehen) myt myssingesdrat, stot mit dem smydewerk 31 ℔ 4 ß.
It. up dat altar lynnenlaken unde wollen unde 2 attependium
(= antependium, Vorhangsdecke vor dem Altare), stot wol 8 ℔.
It. noch 1 lyste (Leiste) van sulveren bokstaven unde myn name
in den bokstaven, unde is wol vorguldet unde woch 3½ lodege
mark unde 6 lot, it lot stot 20 ß, is 77 ℔ 8 ß. Noch vor dam-
masch 2 ℔ unde rot syden 4 ℔, noch makelon. It. noch vor
1 kelk, stot 38 ℔, unde paten (Oblatenschale). It. 2 sulveren
appollen (Abendmahlskannen), wegen 11 ℔. It. 8 garwete, 1 rot
flowel (Priestergewänder, darunter eins von rothem Sammet), 28 ℔.
It. (1) rüsch gulden stukke, stot de ele 3 ℔, 8½ ele 25 ℔. It.
1 gel syden stukke, stot 8 ℔. It. 1 gron flowel geblomet (von
grünem geblümtem Sammet), stot ok 26 ℔. It. 1 fogelken want
(mit Vögeln durchwebtes oder netzartiges Zeug), stot 3 ℔. It. 1
rot aresch (Wollenzeug von Arras), stoyt 3½ ℔. It. 1 wyt drel,
stot 2 ℔ 12 ß. It. 1 brun sardok, stot myt makelon 3½ ℔. It.
noch 8 alfen (Alben, weisse linnene Priestergewänder), stan 12 ℔.

(f. 194ᵇ) 2. Dyt naschrefen dat qwam to mynem altar
to s. Birgeten: It. noch geven for kogeler (Kappen)[12] unde vor
seter (Baumwollenzeug)[13] under de garwete 7 ℔. Noch vor 1 kruse
up 1 garwet 1 ℔. Noch vor 1 par flogel (Flügel, Behänge) van
syden. Noch 1 par flogel van (fehlt). Noch 1 rydelaken vor
de tafel (Zug-Gardine vor dem Gemälde) up altar 3½ ℔. Noch

---

[12] Kogeler, Kappe, Mütze, und Zeug, aus dem man Kappen, Mützen
macht, s Hans. Geschbl. 1874. S. 162, 163.
[13] S. oben S. 358 Anm. 9.

is dar 1 rusch fylt (russischer Filz) up altar, stot 1 ℔. Noch vor (vor) it altar 1 barenhut ½ gulden. Noch is to dem altare 1 pescpebret (Räucherpfanne) [14] van myssink unde vorguldet. It. noch 1 slycht unde recht (einfache, unverzierte) pesebret [14]. It. noch dar to 1 furbal (Feuerbohle, Feuerbrett, Einsatz für die Kohlen). It. is dar 1 myssebok, dat kofte ik, unde 1 del gaf he my, dar ik it af kofte, her Marqwart Brant (ein Geistlicher). It. noch 1 schryfft up deme altar in myssink geschrefen, myn name, dat se alle dage myner denken scholen unde myner erfen unde frunde. It. so is dar ene kyste, dar me schal in leggen de garwete, unde wat to dem altar hort, stot 4 ℔.

Item vor dem vorschr. altar scholen de broder des klosters alle dage 1 mysse lesen, des somers to 5, unde des wynters to 6 uren. Dar vore gaf ik en 700 ℔ lub., alse ere bref wol mede brynget, de by my is, unde sal blyven by mynen erfen. Unde wen de erfen al vorstorven synt, so scholen de olderlude des krames to Lubeke dat vordegedingen unde vorstan, gelik also Marien tyde in der kappelle to s. Jacob in Lubeke unter dem torne, de de kremer vorstan. It. de bref, de dar up lüt unde tohort, den fint (men) in der kremer kappel in s. Peters kerke in Lubeke in dem schappe, dat dar steyt, dar s. Annen bilde up steit. It. ok is dar in de bref up myn altar to Marienwolde up de ersten myssen. It. desse brefe unde de brefe, de lude(n) up de tyde Marien to s. Jacob in Tylinges kappellen, de sint tohope. It. Klawes Lange de heft ok befalen des (den) olderluden des krames.

(f. 231ᵇ) 3. Testament von 1487: So were wol myn beger, isset sake dat en van mynen dochteren dar wyllen to hadden, dat me se to s. Byrgeten to Maryenwolde int kloster geve. Dat is myn bede unde beger.

(f. 228ᵃ) 4. Test. v. 1502: Eft it qweme, dar Goet vor sy, dat Konneke sterve myt den kinderen kort na my, so begere ik, dat me van mynen nalaten gude make ene ewege mysse to s. Byrgeten to deme altar, dat ik dar hebbe maken laten. Item se behoveden (brauchten) dar wol ene fromysse alle dage u. s. w.

(f. 227ᵃ) 5. Test. v. 1507: De susters unde broders to Maryenwolde scholen laten lesen alle dage vor mynem altare 1 fromysse — — vor my unde myner werdynnen zele unde vor unser vorolderen zele unde vor unse kinder zele unde vor alle vrunde sele unde al crysten zele.

(f. 225ᵇ) 6. Anhang zum Test. v. 1509 (1517): Item so geve ik myn sulversmyde (in einer früheren Aufzeichnung: is in der lade vor mynem bedde), also bynamen 1 sulveren kanne unde 1 settebeker, 12 beker (früher: 12 insettebeker) unde 6

---

[14] Pesebret, Kusstäfelchen, s. Mnd. Wb. 3, S. 323.

stope unde 4 schalen unde 30 lepel unde 1 kouwschen (kleine Kufe, kleines Fass)[15] — dyt wycht tohope 21 lodeghe mark unde 4 lot — dyt vorschreven sulver scholen hebben myne dre dochter Anneke, Ghessche unde Lysebet tohope. Item eft en van dessen dren storve unde nene erfen hadde, so schal dyt sulver wedder erfen up de anderen, dat it by den erven schal blyven.

(f. 226ᵇ fg.) 7. Aus dem Test. von 1509 (1517). Legate: zu Wegen und Stegen 1½ ₤; den Schwartauer und Neustädter Siechen jedem 1 Paar Schuh; allen andern Siechen vor Lübeck und 4 Meilen in der Runde je 1 ß; den Armen zu vertheilen 10 ₤; seiner Halbschwester Telse Kindern 2 ₤; seiner an Joh. Raven verheiratheten Vaterschwester Kindern 3 ₤; zum Kirchenbau in Ratekau 5 ₤, St. Petri in Lübeck 3 ₤, Gleschendorf, Süsel, Travemünde je 1 ₤; ans Dominikanerkloster zu Stockholm, an die schwedischen Klöster Eskilstuna und Juleta je 1 Tonne Travensalz. — Item in dessen klosteren bin ik broder, da lygghen hyr breve up. De sal men en senden by dat solt, so weten se wol, wat en bort dar vor to donde. — Dem Antoniushofe oder Kloster Tempzin bei Warin auch 1 Tonne Salz; der Marienbrüderschaft auf dem Friedhofe zum Dom, der heiligen Leichnams-Brüderschaft zu Jacobi je 1 Goldgulden, der letzteren, mit dem Zusatze: wert se holden; der St. Annen Brüderschaft der Krämer zu Petri 3 ₤; den Klosterjungfrauen zu Neustadt und Plön je 3 ₤, den Letzteren noch 1 Last Roggen; auch nach Marienwold noch 1 Last Roggen, dat se my began myt fyllegen (mit Vigilien) unde myssen unde neme(n) my in er denkelbok eewych.

Item gy, myne kynder, eft gy, myner dochter manne, dyt vorschreven befele ik juw so to holdende by juwer konsenzijen, alse gy vor Gade willen antworden. Gy moten folgen, unde weten nycht, wo kort.

Item so schal hebben Grebbynsche to der Arnsboken 6 ₤, to eren dochteren to beraden.

Item so gefe ik myner maget Gretken Tessins 5 ₤ jarlike rente, so lange also se lefet. De sal se boren van der rente, de ik hebbe in Jachim Techouwen hus in den wyden kramboden. Wen se in Got forstorfen is, so schalt wedder by myne kynder. It. dit gefe ik er umme Gades willen, dat se Goet for my bydde unde gefe (it) er dar vor, dat se my truwelken dent heft.

It. dyt vorschreven bevele ik juw, myn vormunder, by juwe sele. Anno 1517 vornye (ik) dyt boven schreven unde dyt vorschreven testement.

---

15 Vgl. Mnd. Wb. 2, S. 552.

X.

Hermann Bonnus, Lübecks erster Rector und Superintendent, als lübscher Chronist.

(1867.)

M. g. H.

Ich habe Ihnen für den heutigen Abend einen Vortrag verheissen, dessen Inhalt eine Charakteristik des Hermann Bonnus, des ersten Lübischen Schulrectors und ersten Lübischen Superintendenten, als Chronisten der Stadt Lübeck sein soll. Es ist ein Versuch, dasjenige aus seinem Leben herauszuheben, was ihm die persönliche Stellung zu unserer Geschichte anweist und seine Behandlung derselben kennzeichnet — ein Versuch, den ich zunächst für mich gemacht habe, um über Bonnus' Leistung, verglichen mit seinen Vorgängern und gleichzeitigen Chronisten, ein gerechtes und unparteiisches Urtheil zu gewinnen, der aber auch auf Ihre geneigte Theilnahme vielleicht rechnen dürfte.

Den Freunden unserer Geschichte sind die beiden Gelehrten des vorigen Jahrhunderts bekannt, die uns des Bonnus Leben aufbewahren: Casp. Heinr. Starke, Pastor in dem damals halb lübischen Dorfe Siebenbäumen, und der Flensburger Rector Joh. Moller, auf den man für alle biographischen Nachrichten über ältere Gelehrte unserer nordalbingischen Gegenden stets zurückkommen muss.

Neuerdings, i. J. 1864, hat, gestützt auf diese beiden Schriftsteller und allerlei Nachrichten, welche er sich aus den Orten, wo Bonnus lebte und thätig war, zu verschaffen suchte, ein Pastor Spiegel zu Osnabrück das Leben des Hermann Bonnus, seines Landsmann's, bearbeitet, welches, populär gehalten und nach der Absicht des Vf. bestimmt, einem grössern Leserkreise den tüchtigen Reformator vorzuführen, auch Ihrer Aufmerksamkeit hierdurch empfohlen sein mag. Für die Aufhellung von Bonnus' Leben, ehe er zu uns kam, bietet das Buch freilich nichts Neues, auch fehlt ihm nach dem Maassstabe, den man heute mit Recht an solche Lebensbilder legt, ein gewisser Abschluss, was freilich mit der Spärlichkeit der Ueberlieferung in Betreff mancher Theile von Bonnus Leben entschuldigt werden muss. Dazu kommt, dass seine Schriften sich ausserordentlich verloren und zerstreut haben, und Manches, was vor 100 Jahren noch da war, jetzt gar nicht mehr aufzutreiben ist.

Als ein besonders glücklicher Zufall muss es daher angesehen werden, dass wir von Bonnus noch ein gleichzeitiges Porträt besitzen — ich habe mir erlaubt es dort aufzuhängen und Ihnen so das Ihnen von der Stadtbibliothek her bekannte Bild ins Gedächtniss zu rufen. Die Geschichte dieses Bildes ist folgende: Wie des Bonnus Zeitgenosse, Reckeman, erzählt, ward er ˌbegraven in de Sengerkapelle achter dem chor, da men bycht sittet, unde ein Erbar Radt leten em en nyge graf muren, unde he stunt baven erden III dage und Eyn Radt leten em afconterfeyen, de wyle he in der kerken im sarge lach. Dies ursprüngliche für die Gedächtnisstafel in der Kirche bestimmte mit Epitaphium versehene Bild existirt, wie es scheint, nicht mehr. Schon 1724 erzählt Starke: ˌEs ist nunmehr durch das Alterthum dermassen verderbet, dass da ich mir die Mühe gegeben es in einen genauern Augenschein zu nehmen, ich kaum etwas w e n i g e s mehr davon erkennen, geschweige die lineamenten des Gesichtes recht eigentlich bemerken können'. 1787 hat nach S c h n o b e l 's Beschreibung von Lübeck die Gedächtnisstafel mit Bonni Bildniss noch zur Rechten des Altars gestanden. Der Altar ist aber nach einer handschriftlichen Aufzeichnung desselben später entfernt worden, wahrscheinlich als man das Denkmal für den 1796 verstorbenen letzten Superintendenten an die Stelle setzte, um dieselbe Zeit wurden auch die jetzigen neuen Beichtstühle eingerichtet, und später hat man denn wohl auch Bonnus' Bild und Epitaphium in oder nach der französischen Zeit entfernt. Einen Monat nach Bonnus' Tode, am 10. März 1548, schreibt ein Zeitgenosse und Freund des Bonnus, Herm. Wippermann, Conrector an unsrer Schule, über das im Auftrage des Raths gemalte Bild von Bonnus: Effigiem D. Bonni a pictore expressam, nedum vidi: audio illam 4 taleris aut amplius eo comparari. Das ist nur so zu verstehen, dass der Maler diesen Preis für das Original erhielt[1]. Unser Bild aber muss eine Copie des Kirchengemäldes oder ein zweites Original sein, das sich Bonnus' Tochter Hille, verheirathete Wilms, zugleich mit ihrem und ihres Mannes Conterfei malen liess. Denn unser Bild gleicht einerseits der Beschreibung des Kirchenbildes bei Starke, welcher sagt: ‚Es erstrecket sich weiter nicht als auf das blosse Haupt, wie es auf einem Kissen lieget'. Und dass andrerseits ein derartiges Familiengemälde, bis dahin wohl bei den Descendenten des Bonnus in weiblicher Linie, bewahrt, 1757 zu Kauf ausgeboten ist, erhellt aus einer Annonce d. Lüb. Anz. v. 2. Apr. dahin lautend: ‚Es ist jemand gewillet ein antiques und rares Gemählde mit zwey Flügeln nach alter Façon abzustehen. Das Gemählde selbst stellet den ersten Lüb. Superintendenten auf seinem Kranken- und Sterbebette nach dem Leben gemacht dar mit der Ueberschrift: M. H. Bonnus in Eccles. Lubec. Super. attend. obiit A. 1548 d. 12. Febr. Aetat. vero suae 44. Auf beyden Flügeln sind abgemahlet Barthold Willms aetatis suae 38 und Hilcke Bonnus aetatis suae 32. Nähere Nachricht davon ist bei Bart. Arnold Völckers zu haben'. — Ehe ich diese Notiz kannte, glaubte ich, dass die Stadtbibliothek das alte Kirchenbild besitze; durch sie ist aber unzweifelhaft bestätigt, dass dies vielmehr das Familienbild ist, zumal wir dafür noch einen lebenden Zeugen in der Person des erblindeten Maler Greve haben, der mich auf Nachfrage versichert hat, dass unser Bild, welches er unter dem Bibliothekariat von Prof. Ackermann restaurirte, zwei Flügel hatte, sehr verdorben, auf deren einem ein junger Mann, auf dem andern eine junge Frau zu sehen war. Bisher hatte ich mir diese Auskunft vergebens mit einem Kirchenbilde zu reimen gesucht, sie stimmt aber völlig mit den Lüb. Anzeigen.

In der ernsten Reformationszeit scheute man die Darstellung des Todes nicht. So sind, um nur ein mir bekanntes Beispiel anzuführen, die pommerschen Herzöge in grösserer Anzahl im Sarge dargestellt. Von Barthold Wilms und Frau

<hr />

[1] Mantels dachte ursprünglich an einen Kupferstich, änderte dies aber mit Rücksicht auf die Holbein dem Aeltern und dem Jüngern gezahlten geringen Preise ihrer Arbeiten.

Hille ist uns aber auch an andrer Stelle bezeugt, dass ihre
Gesinnung eine ernste war, und dass sie in kindlicher Anhäng-
lichkeit auf das Vorbild der Frömmigkeit sahen, das ihnen
der Vater Hermann Bonnus gegeben. Denn unter einer früher am Eingang der Greveradenkapelle, durch die man zur
Orgel in der Marienkirche hinaufsteigt, jetzt an der entgegengesetzten Thurmseite in der Schinkelskapelle, befindlichen
von Laval 1568 gemalten Auferweckung des Lazarus, ist ihnen
bei ihrem und ihrer Kinder Tode i. J. 1586 folgendes Epitaphium gesetzt:

> Barthold Wilms ein fram redelig man
> Hylle sin fruwe so gedan
> Dat se in Gottesfurcht, tucht und ehrn
> Oehrem Vader dem werdigen herrn
> Magister Hermann Bonno glieck
> Sindt beyde verstorben seliglick,
> Körter frist, mit tween öhrer Kinder,
> Welchs kuhme mehr gehöret geschwinder,
> He im October am veffteinden,
> Se vort darnach am twintigsten,
> Catharin de dochter gliker gestalt
> Am twe und twintigsten alsobaldt,
> Anneke den verteinden Decembris
> Welchs öhnen all to gut geschen is.
> Denn in der Welt, jetzt bösz ohn Maten,
> Wolte se der lieb Gott lenger nicht laten,
> Wyl nichts darin ist ohn all Schuw,
> Gitz, Woker, Bedrog, Arglist, Untruw,
> Unangesehn dem reinen Worde,
> Mit Vlite gelert an allem Orde,
> By dem doch ydel Huchelye;
> Man spott ohn Lieb mit Sund frye,
> Gut Christn is man in den Kerken,
> Darbuten ohn alle christlichen Werke.

Wie und wann nun das Bild auf die Bibliothek gekommen,
habe ich bislang nicht ermitteln können. Erst 1835 erwähnt
Professor Ackermann unter den Bildnissen der Bibliothek das
alte, aber sehr beschädigte Porträtgemälde, welches den Superintendenten Hermann Bonnus auf seinem Leichenbette dar-

stelle; dass es restaurirt worden, ergiebt ein Posten in der Ausgaberechnung. Uebrigens verdient Herr Greve unsern vollen Dank dafür, dass er das Bild nur sorglich gereinigt, vor sonstiger Restauration sich gehütet hat. Es ist dadurch eins der besten und ältesten Porträts, das wir in Lübeck besitzen, uns erhalten worden, ich möchte sagen, das älteste, denn, nach der Malerei zu urtheilen, kann es nicht viele Jahre nach Bonnus' Tode gemacht, wird vielmehr gleichzeitig mit dem Kirchengemälde entstanden sein. Die Flügelthüren, welche, da Hilke Bonnus 32 Jahr alt dargestellt ist, nicht wohl früher, als in die 60er Jahre, fallen, sprechen nicht dagegen, dass das Hauptbild älter sei: sie können ja später angefügt sein.

M. g. H., ich hoffe nicht, Sie zu lange bei unserm Bilde festgehalten zu haben. Ich erlaube mir aber, noch eine Bitte daran zu knüpfen, die nämlich, es möchten die Herren, welche sich in übrigens dankenswerther Weise um die Hebung des Interesses für die Kunst bei uns bemühen, nicht gar zu spröde und theilnahmlos an unsrer ältern Kunst vorübergehn. Es fehlt uns bis jetzt noch an jeder Geschichte derselben. Dass aber eine auch nur äusserliche Zusammenstellung des Vorhandenen schon hübsche Resultate liefern müsste, leidet gar keinen Zweifel. Der verstorbene Archivar Lappenberg hat in seinen letzten Lebensjahren Beiträge zur älteren Kunstgeschichte Hamburgs geliefert und die Herausgabe bedeutenderer Arbeiten der Kunstgewerke des Mittelalters daselbst veranlasst. Trotzdem dass in Hamburg viel weniger Arbeiten der Art erhalten sind, als hier, ist der Ertrag dieser Unternehmungen ein verhältnissmässig reicher gewesen. Bei uns würde nach meiner festen Ueberzeugung die Aufgabe eine sehr lohnende sein. Und sie muss bald gelöst werden, da in unglaublicher Weise die lebendige Kunde von unsrer ältern Zeit abstirbt, und man jetzt schon vielfach, wie ich mir erlaubt habe Ihnen an dem Bilde des Bonnus zu zeigen, den unterbrochenen Zusammenhang mit der Vergangenheit nur schrittweise herstellen kann.

Die Ehre, welche der Rath Bonnus im Tode erwiesen, bezeugt genugsam, wie hoch man ihn hielt. Die Klage über seinen Tod ist allgemein. „Anno 1548 den 12. Februarii, berichtet sein Zeitgenosse Hans Reckeman, starf mester Her-

mann Bonnus de was tho Lubek Superintendente unde was ein
gelert man unde hadde to Lubek gepredyget Gades wort int
16 jar'. Reimer Kock schreibt: ,1548 d. 12. Febr. is M. Hermann Bonnus ein Superintendens to Lubek verstorven, ein ge-
lerder ehrlich frame man, de wol werd is, dat sin name unde
gedechtnis moge bliven'. Und der vorhingedachte Conrector
Wippermann schreibt an den Lüneburger Prorector Luc. Los-
sius: ,Uns hat der herbste Schmerz ergriffen über den unerwar-
teten Schlag, der jüngst unsere Kirche und unser Gemeinwesen durch den zu frühen Tod des Hermann Bonnus traf. Sein
Tod wird, wenn Christus es nicht gnädig abwendet, unserer
und der ganzen Kirche in kurzem schweren Fall bringen. Beten wir darum zu unserm Erlöser, dass er das eben aufge-
gangene Licht seines Evangeliums durch aufrichtige, getreue
und gelehrte Diener am Wort, gnädiglich erhalten wolle'.
Man wird, abgesehen davon, dass Wippermann der Familie des
Bonnus nahe stand, die an seinen Tod geknüpften Befürch-
tungen begreifen, wenn man berücksichtigt, dass der viel-
verehrte Mann nur 44 Jahr alt ward, dass Luther vor zwei
Jahren heimgegangen war, dass Karl V., jüngst Sieger im
schmalkaldischen Kriege, den protestantischen Norden mit dem
Interim bedrohte, dass in Lübeck bei etwaigen Machtschritten
des Kaisers der Fortbestand der reinen Lehre kaum gesichert
war, denn nur erst seit wenigen Jahren seit Brömsens und
Gerkens Tod zeigte sich die Mehrzahl der Rathsmitglieder
entschieden der Reformation zugethan. Erst nach 5 Jahren
hat man Bonnus' Stelle wieder besetzt, unter den Männern,
die man dafür ins Auge fasste, war kein geringerer, als Melanchthon selber.

,He was ein gelert man', heisst es von dem gestorbenen
Bonnus. Das war zunächst die Eigenschaft, welche ihn zu
seiner ersten amtlichen Stellung in Lübeck empfahl, zum Rec-
torat der aus dem Franziskanerkloster gebildeten lateinischen
Schule. Denn von dieser heisst es in der durch Petersen
veröffentlichen Geschichte unserer Kirchenreformation: ,Des
Dr. Bugenhagen erste fliet was eine gude schole anthorichten,
dar der stadt kinder in guder lere mochten upgetagen werden, nicht dorch ungelehrden Baganten wie in dem pawes-
dome, sondern dat men darto vorschreve gelerde menner und

gesellen, de nicht in untucht und horerie, sundern in erliker
ehe leveden. Derohalven ward thor stede der schole St. Ca-
tharinen kloster, welk midden in der stadt gelegen, dar tho
vorvöget etc.'. Herman van Bonne, wie er in einem Buche,
das er selbst besessen, eingeschrieben steht, oder latinisirt
Bonnus, war am 12. Febr. 1504 zu Quackenbrügge im Osna-
brückischen geboren und früh unter den tüchtigen Humanisten
der Schule zu Münster gebildet worden. Er war der Sprachen, welche den erneuerten Studien zu Grunde gelegt wurden,
des classischen Latein, des Griechischen, des Hebräischen,
mächtig, handhabte namentlich die erstere auch in Gedichten.
Ausserdem aber hat er, soweit wir sein früheres Leben verfolgen können, ausser in Westfalen, in Pommern gelernt, daselbst auch gelehrt, und war deshalb des Niedersächsischen
mächtig, ohne welches er kaum eine eingreifende Wirksamkeit
hier hätte ausüben können. In Pommern soll er im Kloster Bel-
buk gewesen sein, mit dem der berühmte Lehrer der Schule zu
Treptow, unser Reformator, der Pommer Bugenhagen, in Verbindung stand. Dort ist er auch für die neue Lehre gewonnen worden und selbst bald eifrig aufgetreten. Ehe er zu
uns nach Lübeck kommt, ist er Informator des ganz jungen
dänischen Prinzen Johann (geb. 1521), des Bruders von König
Christian III. Bonnus hatte, wie es heisst, wegen Anhänglich-
keit an die Reformation vor dem streng katholischen Herzog
Georg von Pommern das Land verlassen, die Mutter des jungen dänischen Prinzen, Sophie, war Georgs Schwester. Daher
mag die äusserliche Veranlassung zu seiner Informatorstelle gekommen sein, andrerseits war er selbst noch recht jung, muss
also Proben seiner Tüchtigkeit abgelegt und sich namentlich
durch seine Haltung selbst empfohlen haben. Die Erinnerung
an das Verhältniss zu dem Lehrer seiner Kindheit bleibt dem
Prinzen, welchem lange nach Bonnus' Tode dessen Sohn, unser
Rathmann Arnold Bonnus, eine Schrift seines verstorbenen
Vaters zugeeignet hat.

Trotz junger Jahre also weit herumgekommen, in Verbindung mit den namhaftesten Reformatoren, besonders mit Bugenhagen, tritt Hermann Bonnus seine Schulleitung an. Sie
kann nur kurz gewesen sein, denn als Bugenhagen hier die

Kirche neu geordnet, schlägt er vielleicht selber den d. Z.
Rector Hermann Bonnus zum Superintendenten vor, für den
man sich wahrscheinlich 1532 um Johannis entschieden hat.
Bonnus ist aber auch in der Superintendentenstellung seinem
Lehrerberufe getreu geblieben. Das brachte theils das Amt
selber mit sich, denn, ausser der ihm zukommenden Aufsicht
über das ganze damals durchaus im Dienste der Kirche stehende
Schulwesen, hatte er gleichsam den akademischen Unterricht in
der Stadt, indem der Superintendent nach Bugenhagen's Kirchenordnung lateinische Lectionen aus der h. Schrift für die
Gelehrten und besonders für die andern Prädicanten halten
sollte. Theils aber — und das hat Bonnus mit Luther und
Melanchthon, so wie ihren zahlreichen Genossen und Schülern
gemein — sind diese ersten Pfeiler der Reformation durchweg
lehrhafter Natur. Wie sie das Volk durch alle Stände aus dem
neu erschlossenen Schatze des Schriftwortes erbauend belehren,
wie sie den Dienern am Worte Gottes die Wege des Predigt-
amtes und der Schriftauslegung anbahnen, so drängt sich ihnen
ganz natürlich das Bedürfniss auf, der empfänglichen Jugend
sich zu bemächtigen, in die Herzen, welche noch nicht von dem
alten Sauerteige angesteckt sind, den befruchtenden Keim des
Evangeliums zu pflanzen, ihren Wissensdurst aus den wieder
rein und lauter fliessenden Quellen des classischen Alterthums
zu stillen und durch den festgegliederten Bau der Grammatik
der antiken Sprachen sie an klares und folgerichtiges Denken
zu gewöhnen.

Luther empfiehlt in solchem Sinne allen Obrigkeiten und
Magistraten deutscher Nation die Gründung lateinischer Schu-
len, Melanchthon, der Lehrer Deutschlands darum genannt,
giebt die sichern Grundzüge derselben an, schreibt Gramma-
tiken und Lehrbücher, welche bis ins vorige Jahrhundert den
Kern des gesamten Unterrichts bildeten, und versorgt ganz
Deutschland mit seinen Schülern als Rectoren und Lehrern,
Bugenhagen, wohin er zu uns im Norden kommt, wandelt
gleichzeitig mit dem neuen Gottesdienst die alten Klöster in
Gymnasien um, und Bonnus, sein getreuer Mitarbeiter, hat bei uns
und anderswo das alles durch unermüdlichen Eifer erst praktisch ins Leben gerufen und fast für jeden Zweig des Unter-

richts die nöthigen Bücher geschrieben, die, zum Theil früher schon von ihm für seine Zwecke gebraucht, während seiner Superintendentur, manche erst nach seinem Tode gedruckt wurden.

So giebt es von ihm einen niederdeutschen Katechismus: Ene korte vorvatinge der christliken lere unde der vörnemesten fragestücke, so under dem Evangelio gemenliken vörvallen, up frage unde antwort gestellt, vor de kinder unde gemenen mann — zum Gebrauche neben dem lutherischen. Wie der Titel ist die Form der Abfassung eine kindlich naive, die so recht einen Beleg giebt für den vorhin angedeuteten Standpunkt der Reformatoren, dass man durch die Kinder die Alten zum Evangelium bringen müsse. Ein Mann, im Papstthum aufgewachsen, fragt einen in der neuen Lehre unterrichteten Knaben und bekommt so bestimmte Auskunft, dass er zuletzt ausruft: Wiewohl ich von Alterswegen könnte dein Vater sein, muss ich doch bekennen, dass ich solch gründlichen Bescheid von der christlichen Lehre zuvor nicht gehört habe, und danke dir derhalben für guten Unterricht. Und das Kind entgegnet: Danke Gott für seine Gnade, der uns armen Leuten sein reines Wort wieder gegeben hat, dass wir Kinder nunmehr gründlicher Bescheid wissen in den Sachen der ewigen Seeligkeit, als vor Zeiten alte Leute gewusst haben.

Für den Unterricht im Lateinischen hatte Bonnus schon zum Gebrauch des Prinzen Johann, seines Schülers, eine Elementar-Grammatik zusammengestellt, welche den Donat ersetzen und Philipp Melanchthons überall bei uns gebrauchter grösserer Grammatik voraufgehn sollte. Ganz praktisch sind in derselben die lateinischen Wörter und Redensarten niedersächsisch wieder gegeben. Diese Grammatik ist wiederholt aufgelegt, von einem spätern hiesigen Lehrer, Nicolaus Vorst, neu bearbeitet und mindestens hundert Jahre in Gebrauch gewesen.

Nicht nur auf die Jugend, sondern zugleich auf die Gemeinde berechnet war die Herausgabe eines Lübecker Gesangbuches, welches an Luther's Wittenberger Gesangbuch sich anlehnend, und neben dem Rostocker von Slüter und dem Magdeburger in Norddeutschland im Gebrauch, die Lieder von Martin Luther niedersächsisch wiedergab, aber mit niederdeutschen

vermehrt, darunter zwei von Hermann Bonnus selbst ‚Ach wir
armen Sünder' und ‚Jesus Christus wahr Gottes Sohn', welche
auch in den spätern hochdeutschen Gesangbüchern unserer
Stadt mit Bonnus' Namensunterschrift stets geblieben sind und
das Andenken an ihren ersten Superintendenten in der Gemeinde erhalten haben, bis man sie aus dem neuen zeitgemäs-
sen Gesangbuch von 1790 herauswarf.

Für sein geistliches Amt und die eigentlichen Bedürfnisse
der neuen Gemeinde ist dann der gelehrte Bonnus nicht minder rührig gewesen. Wir rühmen uns und mit Recht des
Reformators Bugenhagen und bewahren ihm ein gutes Gedächtniss. Durchgeführt, befestigt, durchgekämpft und durch-
gearbeitet hat aber bei uns das Werk Niemand anders als
Bonnus. Ob dieser thätig an der niederdeutschen Bibelüber-
setzung mitgewirkt, darüber fehlt uns die Kunde, da sie aber
erst 1534 d. 1. April, als Bonnus doch schon mindestens 3
Jahr am Ort war, vollendet ist, da Lübecker zu dem hier
ausgeführten splendiden Drucke das Geld herschossen, ausser
dem berühmten Buchdrucker Ludwig Dietz drei Mitglieder der
64ger von 1530 — Johann v. Acheln und Jacob Crap, welche
1530 Bugenhagen nach Lübeck holten, und Götke Engelstedt
Mitglied des neuen Rathes, — so sollte man meinen, Bonnus
habe als Vermittler oder bei der Redaction die Hände mit im
Spiele gehabt. — Die Kirchenordnung ferner ist zwar für unsre
Stadt von Bugenhagen selbst verfasst, aber Bonnus schrieb auf
Verlangen eine solche für sein heimisches Osnabrück, wohin er
zur Einführung der Reformation berufen ward. — Seiner Verpflichtung zu lateinischer Schriftauslegung als Anhalt für die
hiesige Geistlichkeit ist Bonnus getreulich nachgekommen.
Davon zeugt ein noch jetzt erhaltenes — wir würden sagen —
Collegienheft, in dem der Prediger an Marien Hermann Greve
die Erklärung der Apostelgeschichte aufzeichnete, über welche
Bonnus vom 9. Mai 1538 bis zum Donnerstag nach Mariä Himmelfahrt (Aug. 19) 1540 las. Herausgegeben hat später der
Sohn, Arnold, ähnliche Vorlesungen über die Sonntags-Epi-
steln, aus denen sich des Bonnus Predigtweise erkennen lässt,
kurze praktische eindringliche Schrifterläuterung, auf das nächste

geistige Bedürfniss der Gemeinde berechnet. Das zeigt uns auch die einzige von Bonnus erhaltene Predigt, die er vor der dänischen Königin im Kloster Reinfeld hielt. Auch das ganze Alte Testament hatte Bonnus mit fortlaufenden Erläuterungen versehen, sie sind aber nur einzelnen Gelehrten, die davon rühmend berichten, zu Gesicht gekommen, dann verloren gegangen, und konnten trotz alles Bemühens vom Sohn nicht wieder erlangt werden. Endlich hat Bonnus auch über Gebet und über Kirchengesang für die Geistlichen geschrieben.

Diese mannigfaltige schriftstellerische Thätigkeit des Bonnus ist um so anerkennenswerther, — und auch darin steht er den bekannteren Reformatoren gleich — als es ihm keineswegs gestattet war, viel über der Gelehrsamkeit still zu sitzen, vielmehr nicht nur seine hiesige Stellung ihn nach allen Seiten in Anspruch nahm, sondern auch auswärts im Auftrage der Stadt oder auf vom Rath erbetenen Urlaub für Bonnus die mannigfachsten reformatorischen Geschäfte vorkommen. — Gerade aber dass er zur eigentlichen Betreibung blosser Gelehrsamkeit nicht kam, das giebt ihm, wie seinen Mitstreitern in dieser Zeit der Geisteskämpfe, die für uns so wohlthuende gesund praktische Art, immer nur das Nächste ins Auge zu fassen, das macht sie so schlagfertig, zugleich in allen Sätteln gerecht, das verleiht ihnen den so sichern Glauben an ihre eigenen Leistungen, macht sie entschieden und fest in ihrer Ueberzeugung, lässt sie treu ausharren; und, weil in ihnen die echte Demuth, der vollkommene Glaube lebendig ist, dass sie das alles nicht aus sich, sondern nur in Gottes Kraft vermögen, so sind diese charakterfesten Männer nichts weniger als eigensinnig, eingebildet und hochmüthig. Es ist Ihnen, m. Herren, aus Wullenwevers Leben gewiss bekannt, dass gerade Bonnus in dieser Beziehung ein echter Reformator gewesen ist. Durch das neue Regiment unserer Stadt berufen, hat er sich demselben nicht unbedingt gefügt, wo er in dem Thun der leitenden Männer einen Widerspruch mit Gottes Ordnung fand. Er hat sich nicht gescheut, i. J. 1534 gegen Wullenwever selbst in seiner Schrift an den Unordentlichen Rath aufzutreten und ist eine Zeit lang deshalb von Wullenwever suspendirt. Ebenso kräftig aber hält derselbe Bonnus dem zurück-

gekehrten alten Rathe Widerpart und wacht unermüdet über
der Aufrechthaltung des Evangeliums trotz aller katholischen
Gelüste des Rathes und Capitels.

Aus den bisher gezeichneten Zügen von Bonnus' Charakter lässt sich nun auch mit Leichtigkeit sein Bild als Historiker und namentlich als Geschichtschreiber seiner Zeit und
Chronist unserer Stadt entwerfen.

Mit der praktischen Gewandtheit der Reformatoren beutet
er selbst die katholischen Märtyrer- und Heiligengeschichten
aus, um in seinem Büchlein von den ‚Aposteln, Märtyrern,
Bischöfen und H. Vätern' seiner Zeit eine erbauliche Reihe
von Charakterbildern frommer Männer vorzuführen, eine Sammlung christlicher Biographien der alten Zeit, in der er nicht
verabsäumt, auf die Thorheit des Papstthums, auf die Ver-
kehrtheit der Werkheiligkeit, des Fastens u. s. w. Streiflichter
zu werfen, aber doch dabei zeigt, wie das Alles aus ursprünglich reinem Quell geflossen und nur durch Menschenthun ver-
unreinigt und verdunkelt sei.

Er bearbeitet zur Förderung der Geschichtskenntniss der
Jugend ein damals vielgebrauchtes deutsches Compendium der
Weltgeschichte, die Chronik des Mathematikers Cario, in lateinischer Sprache, und hat darin später Philipp Melanchthon zu
seinem Nachfolger; und ebenso schreibt er für die grosse und
kleine Jugend der Stadt Lübeck, zu deren Seelsorger ihn Gott
gesetzt hat, schon 1539 seine ‚Chronica der vörnemelikesten
geschichte und handel der K. Stadt Lübeck up dat körteste
vörvatet und mit vlite vertekent'. Die Absicht, die er dabei
hat, spricht er selbst aufs klarste aus: ‚Na deme ick in desser
korten tydt, de wile ick hir tho Lübeck im predickampte gewesen
bin, nicht geringe voranderinge und thofelle geseen unde be-
levet hebbe, so bin ick vororsaket, desulven up dat körteste
tho vorfatende, darmit ein yederman unde sonderliken unse
nakömelinge mögen gewisse antöginge hebben der varliken
unde mannichfoldigen voranderingen des Regiments, so sick in
der Stadt Lübeck thogedragen hebben'. Es soll also vorzüglich eine Geschichte der jüngsten Zeit sein, die an plötzlichen
Veränderungen und grossartigen Ereignissen so reich gewesen
— und demgemäss umfasst auch das letzte von den drei

Büchern, in die das Ganze zerfällt, ca. von 1500 an den bei weitem grössten Theil der Schrift. Er will aber auch ein selbst erlebtes Beispiel geben, wie Anschläge der Menschen und weltlich Regiment ohne Gottes Ordnung und Zucht nicht von Bestand sind, — und damit bekommt die Schrift ihre deutliche antiwullenweverische Färbung. Sie bleibt jedoch in anerkennenswerther Weise unpersönlich, wie Waitz dieses in seinem Jürgen Wullenwever mit wenigen maassvollen Worten dargelegt hat. Bonnus erwähnt nirgend seiner Erlebnisse mit Wullenwever. Er fällt von ihm das Urtheil, bei Erwähnung seiner Wahl zum Bürgermeister: ‚Jürgen Wullenwever is von natur nicht ein ungeschicket man gewesen, so he ydt thom besten hadde bruken kont. Wente yd sint de vörnemesten und grötesten gebreke an em gewesen, dat he gantz unbestendig was yn synem vörnemende, unde yedermanne synes anhanges lichtliken glövede, dar tho ock nemande des rades vor gudt heldt, unde wolde alles na synem koppe utrichten, und hefft den Marcus Meyer mer gehört und gefolget, den wat de gantze radt vor gudt ansach. Derhalven hefft he most thom latesten gröfflick anlopen'. Er tadelt späterhin Wullenwever's leichtfertige Veränderung des Regiments, weil Wullenwever dabei sich eines bewussten Betruges schuldig gemacht und zur Förderung seiner Absichten den Bürgern vorgestellt habe, die alte Ordnung Heinrichs d. Löwen, wonach jährlich ein Drittel des Raths von Geschäften frei sein solle, sei so zu verstehen, dass man ein Drittel der Rathsherren auszustossen und dafür neue zu wählen habe. Und endlich wirft er ihm vor, er habe in der s. g. Grafenfehde bei dem gemeinen Manne die Sache allenthalben mit dem Evangelium geschmückt, als ginge es gegen die gottlosen Bischöfe in Dänemark, die, wenn sie die Oberhand behielten, die Städte der reinen Lehre berauben würden. ‚Derhalven, schliesst er, was ydt nicht mögelick, dat ydt mit desser veyde konde wol geraden, de wile men Gades Wort allene thom schanddeckel hirumme gebrukede'. — Wullenwever's Ende aber erzählt Bonnus ganz schlicht und kurz und hält sich fern von den Schmähungen, mit welchen Andere ihn überhäufen.

Wir besitzen also in Bonnus' Chronik ein ehrliches, un-

verwerfliches Zeugniss eines der achtbarsten Männer über das,
was er erlebt hat, und daher stimmt er auch so vielfältig mit
Reimer Kock, seinem als Lübischen Chronisten berühmteren
Stadt- und Zeitgenossen überein. — Nicht gleiche Bedeutung
haben die beiden andern Bücher der Bonnischen Chronik. Bonnus
hat, wie er selbst sagt, nur die merklichsten Händel zusammen-
gerafft, und findet es daher dringend nöthig, dass der Rath
selber alles fleissig verzeichnen liesse, und dass Andre, die
mehr Zeit hätten, als der Superintendent, durch das von ihm
gegebene Exempel verursacht würden, die Lübische Geschichte
umständlicher zu schreiben und weiter auszustreichen. — Will
man nun auch nicht annehmen, was doch immerhin nicht unmöglich ist, dass Bonnus selber Reimer Kock veranlasst habe,
an sein grosses Werk, die Zusammenstellung der Lübischen Geschichte aus allen vorhandenen Quellen, Hand anzulegen, so
lässt sich gewiss nicht in Abrede stellen, dass die öffentlich ge-
sprochenen Worte des verehrten Superintendenten den Prediger
an S. Peter zu seiner Arbeit mit angeregt haben — und dies
Verdienst muss dem Bonnus bleiben. Er hat aber noch ein
anderes dauernderes Verdienst um unsere Geschichte gehabt.
Sein chronikalisches Compendium ist die erste lübische Geschichte, die nach einem einheitlichen Plane, gewissermaassen
aus einem Gusse gemacht ist, wie die gelehrten Zeitgenossen,
Albert Cranz u. A., das 16. Jahrhundert schon gewöhnt hatten,
einen solchen Maassstab an ein historisches Werk zu legen.
Mag nun auch der von Bonnus verfolgte Zweck, durch seine lübische Geschichte in erbaulich-sittlicher Weise die Wege Gottes
zu lehren, seine Einseitigkeit haben, mag er mit Unrecht auf
die ungelehrten Mönche, seine Vorgänger als Chronisten, die
Lesemeister im Franziskaner- und Dominikaner-Kloster, schel-
ten, dass sie 'so dreplike Exempel so ganz unordentliken to
hope geslagen' — Recht hat er im Grunde doch, und nicht
bloss von seinem Standpunkte, dem pragmatischen des Reformators, sondern von dem Standpunkte aller Zeiten aus, in
welchen man die Wirkung auf Mit- und Nachwelt für das
Ziel angesehen, das alle Geschichtaufzeichnung und Geschicht-
forschung als höchstes ins Auge zu fassen hat. Die bisherigen
chronikalischen Aufzeichnungen, rein annalistisch, oft über die

verschiedensten Nachbarländer fortlaufend, konnten weder eine Einheit in sich tragen, noch konnten sie mehr als ein gelehrtes Bedürfniss befriedigen. Es gehörte ja schon ein ganz erkleckliches Gedächtniss dazu, sich in der Masse der Notizen nicht zu verwirren. Bonnus schafft ein Büchlein, einen Auszug, der um seiner Uebersichtlichkeit willen, trotzdem dass der annalistische Faden noch beibehalten ist, um seines erkennbaren praktischen Zusammenhangs willen rasch verständlich ist für Jedermann. Unwillkürlich eignen sich daher auch alle spätern Chronisten, Reimer Kock vor allem, diesen Ton und diese Haltung an, und so beginnt mit Bonnus für uns die neue zugleich gelehrte und doch populäre Geschichtschreibung der Reformationszeit. Unverkennbar zeigt sich das auch in den weiteren Schicksalen unsers und der übrigen Chronisten. Die Letztern liegen noch jetzt ungedruckt oder sind nur dem Geschichtforscher in Ausgaben zugänglich geworden, die sich der Kunde des grössern Publikums entziehen. Bonnus und der einzige Reckemann, der den Bonnus vollständig in sich aufgenommen hat, sind nicht nur für unser grosses Publikum, sondern für alle auswärtigen gelehrten Kreise die Vermittler der Kunde von Lübecks alter Zeit geblieben, und sind erst dann mehr in Vergessenheit gerathen, als ihr Inhalt in andern Geschichtwerken wiederholt verarbeitet war. Für die starke Verbreitung, welche des Bonnus' Chronik gefunden hat, spricht der Umstand, dass sie 7 mal gedruckt ward; 5 dieser Ausgaben sind auf unserer Stadtbibliothek, die beiden andern habe ich bisher weder hier noch auswärts finden können. Zwei niedersächsische hat H. Walther in Magdeburg gedruckt, der berühmte Herausgeber des Lutherischen Gesangbuches. Die älteste trägt keine Jahreszahl, wird aber wohl aus dem Jahre stammen, welches die Vorrede, geschlossen am 28. März 1539, trägt. Sie ist die sorgfältigste und mit einem hübschen Titelblatt verziert, das zugleich des Verf. Absicht sinnbildlich ausspricht. Unten wird der gekreuzigte Christus zwischen den Schächern dargestellt, daneben die aufgerichtete Schlange des Moses und ein Herz mit einem Kreuze darin. Zu beiden Seiten des Titels sind die 4 Thiere der Evangelisten, darüber und zwischen den Thieren sowie

unten vertheilt die Wappen der niedersächsischen evangelischen
Städte: Lübeck, Hamburg, Stralsund, Lüneburg, Rostock, Magdeburg, Braunschweig, Wismar und Bremen. Eine zweite nieder-
sächsische Ausgabe von 1559 ist minder correct. Gleich im
J. 1539 soll eine lateinische Uebersetzung in Basel herausge-
kommen sein; bekannt ist nur eine 4 Jahre später 1543 zu
Basel erschienene, übersetzt von dem Dr. Justin Gobler aus
St. Goar, welcher Bonnus von Lübeck aus kannte, denn er war
hier Syndicus, damals aber schon Rath in Diensten des Herzogs
von Braunschweig-Calenberg. In gleicher Stellung später beim
Grafen von Nassau-Dillenburg, starb er 1567 als Syndicus in
Frankfurt a./M. Als im nächsten Jahrhundert die hochdeutsche
Sprache auch bei uns zu grösserer Herrschaft gelangte, hat
man, wie es scheint, am hiesigen Orte die Chronik auch hoch-
deutsch herausgegeben. Davon existiren noch 2 Ausgaben,
beide v. J. 1634. Eine letzte v. 1666 ist bis jetzt spurlos verschwunden.

Schon diese wiederholten Ausgaben bezeugen den vielfachen Gebrauch von Bonnus' Chronik. Noch mehr aber ergiebt
sich ein solcher aus einem unmittelbar pädagogischen Unternehmen, von dem ein glücklicher Zufall uns die Kunde erhalten
hat. Der sprichwörtlich als Praktiker unter uns bekannte Buchdrucker Johann Balhorn hat 1553, 5 Jahre nach Bonnus' Tode,
aber offenbar in seinem Sinne, einen Auszug aus der Chronik
veröffentlicht — zum Schulgebrauch. Es ist ein beiderseitig
bedruckter Bogen im kleinsten Format, 16. oder 32., gewesen
mit dem Titel: Ethlike warhafftige gescheffte van dem 1124 yare
beth ynth 1552 yar, Rimeswise tosamende gebracht. In zwei
übrigens gleichlautenden Exemplaren, nur das auf dem einen
Johann Balhorn genannt ist, auf dem andern nicht, hat sich
davon ein Bruchstück erhalten, welches der seel. Deecke aus
einem Buchdeckel löste und dem Archivar Lappenberg in Hamburg schenkte, der es mir, auf meine Versicherung, dass hier
kein Stück davon existire, zurückgab. Auf diesem Bruchstück
steht aber nicht nur die Lübische Geschichte in Knittelversen
zum Memoriren für die Lübische Jugend, sondern die eine
Hälfte wird, nach Absolvirung des Gedächtnisspensums bis 1552,
in einer prosaischen Zugabe, ausgezogen aus Hermann Bonnus,

bestanden haben, da die beiden Schlussseiten aus dessen Chronik von 1508—1518 wörtlich entnommen sind und mit den Worten schliessen: Wol ümme gelücke, Na düssem ein bether, wylt Godt.

M. H. Aus allem Gesagten geht hervor, dass Hermann Bonnus weder ein Historiker im heutigen Sinne des Wortes war, — von wie vielen kann man das überhaupt aus jenen Jahrhunderten sagen? — noch ein sorgfältiger Sammler und gewissenhaft-peinlicher Chronikschreiber. Das Letztere war weder seines Amtes, noch eignete sich sein Naturell dafür. Ihm stand bei Abfassung seines Büchleins der praktische, lehrhafte Zweck vor Augen. Von Cicero's oft wiederholter Charakteristik: Historia est testis temporum, lux veritatis, vita memoriae, magistra vitae, nuntia vetustatis, galt ihm besonders, dass die Geschichte die Gegenwart lehren solle. Wie er also denjenigen, welche als Gelehrte, gleich ihm, die älteren handschriftlichen Aufzeichnungen zu Rathe ziehen konnten oder die grössern lateinischen Zeitschriftsteller, einen Albert Krantz und Andere, verstanden, kein neues Licht anzünden wollte, so sollte man ihm auch eine derartige Absicht nicht unterschieben und nach einem mit Unrecht an ihn gelegten Maassstab sein Büchlein herabsetzen. Es ist freilich wahr, wenn Deecke sagt, die von Bonnus ungelehrt gescholtenen Mönche hätten doch bei weitem bessere Chroniken geschrieben, als er; aber abgesehen davon, dass man einem Zeitgenossen der Reformation eine solche damals allgemein herrschende Anschauung über den Mangel an Bildung in den Klöstern nicht zu hoch anrechnen darf, heisst ‚bessere' Chroniken hier doch nur ‚für uns Gelehrte inhalt-reichere, mehr Stoff und Material liefernde' Chroniken — und eine solche wollte Bonnus gar nicht geben. Schon ein gelehrter Forscher des 17. Jahrhds., der Hamburger Peter Lambeck, sagt von Hermann Bonnus' Chronik, sie sei lückenhaft und leicht-fertig, beanspruche aber unter dem Ausschuss von Chroniken (quisquiliae chronicorum), welche in deutscher Sprache umliefen, mit Recht den ersten Platz. Mehr hat Bonnus auch nicht gewollt, da er, wie oben schon erwähnt ward, selbst Andre auffordert es besser zu machen, welcher Anmahnung, wie gleichfalls angedeutet, Reimer Kock Folge leistete. Dass des Letzteren Werk ungedruckt blieb und also nur handschriftlich vervielfältigt und benutzt werden konnte, lieh Bonnus' Büchlein allerdings einen höhern Werth, als es sonst wohl behauptet hätte: aber verdrängt würde auch der gedruckte Reimer Kock, schon wegen seines beträchtlichen Umfanges, Bonnus nicht haben.

Es bleibt also Bonnus, und das ist das Endresultat unserer gemeinsamen Erwägungen, das unbestreitbare Verdienst, die Geschichte der Vorzeit und die Erlebnisse der Gegenwart, deren er unmittelbar nahe stand, ja, die ihn persönlich ergriffen und in ihren Kreis zogen, zuerst in populärem Gewande aufgezeichnet zu haben mit der praktischen Nutzanwendung für die Gegenwart, die das vor ihren Augen sich hatte abwickeln sehen, wohin gut Obrigkeit und gut Regiment, wohin die Untergrabung öffentlicher Zustände führe. Deecke meint, wenn des Bonnus Absicht gewesen wäre zu lehren und zu strafen, so hätte er das in ganz anderer Weise thun müssen, man vermisse bei ihm die körnige kräftige Sprache eines Luther und Bugenhagen. Aber ich bezweifle, dass Luther und Bugenhagen viel anders geschrieben haben würden, als Bonnus, wenn sie, wie er, eine Chronik verfasst hätten für die Stadt, in die seit 2 Jahren und darüber der vertriebene Rath wieder zurückgekehrt, deren bisheriger Führer, Wullenwever erst eben hingerichtet worden war. Zwischen seinem Tode und dem Datum unter Bonnus' Vorrede zur Chronik liegt gerade ein halbes Jahr, so dass also Bonnus unter dem erschütternden Eindrucke dieser Todesnachricht geschrieben, möglicher Weise durch sie den Anstoss zu seinem Büchlein erhalten hat, denn es ist offenbar, wie er selbst sagt, rasch zusammengefasst. Hätte er da, nach seiner ganzen Gesinnung, anders urtheilen können, als sämtliche Reformatoren mit ihm geurtheilt haben: Das sind Gottes Strafgerichte!? Und wie maassvoll thut er es, die Beweise führte ich schon an. Oder hätte er dem alten katholisirenden Rathe eine Predigt halten sollen: Nehmt Euch ein Exempel daran: sonst geht es Euch ebenso!? Er thut das indirect, indem er überall auf die Pflichten der Obrigkeit und die Strafe für Versäumniss derselben verweist. Weiter zu gehen hätte geheissen den Sturm wieder heraufbeschwören. Das verbot ihm aber sein reformatorisches Gewissen so gut wie seine persönliche Ueberzeugung.

Ob er nun, was er über seine Zeit schreibt, körniger hätte schreiben können, ist schwer zu entscheiden und hängt wohl meist von subjectivem Urtheil ab. Jedenfalls fällt es ja auch Niemand ein, Bonnus mit Luther auf eine Stufe zu stellen. Dass er aber frei, offen, unbekümmert um die Folgen seiner Rede, wo er es für angemessen hielt, schreiben konnte, das beweist sein Brief an den unordentlichen Rath, der seine Suspension zur Folge hatte, und von dem Reimer Kock sagt, aus ihm könne man ersehen, „wat Wolgefallen de Prediger und mennich christlich man' an Wullenwever's Uebergriffen gehabt hätten.

Es hat sich also nur ein gerechtes Urtheil der Nachwelt darin offenbart, wenn Hermann Bonni unscheinbares Büchlein als ein praktisches Compendium, als ein echtes und getreues Denkmal seiner Zeit und ein in redlicher Meinung abgegebenes Zeugniss seines Verfassers bis auf unsere Tage unter uns nicht vergessen ist, und damit scheint es auch gerechtfertigt, bei einer neu zu veranstaltenden Sammlung der niederdeutschen Lübischen Chroniken des 14.—16. Jahrh. Hermann Bonnus, obwohl er gedruckt worden, mit aufzunehmen, da er vor Allem geeignet ist, seine Zeit zu repräsentiren. Das war auch, um noch einen Gewährsmann anzuführen, das Urtheil eines der ersten Kenner unserer Geschichte, des verstorbenen Archivars Lappenberg.

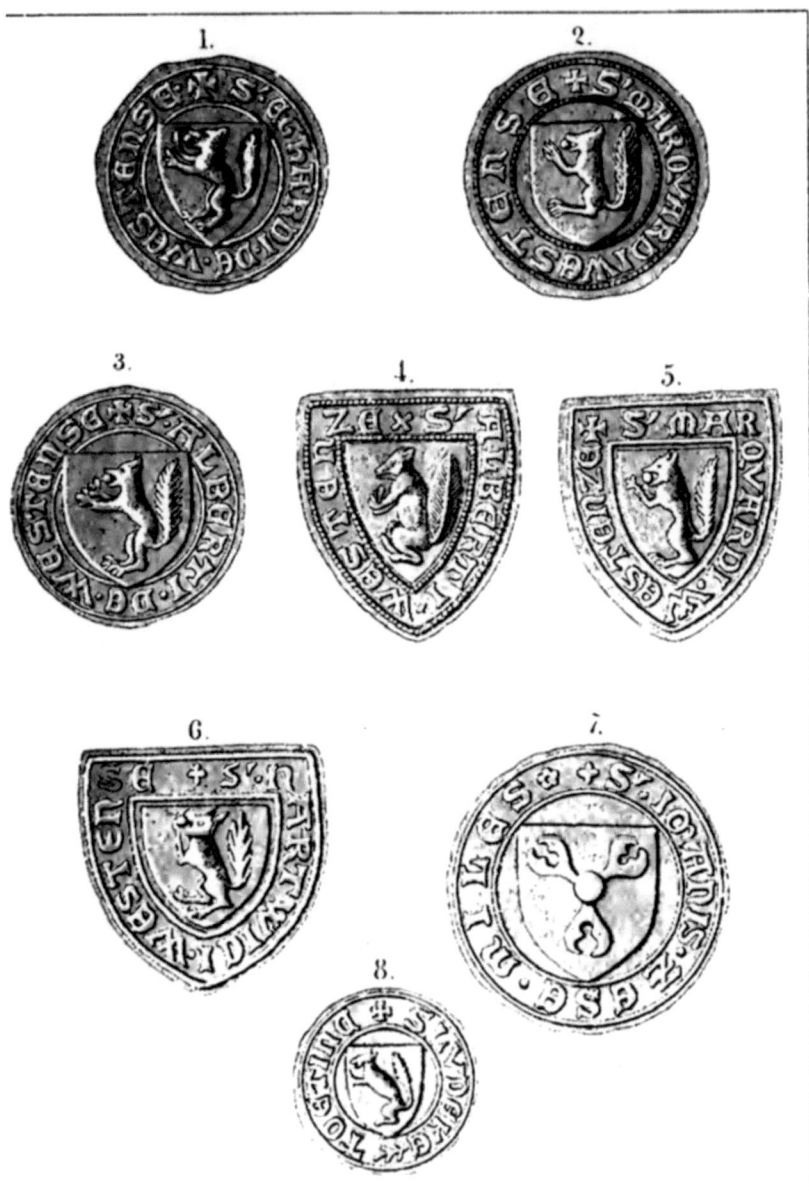

1. Eghardus de Westense, 1343.   2. Marquardus Westense, 1343.
3. Albertus de Westense, 1343.   4. Albertus Westense, 1348.
5. Marquardus Westenze, 1350.   6. Hartwicus Westense, 1366.
7. Johannes Zese (Sestede) miles, 1366.   8. Ludeke Tortine dictus Zestede 1390